정오표

457쪽

위에서 여덟째 줄 1940년 3월 → 1941년 3월

밑에서 여섯째 줄 1940년 11월 → 1941년 11월

밑에서 다섯째 줄 1940년 12월 → 1941년 12월

운암 김성숙 전집

I

저술 편

운암 김성숙 전집 편찬위원회

편찬위원장

신주백辛株柏, Sin Juback — 성공회대학교 열림교양대학, 연세대 국학연구원 전문연구원, 전 독립기념관 한국독립운동사연구소장.

편찬위원

윤소영尹素英, Yoon Soyoung — 전 독립기념관 한국독립운동사연구소 학술연구부장.
김재욱金宰旭, Kim Jaeug — 중국광시사범대학 한국어과 교수.
민성진閔成珍, Min Sungjin — (사)운암김성숙선생기념사업회 회장.

간사

임인숙林仁淑, Lim Insook — (사)운암김성숙선생기념사업회 상임이사.

번역

김재욱金宰旭, Kim Jaeug — 중국광시사범대학 교수.
이진명李珍明, Lee Jinmyoung — 중국광시사범대학 외국인 교원.
방준호方準浩, Bang Junho — 경기대학교 초빙교수.

감수

신주백辛株柏, Sin Juback — 성공회대학교 열림교양대학.

타이핑 · 교정

김재욱金宰旭, Kim Jaeug — 중국광시사범대학 한국어과 교수.
리링린李玲林, Li Linglin — 중국광시사범대학 한국어과 석사 졸업.
천옌칭陳燕清, Chen Yanqing — 중국광시사범대학 한국어과 석사 졸업.

운암 김성숙 전집 1 – 저술 편

초판인쇄 2023년 11월 20일 **초판발행** 2023년 12월 10일

엮은이 (사)운암김성숙선생기념사업회

펴낸이 박성모 **펴낸곳** 소명출판 **출판등록** 제1998-000017호

주소 서울시 서초구 사임당로14길 15 서광빌딩 2층

전화 02-585-7840 **팩스** 02-585-7848

전자우편 somyungbooks@daum.net **홈페이지** www.somyong.co.kr

값 35,000원

ISBN 979-11-5905-849-3 93910

중산대학 졸업사진(1928년)

조선의용대 성립기념(1938년)

대한민국 제34회 임시의정원 일동(1942년)

대한민국임시정부 요인들(1945년)

국립서울현충원 임정묘역 운암 김성숙 묘소

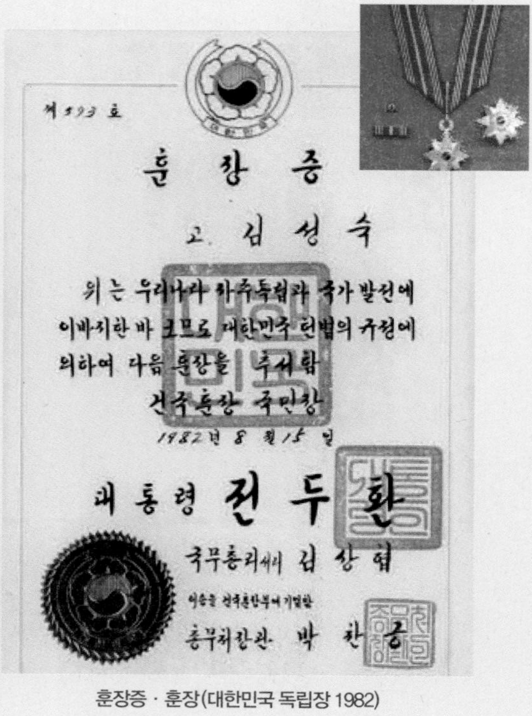

제 593 호

훈 장 증

고 김 성 숙

위는 우리나라 자주독립과 국가 발전에
이바지한 바 크므로 대한민국 헌법의 규정에
의하여 다음 훈장을 수여함

건국훈장 국민장

1982년 8 월 15 일

대 통 령 전 두 환

국무총리서리 김 상 협

이증을 건국훈장부에 기입함

총무처장관 박 찬 긍

훈장증 · 훈장(대한민국 독립장 1982)

운암 김성숙 전집 I

저술 편

(사)운암김성숙선생기념사업회 엮음

UNAM KIM SUNGSUK VOL.1 :
THE WRITINGS OF KIM SUNGSUK

운암 김성숙 전집을 간행하며

지난 2005년 운암김성숙선생기념사업 설립추진위원회를 발족한 이래 마침내 숙원사업인 운암 김성숙 전집을 발간하게 되었습니다.

전집의 표지 그림은 중국의 화가 두건杜鍵이 1941년 충칭의 남안에서 찍은 운암雲巖의 사진을 보고 2012년에 그린 유화입니다. 미간의 주름과 안경 너머로 보이는 눈빛이 냉철하면서도 깊은 고뇌를 품은 듯합니다. 오랫동안 중국에서 온갖 풍상을 겪으며 독립운동을 포기하지 않았던 운암의 내면이 입체적으로 전달되는 것 같습니다. 작가는 다름 아닌 운암과 두군혜 사이에 태어난 둘째 아들입니다. 아버지에 대한 그리움이 묻어나는 운암의 초상화를 전집의 표지 사진으로 사용함으로써 외조부를 향한 저의 그리움도 대신하고자 합니다.

운암 김성숙은 1898년 평안북도 철산에서 출생하여 평생을 민족의 독립과 만인의 평등이 구현된 민주공화세상을 확립하고자 힘을 보태다 1969년 71세를 일기로 세상과 작별하셨습니다.

운암은 봉선사 승려로 있으면서 3·1운동에 주도적으로 참여하다 옥고를 치른 일을 계기로 항일운동을 시작하셨습니다. 그는 자신이 꿈꾸는 가치를 실현한 사회를 만들기 위해 1923년부터 중국으로 건너가 독립운동을 계속하셨습니다. 그 사이 여러 출판물의 편집인이자 이론가로 활약하는 한편, 조선의용대의 지도위원이자 정치조장, 대한민국 임시정부의 국무위원 등을 역임하셨습니다. 22년 만인 1945년 12월 임시정부 요인 제2진으로 귀국하고부터는 분단을 극복하여 민족의 독립과 민주공화의 가치를 실현하는 데 평생 힘을 보태셨습니다.

그렇다고 운암이 국가와 민족에게서 뭔가의 대가를 기대한 것도 아니었습니다. 그는 생전에 주변으로부터 생활고를 벗어나기 위해 서훈을 신청하라는 권고를 받기도 하였습니다. 하지만 운암은 경제적 곤란을 겪을지언정 자진해서 표창을 청구하지 않았습니다. 하여 작고하신 지 14년이 지난 1982년에 와서야 정부로부터 건국훈장 독립장을 추서 받고, 2004년에야 유해를 국립현충원에 안장할 수 있었습니다. 그런데도 운암은 자신의 삶에 스스로 만족스러워하며 긍지를 갖고 있었음을 일기에 고백해 둘 정도였습니다.

사단법인 운암김성숙선생기념사업회는 운암이 돌아가신 지 38년 만인 2006년에 출범하였습니다. 그동안 운암과 관련한 선양사업 이외에도 학술 연구를 지원하며 운암의 독립정신을 알리기 묵묵히 위해 힘써 왔습니다. 2022년 한·중·일 삼국의 역량 있는 학자로 운암 김성숙 전집 편찬위원회를 발족하고, 그 첫 번째 성과로 『운암 김성숙 전집 1 - 저술 편』을 상재上梓하게 되었습니다.

운암 김성숙 전집의 발간을 계기로 독립, 민주, 통일에 헌신하신 외조부의 사상과 활동이 국내외에 더 널리 알려지고, 학계에서 유용한 자료로 활용되길 진심으로 기대하겠습니다.

2023년 12월

(사)운암김성숙선생기념사업회 회장 민성진

번역 | 원문

번역

제1부

『조선민족전선』과 김성숙

1. 왜 전 민족통일전선을 건립해야 하는가
2. 도산 선생을 애도하다
3. 전 민족 반일통일전선을 어떻게 건립하는가
4. 중한민족연합전선의 혁명적 의의
5. 조선 민족 반일혁명 총역량 문제

제1장

왜 전 민족통일전선을 건립해야 하는가*

규광

1. 우리의 주장

우리는 과거 우리 민족해방투쟁의 귀중한 경험과 현재 국제 및 국내 정치 정세를 근거로 현단계 조선혁명의 **유일한** 임무는 전 민족의 통일전선을 결성하여 일본제국주의를 타도하고 진정한 민주독립국가를 건립하는 것이라고 단호히 주장한다.

2. 민족해방투쟁의 역사 경험

과거 30년간 조선 민족은 일본제국주의의 포악한 통치 아래 참혹한 노예 생활을 해왔다. 민족 전체가 정치적 자유와 경제적 생존권을 잃었을 뿐만 아니라, 4천여 년의 유구한 역사적 민족문화와 민족의식에도 극심한 억압을

* 이 글은 1938년 4월 『조선민족전선』에 발표되었다. 김성숙은 1940년 3월 김규광의 이름으로 단행본을 출판할 때 제2장에 수정·보완해 수록하였다. 독자들이 그 차이를 한눈에 알아볼 수 있도록 하기 위해 차후 변동(나중에 삭제된 단어와 구절, 수정된 단어와 구절 등)이 생긴 부분을 고딕체로 강조해 표시하였다.

받았다. 이러한 민족적 피압박 사실은 조선 민족과 일본제국주의가 절대 병존할 수 없다는 역사적이고 현실적인 근거를 입증한 셈이다.

우리의 민족해방투쟁은 나라를 잃은 순간부터 지금까지 일본제국주의의 폭압과 학살이 아무리 악랄해도 끊임없이 진행되고 확대되었다. 망국 당시의 전국 의병봉기부터 만주 조선독립군의 지속적인 유격전, 1919년 "3·1"운동의 전 민족적 대궐기, 암살과 파괴운동의 전면적 전개, 사회운동의 급격하고 보편적인 발전, "6·10"운동의 대중시위, 전국 노동자, 농민, 청년학생의 반일결사노동총동맹, 농민총동맹, 청년총동맹 등와 그들의 파업, 조세 거부, 노예교육 반대 등 여러 차례 이어진 투쟁과 폭동, 만주의 반일대폭동, 특히 최근까지 나날이 확대되고 강화되는 동북인민혁명군 속의 조선인 대오의 항일유격전쟁…… 등 모든 끊임없는 혁명투쟁은 일본제국주의 통치자들에게 강력한 타격을 주었을 뿐만 아니라 동시에 조선 민족의 독립 자존의 정신과 능력을 충분히 발휘하였으며, 우리 해방의 앞날을 명확히 지시하고 개척하였다.

그러나 이 모든 혁명투쟁은 당시 미성숙한 주관적이고 객관적인 조건 아래서 일시적이고 부분적인 실패를 겪었다. 첫째, 주관적으로 과거 우리의 해방운동은 당시 국제정세와 국내 각 사회계급의 현실이 요구하는 권위적이고 혁명적인 지도이론을 거의 갖추지 못하였다. 따라서 강하고 혁명적인 전위부대를 세울 수 없었을 뿐만 아니라 대중을 충분히 교육하고 조직할 수 없었다. 혁명역량 또한 통일되어 집중되거나 확대되지 못하였다. 둘째, 객관적으로 우리의 원수 일본제국주의의 침략기구는 과거 수십 년간 전례 없이 확대되고 강화되었다. 이와 반대로 세계대전 후 폭발한 동방 피억압 민족의 해방운동, 특히 중국 국민혁명운동은 한때 좌절을 겪었고 각국의 무산계급혁명운동 역시 한때 탄압받았다. 이러한 객관적 정세는 우리의 해방운동에 중대한 억압적 영향을 주었다.

그러나 이러한 혁명의 침체상태가 조선 민족혁명의 전면적 실패와 일본제국주의의 영원한 승리를 의미하지 않는다. 실패는 그저 표면적이고 일시적일 뿐 본질적이고 영구적이지 않다. 우리의 해방투쟁은 이처럼 어려운 투쟁 경험 속에서 새로운 전투 이론과 실천 역량을 끊임없이 준비하고 발전시켜 나가고 있다. 이것이 현재 우리 운동 전선의 각 방면에서 성장하고 발전하고 있는 전 민족적 통일전선운동이다. 바꿔 말하면, 현재 우리가 적극 주장하고 추진하는 민족통일전선운동은 결코 추상적이고 공허한 것이 아니라 과거 모든 혁명적 투쟁 경험에서 성장하고 발전하여 진일보한 전투 이론과 전투 행동이다.[1]

3. 민족전선의 사회적 의의

우선, 현단계 조선혁명의 성질은 민족통일전선운동의 사회적 역사적 의의를 결정한다. 현단계 조선혁명은 반半봉건적 식민지적 사회 성질에 근거하여 가장 광범위한 민주주의적 전 민족해방운동으로 정의된다. 자세히 말하면, 현단계 조선혁명은 조선이 일본의 식민지가 되고 민족 전체가 이민족의 극도의 압박을 받는 역사적 사실과 조선사회의 반봉건적 성질 때문에 반드시 민주주의적 민족해방운동이지 사회혁명이 아니다. 그러므로 현재의 조선혁명은 결코 어느 한 계급 혹은 당파가 단독으로 부담하는 임무가 아니다. 사실상 전 민족이 동일한 해방의 임무와 반일의 임무를 지니고 있다. 물론 우리는 조선의 노동자, 농민, 빈민 대중이 가장 믿을 만한 역량이라고 확인하지만, 동시

1 이 책 제2부의 『조선 민족통일전선 문제』에 수록된 글에는 수정·보완되어 있다.

에 광대한 중소자산계급, 민족상공업자 및 지주 등 역시 상당한 반일적 혁명성을 지니고 있어 전 민족해방투쟁을 구성하는 상당히 주요한 세력임을 인정하지 않을 수 없다. 뿐만 아니라 조선 사회의 각 계급과 정당 정파는 일본제국주의의 폭압 통치하에서 반드시 그들 내부의 모순을 지양하고, 민족전선의 깃발 아래 **통일하여** 공동으로 일본제국주의의 통치를 전복시켜야 한다.

4. 민족전선의 국제적 의의

다음으로 최근 수년간 끊임없이 변화하고 발전하는 국제정세는 객관적으로 우리의 통일전선을 촉진하는 동시에 국제적 연합전선의 중요한 의의를 제시하였다.

현재 세계정치 형세는 두 진영, 즉 침략주의의 파시스트전선과 민주주의의 평화전선으로 아주 분명히 나뉜다. 전자는 일본, 독일, 이탈리아를 중심으로 하는 국제적 침략집단이고, 후자는 프랑스, 소련을 중심으로 하는 반침략적 **평화**전선이다. 이러한 국제형세는 필연적으로 세계의 피압박민족과 국가를 반침략전선에 참여하도록 만들었다. 이러한 형국은 이탈리아-에티오피아 전쟁과 스페인 내전, 특히 현재 중일전쟁에서 아주 분명하게 드러났다. 바꿔 말하면, **전 세계 각 식민지 및 반식민지 민족의 해방투쟁**은 국제 반침략전선과 매우 밀접하게 연계되어 있다.

특히 동아시아에서 우리의 적인 일본제국주의는 "9·18"[2] 이래로 중국의 영토를 광적으로 침략하는 동시에 중국 내 열강세력을 구축하면서 열강과의

---

2 1931년 9월 18일 일본관동군이 중국 펑텐 교외 류타오후(柳條湖)에서 남만주철도를 파괴하고 이어 중국 동북지방을 점령한 사건. 이른바 만주사변.

대립을 날로 심화시켰다. 특히 "8·13"[3] 이후 중일전쟁이 전면적으로 전개되면서 중국 내 열강은 더욱 큰 침해를 받았고 국제적으로 영국, 미국, 프랑스, 소련과의 대립이 더욱 첨예화하였다. 동시에 중국 4억 5천만 민족의 항일투쟁은 전례 없이 확대와 긴장緊張을 보이고 있다. 특히 주목할 점은 중국 국공國共 양당이 민족을 멸망에서 구하기 위해 이전의 모든 원한을 버리고 단결 합작하여 전 민족적 통일전선을 건립하고 통일의 깃발 아래 전 민족적 항일총동원을 실행했다는 점이다. 이 전쟁의 발전에 따라 소련의 극동정책(극동 군비 강화, 소련과 몽골의 협정, 중국과 소련의 불가침조약 등)도 발전하여 일본제국주의의 파멸을 더욱 촉진하였다.

일본제국주의의 이러한 광적인 대륙침략은 중국민족의 대동단결뿐 아니라 조선과 타이완 민족의 일치단결, 수천만 일본 인민대중의 반파시스트 인민전선을 촉진하였다. 일본제국주의는 중국을 침략하고 소련을 침공하는 한편, 영국과 미국의 간섭에 대응하기 위해 거대한 군사 역량을 적극 준비할 수밖에 없었다. 동시에 이러한 준비를 위해 일본 인민대중과 조선, 타이완 민족의 피와 땀을 더 많이 착취해야만 하였다. 또 그들의 자유를 더욱더 박탈하지 않을 수 없었다. 그 결과 필연적으로 일본 인민과 조선, 타이완 민족의 저항운동이 가속화되고 격렬해졌다.

상술한 것처럼 현재 일본제국주의 세력의 광적인 팽창은 결코 조선 민족해방운동을 불가능하게 할 수 없으며, 오히려 반대로 우리 운동이 급속히 확대되고 발전하게 하였다. 사실 일본제국주의의 침략 기세가 고양될수록 이들의 국제적 지위는 더욱 고립되고 악화되었다. 게다가 이들에 대한 저항 세력도 점점 거세졌다.

---

3 1937년 8월 13일 상하이에서 일본군과 중국군이 교전한 사건이다. 중국은 송호회전(淞滬會戰), 일본은 제2차 상해사변이라 말한다.

위와 같은 국제정세에서 우리의 민족해방운동은 내부의 모순이 완화되고 일치단결한 각오가 보편화되었으며, 같은 목표를 향해 손잡고 나아갈 수 있는 유례없는 광대한 동맹세력을 획득하게 되었다. 즉, 중국 4억 5천만 민족의 항일세력, 타이완의 민족전선, 프랑스와 소련을 중심으로 하는 국제평화전선, 영국과 미국 등 국내의 반일세력, 심지어 적국 내부의 반침략적 혁명대중 모두를 우리 민족통일전선의 **동맹군**이자 **우군**으로 볼 수 있다.

5. 민족전선의 현실적 투쟁의의

셋째, 최근 국내 및 국외에서 급속히 발전하고 있는 우리의 해방투쟁은 사실상 민족통일전선의 실천적, 혁명적 의의를 증명하였다.

최근 수년간, 특히 "9·18"사변 이후, 일본제국주의가 침략전쟁을 준비하기 위하여 경제, 정치적 압박과 착취를 강화하는 한편, 중국민족의 항일투쟁과 소련 **혁명**세력의 확장으로 조선 국내외 혁명운동은 더욱 높은 단계로 나아가며 합리적인 발전을 이루었다.

일본제국주의자는 중국에 대한 침략전쟁을 일으키기 위해 전쟁의 후방 근거지인 조선의 통치를 강화하여 전례 없는 가혹한 법률로 조선 민족의 모든 정치적 사회적 활동을 엄중하게 진압하였다. 수십만 명의 대중으로 조직된 노동총동맹, 농민총동맹 및 청년총동맹을 강제로 해산시켰다. 또한 3만여 명의 전위부대를 보유한 신간회 활동을 진압했으며, 더 나아가 모든 집회, 언론, 출판, 결사의 자유를 박탈하였다. 그러나 우리의 투쟁은 결코 여기서 멈추지 않았고 오히려 적군의 억압이 심해질수록 혁명투쟁은 더욱 깊이 있게 발전해 나갔다. 이러한 극단적인 폭압 국면에서 모든 민족의 반역자, 자치운동파, 청산파 등은 공공연히 적들을 대신하여 앞잡이의 임무를 수행해야 했다. 반대로 모든 반일혁명대중은 어떤 사회계급과 당파에 속하는지 관계없이 민족통일전선의 깃발 아래 집중하지 않을 수 없었다. 전국의 노동자, 농민 그리고 학생 대중은 신속히 혁명의 비밀결사를 발전시켰고, 각종 종교 및 문화기관에서 반일 정치조직을 급격히 증대시켰다. 이렇게 전국 각지에서 파업, 조세 거부, 수업 거부 등 혁명투쟁이 끊임없이 일어났다. 이들은 반일투쟁의 실천 속에서 소위 사회운동과 민족운동의 대립 전선을 통일시켜야 했고 전 민족통일전선의 정치노선을 향해 매진해야 했다.

특히 해외에서는 중일전쟁이 확대되고 일본과 소련의 대립이 첨예화됨에 따라 중국과 소련 각지에서 활동 중인 조선혁명단체와 개인은 유례없이 활발한 투쟁을 시작하였다. 소련에 있는 수십만 조선 민족은 소련 정부와 공산당의 지도 아래 이미 굳건한 전투대오를 결성하였다. 만주에 있는 수만 명의 동포들은 동북인민혁명군에 직접 가입하고 항일연군의 깃발 아래 용감하게 유격전쟁을 전개하였다. 중국 관내의 각 혁명단체와 개인은 직간접적으로 중국의 항일전선에 참가하였다. 이러한 실천적 투쟁 중에 다른 것은 필요 없고 단지 적을 무찌르는 혈전과 각 당 및 각 파 동지의 합작만 존재할 뿐이다.

6. 결론

이상의 서술에서 볼 때 우리가 견결堅決하게 주장하는 전 민족통일전선은 의심할 바 없이 현단계 조선혁명의 유일한 **실천** 임무이다. 우리는 이 위대한 역사적 사명을 수행하기 위해 우선 **세 가지 사회적 입장**과 주의主義적 신념이 각기 다른 해외 **혁명단체**(조선민족혁명당, 조선혁명자연맹, 조선민족해방운동자동맹)를 결합하여 조선민족전선연맹을 조직하였다.

조선민족전선연맹은 전 민족적이고 완전한 통일전선조직이 아니다. 다시 말해 실질적으로 전 민족의 의사를 대표하는 통일전선 단체는 아니다. 왜 그럴까? 연맹은 그저 3개 혁명단체의 연합일 뿐 전 민족적 각 사회계층, 각 정당정파, 각 종교 및 민중단체의 대표가 조직하지 않았다. 그러나 연맹은 주의가 다른 정치단체의 결합이라는 의미에서, 특히 민족통일전선이라고 정확하게 주장하고 있다는 점에서 최소한 전 민족통일전선의 출발점이요, 초기 형태라고 볼 수 있겠다. 우리는 연맹을 전 조선혁명대중 위에서 군림하는 총지도기관으로 여기지 않으나, 연맹만이 전 민족통일전선의 지렛대와도 같은 주요한 임무를 정확히 집행할 수 있으리라고 굳게 믿고 있다.

조선민족전선연맹의 당면한 임무는 민족 전체의 의사를 완전히 대표하는 의미의 민족전선 총 지도기관을 적극적으로 촉진하는 한편, 중국 항일전쟁 과정에서 중한 양 민족의 연합전선을 적극적으로 추진하는 동시에 다른 모든 반일세력과 밀접한 연계를 맺도록 이끄는 데 있다. 이렇게 해야만 우리의 전투역량을 증강시키고 우리의 최후 승리를 비로소 확보할 수 있다.

마지막으로 조선민족전선연맹은 이미 창립선언과 민족통일전선의 기본강령 및 투쟁강령을 발표하였다. 우리는 이 강령과 선언을 근거로 끝까지 분투하고 최후의 승리를 얻어내겠다.

『조선민족전선』 창간호, 1938년 4월 10일

제2장

도산 선생을 애도하다

성숙

우리 민족해방운동의 위대한 지도자, 안도산安島山, 昌浩 선생께서 3월 10일 적의 감옥에서 별세하셨다는 비보가 전해졌다. 조선 민족이라면 그 누구라도 선생의 참혹한 운명에 슬퍼하지 않을 수 없을 것이다. 특히 해외로 망명하여 다년간 선생과 함께 혁명사업을 진행시켜 온 오랜 동지들, 선생의 지도 아래 혁명투쟁에 적극적으로 참여한 수많은 청년들이라면 더욱 그러할 것이다.

도산 선생은 향년 61세의 원로 혁명가였다. 선생은 망국 전후 30여 년간, 조선 민족의 자유독립을 위해 끝까지 애쓰셨다. 특히 망국 후에 해외로 망명하시어 만주, 상하이 그리고 미주 각지에서 적극적으로 혁명동지들을 규합하고, 흥사단을 조직하며 혁명사업을 이끌어 나가셨다. 1919년 "3·1"대혁명운동 당시, 선생은 대한민국임시정부에 참가하여 국민대표대회를 소집하시며 혁명운동의 통일을 위해 노력하셨다. 그 후 한국독립당을 조직하고 독립운동의 통일된 지도指導를 계획하셨다. "12·8"전쟁 후 윤봉길 열사가 폭탄을 투척하여 적군 시라카와白川 대장을 사망케 한 사건이 발생하였을 때, 선생은 상하이에서 왜적에게 체포되었다. 그 후 경성 감옥으로 이송되어 5~6년 동안 참혹한 철창생활을 하시다가 병환으로 석방되셨다. 그러다 이번 중일전쟁이 발발한 뒤 다시 총독부에 체포되어 투옥되셨다. 노년에 여러 병환으로 쇠약해진 상태에서 적군의 가혹한 형벌을 더 이상 견디지 못하시고 결국 우리의 곁을 떠나셨다. 우리는 선생이 줄곧 민족의 자유 독립을 위해 노력하고 분투하시다가 희생되셨음을 꼭 기억해야 한다.

선생은 혁명운동 중 민족 전체의 역량을 집중하여 "착실하게 열심히 일한다實幹苦幹"는 정신으로 매진해 나가야 함을 일관되게 주장하셨다. 왜적이 대거 중국을 공격하여 전 조선 민족의 반일 반전운동이 거세게 일어나는 지금, 특히 전 민족 반일 통일전선운동이 고양되는 때, 선생의 육체는 비록 적에게 빼앗겼지만 선생의 혁명정신은 우리 모든 혁명가의 마음속에 영원히 살아 숨 쉴 것이고, 혁명운동 전체를 이끌 것이다. 우리는 도산 선생을 애도하고, 전 민족의 힘을 집중시키라는 선생의 유지를 꼭 받들어 조속히 전 민족의 통일전선을 건립하고, 일본제국주의를 타도하자!

『조선민족전선』 창간호, 1938년 4월 10일

제3장

전 민족 반일통일전선을 어떻게 건립하는가

규광

1. 전선의 통일문제

중일전쟁 발발 후, 조선민족해방전선에서 매우 중요하고 시급히 해결해야 할 문제가 생겼다. 바로 전 민족적 반일전선의 통일문제이다.

중일전쟁이 시작되었을 때, 민족주의자, 공산주의자, 무정부주의자를 막론하고 모든 조선 혁명가들은 모두 똑같이 이 전쟁이 조선민족해방운동에 중대하고 결정적인 영향을 미칠 것이라 생각하였다. 즉, 중국이 승리하면 중국민족이 해방됨은 물론 조선 민족 역시 해방의 희망을 가질 수 있고, 만약 중국이 실패한다면 중국의 민족국가는 멸망 위기에 놓이게 될 뿐 아니라, 조선민족해방의 앞날도 더욱 어두워지고 막막할 것이다. 따라서 전 조선혁명운동가 모두가 이처럼 새로운 투쟁 환경과 새로운 전투 시기 속에서 중국의 항전에 호응하고 지지하며 조선 민족 자신의 해방을 쟁취하는 것으로 전 민족적 반일혁명투쟁을 적극 시작해야 한다. 그러나 전 민족적 반일 총동원을 실행하려면 우선 가장 긴요한 것은 조선민족해방전선 자신의 통일을 확립할 필요가 있다. 만약 우리의 해방전선이 통일되지 않고 지금과 같은 종파주의나 주의·사상의 분열과 대립의 상황이 지속된다면, 우리는 중일전쟁이 우리에게 제공한 새로운 환경과 새로운 시기의 투쟁 임무를 완벽히 실행하지 못할 뿐 아니라, 설령 중국이 일본에 승리하더라도 우리의 해방운동 역시 꼭 순조롭게 성공된다고 할 수 없을 것이다. 이것은 분명한 사실이다. 이러한 상황에서 모든 조선 혁명가는 모두 열렬히 이 구호를 외쳐야 한다. "전 조선 민족은 '반일 제일' 주의 아래 단결하자!"

이 구호는 현단계 조선혁명대중의 공동 요구를 완벽히 대표할 수 있음은 두말할 필요도 없다. 이러한 민족의 통일단결은 지금 필요할 뿐 아니라 가능한 일이다. 그러나 현재까지 그저 하나의 구호에 그칠 뿐 완벽하고 구체적으로 실현되지 못하였다.

원래 말하고자 하는 전 민족적 반일전선의 통일문제는 조선에서 지금에 와서야 제기된 문제가 결코 아니다. 조선은 일본의 독점 식민지이므로 일본제국주의는 전 조선 민족의 유일한 공동의 적이다. 때문에 조선에서 전 민족적 반일통일전선 건립은 역사가 결정한 조선민족해방운동의 주요 정치 임무이다. 이러한 이유로 종래 조선에서 어떠한 혁명단체도 반일전선의 통일을 공개적으로 반대하지 못하였다. 설령 편견이 깊은 종파주의 단체나 어떠한 계급의 정당 정파라 하더라도 표면적으로 전 민족의 통일단결을 주장하지 않을 수 없었다. 이렇게 전선의 통일은 조선에서 이미 역사적 구호가 되었고 과거 해방운동의 각 시기에 여러 가지 다른 방식으로 전선의 통일운동이 진행되어왔다.

조선에서 전선통일운동의 주요 대상은 민족주의운동과 사회주의운동의 통일문제이다. 비록 조선에서 국내외를 막론하고 여러 가지 형식의 분열과 대립적 다수의 혁명단체가 존재했고, 표면상으로 보면 확실히 조금 복잡한 느낌이다! 그러나 내용상에 살펴보면 많은 단체가 자신의 사회적 계급적 배경을 가지고 있음을 알 수 있다. 이들은 민족주의운동에 속하거나 사회주의운동에 속한다. 그러므로 조선의 이른바 전선의 분열과 대립은 주로 이 두 운동의 분열과 대립을 말한다. 현재 우리가 결연하게 주장하고 적극적으로 진행하는 전 민족 반일통일전선운동은 역시 두 운동의 통일전선 건립이 주요 목표이다. 각 민족운동 단체 간의 통일이나 각종 사회운동 단체 사이의 통일도 당연히 필요하지만, 이것이 전 민족적 통일이 될 수 없으며, 우리가 목표로 하는 통일전선이 아니다.

요컨대 중국민족의 항일전쟁이 맹렬하게 진행되고 동아시아 피압박민족의 반일투쟁도 전례 없이 긴박하게 고조되고 있는 지금, 조선 민족 반일전선의 통일문제는 특히 중대한 의미를 가지며 신속하고 정확하게 해결해야 할 것이다. 이 문제가 신속하고 정확히 해결될 수 있는가에 따라 조선민족해방 앞날의 광명 혹은 암흑이 결정될 것이다. 그렇다면 우리가 어떻게 해야 이 문제를 정확하게 해결할 수 있을 것인가? 우리가 어떻게 해야 전 민족의 반일통일전선을 완벽하게 건립할 수 있을 것인가? 이 문제에 대해 우리는 상세히 토론하고 정확한 결론을 도출해 내야 한다.

2. 인식의 통일

현재 어떤 조선 혁명가도 그가 어떤 주의를 믿든 어떤 당파에 속해 있든지 전선의 통일을 반대하지 않는다. 소극적으로 반대하지 않는 정도가 아니라 적극적으로 주장한다. 그러나 이는 그저 "반대하지 않는다"거나 "주장한다"일 뿐 어떻게 통일하는가에 대한 구체적 방법의 의견상에서는 각자가 모두 다른 방법을 가지고 있다. 각 당파도 서로 다른 견해를 지닌다. 그러므로 구두상 표어상의 통일이 있을 뿐 구체적이고 실질적인 통일이 없다.

우리가 생각하기에 민족전선의 실제적인 통일을 건립하려면 우선 민족전선의 인식부터 통일해야 한다. 우리가 인식상 이론상으로 통일되지 않는다면 실제상 행동상 통일을 이룰 수 없다.

조선 민족통일전선운동은 말할 것도 없이 이미 발기 촉진되고 있다. 1935년 중국의 통일전선운동이 시작된 이래로 중국에 머물던 극소수의 조선 혁명가 사이에 이 운동에 관한 열띤 토론이 있었다. 현재까지 몇몇 사상이 다른 혁명단체가 "조선민족전선연맹"을 조직하여 민족통일전선의 기초를 건립하려 하였으나, 이는 초기의 운동 형태로 아직 정확하게 통일된 지도이론을 갖추지 못하고 있다. 최근 중국에서 발행된 조선어 잡지 『민족혁명』, 『민족전선』, 『한청韓靑』 등에 민족통일전선 문제에 관한 많은 글이 발표되어 통일문제에 관한 이론적 탐구가 적극 전개되었다. 이는 자연히 매우 좋은 현상이다. 이러한 이론의 탐구와 투쟁이 있어야 비로소 전선의 통일 문제에 대한 정확한 인식이 가능하고 통일 지도이론이 정확히 수립될 수 있기 때문이다.

현재 우리는 민족전선의 통일된 지도이론을 확립하기 위해 우선 각 조선 혁명가는 이하 몇 가지 가장 기본문제에 대해 모두 정확하게 인식해야 한다.

첫째, 우리의 민족전선은 서구의 인민전선과 다르다는 것을 분명히 알아야 한다. 인민전선은 가장 고도로 발전한 자본주의국가 내에서 인민대중이 파시즘을 반대 또는 저지하고 민주와 평화를 쟁취하고자 일정한 정치강령 아래 결합한 일종의 정치투쟁 기구이다. 그러나 우리의 민족전선은 그렇지 않아서 민족 전체가 어떤 사회계급이나 정치 당파에 속하였는지 상관없이 유일한 공동의 적 일본제국주의를 타도하고, 민족의 자유 해방을 쟁취하기 위해 일정한 정치강령 아래 단결한 또 다른 정치투쟁 기구이다.

두 전선의 공동 문제에 관하여 중국은 초기 민족통일전선운동 시대에 각종 이론적 탐구와 토론이 있었고 현재에 이르러서는 통일된 인식을 얻었다. 그러나 조선에서는 이 문제의 토론이 이제 시작되었고 아직 일정한 결론을 얻지 못하였다.

둘째, 우리의 민족전선과 중국의 민족전선이 서로 다르다는 것을 분명히 알아야 한다. 두 전선이 내용상 본질상 같지만 표현 형식면에서는 서로 다르다. 조선은 일본의 독점 식민지로 일찍이 국가기구가 존재하지 않았으므로 민족전선 형태도 각종 혁명집단의 결합 형식으로 표출될 수밖에 없는 반면, 중국은 방대한 인민과 토지를 가진 반半독립국가로 통일된 정권 아래 민족전선의 인적, 물질적 기초를 갖추고 있다. 이 정권 자체가 스스로 민족전선의 중심 기구이다.[1]

셋째, 우리는 민족전선이란 전 민족 사회 각 계층의 공동 이익을 대표하는 통일된 최고 정치투쟁기구이지, 일종의 정당이 아님을 분명히 알아야 한다. 바꿔 말하면 민족전선은 한 민족 내 각기 다른 사회계급 혹은 단체가 자신의 입장과 각자의 공동 요구에 따라 참여함으로써 결성된 기구이다. 이 공동의 요구가 바로 전 민족의 요구이다. 이 요구를 만족시키기 위해 각자 다른 입장에서 공동의 정치강령 아래 함께 행동한다.

넷째, 우리는 민족전선이 일정한 정치 목적을 가지고 있으며, 단순한 정치 수단이나 정책이 아님을 분명히 알아야 한다. 어떤 이들은 우리 민족전선의 주요 목적이 일본제국주의의 타도이며 타도 이후 어떻게 건설해야 하는지는 민족전선이 부담할 수 없는 임무라 생각한다. 왜 그럴까? 그때가 되어 사회주의국가를 건설하게 될지 파시즘 국가를 건설하게 될지 정해져 있지 않기 때문이다. 이러한 견해는 명백히 잘못되었다. 우리 민족전선의 정치 목적은 진정한 민주공화국을 건립하는 데 있고, 일본제국주의 타도는 목적에 다다르기 위한 정책과 수단이다. 일본통치 타도는 파괴이고 민주공화국 건립

---

1 이 책 제2부의 『조선 민족통일전선 문제』에는 여러 문장이 수정 추가되어 있다.

은 건설이다. 건설은 목적이고, 파괴는 수단이다. 목적 없는 수단은 맹목적 행위이다. 우리는 반드시 전 민족 공동 요구에 기초를 둔 건설강령을 가져야 하고, 동시에 확실한 반일공동투쟁강령을 가질 필요가 있다. 최근 중국국민당 임시대표대회가 항일건국강령을 발표하였으니 우리의 견해가 결코 독단적이지 않음을 볼 수 있다.

다섯째, 우리 민족전선 내부의 모순을 피할 수 있음을 분명히 알아야 한다. 조선 민족 내에 다양하고 상반된 이해관계와 대립하는 사회계급이 존재하지만 계급 대립은 **민족 대립**과 비교하면 극히 부차적이다. 조선 전국 경지면적의 60%, 전국 자본의 95%, 전국 교통과 주요 산업기관의 거의 전부가 이미 일본인의 공사公私 소유다. 다시 말해 조선에서 정치적 압박자는 일본인일 뿐만 아니라 대지주 및 자본가 역시 일본인이다. **그러므로 조선 노동자와 농민 대중의 주요 투쟁대상은 조선 민족이 아니라 일본인이다.** 이러한 상황에서 민족전선이 가장 광범위하고 가장 철저하게 민주제도를 채택해야만 내부의 상호대립과 모순을 피할 수 있으며, 피할 수 없더라도 분열의 상황까지 이르지 않는다.

여섯째, 우리는 민족전선의 투쟁 대상이 외부로 한정하지 않고 내부에서도 다양한 투쟁 대상이 발생할 수 있음을 분명히 알아야 한다. 우리의 주된 투쟁 대상은 당연히 일본제국주의지만 내부에서도 각종 좌경 혹은 우경의 반反민족통일전선의 경향에 대하여 무자비하게 투쟁해야 한다. 특히 민족의 배신자, 친일파 및 그 앞잡이에 대한 **투쟁**은 잠시도 늦춰서는 안된다.

일곱째, 우리의 민족전선은 종래의 좌익 반제국주의동맹과 우익 민족주의 단체의 연합체와는 완전히 다른 존재임을 분명히 알아야 한다. 어떤 이는 "좌익"의 입장에서 조선에서의 반제동맹과 민족전선은 본질상 같으며 단지 이름이 다를 뿐이라 주장한다. 또 다른 이는 "우익"의 입장에서 "광복운동단체연합회"가 바로 민족통일전선이라 말한다. 두 주장 모두 맞지 않다. 종래 반제국주의동맹은 각 나라에 있는 공산당의 외곽 군중 단체로 그 형식과 내용은 물론이고 현재의 민족통일전선과 공통점이 털끝만큼도 없다. 동시에 순수한 민족주의 단체 연합으로 만든 "광복운동단체연합회"도 본질적으로 민족통일전선이 아니다.[2]

이상 언급한 7가지 문제는 조선민족통일전선의 결성 과정 중에 정확하게 인식해야 하는 가장 기본적인 문제들이다. 만약 우리가 이들 문제에 대하여 정확하고 통일된 인식을 갖는다면 우리의 반일통일전선을 구체적이고 완벽하게 건립할 수 있을 것이다.

3. 조직의 통일

만약 우리가 전 민족 반일전선의 통일문제에 대하여 인식상, 이론상 통일된 작업을 잘 끝냈다면, 조직과 행동의 통일 작업으로 옮겨가야 한다.

의문을 가질 필요 없이 전선의 조직 문제는 인식 문제와 마찬가지로 중요하며 시급히 해결해야 할 문제이다. 이 문제의 토론은 "조선민족전선연맹"의 성립 이후 비교적 구체화되어 점차 조직이론의 체계가 형성되었다.

조선 민족전선의 조직 문제는 표면적으로 간단하고 쉽게 해결될 것처럼 보이지만 내용 면은 매우 복잡하고 처리하기 어렵다. 상세히 말하면 조선에서 민족통일전선의 주요 조직 대상은 민족주의운동과 사회주의운동의 통일이다. 이는 마치 중국의 국공 양당이 중국 민족전선의 가장 기본 조직 대상인 것과 마찬가지로 두 운동이 통일된 조직을 건립하면 되지만 표면상 그러해 보일

---

2 이 책 제2부의 『조선 민족통일전선 문제』에는 '여덟 번째'로 분류된 내용이 추가되어 있다.

뿐 사실 그리 간단하지 않다. 왜냐하면 조선은 중국의 국공 양대 정당처럼 사회운동과 민족운동을 지도할 통일된 양대 정당이 없기 때문이다. 조선공산당은 과거 여러 차례 건립을 시도했으나 누차 적에게 파괴되었고 현재까지 제대로 건립되지 못하고 있다. 그 결과 사회주의운동은 중심적이고 조직적인 지도와 통제를 잃게 되었다. 민족주의운동 역시 마찬가지여서 크고 작은 여러 정치단체만 있고 중국국민당처럼 크고 통일된 민족주의 정당이 없다. 이렇게 소위 사회운동과 민족운동은 사상 계통에서 구별될 뿐 조직 계통상에서는 다르지 않다. 왜냐하면 두 운동 모두 자신의 조직 계통이 없었기 때문이다. 이 상황에서 전선의 조직 공작을 진행해야 하는 일은 매우 곤란한 형편이다.

우리가 조직의 통일 공작을 진행할 때 조직이론상에서 개인본위와 단체본위의 문제가 발생하였다. 개인본위를 주장하는 사람은 조선민족해방운동이 중국과 다르고 특수한 상황이 있음을 지적했다. 사회운동 방면과 민족운동 방면을 묻지 않고 통일된 조직 시스템이 없을 뿐 아니라 다양한 종파주의로 분열된 정치단체가 있을 뿐이다. 이러한 분열과 대립 속에서 단체본위의 민족전선 조직은 매우 곤란하고 불가능한 일이므로 민족통일전선을 찬성하는 이들은 어떤 단체에 속해 있든지 상관없이 모두 개인의 자격으로 참가하여 전선의 조직을 확대시켜 나갔다. 이러한 주장은 모두 근거가 있는 것이다. 사실 1927년 국내에서 성립된 민족협동전선단체 "신간회"3만 이상의 회원과 수백 개의 지회를 보유와 당시 해외의 "대독립당大獨立黨" 조직 운동은 모두 이러한 개인본위의 조직원칙을 채택하였다. 그러나 이러한 조직들은 결점이 많았는데 주요한 것은 조직의 통일이 아니라 조직의 분산과 복잡화이다. 각종 단체에 속한 많은 사람이 개별적으로 또 다른 조직에 섞여 있는 셈이었으니, 결과적으로 이 조직은 각당 각파의 지도권 쟁탈을 위한 장소가 되거나, 아니면 제3의 정치단체가 되었다. 지금 우리의 민족전선은 이 조직원칙을 채택할 수 없다. 왜냐하면 민족전선은 일종의 정당 형식의 단체가 아니고 각종 정치단체가 일정한 공동의 강령 아래 공동행동을 약속한 일종의 정치적 투쟁기구이기 때문이다. 그러므로 민족전선은 반드시 단체본위의 조직원칙을 채택하여야 한다.

다음으로는 민족전선의 민주 집권제 문제이다.[3] 민족전선은 각 당 각파가 모종의 공동 요구 아래 연합한 조직으로 원칙상 확실하게 가장 광범위한 민주제도를 채택하여야 한다.

이렇게 단체본위와 민주집권제도는 조선민족전선의 두 개의 기본 조직원칙이다. 우리는 조직의 통일 공작을 진행해야 한다.

현재 "조선민족전선연맹"은 이미 민족 전체에게 민족전선의 공동 정치강령을 제창하고 전선의 조직통일 업무를 적극 진행하고 있다. 본래 연맹은 주의主義가 다른 3개의 혁명단체 조직으로 구성된 민족전선 단체이다. 그러나 아직 전 민족통일전선의 총 지도기관이 될 수는 없고, 그저 통일전선의 발기형태 또는 맹아형태에 불과하다. 그러므로 연맹은 반드시 가장 완전한 전 민족 반일전선 총기구를 건립하는 데 계속 노력해야 한다. 이 점에서 연맹이 짊어져야 할 책임은 매우 중대하다.

그렇다면 어떻게 해야 전체 민족의 의사를 완전 대표하는 통일된 최고 지휘기관을 건립할 수 있을 것인가? 이를 위하여 우선 전 민족 대표대회를 소집하여야 한다. 대회는 국내외 각 혁명단체 및 무장부대, 반일성을 지켜 온 모든 사회적 대중단체의 선출된 대표로 구성되어야 한다. 또한 대회가 선출한 약간 권위 있는 민족대표로 민족전선의 총 기구를 조직해야 한다.

그러나 우리가 공작을 진행함에 있어 가장 먼저 맞닥뜨리게 되는 어려움은 각 단체의 종파주의 관념과 각 지도자들의 영웅주의 심리이다. 이러한

---

3 이 책 제2부의 『조선 민족통일전선 문제』에는 민주집권제에 관한 내용이 자세히 보완되어 있다.

관념과 심리로 인하여 각 단체 간의 대립 관계를 극복하기 매우 어려울 뿐 아니라 아주 쉽게 반反민족통일전선의 경향마저 생겨난다.[4] 다음으로 두 번째 어려움은 중일전쟁이 발발한 이래로 국내와 국외의 교통이 완전히 단절되어 각 지역 혁명단체 간의 직접 담판과 접촉이 불가능해졌다는 점이다. 특히 우리와 동북 및 시베리아의 혁명단체 및 무장부대 사이의 연락도 단절되었다. 그러나 우리는 반일통일전선을 신속히 건립하기 위해 노력하여 이 모든 어려움을 극복해야 한다. 우리는 어떠한 어려움도 시대가 요구하는 전선통일 공작을 저지할 수 없음을 서로 굳게 믿는다.

4. 결어

총괄하여 말하자면 우리는 전 민족적 반일통일전선을 건립해야 한다. 우선 반드시 민족전선의 정확하고 통일된 지도이론을 건립해야 한다. 다음으로 정확한 조직원칙과 방안을 채택하여 민족전선의 총 지휘기관을 건립하여야 한다. 만약 우리가 이 공작을 해내지 못한다면 조선 민족은 이렇게 위대한 중국 항일전쟁이 제공한 새로운 환경과 새로운 시기에 자신의 해방투쟁을 활발하게 전개할 수 없고 중국의 항전을 호응하고 지지할 수 없을 것이다. 전 조선 혁명가들이여! 멸망에서 회생할 시기가 이미 도래하였다! 자신의 자각한 단결과 자각한 투쟁이 있다면 우리는 노예인 오늘에서 해방의 미래로 나아갈 수 있다!

『조선민족전선』 제2기, 1938년 4월 25일

4 『조선 민족통일전선 문제』에 수록된 글에는 구체적인 예가 추가되어 있다.

제4장

중한민족연합전선의 혁명적 의의

규광

1. 서언

중국에서 항전을 시작하기 이전에는 중한 양 민족 연합 항일의 문제에 관하여 주목하는 이가 매우 드물었다. 누군가 이 문제를 토론하고자 하였으나 약간 "시기상조"라는 감이 있다고 하여 실현 가능한 실제적인 문제가 될 수 없었다. 그러나 지금 중일전쟁이 확대 심화되고, 특히 중국 측이 "항전필승"의 신념과 "끝까지 항전한다"는 결심을 굳건히 하면서 이 문제는 이미 가장 현실적인 정치 문제가 되었다. 최근 각종 중한문 간행물에는 중한中韓 인사가 이미 보편적으로 이 문제를 제기하여 연구 토론하고 있다. 특히 우리가 주목할 점은 중국 각 주요 정당의 항일정치강령과 항일 지도자들이 언론에서 모두 이 문제를 명확하게 제기하고 있다는 것이다.

그렇다면 이른바 중한민족연합전선은 무엇인가? 이 문제에 대한 답은 매우 간단하다. 즉, 중한 양 민족이 모두 일본제국주의의 침략과 압박을 받고 있으므로 공동의 적을 타도하기 위하여 연합해야 한다. 물론 이러한 해석은 맞지만 불충분하다. 우리는 반드시 연합전선이 책임져야 할 역사적 혁명성 임무에 대해 진일보한 인식을 가져야 한다.

2. 중한민족연합전선은 중국 항일혁명정책의 주요한 일환이다.

모두 알다시피 이번 중국의 항전은 대등한 두 국가 사이의 이권 쟁취를 위한 전쟁이 결코 아니다. 침략당한 반식민지 중국이 침략적 제국주의국가인 일본에 대항하는 혁명전쟁이다. 이 전쟁에서 중국은 비록 군비 규모가 침략자에 비해 열세일 수밖에 없지만 정치적으로는 오히려 침략자에 비해 우위를 점하고 있다. 그러므로 중국의 항전은 그저 군사력에 기대어서는 안 된다. 반드시 국내 및 국제 정치의 모든 정치적 역량을 적극 동원하여 열세인 군사 역량과 조화롭게 배합해야 한다. 바로 이러한 이유 때문에 중국은 항전 이래로 전국 각 당 각 파의 통일단결을 적극 실현하여 전 민족을 정치적으로 총동원하고, 동시에 영·미·프·소 등 평화를 수호하며 침략국가에 반대하는 국가들과 적극 연합하여 국제적 항일정치세력을 키워 나갔다.

그러나 이러한 항일정책 가운데 일본 식민지문제에 대한 정책, 특히 조선 2천 3백만 반일민족에 대한 정책이 가장 중요한 지위여야 한다. 물론 현재 영·미·프·소 그리고 전 세계에서 침략에 반대하는 국가와 인민이 연합하여 일본의 침략에 공동으로 반대하는 것은 매우 주요한 공작이다. 실제로 이들은 이미 중국의 항전을 열렬히 지원하며 정신적으로든 물질적으로든 항전 역량을 극대화하고 있다. 그러나 이 모든 것은 그저 "지원"일 뿐이다. 일본 제국주의의 압박 아래에 있는 조선 민족은 이번 전쟁에서 자신의 해방을 쟁취하기 위한 중국민족의 가장 믿을만한 동맹군으로 등장하였다. 비록 이들은 중국에 물질적인 도움을 줄 수는 없지만 중국민족과 자신의 해방을 위해 목숨을 걸고 적을 상대할 것이다. 이렇게 믿을만한 동맹군과의 연합은 중국 항일혁명정책의 주요 임무이다.

원래 피압박민족의 연합과 공동 투쟁은 중화민국의 창시자 쑨중산 선생의 혁명원칙이고 중국국민당의 주요 정강이다. 중산 선생은 "우리는 약소 민족을 지원하고 세계의 열강에 저항해야 한다"고 말하였다. 중국국민당은 제2차 전국대표대회에서 중산 선생의 말씀에 근거하여 대외정책 결의 중 "전 세계 모든 피압박민족과 연합하여…… 공동으로 투쟁한다"고 명백히 규정하였다. 이러한 정책은 지금까지 진행되어 실현단계로 진일보하였다. 중국민족의 지도자 장제스 선생의 조선민족해방운동에 대한 관심과 원조는 최근까지 조선 독립운동의 지원에 관한 의지로 적극 표현되었다. 특히 이번 중국국민당 임시대표대회에서 통과된 항전건국강령에 명백히 규정되어 있다.

(3) 독립 자주의 정신을 기본으로, 우리 국가와 민족을 동정하는 전 세계 국가·민족과 연합하여 세계평화와 정의를 위해 공동 분투한다.

(5) 일본제국주의 침략에 반대하는 모든 세력과 연합하여 일본 침략을 제지하고, 동아시아의 영원한 평화를 수립하고 보장한다.

중국공산당과 그 지도자들은 이러한 정책에 대하여 동일한 입장을 보이고 있다. 마오쩌둥, 왕밍王明, 저우언라이周恩來 등 선생은 언론에 아시아의 피압박민족과 연합하여 공동 분투하자는 의견을 누누이 제기하였다. 특히 중국공산당 항일구국 십대강령 중에 더욱 명백히 규정되어 있다.

조선, 타이완 및 일본 국내 노동자 농민과 연합하여 일본제국주의에 반대한다.

이러한 견해들로 보아 중한 양 민족 항일연합전선의 건립은 의심할 여지없이 현재 중국 항일정책의 구체적 임무이다.

3. 중한민족연합전선은 조선민족해방운동의 기본 정책이다.

다음으로 우리는 조선민족해방운동의 입장에서 중한민족연합전선의 의의를 살펴볼 필요가 있다.

누구나 알고 있듯이 조선은 동방에서 가장 강대한 제국주의 일본의 독점 식민지이다. 조선 민족이 근본적 해방을 얻기 위해 자기의 역량 스스로의 힘에만 기대는 것은 부족하다. 과거 수십 년간 일본제국주의가 계속 발전하였고 식민지에 대한 통제력도 유달리 강화되어 조선 민족의 모든 고립적인 자력 해방 투쟁이 모두 일본에 의해 진압되었기 때문이다. 바꿔 말하면 적군의 역량은 매우 강대하고 우리의 역량은 너무 약소하다. 따라서 조선혁명운동의 주요 전략은 첫 번째가 전 민족의 일치단결이고, 두 번째가 모든 국제 반일세력과의 연합이다.

이른바 국제적 반일세력이란 조선의 입장에서 보면 주로 소련과 중국이다. 두 국가는 현재 일본의 압박과 침략을 받고 있으며 과거 반세기 동안 대립과 투쟁의 관계를 맺고 있다. 그러므로 두 대국과 연합하여 일본제국주의를 함께 타도하는 것이 조선혁명의 기본 전략이다. 바로 이 때문에 조선 민족은 중국과 소련 민족을 시종일관 가장 믿을 만한 우군이자 동맹군으로 여겨왔다. 이와 같은 이유로 수많은 조선의 혁명가들이 중국과 소련으로 달려가 활동하였고 두 나라의 모든 혁명투쟁에 직접 참여하여 두 나라의 정부 및 인민과의 긴밀한 관계를 건립하는 데 노력하였다.

중국 정부 및 인민이 항일전쟁을 의연히 시작한 이래 조선 민족과 중국민족의 항일연합이라는 전략적 임무가 이미 구체적으로 실행할 시기에 들어섰다. 그래서 거의 모든 조선혁명단체와 개인은 이구동성으로 전 민족의 통일단결을 주장하고, 동시에 반일원화독립투쟁反日援華獨立鬪爭을 적극 전개하고 있다. 최근 국내에서는 반전, 반징병투쟁과 폭동이 아주 보편적으로 발생하고, 국외 혁명가 사이에서는 이미 민족통일전선운동이 시작되어 "조선민족전선연맹"이 성립되었다. 특히 중국의 조선 혁명가는 중국의 항전에 직접 참가하였다. 이는 조선민족해방운동의 기본 전략이 중국민족과 연합하여 중국 항전에서 투쟁으로 중국을 지원함으로써 동시에 자신의 해방을 쟁취하려 하는 것임을 설명한다.

또한 조선민족전선연맹이 발표한 투쟁강령 중 중한민족 연합항일 문제의 규정에 관하여 특별히 제출한 조항이 있다.

> (14) 국내에서는 왜적의 후방을 교란시키고 무장투쟁을 실행하고. 동북에서는 항일반만抗日反滿 투쟁에 참가하며, 중국 관내에서는 중국 항전에 직접 참가한다.
>
> (15) 중국민족, 타이완 민족 및 소련은 최대의 반침략, 반일세력으로 반드시 확실하게 연합한다.본 호의 마지막 페이지 참고

4. 중한민족연합전선은 동아시아의 영원한 평화를 실현하려 한다.

우리가 중한민족연합전선을 건설하려는 목적은 중국 항전의 승리를 확보하려 함이고 조선 민족의 독립·해방을 위해서이다. 또 더 나아가 현 동아시아의 진정한 영구 평화를 실현하기 위함이다. 바꿔 말하면 중국 항전의 승리

는 조선의 독립을 이끌어 낼 수 있고, 조선의 완전한 독립은 동아시아의 평화를 실현 가능하게 한다. 다만 가장 주요한 전제는 중한 양 민족의 연합전선 건립이다.

조금이라도 정치적 안목을 갖고 있는 사람이라면 누구나 조선의 독립 혹은 패망이 동아시아 평화에 결정적 관계가 있음을 명백히 알 수 있다. 조선은 정치, 지리 면에서 중·러·일 세 대국 사이에 위치하여 마치 유럽의 발칸반도처럼 누가 먼저 침략하여 점령하느냐에 따라 동아시아 패권을 잡을 수 있다. 때문에 과거 세 대국의 정치세력이 균형 발전하던 시기에는 조선 민족이 독립적일 수 있었다. 반대로 조선이 독립을 확보해야만 세 나라가 비로소 동아시아에서 균세均勢를 유지할 수 있고 동아시아의 평화를 지킬 수 있었다.

일본이 조선을 강제 병탄하기 시작하면서 동아시아의 평화는 파괴되기 시작했고 현재 중일전쟁의 화근이 뿌리내리게 되었으며 과거 청일전쟁과 러일전쟁 모두 조선 문제에서 시작되었다. 전쟁의 결과 이른바 조선 문제란 "독립" 형식으로 해결되지 않고 "강제 병탄"의 형식으로 해결되었다. 이후부터 일본제국주의자는 조선을 대륙침략의 교두보로 삼아 중국 전역을 병탄하려는 침략 계획을 진행하기 시작하였다. 곧 "9·18" 이후 계속 발전하여 중일전쟁을 일으켰다.

그러나 현재는 형세가 완전히 달라졌다. 첫째, 소련이 강대해졌다. 둘째, 중국도 일어섰다. 셋째, 일본제국주의가 몰락의 길을 걷고 있다. 넷째, 조선 민족은 처음부터 끝까지 일본인에 동화되지 않고 자유 독립을 위해 투쟁하고 있다. 이러한 형세 하에서 중국은 항일전쟁을 시작하였다. 그러므로 이 전쟁이 갖는 역사적 임무는 매우 중대하다. 즉,

첫째, 일본을 중화세력에서 깨끗이 제거하고 빼앗긴 국토를 수복한다.

둘째, 조선의 독립을 지원하고 더 나아가 수호한다.

셋째, 동아시아의 영원한 평화를 실현하고 보장한다.

그러나 이렇게 위대한 역사적 임무를 완성하려면 반드시 조선 민족과 견고한 연합전선을 건립해야 한다.

5. 결론

종합하자면 현재 중국의 항전은 이미 제2기에 진입하여 중한민족 항일연합전선의 건립이 매우 중요하고 필요한 과제이다. 그러나 현재 멈춰진 채 구체적으로 그것을 실현하지 못한 사실은 매우 큰 유감으로 인정할 수밖에 없다. 우리는 지금 반드시 "중한민족이 연합해야 한다!"는 문제가 결코 공허한 "정치 호소" 구호가 아니라 실제 항일투쟁에서 서둘러 적용할 혁명적책임을 알아야 한다. 우리는 이 문제에 대하여 더욱 광범위하게 전개해 나가야 하며 더욱 면밀하게 이론적 토론을 진행해야 한다. 그러나 동시에 반드시 그것을 급속하게 실현할 수 있게 실질적인 항일투쟁을 확대하고 강화시켜 항전의 최후 승리를 보증해야 한다.

1938년 5월 9일

『조선민족전선』 4, 1938년 5월 25일

제5장

조선 민족 반일혁명 총역량 문제*

규광

1

중국의 항일전쟁이 맹렬히 진행 중일 때 일본제국주의의 수탈과 압박을 받는 중한 양 민족에게 항일전투연맹의 건립은 매우 중요하고 필요한 일이었다. 때문에 항전 이후 많은 중한 인사들이 진지하게 이 문제를 주목하였다. 동시에 피압박민족의 연합전선이 하루라도 빨리 실현되기를 열렬히 기대하였다!

그러나 여기서 우리는 연합전선이란 결코 공허한 정치호소가 아니라 실천이어야 하고 투쟁해야 할 일종의 전투연맹임을 반드시 알아야 한다. 실천과 투쟁이 없는 연합전선은 존재할 수 없고 존재해서도 안 된다. 반대로 실천과 투쟁 속에서만 연합전선이 공고해지고 확대될 수 있다. 그러므로 양 민족의 항일 연합전선을 건립하려 할 때 먼저 상대방의 전투역량에 관한 정확한 추정은 매우 필요하다.[1]

---

* 이 글은 『조선민족전선』 5·6(1938.6.25)에 발표되었다. 김성숙은 1940년 3월 김규광이란 이름으로 단행본을 간행할 때 제3장에 수정·보완하였다. 번역문에는 독자들이 그 차이를 한눈에 알아볼 수 있도록 하기 위해 차후 변동(나중에 삭제된 단어와 구절, 수정된 단어와 구절 등)이 생긴 부분을 고딕체로 강조해 표시하였다.

조선 민족의 항일혁명역량은 대체 얼마만큼일까? 이는 연구하고 토론해 볼 매우 가치 있는 문제이다. 조선 민족은 망국 이래 30여 년간 일본제국주의의 무한한 압박과 착취 아래 물질적 생활이든 정신적 생활이든 극도로 망가지고 파괴되었다. 이러한 민족이 일본에게 저항할 역량이 얼마나 있을 것인가? 이 문제에 관하여 "어진 사람은 어질다고 보고 지혜로운 사람은 지혜롭다고 본다見仁見智"는 말처럼 개인마다 각자의 의견이 다를 것이다. 그러나 나는 이 문제에 대하여 물론 너무 높게 추정할 수 없지만, 동시에 너무 낮게 추정해서도 안 된다고 생각한다. 우리의 정확한 추정이 필요하다.

그러나 소위 혁명 역량은 숫자로 표현할 수 있는 것이 아님을 알아야 한다. 그것은 그저 물질적 요소만이 아니라 정신적 요소도 함께 한다. 표면적인 역량과 잠재적 역량도 있다. 정지해 있고 융통성 없는 것이 아니라 생동하고 발전적이다. 단순하고 고립적이지 않고 복잡하고 연관되어 있다. 이러한 역량을 추정하는 것은 당연히 쉽지 않겠으나 그렇다고 불가능한 것도 아니다. 우리는 아래와 같은 두 가지 측면에서 조선 민족의 반일역량을 관찰해도 괜찮다. 첫째는 역사적 반일투쟁의 측면에서의 관찰이고, 둘째는 현실 생활의 측면에서 관찰이다.

2

우선 우리가 역사적 안목으로 조선 민족의 반일투쟁을 고찰했을 때 이 투쟁이 나라를 잃은 이후부터 30여 년이 지난 지금까지 한 번도 멈춘 바가 없이 계속 맹렬히 발전해 왔다는 사실을 알 수 있다. 바꿔 말해 조선 민족의 반일

---

1 『조선 민족통일전선 문제』에는 뒤에 세 단락이 추가되었다.

전투역량은 조금도 약해진 적이 없고 오히려 계속 증대되고 발전하고 있다는 것이다. 조선혁명운동의 실제 상황을 잘 모르는 많은 이들은 그저 일본의 통치역량이 부단히 커지고 조선 민족의 생활이 나날이 파산하는 것만 보고 조선 민족의 반일역량도 부단히 약해지고 있다고 생각한다. 그러나 이것은 표면적이고 얕은 시각이다. 실제 상황은 이와 반대다. 바로 일본 통치력의 증강과 민족 생활의 파산으로 인하여 조선 민족은 생존과 자유를 위해 분투하는 역량을 더욱 공고히 하지 않을 수 없다. 이 문제에 관하여 우리는 다음 세 가지 측면에서 역사적 발전 경향을 관찰할 수 있다.

첫째 군사 투쟁 측면이다. 조선 민족의 반일 무장투쟁은 과거 30여 년간 멈추지 않고 오히려 더욱 발전하고 확대되었다. 망국 전후로 국내에선 의병들의 유격전이 시작되어 8년간 계속되었으나 최후에 무기 불량과 보급품의 부족으로 결국 패배하고 말았다. 하지만 만주 국경에서 다시 조선혁명 군사 근거지를 건립하고 적과의 작전을 계속하여 지금까지 멈추지 않았다. 특히 "9·18"사변 이후 중국의용군과의 호응과 합작으로 조선혁명 군사 투쟁의 역량은 더 급격히 강대해졌다. 현재 동북항일연군東北抗日聯軍[2] 속의 조선인 대오와 기타 무장 부대는 이미 수만 명에 이르렀다. 이밖에 소련 극동 홍군 중에도 조선인 2개 사단이 있다.[3] 또한 중국 관내 및 소련 쪽에서도 다수의 군사 간부 인재가 끊임없이 양성되고 있다. 이 모든 것들이 조선혁명운동의 기본 군사 역량이다. 이러한 역량은 앞으로 중국 항전의 진전과 소일蘇日 대립의 첨예화에 따라 확실하게 중소 양국의 적극 원조를 얻어 강력한 조선혁명군을 건립할 수 있을 것이다.

둘째, 정치투쟁 방면이다. 조선 민족의 반일 통치투쟁도 군사투쟁과 마찬

2 중국공산당이 지도하는 통일전선 성격의 무장부대로 만주에서 게릴라투쟁을 전개하였다. 1935년 12월 제1군의 편성을 시작으로 제11군까지 있었다. 그러나 통합할 총사령부는 결성하지 못하였다.

3 『조선 민족통일전선 문제』에는 뒤에 두 단락이 추가되었다.

가지로 형식상 혹은 내용상 모두 부단한 진보와 발전을 거두었다. 여러분 모두가 알고 있듯이 1919년 "3·1"대혁명은 조선 독립운동이 비약적으로 발전하는 시기였다. "3·1" 이전에 많은 애국지사들이 해외로 망명하였다. 열강에 호소하여 정의를 주장한 이도 있었고, 국민에게 저항을 호소한 이도 있었고, 또 적의 우두머리를 암살하여 우리를 기쁘게 한 이도 있었다. 그러나 그들의 정치적 의견은 일치하지 않았다. 혹자는 군사 구국을 주장하고, 혹자는 외교 구국을 주장하고, 또 혹자는 민족의 자력갱생을 주장하였다. 이러한 소수의 지사들이 중심인 초기 운동은 자연히 통일된 지도이론과 통일된 혁명집단을 건립할 수 없었다.

그러나 "3·1"대혁명운동 이후 조선혁명운동은 세 가지 주요 발전이 있었다. 첫째, 종래 지사가 중심인 운동에서 대중 중심으로 옮겨갔다. 특히 신흥 사회주의운동의 발생과 발전으로 노동자와 농민 그리고 청년 학생의 반제 반봉건 투쟁이 날로 확대되어 운동의 기초를 광대한 대중투쟁 위에 두게 되었다. 둘째, 혁명운동의 이론투쟁을 적극 전개하여 지금까지 막연한 충군忠君 애국주의 및 부정확한 모든 정치적 견해를 철저히 청산하는 동시에 현대 민주주의와 사회주의사상을 흡수하여 정확한 혁명이론을 건립하기 시작하였다. 셋째, 사회운동 혹은 민족운동을 막론하고 지금까지 분산적, 자연발생적, 종파주의적이었던 혁명단체를 쉼 없이 도태 혹은 취소하며 현대적 혁명 정당을 건립하기 시작하였다.

"3·1" 이후, 조선혁명운동의 주요 특징은 사회주의운동과 민족주의운동의 대립적 발전이다. 그러나 조선 산업노동자의 급속한 증가와 국제 사회주의운동의 비약적 발전으로 인해 전자의 발전은 후자에 비해 더욱 신속하고 보편적이었다. 1924년 경성에서 전국민중운동자대회[4]를 소집했을 때, 전국 사회운동 단체의 총수는 이미 1천을 넘어섰다. 그 후 조선공산당의 지도 아래 성립된 전국노동총연맹, 전국농민총연맹, 전국청년총연맹 등은 소속 인원의 총수가 20여만 명에 이르렀다.[5] 이 단체들은 "9·18"사변 이후 해산되었으나 이들의 조직적 활동은 여전히 존재하였다.[6] 전국 곳곳에서 발생한 파업, 세금 거부, 수업 거부 등의 투쟁은 모두 사회주의가 지도하여 시작되었다고 말할 수 있다. 이 운동이 조선혁명운동에서 주요한 지위를 차지했음은 말할 필요도 없다.

민족주의운동은 비록 국내에서 사회주의운동처럼 적극적인 행동으로 드러나지는 않았으나 잠재적인 반일혁명역량을 오히려 매우 크게 유지하고 있다. 조선민족주의운동의 대부분은 종교계의 활동으로 나타났는데 이 점이 매우 주목할 만하다. 예를 들어 "3·1"대혁명은 완전히 종교가 중심이 되어 영도하고 발동했다고 말할 수 있다. 당시의 민족대표 33인 중 종교 신자가 절대 다수를 차지할 뿐 아니라 시위 폭동에 참가한 대중 역시 대다수가 종교 신자였다. 이렇듯 지금까지 반일성을 상당 부분 유지하는 종교에는 천도교, 기독교, 불교 그리고 유교 등이 있다. 이러한 종교들은 모두 수십만의 교도를 보유하고 있고, 청년회, 학교 및 교회 등 사회사업기관에 광대한 청년 학생을 흡수하고 있다. 이들 종교 신자는 평소 생활에서 자연히 소극적이고 비혁명적이나, 일단 반일혁명의 분위기가 고조되면 모두 동원할 수 있고 투쟁에 참가하여 위대한 역량을 발휘할 수 있다.

민족주의운동의 대중적 기반이 종교 방면에 있는 데는 이유가 있다. 조선에서는 모든 집회·결사 등의 자유를 빼앗겼고, 민족운동 단체는 공개적으로

4 전조선민중운동자대회가 바른 표기이다.
5 전국노동총동맹, 전국농민총동맹, 전국청년총동맹이 바른 표기이다.
6 조선노동총동맹은 1930년 들어 노동 현장에 대한 영향력을 상실하였다. 이후 어떻게 되었는지 정확히 알려져 있지 않다. 조선농민총동맹은 1930년대 들어 별다른 영향력을 발휘하지 못하다 1935년 해소되었다. 조선청년총동맹은 1931년 들어 신간회 해소 논의가 본격화할 때부터 단체의 해소 논의가 있었던 데다, 5월에 신간회가 해소된 즈음부터 이렇다 할 움직임이 없었다.

존재할 수 없다. 많은 유지 인사 모두가 종교단체에 참가하여 종교의 엄호를 받으며 민족 갱생 사업을 진행하였다. 고故 안창호 선생이 이끈 흥사단興士團과 청년수양동맹青年修養同盟도 바로 기독교의 엄호를 받으며 활동하였다.

민족주의운동은 해외에 매우 강고한 기반을 가지고 있다. "9·18" 이전 만주의 정의부正義府, 통의부統義府, 참의부參議府 등은 모두 민족운동의 사령부였고, 미주의 국민회國民會, 동지회同志會 등 역시 상당한 역사를 지닌 민족주의 집단이었다. 최근 수년간 5개 단체로 성립된 조선민족혁명당과 한국국민당은 중국에서 활동하는 민족혁명단체이다. 이러한 단체는 의심할 바 없이 민족주의운동의 전위이다.

여기서 특별히 지적할 점은 1926~7년 중국의 국공합작 시대에 조선에서도 민족운동과 사회운동의 협동전선 단체인 "신간회新幹會"가 성립되었다는 점이다. 회원은 3만여 명이고, 전국 도처에 백오십여 개의 지부가 있었다. 1929년 광주학생사건이 계기가 되어 폭발한 전국 학생 반일 대시위 운동은 완전히 신간회가 지도했다고 말할 수 있다. 이 단체는 여러 가지 이유로 1931년 해체되었다. 그러나 3만여 명의 반일 적극 분자는 여러 형식의 사회조직 속에서 여전히 반일운동을 추진하였다. 특히 이후에 생겨난 비밀단체 반제국주의동맹은 신간회의 임무를 대신하였다.

마지막으로 1936년 중국의 전 민족적 통일전선운동이 시작된 이후, 특히 중일전쟁이 발발한 이후 조선 민족의 반일 정치투쟁 역시 새로운 단계로 나아갔다. 이 단계의 주요 임무는 전 민족의 반일통일전선을 건립하는 한편, 중한 양 민족의 항일 연합전선을 건립하는 데 있었다. 역사적 임무를 수행하기 위해 해외에서 우선 조선민족전선연맹이 성립하였다. 우리는 이번 중일전쟁에서 반드시 전 민족 반일대혁명투쟁을 일으켜 민족의 해방을 쟁취할 수 있다고 굳게 믿는다.

셋째, 대중大衆투쟁 방면이다. 조선 민족의 역대 대중 반일투쟁은 어떠한 식민지 민족의 반항운동보다도 훨씬 격렬하고 광범위하다. 더구나 이 투쟁은 양과 질 방면에서 모두 계속 발전하고 있다. 나라를 잃은 후 수년간 전국 의병의 무장투쟁이 있었을 뿐 일반 민중의 반일 시위와 폭동은 없었다. 그러나 1919년 3월 1일 전례 없이 전 민족적 대시위와 대폭동이 일어났다. 운동을 주도한 민족대표 33인의 본래 계획은 몇몇 중심 도시의 청년 학생을 동원하여 반일 시위를 거행하며 홀로 제출된 "조선독립만세!"라는 구호와 더불어 평화시위 규정이었다. 그러나 운동이 시작된 그 날부터 곧바로 전 민족의 대시위로 발전하였고 소위 평화적 방법은 대중의 맨손 폭동으로 변해버렸다. 이러한 시위와 폭동은 전국 각처의 모든 향촌에서도 맹렬히 진행되어 8개월간 계속되었다. 전국에서 동원된 민중은 2백만 명에 달하며 희생자도 4만여 명에 이르렀다. 특히 지적할 점은 평소 친일파 앞잡이로 여겨졌던 관리, 경찰 및 헌병 보조원 등 역시 스스로 적의 복장을 벗어버리고 시위에 참가하였다는 점이다.

1929년 일어난 전국 학생 반일 총수업 거부, 총시위 운동에서도 조선 민족의 단결력과 전투력의 위대함이 충분히 발휘되었다. 원래 광주지방의 조선학생과 일본학생 사이의 작은 충돌이 계기가 되어 폭발한 운동은 전국 청년 학생의 반일 정치투쟁으로 발전하였다. 운동의 중심 구호는 "노예 양성 교육정책에 반대한다", "한일 학생의 불평등 대우에 반대한다"였다. 전국 공·사립학교의 조선 학생은 총수업 거부를 진행하는 동시에 열렬하게 반일 시위를 거행하였다. 참가한 학생 총수는 15만 명을 넘었고 여기에 초등학생도 참여하였다.

1926년 시작한 "6·10"운동도 대규모의 민중 반일 시위였으나 군경의 무장 탄압으로 전국 규모의 운동으로 발전하지는 못하였다. 그러나 이 운동은 조선공산당의 지도와 책동 하에 시작되었다는 점이 특징이다. 이 밖에 여러 차례 수많은 노동자와 농민의 파업 항조抗租 등 투쟁과 폭동이 있었다. 여기에 이러한 투쟁 사실들을 열거하여 하나하나 설명을 붙이기엔 지면 관계상 더 이상 할애하지 않고 다른 기회를 기다려 다시 설명하겠다.

총괄하자면 상술한 대중운동을 통해 우리는 조선 민족이 일본인에 동화되지 않았을뿐더러 오히려 반대로 일본에 대한 복수심이 하루가 다르게 고조되었음을 알 수 있다. 동시에 위대한 반일동원역량을 가지고 있고 넘볼 수 없는 민족의식을 지니고 있으며, 위대한 민족적 단결력과 전투 정신을 갖추고 있음을 알 수 있다.

3

조선 민족의 반일혁명역량은 조선 민족의 역사적 투쟁에서 관찰할 수 있고, 조선 민족의 현실적 생활 관계에서 관찰할 수 있다.

조선 민족이 위에서 언급한 대로 발휘할 수 있는 위대한 반일전투역량은 주요하게 그들의 현실적 생활 관계에 의하여 추동되고 강요되었다. 바꿔 말하면 그들의 현실적 생활 관계는 그들의 반일투쟁에 결정적 작용이 있었다.

여러분 모두 알고 있듯이 조선은 원래 봉건적 농업국가였다. 나라를 빼앗긴 이래로 일본제국주의 침략자본의 맹렬한 침투 하에 강제로 자본주의화 과정을 걸었다. 그리고 이리하여 반半봉건 사회형태가 형성되었다. 이러한 국가적 과도기에서 현대적 노동자계급이 나날이 늘어가고 중소자산계급이 나날이 몰락했으며 광대한 농민대중은 무제한으로 착취당하였다. 이러한 계급은 일본자본의 압박과 착취 아래 강렬한 반일혁명성을 유지하였다. 이

밖에 민족자산계급과 "민족지주" 역시 일본자본의 압박을 받고 있어 발전의 미래가 없을 뿐 아니라 오히려 몰락하는 과정을 걷고 있다. 최근 통계에 따르면 전국 자본의 88%, 전국 경지면적의 60% 및 기타 주요 산업기관 모두가 일본인의 공적·사적 소유로 귀속되었다. 이로써 조선 민족자산가와 지주의 비극적 운명을 알 수 있다. 그러므로 이들은 생존을 위하여 반일의 길을 걷지 않을 수 없었다.

여기서 우리는 조선 민족 각 사회계급의 현실적 생활 관계를 분석하고 연구하여 이들이 발휘할 수 있는 반일 혁명역량을 추정해보려 한다.

우선 이들 사회계급 가운데 반일 정서가 가장 높고 전투 역량이 가장 강한 편이 노동자계급이다. 일본제국주의의 조선공업화운동 중에 조선공업은 나날이 발달하였는데 공장은 모두 일본인의 공사公私 자본으로 설립되었다. 이러한 정세 하에서 노동자계급은 급속히 증가하였다. 적의 통계에 따르면 전국 노동자 총수는 이미 2백만 명을 넘었다. 이들의 대다수는 파산한 농민이다. 이들은 향촌에서 일본 지주 및 고리대금업자의 무한한 착취로 파산에 이르렀다. 도시에 흘러들어 공장에서 일하더라도 또다시 일본인의 절대적인 억압과 착취를 당하였다. 이들의 매일 평균 임금은 4각角 내지 5각이며 노동시간은 10시간 내지 12시간이 넘었다. 파업, 시위의 권리는 없고 집회, 결사의 자유도 없으며 채찍을 든 노동자 감독이 수시로 구타하고 벌을 주었다. 이들은 마치 소나 말처럼 그저 복종해야 했고 저항할 수 없었다. 그러나 이들은 절대 일본인의 노예가 아니고 4천여 년의 유구한 역사를 가진 문화민족으로 반항의 기회와 방법만 생긴다면 바로 일어나 저항하였다. 과거 역대 반일투쟁 중에 이들은 모두 일어나 참가하였는데, 특히 사회주의운동의 발전으로 노동자의 파업과 태업 등의 운동이 각지에서 부단히 폭발하여 투쟁은 더욱 조직적이고 계획적으로 진행되었다.

"9·18"사변 이후 일본제국주의자는 중국 침략전쟁을 준비하기 위해 조선 노동자계급의 마지막 피 한 방울까지 잔혹하게 착취하였다. 그들은 우선 전국노동총동맹을 강박하여 해체시키고 모든 파업과 태업 등의 행동을 일절 금지시켜 그들의 국방공업의 효율을 빠르게 증진시켰다. 이러한 압박 하에서 조선 노동자들의 민족 공동의 적에 대한 적개심은 더욱 불타올랐다. 나는 현재 위대한 중국민족해방전쟁 속에서 조선의 2백여만 노동자 대중이 반드시 가장 유력한 반일투쟁을 확실히 시작하여 조선혁명의 기본 대오의 임무를 진행하리라 믿는다.

다음으로 광대한 농민대중 역시 강대한 반일혁명역량을 갖추고 있다. 조선은 본래 농민이 전 인구의 80%를 차지하고 있는 농업국가이다. 조선에서 변태적 자본주의화 과정 중에 농촌의 파산이 특히 급격히 진행되었다. 일본제국주의의 지속적인 약탈과 수매정책으로 전국 토지의 2/3는 이미 일본인의 소유가 되었다. 적들은 농민대중을 더 많이 착취하기 위해 농업 방면에 여전히 봉건적이고 초경제적인 착취 방법을 채용하였다. 예를 들어 지세, 고리대금, 부역 및 기타 지나치게 무겁고 잡다한 세금 등 봉건적 착취방식이 아닌 것이 없었다. 조선 농민은 일본인의 가렴주구에 시달리고 기아 선상에서 방황할 때 한편에서는 망국 이전에 편안하게 살며 즐겁게 일하던 과거의 삶을 깊이 추억하였다. 다른 한편에서는 일본 강도의 무리한 약탈에 무한히 분노하였다. 이들은 일찍이 자신의 생존을 쟁취하기 위해 반일독립만이 유일한 길임을 깨달았다. 그래서 조선 농민은 과거 여러 반일 운동에 매우 열렬히 참가하였다. 특히 "3·1"대혁명에서 전국 농민은 모두 동원되어 반일 시위와 폭동에 적극 참여하였다. 그 후 농촌 파산이 나날이 심각해지면서 각 지역 농민대중의 세금 징수 반대 등의 투쟁이 끊임없이 발생하였다. 적의 통계에 따르면 전국 농민의 세금 거부 투쟁은 매년 평균 3백여 건이 넘는다.

이는 조선 농민의 참혹한 생활과 투쟁 열기의 표현이다.

"9·18"사변 이후 일본 파시스트 강도들은 "만주 천국 건설滿洲天國建設"이라는 구호를 내걸고 농민을 속이고 유혹하였으며, 다른 한 손엔 칼을 들고 농민을 위협하고 구축하여 만주 황야로 보내 황무지를 개척하게 하며 중국을 침략하는 예비군으로 삼았다. 다른 한편으로는 일본의 "과잉"인구를 조선으로 보내 "작소구점鵲巢鳩占"[7]의 수작도 부렸다. 일본 강도의 이러한 정책은 과거 수십 년간 상당한 효과를 거두었다고 말할 수 있다. 현재 조선의 일본인은 60만 명에 이르렀고 만주의 조선 교민은 이미 백만을 넘었다. 그러나 조선 농민이 만주로 이주한 결과 만주 조선독립군의 대중적 기반이 더욱 강화되었다. 이들의 반일 정서도 더욱 높아졌다.

본래 조선 농민은 영광스러운 역사적 혁명 전통을 가지고 있다. 1893년 발생한 이른바 동학당 폭동은 농민대중이 이조李朝의 독재와 억압에 저항한 대혁명운동이다. 망국 때의 전국 의병운동 역시 농민대중의 무장 항일투쟁이었다. 상술한 대로 "3·1'대혁명의 기본 대오 역시 농민이었다. 이들은 집요한 민족의식과 완강한 반일 정서로 매번 반일투쟁에서 가장 강대한 혁명역량을 발휘하였다. 이들이 노동자계급과 함께 전 민족 반일통일전선운동의 가장 기본적인 전투부대임은 의심할 여지가 없다.

세 번째로 조선의 중소자산계급, 즉 소규모의 상공업자, 소지주 및 기타 소시민 등 또한 일본자본의 압박과 착취 하에서 나날이 몰락하는 과정에 있다. 이들은 유럽전쟁 시기 호황의 시대에 일확천금의 꿈을 품고 일본자본의 대규모 유동 속에서 앞으로 발전할 기반을 구축하려 하였다. 그러나 이 야망은 꿈으로 그치고 말았다. 일본경제의 주기적 공황 중에, 특히 1929년 이후의

---

7 까치집을 비둘기가 점령하다, 즉 남의 지위, 집, 토지 등을 강점하다라는 뜻이 있다.

만성 공황기에 일본자본이 식민지 민족에 대한 전대미문의 착취를 시작하였기에 많은 소규모 산업 및 상업기관이 줄줄이 문을 닫았다. 오늘 이른바 중소자산가라 하던 이들이 내일이 되면 바로 무산자가 되곤 하였다. 이들은 자본 집중의 법칙 아래서 도살장으로 끌려가는 양처럼 무기력한 항쟁의 희생품이 되었다.

그러나 우리는 이 사회계층 중에 많은 총명한 지식인이 포함되어 있음을 알아야 한다. 예를 들어 교수, 신문기자, 작가, 의사, 목사, 청년 학생 등이 있다. 이들은 조선 민족문화의 역량을 형성했을 뿐 아니라 과거와 현재를 막론하고 조선민족해방운동 속에서 매우 중대한 작용을 하였다. 이들은 현재 중일전쟁 중에 이것이 조선 민족이 해방을 쟁취하는 유일한 기회임을 분명히 알고 있으며 중국 쪽에 서서 공동으로 일본제국주의를 타도하는 데 의문의 여지가 없다.

마지막으로 민족자산계급과 "민족지주"는 그들의 역량이 매우 미약하고, 또 일본자본의 비호 아래 새로운 출로를 열 수 있지 않을까 하는 꿈을 꾸고 있지만, 동시에 일본자본을 타도하여 조선을 독점하려는 야심도 여전히 포기하지 않았다. 과거 유럽전쟁의 호황 시대에 이들은 영광의 발달을 이룬 적이 있어 일본자본에 대항하려 하였다. 1919년 "3·1"혁명은 의심할 바 없이 조선 민족자산계급이 이끌어 시작된 반일 운동이다. 이른바 민족대표 33인은 사실 이들의 대표자였다. 그러나 운동이 실패한 이후 이들은 일어나지 못하였다. 일본자본의 거센 압박 아래 이들은 계속 파산과 몰락의 과정을 걸어야 했다. 하지만 반일독립의 정신을 완전히 잃은 것은 아니었다. 오히려 반대로 파산과 몰락의 과정에서 민족독립 외에 더 나아갈 제2의 길은 없다고 깊이 인식하였다.[8] 이 점에서 우리는 현재 전 민족 반일통일전선운동에 있어 이들이 반드시 참가하여 짊어져야 할 역사적 사명을 집행할 수 있다고 깊게 믿는다.

4

조선 민족은 대체 얼마만큼의 반일역량을 갖고 있는가의 문제는 당연히 쉽게 답할 수 없다. 내가 위에서 해설한 바가 반드시 완전 정확하다고는 할 수 없지만, 대체로 말해서 조선 민족의 과거에 발동했고 금후에도 발동 가능한 반일역량에 관하여 상당한 분석과 추정이 있다. 내가 이 문제를 제기한 의도는 중국 인사들이 주목하고 연구하게 함으로써 조선 민족의 문제를 더욱 정확하게 인식하게 하고 현재 중한 양 민족의 항일 연합전선 결성 과정 중에서 인식상의 도움을 얻고자 함이다.

본래 이 문제의 추정에 관하여 중한·인사 사이에 고유의 이견이 있었고, 조선인 사이에도 완전한 일치하지 않는다. 어떤 이는 농민과 노동자 대중의 혁명성을 높게 평가하고 민족자산계급의 혁명성은 낮게 평가하였다. 또 어떤 이는 이와 반대였다. 나는 민족통일전선의 입장에서 좌파에 치우치거나 우파에 치우친 평가는 모두 부정하다고 생각한다. 나는 "일본제국주의를 타도하고, 진정한 민주공화국을 건립하자"라는 하나의 목표 아래 친일파와 매국노를 제외한 민족 전체가 어떤 계급에 속해 있고 어떤 당파의 사람인지 상관없이 모두 일어나 반일혁명투쟁에 참가해야 한다는 데 조금의 의심도 없다.

1938년 6월 10일

『조선민족전선』 제5·6기, 1938년 6월 25일

8 이 책 제2부의 『조선 민족통일전선 문제』에 다시 수록된 글에는 내용이 추가되어 있다.

제2부

『조선민족통일전선문제』와 김성숙

1. 신조선총서 발간사

- 목차
- (한 가지 필요한 설명)
- 부록

제1장

조선민족통일전선 문제[1]

김규광

신조선총서 발간사

우리는 중국에서 활동하는 조선 혁명가다. 조선 민족이 핍박받는 정황과 저항의 상황을 중국민족에게 정확히 알리기 위하여, 신조선사新朝鮮社를 조직하고 신조선 잡지를 발행하는 한편, 신조선소총서新朝鮮小總書를 발행하려 한다.

우리 모두 알고 있듯이, 중한 양 민족은 모두 일본제국주의의 압박을 받고 있는 민족이고, 일본제국주의를 타도하여 자유와 행복의 새로운 국가를 건립하려는 민족이다. 특히 지금은 중화민족이 일어나 최후의 승패를 결정하는 항일전쟁을 진행하는 시기인 만큼 중한 양 민족은 마땅히 서둘러 항일 연합전선을 건립하고 함께 노력하여 적군을 소멸해야 한다.

그러나 양 민족의 항일동맹을 건립하자면 반드시 양 민족 상호 간의 정확한 인식과 굳건한 신뢰가 우선되어야 한다. 서로에 대한 정확한 인식이 없다면 상호 굳건한 신임도 있을 수 없다. 굳건한 믿음이 없다면, 혁명적 동맹관

---

1 제2부는 김성숙이 잡지에 투고한 각각의 글을 한 권의 책으로 편집한 글 모음집이다. 그는 단행본을 간행할 때 여러 곳을 수정·보완하였다. 한글 번역문은 관련된 부분에 굵은 글씨로 표시했고 필요하면 각주를 달았다.

계를 건립할 수 없다!

중국의 항전이 최후의 승리를 얻을 수 있을까? 이 문제에 관하여 모든 조선 민족은 반드시 정확히 인식해야 한다. 조선 민족이 어느 정도의 역량으로 일본에 저항할 수 있을까? 이 문제에 관하여 중국민족도 정확히 추정할 수 있어야 한다.

그러나 우리는 양 민족이 서로에 대해 아는 바가 없음을 매우 심각하게 느낀다! 심지어 매우 부정확하다! 대다수의 조선인은 중국민족의 실정을 정확하게 이해하지 못하고, 대다수의 중국인 역시 조선 민족의 실정을 정확히 알지 못한다. 이는 일본제국주의자들이 두 민족을 도발, 이간질하는 정책과 문화봉쇄정책을 취하여 큰 효과를 보았기 때문이며, 또한 우리 중한 양국의 혁명가가 양 민족 사이의 문화선전 업무를 잘하지 못하였거나 심지어 하지 않았기 때문이다.

지금 우리는 일본제국주의 문화봉쇄선 밖에 위치한 조선 혁명가들이다. 마땅히 문화선전공작을 다른 혁명공작과 마찬가지로 중시해야 하고 책임져야 한다. 조선 민족이 핍박받고 저항하는 상황을 중국민족에게 정확하고 다양한 방법으로 소개해야 하며 중국민족해방투쟁 실제 정형을 조선 민족에게 정확히 알려야 한다. 이것은 긴급하고 중요한 혁명 공작이다.

그러나 동시에 우리는 스스로의 역량이 매우 박약함을 느낀다! 우리가 비록 있는 힘을 다하리라 결심해도 이 업무는 매우 무겁다. 문화선전업무를 잘 해내려면 중국 각계 인사들의 적극적인 지지와 원조를 받지 않으면 안 된다. 이것이 바로 우리의 결심과 바람이다.

마지막으로 우리는 1940년 3월 1일부터 조선 문제와 관련된 소총서를 매월 한 권씩 발간하여 일 년 내 최소 10권의 소책자를 내려 한다. 이 외에 매월 한국어판 신조선잡지新朝鮮雜志 1기를 내었고 현재 이 잡지는 이미 제4기가 출간되었다. 우리의 힘을 다하여 신조선잡지 중문판을 내려 하였으나 가까운 시일 내에 실현되기 어려울 듯하다. 우리의 계획은 이러하며 모든 힘을 다하여 적극 계획을 실현하려 한다.

신조선사동인계新朝鮮社同人啓

1939년 3월 1일[2]

---

2 본문의 내용과 연관지어 볼 때 1940년 3월 1일이 맞을 듯 하나, 원문대로 표시하였다.

목차

한 가지 필요한 설명

이 책의 출판에 관하여 저자로서 독자에게 간단히 설명드릴 것이 있다.

우선 이 책은 작자가 작년 봄여름 『조선민족전선』 잡지에 발표한 적 있는 몇 편의 독립된 문장을 모으고 편집한 것이다. 그러므로 표제가 비록 『조선민족통일전선문제』라 하더라도 내용상 이 문제에 체계적인 토론과 서술을 더한 바 없다. 책 한 권에 걸맞은 정연한 체계가 결여되어 있다. 그러나 독자가 조선혁명 문제를 연구하는 데 있어 이 책은 여전히 필요한 참고와 도움이 될 것이다.

다음으로 책 속의 각 문장은 원래 "시기를 맞춘" 정치 논문이었다. 그러므로 물론 그것의 시간성은 있겠지만 한편으론 지면의 한계로 충분히 이론을 펼치지 못하였고, 더욱이 필요한 자료를 충분히 처리하지 못하였다. 비록 지금 약간의 수정과 보충을 더하였으나 여전히 이 약점을 보완하진 못하였다.

마지막으로 부록 중 수집한 몇몇 문서는 조선혁명운동에 있어 지극히 역사적 의의가 있는 문헌이다. 특히 이 책의 내용과 밀접한 관계가 있으므로 그것을 부록으로 발표하여 독자에게 참고용으로 제공한다.

1940년 3월 1일 저자

一. 왜 전 민족통일전선을 건립해야 하는가?

1. 우리의 주장

우리는 과거 우리 민족해방투쟁의 귀한 경험과 현재 국제 및 국내 정치정세를 근거로 현단계 조선혁명의 **가장 주요하고 가장 긴급한**[1] 임무는 전 민족의 통일전선을 결성하여 일본제국주의를 타도하고 진정한 민주독립국가를 건립하는 것이라고 단호히 주장한다.

2. 민족해방투쟁의 역사적 경험

과거 30년간 조선 민족은 일본제국주의의 포악한 통치 아래 참혹한 노예생활을 해왔다. 민족 전체가 정치적 자유와 경제적 생존권을 잃었을 뿐만 아니라, 4천여 년의 유구한 역사적 민족문화와 민족의식에도 극심한 억압을 받았다. 이러한 민족적 피압박 사실은 조선 민족과 일본제국주의가 절대 병존할 수 없다는 역사적이고 현실적인 근거를 입증한 셈이다.

우리의 민족해방투쟁은 나라를 잃은 순간부터 지금까지 일본제국주의의

---

1 잡지 『조선민족전선』에 수록된 글에서는 '유일한'.

폭압과 학살이 아무리 악랄해도 끊임없이 진행되고 확대되었다. 망국 당시의 전국 의병봉기부터 만주 조선독립군의 지속적인 유격전, 1919년 "3·1" 운동의 전 민족적 대궐기, 암살과 파괴운동의 전면적 전개, 사회운동의 급격하고 보편적인 발전, "6·10"운동의 대중시위, 전국 노동자, 농민, 청년 학생의 반일결사노동총동맹, 농민총동맹, 청년총동맹 등와 그들의 파업, 조세 거부, 노예교육 반대 등 여러 차례 이어진 투쟁과 폭동, **1929년 전국 학생의 반일 대시위, 만주 조선청년의 반일 대폭동**, 특히 최근까지 나날이 확대 강화되고 있는 동북인민혁명군 속의 조선인 대오의 항일유격전쟁…… 등 모든 끊임없는 혁명투쟁은 일본제국주의 통치자들에게 강력한 타격을 주었을 뿐만 아니라 동시에 조선 민족의 독립자존의 정신과 능력을 충분히 발휘하였으며 우리 해방의 앞날을 명확히 지시하고 개척하였다.

그러나 이 모든 혁명투쟁은 당시 미성숙한 주관적이고 객관적인 조건 아래서 일시적이고 부분적인 실패를 겪었다. 첫째, 주관적으로 과거 우리의 해방운동은 당시 국제정세와 국내 각 사회계급의 현실이 요구하는 권위적이고 혁명적인 지도 이론을 거의 갖추지 못하였다. 따라서 강하고 혁명적인 전위부대를 세울 수 없었을 뿐만 아니라 대중을 충분히 교육하고 조직할 수 없었다. 혁명역량 또한 통일되어 집중되거나 확대되지 못하였다. 둘째, 객관적으로 우리의 원수 일본제국주의의 침략기구는 과거 수십 년간 전례 없이 확대되고 강화되었다. 이와 반대로 세계대전 후 폭발한 동방 피억압 민족의 해방운동, 특히 중국 국민혁명운동은 한때 좌절을 겪었고 각국의 무산계급혁명도 역시 한때 탄압받았다. 이러한 객관적 정세는 우리의 해방운동에 중대한 억압적 영향을 주었다.

그러나 이러한 혁명의 침체상태가 조선 민족혁명의 전면적 실패와 일본제국주의의 영원한 승리를 의미하지 않는다. 실패는 그저 표면적이고 일시적일 뿐 본질적이고 영구적이지 않다. 우리의 해방투쟁은 이처럼 어려운 투쟁 경험 속에서 새로운 전투 이론과 실천 역량을 끊임없이 준비하고 발전시켜 나가고 있다.

매우 분명한 점은 조선혁명운동이 지금에 이르러 이미 과거의 침체상태로부터 거듭 새롭게 진작하는 시기에 접어들기 시작했다는 것이다. 현재 우리 운동 전선의 각 방면에서는 성장 발전하고 있는 전 민족적 통일전선운동이 새로운 이론과 새로운 자세로 출현한 운동인 것이다. 바꿔 말하면 현재 우리가 적극 주장하고 추진하는 민족통일전선운동은 결코 추상적이고 공허한 것이 아니라 과거 모든 혁명적 투쟁 경험에서 성장하고 발전하여 진일보한 전투 이론과 전투 행동이다.

3. 민족통일전선의 사회적 의의

우선, 현단계 조선혁명의 성질은 민족통일전선운동의 사회적 역사적 의의를 결정한다. 현단계 조선혁명은 반半봉건적 식민지적 사회 성질에 근거하여 가장 광범위한 민주주의적 전 민족해방운동으로 정의된다. 자세히 말하면, 현단계 조선혁명은 조선이 일본의 식민지가 되고 민족 전체가 이민족의 극도의 압박을 받는 역사적 사실과 조선사회의 반봉건적 성질 때문에 반드시 민주주의적 민족해방운동이지 사회혁명이 아니다. 그러므로 현재의 조선혁명은 결코 어느 한 계급 혹은 당파가 단독으로 부담하는 임무가 아니다. 사실상 전 민족이 동일한 해방의 임무와 반일의 임무를 지니고 있다. 이것이 바로 조선민족통일전선의 가장 기본적인 사회기초이다. 우리가 민족통일전선운동을 진행할 때 조선의 노동자, 농민, 빈민 대중이 가장 주요하고 가장 믿을만한 역량임을 인정해야 하지만, 동시에 광대한 중소자산계급, 민족상공업자 및 지주 등 역시 상당한 반일독립적 혁명 요구를 지니고 있어 전 민족해방투쟁을 구성하는 상당히 주요한 세력임을 인정하지 않을 수 없다. 뿐만 아니라 조선 사회의 각 계급과 정당 정파는 내부의 대립과 모순이 있을지라도 일본제국주의의 민족차별과 폭압 통치하에서 반일독립의 민족해방 요구를 무엇보다 우선해야 한다. 따라서 그들은 반드시 내부의 모순을 지양하고, 민족전선의 깃발 아래 통일 단결하여 공동으로 일본제국주의의 통치를 전복시켜야 한다.

4. 민족통일전선의 국제적 의의

다음으로 최근 수년간 끊임없이 변화하고 발전하는 국제정세는 객관적으로 우리의 통일전선을 촉진하는 동시에 국제적 연합전선의 중요한 의의를 제시하였다.

현재 세계정치 형세는 두 진영, 즉 침략주의의 파시스트전선과 민주주의의 평화전선으로 아주 분명히 나뉜다. 전자는 일본, 독일, 이탈리아를 중심으로 하는 국제적 침략집단이고, 후자는 프랑스, 소련을 중심으로 하는 반침략적 국제전선이다. 이러한 국제형세는 필연적으로 세계의 피압박민족과 국가를 반침략전선에 참여하도록 만들었다. 이러한 형국은 이탈리아-에티오피아 전쟁과 스페인 내전, 특히 현재 중일전쟁에서 아주 분명하게 드러났다. 바꿔 말하면 국제적 침략자와 반침략자의 대립 투쟁에서 전 세계 각 식민지 및 반식민지 민족의 해방투쟁은 국제 반침략전선과 매우 밀접하게 연계되어 있고 국제적 침략자에 맞서 함께 대응한다.

특히 동아시아에서 우리의 적인 일본제국주의는 "9·18" 이래로 중국의 영토를 광적으로 침략하는 동시에 중국 내 열강세력을 구축하면서 열강과의 대립을 날로 심화시켰다. 특히 "8·13" 이후 중일전쟁이 전면적으로 전개되면서 중국 내 열강은 더욱 큰 침해를 받았고 국제적으로 영국, 미국, 프랑스, 소련과의 대립이 더욱 첨예화하였다. 동시에 중국 4억 5천만 민족의 항일투쟁은 전례 없이 확대와 긴장緊張을 보이고 있다. 특히 주목할 점은 중국 국공國共 양당이 민족을 멸망에서 구하기 위해 이전의 모든 원한을 버리고 단결합작하여 전 민족적 통일전선을 건립하고 통일의 깃발 아래 전 민족적 항일 총동원을 실행했다는 점이다. 이 전쟁의 발전에 따라 소련의 극동정책극동 군비 강화, 소련과 몽골의 상호원조 협정, 중국과 소련의 불가침조약 등도 발전하여 일본제국주의의 파멸을 더욱 촉진하였다.

일본제국주의의 광적인 대륙침략은 중국민족의 단결과 저항을 부추겼을 뿐 아니라 조선과 타이완 민족의 일치단결, 수천만 일본 인민대중의 반파시스트 인민전선을 촉진하였다. 일본제국주의는 중국을 침략하고 소련을 침공하는 한편, 영국과 미국의 간섭에 대응하기 위해 거대한 군사 역량을 적극 준비할 수밖에 없었다. 동시에 이러한 준비를 위해 일본 인민대중과 조선, 타이완 민족의 피와 땀을 더 많이 착취해야만 하였다. 또 그들의 자유를 더욱더 박탈하지 않을 수 없었다. 그 결과 필연적으로 일본 인민과 조선, 타이완 민족의 저항운동이 가속화되고 격렬해졌다.

상술한 것처럼 현재 일본제국주의 세력의 광적인 팽창은 결코 조선민족해방운동을 불가능하게 할 수 없으며, 오히려 반대로 우리 운동이 급속히 확대되고 발전하게 하였다. 사실 일본제국주의의 침략 기세가 고양될수록 이들의 국제적 지위는 더욱 고립되고 악화되었다. 게다가 이들에 대한 저항 세력도 점점 거세졌다.

위와 같은 국제정세에서 우리의 민족해방운동은 내부의 모순이 완화되고 일치단결한 각오가 보편화되었으며, 같은 목표를 향해 손잡고 나아갈 수 있는 유례없는 광대한 동맹세력을 획득하게 되었다. 즉, 중국 4억 5천만 민족의 항일세력, 타이완의 민족전선, 프랑스와 소련을 중심으로 하는 국제평화전선, 영국과 미국 등 국내의 반일세력, 심지어 적국 내부의 반침략적 혁명대중 모두를 우리 민족통일전선의 국제적 우군이자 동맹군으로 볼 수 있다.

5. 민족통일전선의 현실적 투쟁의의

셋째, 최근 국내 및 국외에서 급속히 발전하고 있는 우리의 해방투쟁은 사실상 민족통일전선의 실천적, 혁명적 의의를 증명하였다.

최근 수년간, 특히 "9·18"사변 이후, 일본제국주의가 침략전쟁을 준비하기 위하여 경제, 정치적 압박과 착취를 강화하는 한편, 중국민족의 항일투쟁과 소련 **사회주의**[2] 세력의 확장으로 조선 국내외 혁명운동은 더욱 높은 단계로 나아가며 합리적인 발전을 이루었다.

일본제국주의자는 중국에 대한 **대규모** 침략전쟁을 일으키기 위해 전쟁의 후방 근거지인 조선의 통치를 강화하여 전례 없는 가혹한 법률로 조선 민족의 모든 정치적 사회적 활동을 엄중하게 진압하였다. 수십만 명의 대중으로 조직된 **전국노동**총동맹, 농민총동맹 및 청년총동맹을 강제로 해산시켰다. 또한 3만여 명의 전위부대를 보유한 신간회 활동을 진압했으며, 더 나아가 모든 집회, 언론, 출판, 결사의 자유를 박탈하였다. 그러나 우리의 투쟁은 결코

2 『조선민족전선』에는 '혁명'.

여기서 멈추지 않았고 오히려 적군의 억압이 심해질수록 혁명투쟁은 더욱 깊이 있게 발전해 나갔다. 이러한 극단적인 폭압 국면에서 모든 민족의 반역자, 자치운동파, 청산파 등은 공공연히 적들을 대신하여 앞잡이의 임무를 수행해야 했다. 반대로 모든 반일혁명대중은 어떤 사회계급과 당파에 속하는지 관계없이 민족통일전선의 깃발 아래 집중하지 않을 수 없었다. 전국의 노동자, 농민 그리고 청년 학생 대중은 신속히 혁명의 비밀결사를 발전시켰고, 각종 종교 및 문화기관에서 반일 정치조직을 급격히 증대시켰다. 이렇게 전국 각지에서 파업, 조세 거부, 수업 거부 등 혁명투쟁이 끊임없이 일어났다. 이들은 반일투쟁의 실천 속에서 소위 사회운동과 민족운동의 대립 전선을 통일시켜야 했고, 전 민족통일전선의 정치노선을 향해 매진해야 했다.

특히 해외에서는 중일전쟁이 확대되고 일본과 소련의 대립이 첨예화됨에 따라 중국과 소련 각지에서 활동 중인 조선혁명단체와 개인은 유례없이 활발한 투쟁을 시작하였다. 소련에 있는 수십만 조선 민족은 소련 정부와 공산당의 지도 아래 이미 굳건한 전투대오를 결성하였다. 만주에 있는 수만 명의 동포들은 동북인민혁명군에 직접 가입하고 항일연군의 깃발 아래 용감하게 유격전쟁을 전개하였다. 중국 관내의 각 혁명단체와 개인은 직간접적으로 중국의 항일전선에 참가하였다. 이러한 실천적 투쟁 중에 다른 것은 필요 없고 단지 힘을 합쳐 적을 무찌르는 혈전과 각 당 및 각 파 동지의 합작만 존재할 뿐이다.

6. 결론

이상의 서술에서 볼 때 우리가 견결하게 주장하는 전 민족통일전선은 의심할 바 없이 현단계 조선혁명의 유일한 **주요하고 시급한**[3] 임무이다. 우리는 이 위대한 역사적 사명을 수행하기 위해 우선 해외에 있는 몇몇 사회적 입장과 주의主義적 신념이 각기 다른 해외 혁명단체즉 조선민족혁명당, 조선혁명자연맹, 조선민족해방동맹 등를 결합하여 조선민족전선연맹을 조직하였다.

조선민족전선연맹은 전 민족적이고 완전한 통일전선조직이 아니다. 다시 말해 실질적으로 전 민족의 의사를 대표하는 통일전선 단체는 아니다. 왜 그럴까? 연맹은 그저 3개 혁명단체의 연합일 뿐 전 민족적 각 사회계층, 각 정당정파, 각 종교 및 민중단체의 대표가 조직하지 않았다. 그러나 연맹은 주의가 다른 정치단체의 결합이라는 의미에서, 특히 민족통일전선이라고 정확하게 주장하고 있다는 점에서 최소한 전 민족통일전선의 출발점이요, 초기 형태라고 볼 수 있겠다. 우리는 연맹을 전 조선혁명대중 위에서 군림하는 총 지도기관으로 여기지 않으나, 연맹만이 전 민족통일전선의 지렛대와도 같은 주요한 임무를 정확히 집행할 수 있으리라고 굳게 믿고 있다.

조선민족전선연맹의 당면한 임무는 민족 전체의 의사를 완전히 대표하는 의미의 민족전선 총 지도기관을 적극적으로 촉진하는 한편, 중국 항일전쟁 과정에서 중한 양 민족의 연합전선을 적극적으로 추진하는 동시에 다른 모든 반일세력과 밀접한 연계를 맺도록 이끄는데 있다. 이렇게 해야만 우리의 전투역량을 증강시키고 우리의 최후 승리를 비로소 확보할 수 있다.

마지막으로 조선민족전선연맹은 이미 창립선언과 민족통일전선의 기본

---

3 잡지『조선민족전선』에 발표할 때는 '실천'.

강령 및 투쟁강령을 발표하였다. 우리는 이 강령과 선언을 근거로 끝까지 분투하고 최후의 승리를 얻어내겠다.

1938년 3월 25일

二. 전 민족 반일통일전선을 어떻게 건립하는가?

1. 전선의 통일문제

중일전쟁 발발 후 조선민족해방전선에서 매우 중요하고 시급히 해결해야 할 문제가 생겼다. 바로 전 민족적 반일전선의 통일문제이다.

중일전쟁이 시작되었을 때 민족주의자, 공산주의자, 무정부주의자를 막론하고 모든 조선 혁명가들은 전쟁이 조선민족해방운동에 중대하고 결정적인 영향을 미칠 것이라 똑같이 생각하였다. 즉, 중국이 승리하면 중국민족이 해방됨은 물론 조선 민족 역시 해방의 희망을 가질 수 있고, 만약 중국이 실패한다면 중국의 민족국가는 멸망의 위기에 놓이게 될 뿐 아니라 조선민족해방의 앞날도 더욱 어두워지고 막막할 것이다. 따라서 전 조선혁명운동가 모두가 이처럼 새로운 투쟁 환경과 새로운 전투 시기 속에서 중국의 항전에 호응하고 지지하며 조선 민족 자신의 해방을 쟁취하는 것으로 전 민족적 반일혁명투쟁을 적극 시작해야 한다. 그러나 전 민족적 반일 총동원을 실행하려면 우선 가장 긴요한 것은 조선민족해방전선 자신의 통일을 확립할 필요가 있다. 만약 우리의 해방전선이 통일되지 않고 지금과 같은 종파주의나 주의主義·사상의 분열과 대립의 상황이 지속된다면 우리는 중일전쟁이 우리에게 제공한 새로운 환경과 새로운 시기의 투쟁 임무를 완벽히 실행하지 못할 뿐 아니라 설령 중국이 일본에 승리하더라도 우리의 해방운동 역시 꼭 순조롭게 성공된다고 할 수 없을 것이다. 이것은 분명한 사실이다. 이러한 상황에서 모든 조선 혁명가는 모두 열렬히 이 구호를 외쳐야 한다. "전 조선 민족은 '반일 제일' 주의 아래 단결하자!"

이 구호는 현단계 조선혁명대중의 공동 요구를 완벽히 대표할 수 있음은 두말할 필요도 없다. 이러한 민족의 통일단결은 지금 필요할 뿐 아니라 가능한 일이다. 그러나 현재까지 그저 하나의 구호에 그칠 뿐 완벽하고 구체적으로 실현되지 못하였다.

원래 말하고자 하는 전 민족적 반일전선의 통일문제는 조선에서 지금에 와서야 제기된 문제가 결코 아니다. 조선은 일본의 독점 식민지이므로 일본 제국주의는 전 조선 민족의 유일한 공동의 적이다. 때문에 조선에서 전 민족적 반일통일전선 건립은 역사가 결정한 조선민족해방운동의 주요 정치 임무이다. 이러한 이유로 종래 조선에서 어떠한 혁명단체도 반일전선의 통일을 공개적으로 반대하지 못하였다. 설령 편견이 깊은 종파주의 단체나 어떠한 계급의 정당 정파라 하더라도 표면적으로 전 민족의 통일단결을 주장하지 않을 수 없었다. 이렇게 전선의 통일은 조선에서 이미 역사적 구호가 되었고 과거 해방운동의 각 시기에 여러 가지 다른 방식으로 전선의 통일운동이 진행되어왔다.

조선에서 전선통일운동의 주요 대상은 민족주의운동과 사회주의운동의 통일문제이다. 비록 조선에서 국내외를 막론하고 여러 가지 형식의 분열과 대립적 다수의 혁명단체가 존재했고 표면상으로 보면 확실히 조금 복잡한 느낌입니다! 그러나 내용상에 살펴보면 많은 단체가 자신의 사회적 계급적 배경을 가지고 있음을 알 수 있다. 이들은 민족주의운동에 속하거나 사회주의운동에 속합니다. 그러므로 조선의 이른바 전선의 분열과 대립은 주로 이

두 운동의 분열과 대립을 말한다. 현재 우리가 결연하게 주장하고 적극적으로 진행하는 전 민족 반일통일전선운동은 역시 두 운동의 통일전선 건립이 주요 목표이다. 각 민족운동 단체 간의 통일이나 각종 사회운동 단체 사이의 통일도 당연히 필요하지만, 이것이 전 민족적 통일이 될수 없으며, 우리가 목표로 하는 통일전선이 아니다.

요컨대 중국민족의 항일전쟁이 맹렬하게 진행되고 동아시아 피압박민족의 반일투쟁도 전례 없이 긴박하게 고조되고 있는 지금, 조선 민족 반일전선의 통일문제는 특히 중대한 의미를 가지며 신속하고 정확하게 해결해야 할 것이다. 이 문제가 신속하고 정확히 해결될 수 있는가에 따라 조선 민족해방 앞날의 광명 혹은 암흑이 결정될 것이다. 그렇다면 우리가 어떻게 해야 이 문제를 정확하게 해결할 수 있을 것인가? 우리가 어떻게 해야 전 민족의 반일통일전선을 완벽하게 건립할 수 있을 것인가? 이 문제에 대해 우리는 상세히 토론하고 정확한 결론을 도출해 내야 한다.

2. 인식의 통일

현재 어떤 조선 혁명가도 그가 어떤 주의를 믿든 어떤 당파에 속해 있든지 전선의 통일을 반대하지 않는다. 소극적으로 반대하지 않는 정도가 아니라 적극적으로 주장한다. 그러나 이는 그저 "반대하지 않는다"거나 "주장한다"일 뿐 어떻게 통일하는가에 대한 구체적 방법의 의견상에서는 각자가 모두 다른 방법을 가지고 있다. 각 당파도 서로 다른 견해를 지닌다. 그러므로 구두상 표어상의 통일이 있을 뿐 구체적이고 실질적인 통일이 없다.

우리가 생각하기에 민족전선의 실제적인 통일을 건립하려면 우선 민족전선의 인식부터 통일해야 한다. 우리가 인식상 이론상으로 통일되지 않는다면 실제상 행동상 통일을 이룰 수 없다.

조선의 민족통일전선운동은 말할 것도 없이 이미 발기 촉진되고 있다. 1935년 중국의 항일민족통일전선운동이 시작된 이래로 중국에 머물던 극소수의 조선 혁명가 사이에 이 운동에 관한 열띤 토론이 있었다. 현재까지 몇몇 사상이 다른 혁명단체가 "조선민족전선연맹"을 조직하여 민족통일전선의 기초를 건립하려 하였으나, 이는 초기의 운동 형태로 아직 정확하게 통일된 지도이론을 갖추지 못하고 있다. 최근 중국에서 발행된 조선어 잡지 『민족혁명』, 『민족전선』, 『한청韓靑』 등에 민족통일전선 문제에 관한 많은 글이 발표되고, 통일문제에 관한 이론적 탐구가 적극 전개되었다. 이는 자연自然히 매우 좋은 현상이다. 이러한 이론의 탐구와 투쟁이 있어야 비로소 전선의 통일 문제에 대한 정확한 인식이 가능하고 통일 지도이론이 정확히 수립될 수 있기 때문이다.

현재 우리는 민족전선의 통일된 지도이론을 확립하기 위해 우선 각 조선 혁명가는 이하 몇 가지 가장 기본문제에 대해 모두 정확하게 인식해야 한다.

첫째, 우리의 민족전선은 서구의 인민전선과 다르다는 것을 분명히 알아야 한다. 인민전선은 가장 고도로 발전한 자본주의국가 내에서 인민대중이 파시즘을 반대 또는 저지하고 민주와 평화를 쟁취하고자 일정한 정치강령 아래 결합한 일종의 정치투쟁 기구이다. 그러나 우리의 민족전선은 그렇지 않아서 민족 전체가 어떤 사회계급이나 정치 당파에 속하였는지 상관없이 유일한 공동의 적 일본제국주의를 타도하고 민족의 자유 해방을 쟁취하기 위해 일정한 정치강령 아래 단결한 또 다른 정치투쟁 기구이다.

이 두 전선의 공동 문제에 관하여 중국은 초기 민족통일전선운동 시대에 각종 이론적 탐구와 토론이 있었고, 현재에 이르러서는 통일된 인식을 얻었다. 그러나 조선에서는 이 문제의 토론이 이제 시작되었고 아직 일정한 결론을 얻지 못하였다.

둘째, 우리의 민족전선과 중국의 민족전선이 서로 다르다는 것을 분명히 알아야 한다. 양 전선은 내용상 본질상 같지만 표현 형식면에서는 서로 다르다. 조선은 일본의 독점 식민지로 일찍이 국가기구가 존재하지 않았으므로 민족전선 형태도 각종 혁명집단의 결합 형식으로 표출될 수밖에 없는 반면, 중국은 방대한 인민과 토지를 가진 반半독립국가로 통일된 국가정권 아래 민족전선의 인적, 물질적 기초를 갖추고 있다. 이 국가의 정권은 스스로 항일 민족전선의 중심기구가 되었다. 또 하나는 조선혁명당파의 상황이 중국과 다르다. 중국은 국공國共 양대 정당이 있고, 양당은 일정한 사상과 강령을 가지며 수십 년에 이르는 혁명의 위대한 역사, 수십만 수백만에 이르는 당원을 보유하고 있다. 국민당은 국가정권을 장악한 정당이기도 하다. 두 개의 대혁명정당은 곧 중국민족통일전선의 중심 지휘 역량이 되었다. 그러나 조선은 민족주의운동이든 사회주의운동이든 모두 방대한 민중을 기초로 유구한 혁명역사를 이뤄낸 대혁명당인 중국의 국공 양당과는 다르다. 주의가 다른 허다한 종파주의의 소혁명단체가 서로 분열되고 대립하고 있을 뿐이다. 이러한 정황에서 민족전선의 결성은 오직 민주주의의 원칙 하에서만 각 혁명단체의 연합전선을 건립할 수 있을 뿐이다.

셋째, 우리는 민족전선이란 전 민족 사회 각 계층의 공동 이익을 대표하는 통일된 최고 정치투쟁기구이지, 한 계급의 이익을 대표하는 일종의 정당이 아님을 분명히 알아야 한다. 바꿔 말하면 민족전선은 한 민족 내 각기 다른 사회계급 혹은 단체가 자신의 입장과 각자의 공동 요구에 따라 참여함으로써 결성된 기구이다. 이 공동의 요구가 바로 전 민족의 요구이다. 이 요구를 만족시키기 위해 각자 다른 입장에서 공동의 정치강령 아래 함께 행동한다.

넷째, 우리는 민족전선이 일정한 정치 목적을 가지고 있지 단순한 정치 수단이나 정책이 아니님을 분명히 알아야 한다. 어떤 이들은 우리 민족전선의 **최종**[4] 목적이 일본제국주의의 타도이며 타도 이후 어떻게 건설해야 하는지는 민족전선이 부담할 수 없는 임무라 생각한다. 왜 그럴까? 그때가 되어 사회주의국가를 건설하게 될지 파시즘 국가를 건설하게 될지 정해져 있지 않기 때문이다. 이러한 견해는 명백히 잘못되었다. 우리 민족전선의 **최종적** 정치 목적은 진정한 민주공화국을 건립하는 데 있고, 일본제국주의 타도는 목적에 다다르기 위한 정책과 수단이다. 일본통치 타도는 파괴이고 민주공화국 건립은 건설이다. 건설은 목적이고 파괴는 수단이다. 목적 없는 수단은 맹목적 행위이다. 우리의 **민족전선**은 반드시 전 민족 공동 요구에 기초를 둔 건설강령을 가져야 하고, 동시에 확실한 반일공동투쟁강령을 가질 필요가 있다. 최근 중국국민당 임시대표대회가 항일건국강령을 발표하였으니 우리의 견해가 결코 독단적이지 않음을 볼 수 있다.

다섯째, 우리 민족전선 내부의 모순을 피할 수 있음을 분명히 알아야 한다. 조선 민족 내에 다양한 상반된 이해관계와 대립하는 사회계급이 존재하지만 계급 대립은 **일본제국주의**[5]의 대립과 비교하면 극히 부차적이다. 조선 전국 경지면적의 60%, 전국 자본의 95%, 전국 교통과 주요 산업기관의 거의 전부가 이미 일본인의 공사公私 소유다. 다시 말해 조선에서 정치적 압박자는 일본인일 뿐만 아니라 대지주 및 자본가 역시 일본인이다. 이러한 상황에서 민족전선이 가장 광범위하고 가장 철저하게 민주제도를 채택해야만 내부의 상호대립과 모순을 피할 수 있으며, 피할 수 없더라도 분열의 상황까지 이르지 않는다.

여섯째, 우리는 민족전선의 투쟁 대상이 외부로 한정하지 않고 내부에서

---

4 『조선민족전선』에는 '주요'.

5 『조선민족전선』에는 '민족'.

도 다양한 투쟁 대상이 발생할 수 있음을 분명히 알아야 한다. 우리의 주된 투쟁 대상은 당연히 일본제국주의이지만 내부에서도 각종 좌경 혹은 우경의 반反민족통일전선의 경향에 대하여 무자비하게 투쟁해야 한다. 이렇게 해야만 전 민족의 의지와 역량이 집중되어 민족전선의 민족 기강이 확립되며 반일의 전투력을 증강시킬 수 있다. 특히 민족의 배신자, 친일파 및 그 앞잡이에 대한 박멸운동[6]은 잠시도 늦춰서는 안된다.

일곱째, 우리의 민족전선은 종래의 좌익 반제국주의동맹과 우익 민족주의 단체의 연합체와는 완전히 다른 존재임을 분명히 알아야 한다. 어떤 이는 "좌익"의 입장에서 조선에서의 반제동맹과 민족전선은 본질상 같으며 단지 이름이 다를 뿐이라 주장한다. 또 다른 이는 "우익"의 입장에서 "광복운동단체연합회"가 바로 민족통일전선이라 말한다. 이 두 주장 모두 맞지 않다. 종래 반제국주의동맹은 전쟁 반대를 주요 임무로 하는 국제조직이었고, 각국에서 본래 공산당이 지도하고 이끄는 군중 운동단체였다. 그 형식과 내용은 물론이고 현재의 민족통일전선과 공통점이 털끝만큼도 없다. 동시에 순수한 민족주의 단체 연합으로 만든 "광복운동단체연합회"도 본질적으로 민족통일전선이 아니다.

여덟 번째, 마지막으로 민족전선이 일본제국주의를 타도하는 혁명 과정에서 전 민족을 동원해 반일투쟁에 나설 수 있는 혁명의 총지도기관이 되어야 한다. 또한 조선에서 일본제국주의의 통치를 타도한 이후 반드시 조선민주공화국의 건립자가 되어야 한다. 민족통일전선이란 전 민족 각 계급의 당파 및 기타 군중단체의 대표로 조직된 혁명집단이며 그 자체가 전 민족의 의사를 대표하는 민주 집중적 혁명의 권력기관이기 때문이다. 그러므로 반드시 혁명적 권력을 운용하여 일본제국주의 정권을 타도하고, 또 반드시 혁명적 권력을 운용하여 자유, 평등, 행복의 신조선공화국을 건

6 『조선민족전선』에는 '투쟁'.

립해야 한다.

이상 언급한 8가지 문제[7]는 조선민족통일전선의 결성 과정 중에 모든 조선 혁명가들이 정확하게 인식해야 하는 가장 기본적인 문제들이다. 만약 우리가 이들 문제에 대하여 정확하고 통일된 인식을 갖는다면 우리의 반일통일전선을 구체적이고 완벽하게 건립할 수 있을 것이다.

3. 조직의 통일

만약 우리가 전 민족 반일전선의 통일문제에 대하여 인식상, 이론상 통일된 작업을 잘 끝냈다면 조직과 행동의 통일 작업으로 옮겨가야 한다.

의문을 가질 필요 없이, 전선의 조직 문제는 인식 문제와 마찬가지로 중요하며 시급히 해결해야 할 문제이다. 이 문제의 토론은 "조선민족전선연맹"의 성립 이후 비교적 구체화되어 점차 조직이론의 체계가 형성되었다.

조선 민족전선의 조직 문제는 표면적으로 간단하고 쉽게 해결될 것처럼 보이지만 내용 면에서는 매우 복잡하고 처리하기 어렵다. 상세히 말하면 조선에서 민족통일전선의 주요 조직 대상은 민족주의운동과 사회주의운동의 통일이다. 이는 마치 중국의 국공 양당이 중국 민족전선의 가장 기본 조직 대상인 것과 마찬가지로 두 운동이 통일된 조직을 건립하면 되지만 표면상 그러해 보일 뿐 사실 그리 간단하지 않다. 조선은 중국의 국공 양대 정당처럼 사회운동과 민족운동을 지도할 통일된 권위 있는 혁명 정당이 없기 때문이다. 조선공산당은 과거 여러 차례 건립을 시도했으나 누차 적에게 파괴되었

---

7 『조선민족전선』에는 '7개 문제'.

고 현재까지 제대로 건립되지 못하고 있다. 그 결과 사회주의운동은 중심적이고 조직적인 지도와 통제를 잃게 되었다. 그리하여 많은 종파주의 혹은 폐쇄주의의 소조직이 생겨나고 서로 대립하고 분열하였다. 민족주의운동 역시 마찬가지여서 크고 작은 여러 정치단체가 서로 대립하고 분열하였다. 다 같은 민족주의 정강政綱의 단체로 시작하였으나 그들의 역사 배경과 종파 관계로 인하여 통일 단결할 수 없었다. 결국 중국의 국민당처럼 광대한 대중 기반이 있는 통일된 민족주의 정당이 형성될 수 없었다. 이렇게 소위 사회운동과 민족운동은 사상 계통에서 구별될 뿐 조직 계통상에서는 다르지 않다. 왜냐하면 두 운동 모두 자신의 통일 지도 조직 계통이 없었기 때문이다. 이 상황에서 전선의 통일 공작은 매우 곤란한 형편이다.

우리가 조직의 통일 공작을 진행할 때 조직이론상에서 개인본위와 단체본위의 문제가 발생하였다. 개인본위를 주장하는 사람은 조선민족해방운동이 중국과 다르고 특수한 상황이 있음을 지적했다. 사회운동 방면과 민족운동 방면을 묻지 않고 통일된 조직 시스템이 없을 뿐 아니라 다양한 종파주의로 분열된 정치단체가 있을 뿐이다. 이러한 분열과 대립 속에서 단체본위의 민족전선 조직은 매우 곤란하고 불가능한 일이므로 민족통일전선을 찬성하는 이들은 어떤 단체에 속해 있든지 상관없이 모두 개인의 자격으로 참가하여 전선의 조직을 확대시켜 나아갔다. 이러한 주장은 모두 근거가 있는 것이다. 사실 1927년 국내에서 성립된 민족협동전선단체 "신간회"(3만 이상의 회원과 150여[8] 지회를 보유)와 당시 해외의 "대독립당大獨立黨"조직운동은 모두 이러한 개인본위의 조직원칙을 채택하였다. 그러나 이러한 조직들은 결점이 많았는데, 주요한 것은 조직의 통일이 아니라 조직의 분산과 복잡화였다. 각

---

8 『조선민족전선』에는 '수백 개'.

종 단체에 속한 많은 사람이 개별적으로 또 다른 조직에 섞여 있는 셈이였다. 결과적으로 이들 조직은 각당 각파의 지도권 쟁탈을 위한 장소가 되거나 아니면 제3의 정치단체가 되었다. 특히 사상 및 그 정책이 서로 다른 단체가 통일된 조직 안에서 개인을 통해 각자의 정치적 의도를 실현하려 하여 격렬한 마찰이 발생하였다. 결국 통일된 조직적 규율을 건립하지 못하였고 당내 숙청이 일어나거나 분열의 길을 걸었다. 지금 우리의 민족통일전선은 이미 실험해 보았고 실패한 적 있는 이러한 조직원칙을 채택할 수 없다. 민족전선은 결코 정당형식의 단체가 되어서는 안 되기 때문이다. 전 민족 각 계급의 정치당파, 각종 사회군중단체이어야 한다. 무장 군대 및 다양한 종교의 대표로 조직된 혁명의 총 지도기관이어야 한다. 여기서 각 정당정파, 각 민중단체는 모두 자신의 입장을 유지하며 공동강령과 반일 민주강령 아래에 공동의 행동을 약속한다. 조직에 참가한 각 당파는 솔직하게 자신의 정책상의 의견과 요구사항을 밝힐 수 있으며 서로 돕고 양보하는 정신으로 모든 정책상의 문제를 해결한다. 동시에 각 당파는 반드시 민주집중제의 조직적 규율을 이행해야 한다. 이러한 조직 방법은 정치 당파가 가장 복잡한 조선의 상황에 매우 부합된다. 결론적으로 조선민족전선은 반드시 단체 중심의 조직 원칙을 채택해야 한다.

다음으로는 민족전선의 민주집권제의 문제이다. 단체중심의 조직은 절대 민주집권제를 채택하지 못한다고 말하는 이들이 있다. 민주집권제는 구성원에게 확실한 강제력을 행사하지만 이 강제력은 의견이 다른 각 당파 사이에서 결코 실행되지 못하므로 단체 중심의 조직은 협의제를 채택할 수 밖에 없다고 한다. 그러나 이러한 주장을 하는 이들은 다른 의도를 가지고 사실을 고의로 왜곡하고 자신의 무지를 드러내는 것이다. 조직의 강제력이란 개인중심인지 혹은 단체중심인지에서 결정되는 것이 아니고 이 조직의 정강정책의 정확성이 결정하는 것이다. 예를 들어 한 조직의 정강정책이 부정확하고 다수 성원의 요구를 대표하지 못한다면 그 조직이 개인 중심이든 단체 중심이든 강력한 규율을 세울 수 없다. 반대로 한 조직의 정강정책이 다수 성원의 요구를 정확히 대표한다면 이 조직의 중심이 개인이든 단체이든 상관없이 강력한 민주집권제 원칙을 채택하여 철칙을 세울 수 있다. 우리의 민족전선은 "일본제국주의 타도, 민주공화국 건립"이라는 위대한 혁명 정강 아래 각종 혁명단체의 공동행동을 단속하는 혁명적 총 지휘기관이다. 반드시 강력한 민주집중제를 채택하고 질서있는 혁명규율과 민족 규율이 있어야 한다. 의논은 하되 결정하지 않으며 결정하고 행동하지 않는 협의제도를 채택하면 안된다. 반일민주의 강령을 어기지 않는 한도 내에서 모든 구성원 단체들은 민주적 결의 이행의 의무를 지닌다. 이 의무를 이행치 않는다면 혁명의 민족적 규율로 처리한다. 이렇듯 민족전선의 조직은 반드시 강력한 민주집권제도를 채택하여야 한다.

상술한 것처럼 단체 중심과 민주집권제도는 조선민족통일전선의 두 기본 조직원칙이다. 우리는 이 원칙 하에 통일작업을 진행해야 한다.

현재, "조선민족전선연맹"은 이미 전 민족에게 반일통일전선의 공동 정치강령을 제창하고 전선의 조직통일 업무를 적극적으로 진행 중이다. 본래 이 연맹은 서로 사상이 다른 여러 단체조직으로 구성된 민족전선단체이지만 전 민족통일전선의 총 지도기관이 될 수 없고 그저 민족전선의 초기형태일 뿐이다. 그러므로 연맹은 가장 완전한 전 민족통일전선기구를 건립하기 위해 계속 노력해야 한다. 바로 이 점이 연맹이 갖는 가장 중대한 책임인 것이다.

그렇다면 어떻게 해야 민족 전체를 완전히 대표하는 의미의 통일적 최고 지휘기관을 건립할 수 있을 것인가? 이를 위하여 우선 전 민족 대표대회를 소집하여야 한다. 대회는 국내외 각 혁명단체 및 무장부대로 구성되어야 하며, 줄곧 반일혁명적 성격을 지켜 온 종교 및 기타 사회 대중단체가 선출한 대표로 구성되어야 한다. 또한 대표대회에서 선출된 권위 있는 민족대표 여러 명이 민족전선의 총기구를 조직해야 한다.

그러나 우리가 공작을 진행함에 있어 가장 먼저 맞닥뜨리게 되는 어려움은 각 단체의 종파주의 관념과 각 지도자들의 영웅주의 심리이다. 이 관념과 심리로 인하여 각 단체 간의 대립 관계를 극복하기 매우 어려울 뿐 아니라 아주 쉽게 반反민족통일전선의 경향마저 생겨난다. 이 상황은 중국 관내의 조선혁명 당파 사이에서 더욱 그러하다. 갑을甲乙이 대립된 두 단체 사이에, 단체 갑이 찬성하거나 민족전선에 참가한다면, 단체 을은 아무 이유 없이 반대하거나 민족전선의 참가를 거절한다. 같은 민족주의 혹은 사회주의 단체라고 해도 여태껏의 역사배경과 종파관계 때문에 또 다른 조직을 고집하고, 또 다른 주장을 내세워 서로 대립한다. 조선에서 민족통일전선의 조직형태는 단체본위와 민주집권제도를 채택하는 것이 가장 합리적이다. 그러나 그들의 종파관념과 영웅심리 때문에 합리적 방법을 고의로 반대하거나 소극적으로 거들떠보지 않는 태도를 취한다. 이것이 중국 관내의 각 조선혁명당파의 상황이다. 다음으로 두 번째 어려움은 중일전쟁이 발발한 이래로 국내와 국외의 교통이 완전히 단절되어 각 지역 혁명단체 간의 직접 담판과 접촉이 불가능해졌다는 점이다. 특히 우리와 동북 및 시베리아의 혁명단체 및 무장부대 사이의 연락도 단절되었다. 그러나 우리는 반일통일전선을 신속히 건립하기 위해 노력하여 이 모든 어려움을 극복할 것이다. 이러한 곤란은 결코 극복할 수 없는 것이 아니다. 우리는 어떠한 어려움도 시대가 요구하는 전선통일공작을 저지할 수 없음을 서로 굳게 믿는다.

4. 결어

총괄하여 말하자면 우리는 전 민족적 반일통일전선을 건립해야 한다. 우선 반드시 민족전선의 정확하고 통일된 지도이론을 건립해야 한다. 다음으로 정확한 조직원칙과 방안을 채택하여 민족전선의 총 지휘기관을 건립하여야 한다. 만약 우리가 이 공작을 해내지 못한다면 조선 민족은 위대한 중국 항일전쟁이 제공한 새로운 환경과 새로운 시기에 자신의 해방투쟁을 활발하게 전개할 수 없고 중국의 항전을 호응하고 지지할 수 없을 것이다. 전 조선 혁명가들이여! 멸망에서 회생할 시기가 이미 도래하였다! 자신의 자각한 단결과 자각한 투쟁이 있다면 우리는 노예인 오늘에서 해방의 미래로 나아갈 수 있다!

1938년 4월 15일

三. 조선 민족 반일혁명 총역량 문제

1. 왜 이 문제를 제기하는가[9]

중국의 항일전쟁이 맹렬히 진행 중일 때 일본제국주의의 수탈과 압박을 받는 중한 양 민족에게 항일전투연맹의 건립은 매우 중요하고 필요한 일이었다. 때문에 항전 이후 많은 중한 인사들이 진지하게 이 문제를 주목하였다. 동시에 피압박민족의 연합전선이 하루라도 빨리 실현되기를 열렬히 기대하였다!

그러나 여기서 우리는 연합전선이란 결코 공허한 정치호소가 아니라 실천이어야 하고 투쟁해야 할 일종의 전투연맹임을 반드시 알아야 한다. 실천과 투쟁이 없는 연합전선은 존재할 수 없고 존재해서도 안 된다. 반대로 실천과 투쟁 속에서만 연합전선이 공고해지고 확대될 수 있다. 그러므로 중한 양 민족의 항일 연합전선을 건립하려 할 때, 양 민족은 서로의 실천과 투쟁의 역량에 대한 정확한 인식이 매우 필요하다. 바꿔 말해, 조선 민족은 반드시 중국민족의 항일역량을 인식하고 중국의 항전이 반드시 최후의 승리를 거둘 것이며 중도 타협하거나 실패하지 않을 것이라 굳게 믿어야 한다. 마찬가지로 중국민족 역시 조선 민족의 항일혁명역량을 정확히 인식해야 하고 조선혁명운동이 반드시 최후의 성공을 거두고

---

9 잡지 『조선민족전선』에 수록한 글에는 각 장에 제목이 없었다.

결코 일본제국주의의 영원한 노비가 되지 않으리라 확신해야 한다. 우리가 이렇게 서로 정확히 인식하고 굳게 믿어야 양 민족의 연합 항일역량이 최고도로 높아질 수 있다.

그러나 사실은 어떠한가? 현재 조선에서 극소수 혁명적 지식분자를 제외하고 대다수의 민중은 중국민족이 일본에 승리하리라는 위대한 항일역량을 정확히 인식하지 못하고 있다. 중국이 끝까지 항전하고 반드시 이길 것이라는 것에 대해서도 단호한 신념을 갖지 못한다. 이는 한편으로 일본제국주의 거짓 선전의 기만 때문이며, 다른 한편으로는 중국 측의 조선 민족에 대한 선전이 크게 부족하거나 거의 하지 않았기 때문이다. 마찬가지로 중국에서는 동아시아의 피압박 민족해방운동에 특별히 관심이 있는 극소수의 인사들을 제외하면 대다수 인민들은 조선 민족의 혁명역량에 대해 정확히 인식할 수 없다. 조선 민족을 중국항전의 유일하고 믿음직한 동맹군으로 여기지 않으며 심지어 부지불식간에 대수롭지 않게 여긴다. 이것은 일본제국주의자들이 종종 큰 효과를 거두는 정책으로 중한 두 민족을 충동질하고 이간질하기 때문이다. 다른 한편으로는 중국의 조선 혁명가들이 중국민족을 대상으로 문화선전 공작을 해내지 못하였거나 부족했던 이유일 것이다.

나는 종종 중국 문화계 친구들을 만나는데 그들은 입만 열면 조선혁명운동의 문제에 관하여 묻는다. 대화의 끝에서 나는 그들이 조선 민족에 대해 정확히 모른다는 것을 알게 된다. 어떤 이는 심지어 조선인은 7가구가 칼 하나를 나눠 쓴다는 이야기까지 한다. 그들이 영국, 미국, 프랑스, 소련 등의 국가에 대해서는 충분한 지식을 갖추고 있음을 알고 있다. 그런데 왜 오랜 역사관계를 이어온 이웃한 국가, 특히 같은 운명에 처한 조선 민족에 대해서 이처럼 아는 바가 없는 것인가? 주된 이유는 조선 민족의 모든 문화선전 활동이 일본제국주의에 의해 봉쇄되어 중국이 조선 문제에 관하여 연구한 바가 없기 때문이다. 그러므로 일본제국주의 문화봉쇄선 밖의 조선 혁명가들은 반드시 조선 민족의 문화선전 업무를 특별히 강화해야 할 것이다.

조선 민족의 항일혁명역량은 대체 얼마만큼일까? 이는 연구하고 토론해 볼 매우 가치 있는 문제이다. 조선 민족은 망국 이래 30여 년간 일본제국주의의 무한한 압박과 착취 아래 물질적 생활이든 정신적 생활이든 극도로 망가지고 파괴되었다. 이러한 민족이 일본에게 저항할 역량이 얼마나 있을 것인가? 이 문제에 관하여 **우리는 일본을 이길 수 있을 만큼이다라고 말할 수 없고 동시에 이길 수 없다고도 말할 수 없다.** 우리의 정확한 추정이 필요하다.

그러나 소위 혁명 역량은 숫자로 표현할 수 있는 것이 아님을 알아야 한다. 그것은 그저 물질적 요소만이 아니라 정신적 요소도 함께 한다. 표면적인 역량과 잠재적 역량도 있다. 정지해 있고 융통성 없는 것이 아니라 생동하고 발전적이다. 단순하고 고립적이지 않고 복잡하고 연관되어 있다. 이러한 역량을 추정하는 것은 당연히 쉽지 않겠으나 그렇다고 불가능한 것도 아니다. 우리가 아래서 이야기할 두 가지 측면에서 조선 민족의 반일역량을 관찰한다면 비교적 정확한 인식을 얻어낼 수 있다. 첫째, 반드시 역사적 반일투쟁 측면에서 관찰할 것, 둘째, 반드시 현실적 핍박받는 생활의 측면에서 관찰할 것.

2. 역사적 반일투쟁 위에 드러난 조선 민족의 혁명 역량

우선 우리가 역사적 안목으로 조선 민족의 반일투쟁을 고찰했을 때 이 투쟁이 나라를 잃은 이후부터 30여 년이 지난 지금까지 한 번도 멈춘 바가 없이 계속 맹렬히 발전해 왔다는 사실을 알 수 있다. 바꿔 말해 조선 민족의 반일투쟁 역량은 조금도 약해진 적 없고 오히려 맹렬히 증대되고 발전하고 있다는 것이다. 조선혁명운동의 실제상황을 잘 모르는 많은 이들이 그저 일본

통치 역량이 커지고 조선 민족은 나날이 파산하는 것만 보고 조선 민족의 반일역량이 약화되고 있다고 착각한다. 그러나 이것은 표면적으로 이해하는 얕은 생각일 뿐이다. 실제 상황은 정반대이다. 일본 통치력의 증강과 민족생활의 파산으로 조선 민족은 생존과 자유를 위해 분투하며 그 힘을 더욱 공고히 하지 않을 수 없다. 이 문제에 관하여 우리는 아래의 세 측면에서 역사적 발전 경향을 관찰할 것이다.

1) 군사운동

조선 민족의 반일 무장투쟁은 과거 30여 년간 멈추지 않고 오히려 더욱 발전하고 확대되었다. 망국 전후로 국내에선 의병들의 유격전이 시작되어 8년간 계속되었으나 최후에 무기 불량과 보급품의 부족으로 결국 패배하고 말았다. 하지만 만주 국경에서 다시 조선혁명 군사 근거지를 건립하고 적敵과의 작전을 계속하여 지금까지 멈추지 않았다. 1919년 "3·1"대혁명운동 전후 적의 통계에 따르면 두만강, 압록강 등 국경에서 독립군과 적 사이의 전투는 매년 평균 7, 8백여 차례가 넘는다. 특히 1920년 가을 유명한 청산리전투의 승리는 조선독립군에게 영광의 공적을 남겼다. 당시 적은 독립군을 토벌하기 위해 만주로 대규모 출병하였다. 야만적인 군사들은 곳곳에서 살인, 방화와 약탈, 겁탈 등 모든 만행은 다 저질렀다. 그러나 청산리 일대에서는 독립군과 전투하여 적군의 1개 연대가 모두 섬멸되었다. 당시 적군은 만주 조선독립군의 전투력이 강대함을 인정하지 않을 수 없었고, 특히 조선 민족의 용감하고 기민한 전투 특성에 탄복하였다.

"9·18"사변 이후 적은 절대적 병력으로 만주 조선독립군의 근거지로 계속 진격하였다. 일본의 노예가 되는 것은 원치 않아 동북으로 이주한 수백만의 한인 교포는 잔인하게 학살당하고 유린당하였다. 수많은 마을, 학교, 자치기관 등은 적에 의해 점령당하고 불탔으며, 수많은 농민 부녀자는 도살당하거나 겁탈당하였다. 그러나 적은 결코 독립군을 소멸시키지 못하였다. 오히려 반대로 한편으로 조선독립군은 반일 교포의 적극 참가를 얻었고, 다른 한편으로 중국 항일의용군의 영향과 합작을 획득함으로써 전투역량이 급격하게 강대해졌다. 현재 동북항일연합군 내의 조선인 부대와 기타 독립적 무장부대는 이미 그 수가 수만에 이른다. 이들은 항일반만(抗日反滿)의 구호 아래 더욱 강고한 유격근거지를 새롭게 건립하였다. 부단히 국경을 넘나들며 적을 공격하였다! 이 밖에 소련 원동홍군 중에도 조선인 사단이 둘이나 있는데 이들은 소련의 특수군대로서 비록 소련 정부와 공산당의 지도하에 있으나 일정한 시기가 되면 조선혁명 주력군의 임무를 수행할 수 있다. 또한 중국 관내 및 소련 쪽에서도 다수의 군사 간부 인재가 끊임없이 양성되고 있다. 이 모든 것들이 조선혁명운동의 기본 군사 역량이다. 이러한 역량은 앞으로 중국 항전의 진전과 소일蘇日 대립의 첨예화에 따라 확실하게 중소 양국의 적극 원조를 얻어 강유력한 조선혁명군을 건립할 수 있을 것이다.

2) 민족주의운동과 사회주의운동

조선 민족의 반일 통치투쟁도 군사투쟁과 마찬가지로 형식상 혹은 내용상 모두 부단한 진보와 발전을 거두었다. 여러분 모두가 알고 있듯이 1919년 "3·1"대혁명은 조선 독립운동이 비약적으로 발전하는 시기였다. "3·1" 이전에 많은 애국지사들이 해외로 망명하였다. 열강에 호소하여 정의를 주장한 이도 있었고 국민들에게 저항을 호소한 이도 있었고, 또 적의 우두머리를 암살하여 우리를 기쁘게 한 이도 있었다. 그러나 그들의 정치적 의견은 일치하지 않았다. 혹자는 군사 구국을 주장하고, 혹자는 외교 구국을 주장하고, 또 혹자는 민족의 자력갱생을 주장하였다. 이러한 소수의 지사들이 중심인 초기 운동은 자연히 통일된 지도이론과 통일된 혁명집단을 건립할 수 없었다.

그러나 "3·1"대혁명운동 이후 조선혁명운동은 세 가지 주요 발전이 있었다. 첫째, 종래 지사가 중심인 운동에서 대중 중심으로 옮겨갔다. 특히 신흥 사회주의운동의 발생과 발전으로 노동자와 농민 그리고 청년 학생의 반제 반봉건투쟁이 날로 확대되어 운동의 기초를 광대한 대중투쟁 위에 두게 되었다. 둘째, 혁명운동의 이론투쟁을 적극 전개하여 지금까지 막연한 충군忠君 애국주의 및 부정확한 모든 정치적 견해를 철저히 청산하는 동시에 현대 민주주의와 사회주의사상을 흡수하여 정확한 혁명이론을 건립하기 시작하였다. 셋째, 사회운동 혹은 민족운동을 막론하고 지금까지 분산적, 자연발생적, 종파주의적이었던 혁명단체를 쉴 없이 도태 혹은 취소하며 현대적 혁명 정당을 건립하기 시작하였다.

"3·1" 이후, 조선혁명운동의 주요 특징은 사회주의운동과 민족주의운동의 대립적 발전이다. 그러나 조선 산업노동자의 급속한 증가와 국제 사회주의 운동의 비약적 발전으로 인해 전자의 발전은 후자에 비해 더욱 신속하고 보편적이었다. 1924년 경성에서 전국민중운동자대회를 소집했을 때, 전국 사회운동 단체의 총수는 이미 천을 넘어섰다. 그 후 1926년 "조선공산당"이 성립하였고, 그 지도 아래 성립된 전국노동총연맹, 전국농민총연맹, 전국청년총동맹 등 소속 인원의 총수는 20여만 명에 이르렀다. 이 단체들은 "9·18"사변 전후로 해산되거나 공개적으로 활동할 수 없었지만 이들의 조직적 활동은 여전히 존재하였다. 조선공산당 역시 1928년 적에 의해 파괴되었고 적의 도살정책 아래 오늘에 이르기까지 온전한 공산당을 건립하지 못하고 있다. 그러나 이들의 비밀조직과 활동은 지금까지 중단된 적 없다. 전국 곳곳에서 발생한 파업, 세금 거부, 수업 거부 등의 투쟁은 모두 사회주의가 지도하여 시작되었다고 말할 수 있다. 이 운동이 조선혁명운동에서 주요한 지위를 차지했음은 말할 필요도 없다.

민족주의운동은 비록 국내에서 사회주의운동처럼 적극적인 행동으로 드러나지는 않았으나 잠재적인 반일혁명역량은 오히려 매우 크게 유지하되 있다. 조선민족주의운동의 대부분은 종교계의 활동으로 나타났는데 이 점이 매우 주목할 만하다. 예를 들어 "3·1"대혁명은 완전히 종교가 중심이 되어 영도하고 발동했다고 말할 수 있다. 당시의 민족대표 33인 중 종교 신자가 절대 다수를 차지할 뿐 아니라 시위 폭동에 참가한 대중 역시 대다수가 종교 신자였다. 이렇듯 지금까지 반일성을 상당 부분 유지하는 종교에는 천도교, 기독교, 불교 그리고 유교 등이 있다. 이러한 종교들은 모두 수십만의 교도를 보유하고 있고, 청년회, 학교 및 교회 등 사회사업기관은 광대한 청년 학생을 흡수하고 있다. 이들 종교 신자는 평소 생활에서 자연히 소극적이고 비혁명적이나, 일단 반일혁명의 분위기가 고조되면 모두 동원할 수 있고 투쟁에 참가하여 위대한 역량을 발휘할 수 있다.

민족주의운동의 대중적 기반이 종교 방면에 있는 데는 이유가 있다. 조선에서는 모든 집회·결사 등의 자유를 빼앗겼고, 민족운동 단체는 공개적으로 존재할 수 없다. 많은 유지 인사 모두가 종교단체에 참가하여 종교의 엄호를 받으며 민족 갱생 사업을 진행하였다. 고故 안창호 선생이 이끈 흥사단興士團과 청년수양동맹青年修養同盟도 바로 기독교의 엄호를 받으며 활동하였다. 이것이 조선민족주의운동의 특수한 상황이었다.

민족주의운동은 해외에 매우 강고한 기반을 가지고 있다. "3·1"운동 이후 상하이의 "한국임시정부"는 당시 민족주의운동의 총지도기관이었다. "9·18" 이전 만주의 정의부正義府, 통의부統義府, 참의부參議府 등 한국 교포의 자치기관은 모두 민족운동의 사령부였다. 미주의 국민회, 동지회 등 역시 상당한 역사와 군중을 기초로 하는 민족주의 단체였다. 최근 수년 전 5개 단체와 합병하여 성립된 조선민족혁명당과 한국국민당은 중국에서 활동하는 주요 민족주의 단체이다. 이 몇몇 단체는 의심할 바 없는 민족주의운동의 전위이다.

여기서 특별히 지적할 점은 1926~7년 중국의 국공합작 시대에 조선에서도 같은 운동이 일어났다는 점이다. 민족주의운동과 사회주의운동의 협동전선 건립이 발기되었다. 당시 국외에서는 "대독립당" 건립이 발기되고, 국내에서는 "신간회"가 조직되었다. 신간회는 합법적 조건 하에 단일당 형식으로 생겨난 단체였다. 성립한 지 얼마 되지 않아 회원은 3만여 명이 되었고 전국 각처에 백오십여 개의 지회가 생겨났다. 1929년 광주사건이 계기가 되어 폭발한 전국 학생 반일대시위운동은 완전히 신간회가 지도했다고 말할 수 있다. 단일정당 형식의 단체는 내부의 여러 모순과 외부의 압력으로 1931년 결국 해체되었다. 그러나 3만여 명의 반일 지식인은 여러 형식의 사회조직 속에서 여전히 반일운동을 추진하였다. 특히 이후에 발생한 비밀단체 "반제국주의동맹"은 신간회의 임무를 대신하였다.

마지막으로 1936년 중국의 전 민족적 통일전선운동이 시작된 이후, 특히 중일전쟁이 발발한 이후 조선 민족의 반일정치투쟁 역시 새로운 단계로 나아갔다. 이 단계의 주요 임무는 전 민족의 반일통일전선을 건립하는 한편, 중한 양 민족의 항일연합전선을 건립하는 데 있었다. 역사적 임무를 수행하기 위해 해외에서 우선 "조선민족전선연맹"이 성립하였고, 연맹은 이미 조선민족통일전선의 발기자 혹은 추동자가 되었다.

결론적으로 민족주의운동과 사회주의운동은 조선혁명운동의 양대 중심 세력이다. 두 운동이 충분히 합작해야 혁명운동의 사기가 고조되고 가열될 것이다. 불행히 분열된다면 혁명운동은 바로 위축되고 정체될 것이다. 현재 우리가 말하는 이른바 통일전선운동은 두 운동의 단결 합작운동이다.

3) 대중의 반일운동

조선 민족의 역대 대중 반일투쟁은 어떠한 식민지 민족의 반항운동보다도 훨씬 격렬하고 광범위하였다. 더구나 이 투쟁은 양과 질 방면에서 모두 계속 발전하고 있다. 나라를 잃은 후 수년간 전국 의병의 무장투쟁이 있었을 뿐 일반 민중의 반일 시위와 폭동은 없었다. 그러나 1919년 3월 1일 전례 없이 전 민족적 대시위와 대폭동이 일어났다. 운동을 주도한 민족대표 33인의 본래 계획은 몇몇 중심 도시의 청년 학생을 동원하여 반일 시위를 거행하며 홀로 제출된 "조선독립만세!"라는 구호와 더불어 평화시위 규정이었다. 그러나 운동이 시작된 그날부터 곧바로 전 민족의 대시위로 발전하였고 소위 평화적 방법은 대중의 맨손 폭동으로 변해버렸다. 이러한 시위와 폭동은 전국 각처의 모든 향촌에서도 맹렬히 진행되어 8개월간 계속되었다. 전국에서 동원된 민중은 2백만 명에 달하며 희생자도 4만여 명에 이렀다. 특히 지적할 점은 평소 친일파 앞잡이로 여겨졌던 관리, 경찰 및 헌병 보조원 등 역시 스스로 적의 복장을 벗어버리고 시위에 참가하였다는 점이다.

다음으로 1929년 일어난 전국 학생 반일 총수업 거부, 총시위 운동에서도 조선 민족의 단결력과 전투력의 위대함이 충분히 발휘되었다. 원래 광주지방의 조선학생과 일본학생 사이의 작은 충돌이 계기가 되어 폭발한 운동은 전국 청년 학생의 반일 정치투쟁으로 발전하였다. 운동의 중심 구호는 "노예양성 교육정책에 반대한다", "한일 학생의 불평등 대우에 반대한다"였다. 전국 공·사립학교의 조선 학생은 총수업 거부를 진행하는 동시에 열렬하게 반일 시위를 거행하였다. 참가한 학생 총수는 15만 명을 넘었고 여기에 초등학생도 참여하였다.

1926년 시작한 "6·10"운동도 대규모의 민중 반일 시위였으나 군경의 무장 탄압으로 전국 규모의 운동으로 발전하지는 못하였다. 그러나 이 운동은 조선공산당의 지도와 책동 하에 시작되었다는 점이 특징이다.

이 밖에 여러 차례 수많은 노동자와 농민의 파업 항조抗租 등 투쟁과 폭동이 있었다. 여기에 이러한 투쟁 사실들을 열거하여 하나하나 설명을 붙이기엔 지면 관계상 더 이상 할애하지 않고 다른 기회를 기다려 다시 설명하겠다.

총괄하자면, 상술한 대중운동을 통해 우리는 조선 민족이 일본인에 동화되지 않았을뿐더러 오히려 반대로 일본에 대한 복수심이 하루가 다르게 고조되었음을 알 수 있다. 동시에 위대한 반일동원역량을 가지고 있고 넘볼 수 없는 민족의식을 지니고 있으며 위대한 민족적 단결력과 전투 정신을 갖추고 있음을 알 수 있다.

3. 현실적 생활 관계에서 드러난 조선 민족의 혁명 역량

조선 민족의 반일혁명역량은 조선 민족의 역사적 투쟁에서 관찰할 수 있고, 또한 조선 민족의 현실적 생활 관계에서 관찰할 수 있다.

조선 민족이 위에서 언급한 대로 발휘할 수 있는 위대한 반일전투역량은 주요하게 그들의 현실적 생활 관계에 의하여 추동되고 강요되었다. 바꿔 말하면 그들의 현실적 생활 관계는 그들의 반일투쟁에 결정적 작용이 있었다.

여러분 모두 알고 있듯이 조선은 원래 봉건적 농업국가였다. 나라를 빼앗긴 이래로 일본제국주의 침략자본의 맹렬한 침투 하에 강제로 자본주의화 과정을 걸었다. 그리고 이리하여 반半봉건 사회형태가 형성되었다. 이러한 국가적 과도기에서 현대적 노동자계급이 나날이 늘어가고 중소자산계급이 나날이 몰락했으며 광대한 농민대중은 무제한으로 착취당하였다. 이러한 계급은 일본자본의 압박과 착취 아래 강렬한 반일혁명성을 유지하였다. 이

밖에 민족자산계급과 "민족지주" 역시 일본자본의 압박을 받고 있어 발전의 미래가 없을 뿐 아니라 오히려 몰락하는 과정을 걷고 있다. 최근 통계에 따르면 전국 자본의 95%, 전국 경지면적의 60% 및 기타 주요 산업기관 모두가 일본인의 공적·사적 소유로 귀속되었다. 이로써 조선 민족자본가와 지주의 비극적 운명을 알 수 있다. 그러므로 이들은 생존을 위하여 반일의 길을 걷지 않을 수 없었다.

여기서 우리는 조선 민족 각 사회계급의 현실적 생활 관계를 분석하고 연구하여 이들의 반일혁명성을 정확히 인식하려 하며 이들이 일으킬 수 있는 역량을 정확히 추정해보려 한다.

1) 노동자계급

조선의 각 사회계급 중에서 반일 정서가 가장 높고 전투역량이 가장 강한 이들은 노동자계급이다. 일본제국주의의 조선공업화운동 중에 조선공업은 나날이 발달하였는데 공장은 모두 일본인의 공사公私 자본으로 설립되었다. 이러한 정세 하에서 노동자계급은 급속히 증가하였다. 적의 통계에 따르면 전국 노동자 총수는 이미 2백만 명을 넘었다. 이들의 대다수는 파산한 농민이다. 이들은 향촌에서 일본 지주 및 고리대금업자의 무한한 착취로 파산에 이르렀다. 도시에 흘러들어 공장에서 일하더라도 또다시 일본인의 절대적인 억압과 착취를 당하였다. 이들의 매일 평균 임금은 4각角 내지 5각이며 노동시간은 10시간 내지 12시간이 넘었다. 파업, 시위의 권리는 없고 집회, 결사의 자유도 없으며 채찍을 든 노동자 감독이 수시로 구타하고 벌을 주었다. 이들은 마치 소나 말처럼 그저 복종해야 했고 저항할 수 없었다. 그러나 이들은 절대 일본인의 노예가 아니고 4천여 년의 유구한 역사를 가진 문화민족으로 반항의 기회와 방법만 생긴다면 바로 일어나 저항하였다. 과거 역대 반일투쟁에서 이들은 모두 일어나 참가하여 가장 용감하고 가장 견결하게 반일혁명 주력군의 임무를 집행하였다. 특히 조선공산당 건립 이후 당의 지도 아래 전국노동총동맹[10]을 건립하여 전국의 노동자를 조직하고 전국 곳곳에서 파업, 시위, 폭동 등 반일투쟁을 진행하였다. 유명한 원산 파업과 영흥 폭동은 조선 노동자계급의 위대한 혁명 역량을 잘 보여준다.

"9·18"사변 이후, 일본제국주의자는 중국 침략전쟁을 준비하기 위해 조선 노동자계급의 마지막 피 한 방울까지 잔혹하게 착취하였다. 그들은 우선 조선공산당을 해체시키고 전국노동총동맹을 강박하여 해체시키고 모든 파업과 태업 등의 행동을 일절 금지시켜 그들의 국방공업의 효율을 빠르게 증진시켰다. 이러한 압박 하에서 조선 노동자들의 민족 공동의 적에 대한 적개심은 더욱 불타올랐다. 나는 현재 위대한 중국민족해방전쟁 속에서 조선의 백여만 노동자 대중이 반드시 가장 유력한 반일투쟁을 확실히 시작하여 조선혁명의 기본 대오의 임무를 진행하리라 믿는다.

2) 농민대중

많은 조선 농민대중은 강대한 반일 혁명역량을 갖추고 있었다. 조선은 본래 농민이 전 인구의 80%를 차지하고 있는 농업국가이다. 조선에서 변태적 자본주의화 과정 중에 농촌의 파산이 특히 급격히 진행되었다. 일본제국주의의 지속적인 약탈과 수매정책으로 전국 토지의 2/3는 이미 일본인의 소유가 되었다. 적들은 농민대중을 더 많이 착취하기 위해 농업 방면에 여전히 봉건적이고 초경제적인 착취 방법을 채용하였다. 예를 들어 지세, 고리대금, 부역 및 기타 지나치게 무겁고 잡다한 세금 등 봉건적 착취방식이 아닌 것이

---

10 정식 명칭은 조선노동총동맹이다.

없었다. 조선 농민은 일본인의 가렴주구에 시달리고 기아 선상에서 방황할 때 한편에서는 망국 이전에 편안하게 살며 즐겁게 일하던 과거의 삶을 깊이 추억하였다. 다른 한편에서는 일본 강도의 무리한 약탈에 무한히 분노하였다. 이들은 일찍이 자신의 생존을 쟁취하기 위해 반일독립만이 유일한 길임을 깨달았다. 그래서 조선 농민은 과거 여러 반일 운동에 매우 열렬히 참가하였다. 특히 "3·1"대혁명에서 전국 농민은 모두 동원되어 반일 시위와 폭동에 적극 참여하였다. 그 후 농촌 파산이 나날이 심각해지면서 각 지역 농민대중의 세금 징수 반대 등의 투쟁이 끊임없이 발생하였다. 적의 통계에 따르면 전국 농민의 세금 거부 투쟁은 매년 평균 3백여 건이 넘는다. 이는 조선 농민의 참혹한 생활과 투쟁 열기의 표현이다.

"9·18"사변 이후 일본 파시스트 강도들은 "만주 천국 건설滿洲天國建設"이라는 구호를 내걸고 농민을 속이고 유혹하였으며, 다른 한 손엔 칼을 들고 농민을 위협하고 구축하여 만주 황야로 보내 황무지를 개척하게 하며 중국을 침략하는 예비군으로 삼았다. 다른 한편으로는 일본의 "과잉"인구를 조선으로 보내어 "작소구점鵲巢鳩占"[11]의 수작도 부렸다. 일본 강도의 이러한 정책은 과거 수십 년간 상당한 효과를 거두었다고 말할 수 있다. 현재 조선의 일본인은 60만 명에 이르렀고 만주의 조선 교민은 이미 백만을 넘었다. 그러나 조선 농민이 만주로 이주한 결과 만주 조선독립군의 대중적 기반이 더욱 강화되었다. 이들의 반일 정서도 더욱 높아졌다.

본래 조선 농민은 영광스러운 역사적 혁명 전통을 가지고 있다. 1893년 발생한 이른바 동학당 폭동은 농민대중이 이조李朝의 독재와 억압에 저항한 대혁명운동이다. 망국 때의 전국 의병운동 역시 농민대중의 무장 항일투쟁

---

11 까치집을 비둘기가 점령하다, 즉 남의 지위, 집, 토지 등을 강점하다라는 뜻이 있다.

이었다. 상술한 대로 "3·1' 대혁명의 기본 대오 역시 농민이었다. 이들은 집요한 민족의식과 완강한 반일 정서로 매번 반일투쟁에서 가장 강대한 혁명 역량을 발휘하였다. 이들이 노동자계급과 함께 전 민족 반일통일전선운동의 가장 기본적인 전투부대임은 의심할 여지가 없다.

3) 중소자산계급

조선의 중소자산계급은 소규모의 상공업자, 소지주 및 기타 소시민 등이다. 이들 역시 일본자본의 착취 하에 날로 몰락의 과정을 겪었고 혁명의 진영에 합류하지 않을 수 없었다. 이들은 유럽전쟁 시기 호황의 시대에 일확천금의 꿈을 품고 일본자본의 대규모 유동 속에서 앞으로 발전할 기반을 구축하려 하였다. 그러나 이 야망은 꿈으로 그치고 말았다. 일본경제의 주기적 공황 중에, 특히 1929년 이후의 만성 공황기에 일본자본이 식민지 민족에 대한 전대미문의 착취를 시작하였기에 많은 소규모 산업 및 상업기관이 줄줄이 문을 닫았다. 오늘날 중소자산가라 하던 이들이 내일이 되면 바로 무산자가 되곤 하였다. 이들은 자본집중의 법칙 아래서 도살장으로 끌려가는 양처럼 무기력한 항쟁의 희생품이 되었다.

그러나 우리는 이 사회계층 중에 많은 총명한 지식인이 포함되어 있음을 알아야 한다. 예를 들어 교수, 신문기자, 작가, 의사, 목사, 청년 학생 등이 있다. 이들은 조선민족문화의 역량을 형성했을 뿐 아니라 과거와 현재를 막론하고 조선민족해방운동 속에서 매우 중대한 작용을 하였다. 이들은 현재 중일전쟁 중에 이것이 조선 민족이 해방을 쟁취하는 유일한 기회임을 분명히 알고 있으며 중국 쪽에 서서 공동으로 일본제국주의를 타도하는 데 의문의 여지가 없다.

4) 민족자산계급과 "민족지주"

마지막으로 조선 민족자산계급과 "민족지주"들이다. 비록 이들의 역량이 매우 미약하고, 또 일본자본의 비호 아래 새로운 출로를 열 수 있지 않을까 하는 꿈을 꾸고 있지만, 동시에 일본자본을 타도하여 조선을 독점하려는 야심도 여전히 포기하지 않았다. 과거 유럽전쟁의 호황 시대에 이들은 영광의 발달을 이룬 적이 있어 일본자본에 대항하려 하였다. 1919년 "3·1"혁명은 의심할 바 없이 조선 민족자산계급이 이끌어 시작된 반일 운동이다. 이른바 민족대표 33인은 사실 이들의 대표자였다. 그러나 이 운동이 실패한 이후 이들은 일어나지 못하였다. 일본자본의 거센 압박 아래 이들은 계속 파산과 몰락의 과정을 걸어야 했다. 하지만 반일독립의 정신을 완전히 잃은 것은 아니었다. 오히려 반대로 파산과 몰락의 과정에서 민족독립 외에 더 나아갈 제2의 길은 없다고 깊이 인식하였다. 허다한 이들이 조선 민족자산계급의 혁명성이 매우 부족하다고 추정하였다. 이것은 이들의 자본이 이미 일본자본에 동화되었고 근본적으로 일본자본에 대립할 역량이 없다고 생각했기 때문이다. 그러므로 이들은 정치적으로 이미 일본 통치계급의 앞잡이가 되었고 반일독립의 요구를 일찍이 포기하였다고 여겨졌다. 이러한 생각은 당연히 일부분 정확하기도 하나 진리는 아니다. 이들은 진작부터 일본자본을 타도하거나 배척할 힘이 없었고 경제에서든 정치에서든 모두 일본제국주의에 부속되었던 것도 사실이다. 그러나 동시에 일본의 민족적 침탈정책 아래 이들은 일본자본의 이해와 결코 일치하지 않았다. 생존과 발전을 위해 일본의 자본과 대립하지 않을 수 없었다. 비록 이러한 대결 역량이 극히 미약하였으나, 이 점에서 우리는 현재 전 민족 반일통일전선운동에 있어 이들이 반드시 참가하여 짊어져야 할 역사적 사명을 집행할 수 있다고 깊게 믿는다.

상술한 것을 종합하면 일본제국주의의 민족적 도살, 침탈 정책 아래 민족 전체, 극소수의 친일파 주구를 제외한 모든 사회계급이 반일혁명을 요구하고 있다. 특히 광대한 조선 노동자 농민 대중은 조선혁명운동의 가장 용감하고 가장 견결한 전투 대오이다.

4. 결어

조선 민족은 대체 얼마만큼의 반일역량을 갖고 있는가의 문제는 당연히 쉽게 답할 수 없다. 내가 위에서 해설한 바가 반드시 완전 정확하다고는 할 수 없지만 대체로 말해서 조선 민족의 과거에 발동했고 금후에도 발동 가능한 반일역량에 관하여 상당한 분석과 추정이 있다. 내가 이 문제를 제기한 의도는 중국 인사들이 주목하고 연구하게 함으로써 조선 민족의 문제를 더욱 정확하게 인식하게 하고 현재 중한 양 민족의 항일 연합전선 결성 과정 중에서 인식 상의 도움을 얻고자 함이다.

본래 이 문제의 추정에 관하여 중한 인사 사이에 고유의 이견이 있었고, 조선인 사이에도 완전히 일치하지 않는다. 어떤 이는 농민과 노동자 대중의 혁명성을 높게 평가하고 민족자산계급의 혁명성은 낮게 평가하였다. 또 어떤 이는 이와 반대였다. 나는 민족통일전선의 입장에서 좌파에 치우치거나 우파에 치우친 평가는 모두 부정하다고 생각한다. 나는 "일본제국주의를 타도하고, 진정한 민주공화국을 건립하자"라는 하나의 목표 아래 친일파와 매국노를 제외한 민족 전체가 어떤 계급에 속해 있고 어떤 당파의 사람인지 상관없이 모두 일어나 반일혁명투쟁에 참가해야 한다는 데 조금의 의심도 없다.

1938년 6월 10일

四. 중한中韓민족연합전선의 혁명적 의의

1. 서언

중국에서 항전을 시작하기 이전에 중한 양 민족 연합 항일의 문제에 관하여 주목하는 이가 매우 드물었다. 누군가 이 문제를 토론하고자 하였으나 약간 "시기상조"라는 감이 있다고 하여 실현 가능한 실제적인 문제가 될 수 없었다. 그러나 지금 중일전쟁이 확대 심화되고, 특히 중국 측이 "항전필승"의 신념과 "끝까지 항전한다"는 결심을 굳건히 하면서 이 문제는 이미 가장 현실적인 정치 문제가 되었다. 최근 각종 중한문 간행물에는 중한 인사가 이미 보편적으로 이 문제를 제기하여 연구 토론하고 있다. 특히 우리가 주목할 점은 중국 각 주요 정당의 항일정치강령과 항일 지도자들이 언론에서 모두 이 문제를 명확하게 제기하고 있다는 것이다.

그렇다면 이른바 중한민족연합전선은 무엇인가? 이 문제에 대한 답은 매우 간단하다. 즉, 중한 양 민족이 모두 일본제국주의의 침략과 압박을 받고 있으므로 공동의 적을 타도하기 위하여 연합해야 한다. 물론 이러한 해석은 맞지만 불충분하다. 우리는 반드시 연합전선이 책임져야 할 역사적 혁명성 임무에 대해 진일보한 인식을 가져야 한다.

2. 중한민족연합전선은 중국 항일혁명정책의 주요한 일환이다.

모두 알다시피, 이번 중국의 항전은 대등한 두 국가 사이의 이권 쟁취를 위한 전쟁이 결코 아니다. 침략당한 반식민지 중국이 침략적 제국주의국가인 일본에 대항하는 혁명전쟁이다. 이 전쟁에서 중국은 비록 군비 규모가 침략자에 비해 열세일 수밖에 없지만 정치적으로는 오히려 침략자에 비해 우위를 점하고 있다. 그러므로 중국의 항전은 그저 군사력에 기대어서는 안 된다. 반드시 국내 및 국제 정치의 모든 정치적 역량을 적극 동원하여 열세인 군사 역량과 조화롭게 배합해야 한다. 바로 이러한 이유 때문에 중국은 항전 이래로 전국 각 당 각 파의 통일단결을 적극 실현하여 전 민족을 정치적으로 총동원하고, 동시에 영·미·프·소 등 평화를 수호하며 침략국가에 반대하는 국가들과 적극 연합하여 국제적 항일정치세력을 키워 나갔다.

그러나 이러한 항일정책 가운데 일본 식민지문제에 대한 정책, 특히 조선 2천 3백만 반일민족에 대한 정책이 가장 중요한 지위여야 한다. 물론 현재 영·미·프·소 그리고 전 세계에서 침략에 반대하는 국가와 인민이 연합하여 일본의 침략에 공동으로 반대하는 것은 매우 주요한 공작이다. 실제 이들은 이미 중국의 항전을 열렬히 지원하며 정신적으로든 물질적으로든 항전 역량을 극대화하고 있다. 그러나 이 모든 것은 그저 "지원"일 뿐이다. 일본 제국주의의 압박 아래에 있는 조선 민족은 이번 전쟁에서 자신의 해방을 쟁취하기 위한 중국민족의 가장 믿을만한 동맹군으로 등장하였다. 비록 이들은 중국에 물질적인 도움을 줄 수는 없지만 중국민족과 자신의 해방을 위해 목숨을 걸고 적을 상대할 것이다. 이렇게 믿을만한 동맹군과의 연합은 중국 항일혁명정책의 주요 임무이다.

원래 피압박민족의 연합과 공동 투쟁은 중화민국의 창시자 쑨중산 선생의 혁명원칙이고 중국국민당의 주요 정강이다. 중산 선생은 "우리는 약소 민족을 지원하고 세계의 열강에 저항해야 한다"고 말하였다. 중국국민당은 제2차 전국대표대회에서 중산 선생의 말씀에 근거하여 대외정책 결의 중 "……전 세계 모든 피압박민족과 연합하여…… 공동으로 투쟁한다"고 명백히 규정하였다. 이러한 정책은 지금까지 진행되어 실현단계로 진일보하였다. 중국민족의 지도자 장제스 선생의 조선민족해방운동에 대한 관심과 원조는 최근까지 조선 독립운동의 지원에 관한 의지로 적극 표현되었다. 특히 이번 중국국민당 임시대표대회에서 통과된 항전건국강령에 명백히 규정되어 있다.

(3) 독립 자주의 정신을 기본으로, 우리 국가와 민족을 동정하는 전 세계 국가·민족과 연합하여 세계평화와 정의를 위해 공동 분투한다.

(5) 일본제국주의 침략에 반대하는 모든 세력과 연합하여 일본 침략을 제지하고, 동아시아의 영원한 평화를 수립하고 보장한다.

중국공산당과 그 지도자들은 이러한 정책에 대하여 동일한 입장을 보이고 있다. 마오쩌둥, 저우언라이(周恩來) 전사오위(陣紹禹)[12] 등 선생은 언론에 아시아의 피압박민족과 연합하여 공동 분투하자는 의견을 누누이 제기하였다. 특히 중국공산당 항일구국 십대강령 중에 더욱 명백히 규정되어 있다:

조선, 타이완 및 일본 국내 노동자 농민과 연합하여 일본제국주의에 반대한다.

---

12 중국공산당원 왕밍(王明, 1904~1974)의 본명이다.

이러한 견해들로 보아 중한 양 민족 항일연합전선의 건립은 의심할 여지 없이 현재 중국 항일정책의 구체적 임무이다. 우리는 중국 당국이 반드시 이 혁명정책을 적극 실현하여 중국의 항전을 조화롭게 하리라 굳게 믿는다.

3. 중한민족연합전선은 조선민족해방운동의 기본 정책이다.

다음으로 우리는 조선민족해방운동의 입장에서 중한민족연합전선의 의의를 살펴볼 필요가 있다.

누구나 알고 있듯이 조선은 동방에서 가장 강대한 제국주의 일본의 독점 식민지이다. 조선 민족이 근본적 해방을 얻기 위해 자기의 역량 스스로의 힘에만 기대는 것은 부족하다. 과거 수십 년간 일본제국주의는 계속 발전하고 식민지에 대한 통제력도 유달리 강화되어 조선 민족의 모든 고립적인 자력 해방 투쟁이 모두 일본에 의해 진압되었기 때문이다. 바꿔 말하면, 적군의 역량은 매우 강대하고 우리의 역량은 너무 약소하다. 따라서 조선혁명운동의 주요 전략은 첫 번째가 전 민족의 일치단결이고, 두 번째가 모든 국제 반일세력과의 연합이다.

이른바 국제적 반일세력이란 조선의 입장에서 보면 주로 소련과 중국이다. 두 국가는 현재 일본의 압박과 침략을 받고 있으며 과거 반세기 동안 대립과 투쟁의 관계를 맺고 있다. 그러므로 두 대국과 연합하여 일본제국주의를 함께 타도하는 것이 조선혁명의 기본 전략이다. 바로 이 때문에 조선 민족은 중국과 소련 민족을 시종일관 가장 믿을 만한 우군이자 동맹군으로 여겨왔다. 이와 같은 이유로 수많은 조선의 혁명가들이 중국과 소련으로 달려가 활동하였고 두 나라의 모든 혁명투쟁에 직접 참여하여 두 나라의 정부 및 인민과의 긴밀한 관계를 건립하는데 노력하였다.

중국 정부 및 인민이 항일전쟁을 의연히 시작한 이래 조선 민족과 중국민족의 항일연합이라는 전략적 임무가 이미 구체적으로 실행할 시기에 들어섰다. 그래서 거의 모든 조선혁명단체와 개인은 이구동성으로 전 민족의 통일단결을 주장하고, 동시에 반일원화독립투쟁反日援華獨立鬪爭을 적극 전개하고 있다. 최근 국내에서는 반전, 반징병 투쟁과 폭동이 아주 보편적으로 발생하고, 국외 혁명가 사이에서는 이미 민족통일전선운동이 시작되어 "조선민족전선연맹"이 성립되었다. 특히 중국의 조선 혁명가는 중국의 항전에 직접 참가하였다. 이는 조선민족해방운동의 기본 전략이 중국민족과 연합하여 중국 항전에서 투쟁으로 중국을 지원함으로써 동시에 자신의 해방을 쟁취하려 하는 것임을 설명한다.

여기서 조선민족통일전선 단체 "조선민족전선연맹"이 발표한 투쟁강령 중에서 중한민족 연합항일문제의 규정에 관하여 특별히 제출한 조항이 있다.

(14) 국내에서는 왜적의 후방을 교란시키고 무장투쟁을 실행하고. 동북에서는 항일반만抗日反滿 투쟁에 참가하며, 중국 관내에서는 중국 항전에 직접 참가한다.

(15) 중국민족, 타이완 민족 및 소련은 최대의 반침략, 반일세력으로 반드시 확실하게 연합한다.

이 강령은 중국의 항전건국강령의 규정과 정확히 부합한다. 중한 항일연합전선의 건립은 양 민족의 가장 긴급하고 가장 절박한 요구이다.

4. 중한민족연합전선은 동아시아의 영원한 평화를 실현하려 한다.

우리가 중한민족연합전선을 건설하려는 목적은 중국 항전의 승리를 확보하려 함이고 조선 민족의 독립·해방을 위해서이다. 또 더 나아가 현 동아시아의 진정한 영구 평화를 실현하기 위함이다. 바꿔 말하면 중국 항전의 승리는 조선의 독립을 이끌어낼 수 있고, 조선의 완전한 독립은 동아시아의 평화를 실현 가능하게 한다. 다만 가장 주요한 전제는 중한 양 민족의 연합전선 건립이다.

조금이라도 정치적 안목을 갖고 있는 사람이라면 누구나 조선의 독립 혹은 패망이 동아시아 평화에 결정적 관계가 있음을 명백히 알 수 있다. 조선은 정치, 지리 면에서 중, 러, 일 세 대국 사이에 위치하여 마치 유럽의 발칸 반도처럼 누가 먼저 침략하여 점령하느냐에 따라 동아시아 패권을 잡을 수 있다. 때문에 과거 세 대국의 정치세력이 균형 발전하던 시기에는 조선 민족이 독립적일 수 있었다. 반대로 조선이 독립을 확보해야만 세 나라가 비로소 동아시아에서 균세均勢를 유지할 수 있고 동아시아의 평화를 지킬 수 있었다.

일본이 조선을 강제 병탄하기 시작하면서 동아시아의 평화는 파괴되기 시작했고 현재 중일전쟁의 화근이 뿌리내리게 되었으며 과거 청일전쟁과 러일전쟁 모두 조선 문제에서 시작되었다. 전쟁의 결과 이른바 조선 문제란 "독립" 형식으로 해결되지 않고 "강제 병탄"의 형식으로 해결되었다. 이후부터 일본제국주의자는 조선을 대륙침략의 교두보로 삼아 중국 전역을 병탄하려는 침략 계획을 진행하기 시작하였다. 곧 "9·18" 이후 계속 발전하여 중일전쟁을 일으켰다.

그러나 현재는 형세가 완전히 달라졌다. 첫째, 소련이 강대해졌다. 둘째,

중국도 일어섰다. 셋째, 일본제국주의가 몰락의 길을 걷고 있다. 넷째, 조선 민족은 처음부터 끝까지 일본인에 동화되지 않고 자유 독립을 위해 투쟁하고 있다. 이러한 정세 하에서 중국은 항일전쟁을 시작하였다. 그러므로 이 전쟁이 갖는 역사적 임무는 매우 중대하다. 즉,

첫째, 일본을 중화세력에서 깨끗이 제거하고 빼앗긴 국토를 수복한다.

둘째, 조선의 독립을 지원하고 더 나아가 수호한다.

셋째, 동아시아의 영원한 평화를 실현하고 보장한다.

그러나 이렇게 위대한 역사적 임무를 완성하려면 반드시 조선 민족과 견고한 연합전선을 건립해야 한다.

5. 결론

종합하자면 현재 중국의 항전은 이미 제2기에 진입하여 중한민족 항일연합전선의 건립이 매우 중요하고 필요한 과제이다. 그러나 현재 멈춰진 채 구체적으로 그것을 실현하지 못한 사실은 매우 큰 유감으로 인정할 수밖에 없다. 우리는 지금 반드시 "중한민족이 연합해야 한다!"는 문제가 결코 공허한 "정치 호소" 구호가 아니라 실제 항일투쟁에서 서둘러 적용할 혁명적책임을 알아야 한다. 우리는 이 문제에 대하여 더욱 광범위하게 전개해 나가야 하며 더욱 면밀하게 이론적 토론을 진행해야 한다. 그러나 동시에 반드시 그것을 급속하게 실현할 수 있게 실질적인 항일투쟁을 확대하고 강화시켜 항전의 최후 승리를 보증해야 한다.

1938년 5월 9일

(一) 조선민족전선연맹 결성 과정

조선혁명진영 내에서 통일운동이 발생한 것은 일찍이 1919년 "3·1" 운동이 막 일어난 이후라고 말할 수 있다. 이 운동은 각 시기 명칭과 방법 및 내용이 조금 달라도 지금까지 계속 진행된다는 것은 부인할 수 없는 역사적 사실이다. 그러나 여기서 상세히 서술할 필요는 없고 그저 "조선민족전선연맹"의 성립에 대해 설명하자면, 십여 년간 계속 발전해 온 통일운동의 성과라 할 수 있을 것이다.

그렇다면, "조선민족전선연맹"은 어떠한 과정을 거쳐 성립된 것인가? 예전의 통일운동 혹은 그 외의 통일운동과 비교하였을 때 어떠한 특징을 지니는가? 그의 역사적 사명은 무엇인가? 이러한 문제에 대하여 간단한 설명을 덧붙이겠다. 지금 우리의 민족전선통일운동의 특징을 세 가지 측면에서 관찰해 보려 한다.

첫째, 정치적으로 명쾌하게 반일·민주 강령을 제시하였고, 이 강령은 민족 전체의 정치적 요구를 충분히 대표하므로 이 강령 아래 각 민족, 각 사회계급, 각 정당 정파는 단결하여 함께 분투할 수 있다.

둘째, 조직적으로 명쾌하게 단체 중심과 민주집중제의 원칙을 제시하였다. 이 원칙 아래 전국 각종 혁명단체, 무장부대 및 기타 종교와 사회의 군중단체를 통일시켜 전 민족의 반일혁명 총지도기관을 건립한다.

셋째, 국제적으로 마침 전 세계가 평화를 수호하고 침략 국가과 인민에 반대하며 파시스트 침략주의를 적극적으로 반대한다. 특히 중국 4억 5천만 민족이 일어나 우리의 적군 일본 파시스트 강도에 저항하는 시기이다. 이러한 상황에서 우리의 민족전선은 전례 없이 위대한 국제 우군과 동맹군을 얻게 되었다.

이상 세 가지 특징은 과거의 어떠한 형식의 통일운동도 갖추지 못한 바였다. 1927년의 "대독립당"추진운동과 "신간회"운동은 비록 민족통일전선운동이었으나 정치적으로 명쾌하게 반일 민주강령을 제시하지 않았다. 그러므로 이 운동은 힘있게 발전하거나 확대되지 못하였다.

"조선민족전선연맹"은 3개의 사상이 다른 혁명단체의 연합으로 결성되었다. 조선민족혁명당, 조선민족해방동맹, 조선혁명자연맹 등이 그것이다. 이 세 단체는 과거 종종 대립하기도 하였으나 1936년 여름부터 시대의 요구에 따라 전 민족의 반일통일전선 건립을 함께 주장하기 시작하였다.

루거우챠오盧溝橋사건 발생 이후, 객관적 형세가 통일전선의 결성에 유리하였으므로 세 단체의 대표는 난징에 모여 어떻게 민족전선을 결성할 것인가에 관하여 의견을 교환하였다. 당시 손건孫建, 김철남金鐵男, 이연호李然浩 세 동지들은 어떠한 단체에도 속하지 않은 개인 자격으로 각 단체 간의 통일을 적극적으로 꾀하였다. 결과적으로 세 사람이 서명하고 선언문을 발표하며 동시에 세 단체의 동의를 얻어내어 통일문제에 관한 간담회를 소집하게 되었다. 이때 중국의 전면적 항전이 이미 시작되었고 적군의 비행기는 쉬지 않고 난징을 공격하였다. 이렇듯 공포스럽고 긴장되는 분위기 속에서 여러 방면의 대표 15인이 모여 토론한 결과 우선 "조선민족전선통일촉성회"를 세우고 통일운동의 선언문을 발표하느라 애를 썼다.

그러나 며칠이 지나 "난징한족회南京韓族會"도 전체 대회를 소집하여 "재중조선 민족항일동맹"을 조직하였다. 하지만 이 동맹의 취지도 통일촉성회統一促成會와 똑같으므로 양측의 협의를 거쳐 약속하고 "조선독립운동자동맹朝鮮獨立運動者同盟"을 조직하였다.

마침 이때 중국에서 조선혁명을 위해 분투하던 "한국국민당", "조선혁명당", "한국독립당"의 세 단체와 미주美洲에 망라된 조선혁명단체도 마찬가지로 "한국광복운동단체연합회"를 성립하였다. 당시 우리는 그들에게 통일된 의견과 요구사항을 여러 번 제기하였으나 여러 관계를 이유로 아직 통일하지 못하여 크게 아쉽기만 하다. 그러나 우리는 시종일관 통일을 위해 노력하고 자신하는 만큼 우리의 통일운동은 반드시 성공할 것이다.

"조선독립운동자동맹"은 비록 성립되었으나 명칭상 그저 하나의 독립단체 같았고 내용상 개인 중심으로 조직 원칙이 세워져 민족전선의 조직 원칙에는 어울리지 않았다. 그러므로 이 단체 내에서 민족전선의 조직이 개인 중심인가 아니면 단체 중심인가 하는 문제가 발생하였다. 이 밖에도 민족전선 정치강령의 문제가 남아있었다. 이러한 문제에 관하여 수많은 서로 다른 의견이 있었으므로 엇갈린 의견을 통일하고 광복운동단체연합회와 통일문제를 충분히 협상하기 위하여 상당히 많은 시간과 수차례의 정식, 비정식 회합을 거쳤다.

이렇게 3개월의 시간을 들여 민족전선의 조직과 강령문제는 마침내 의견일치를 보았다. 10월 12일이 되어서야 세 단체의 대표 회의가 소집되었고 네다섯 번의 회의를 거쳐 본 연맹이 성립되었다. 명칭, 강령 및 규약, 선언문 등이 통과되고 "조선독립운동자동맹"은 결국 형체 없이 해산되었다.

마침 이 시기 중국이 동부 전장에서 패배하면서 난징이 위태로워졌고 본 연맹은 우한으로 이동해야 했으며 12월 초 한커우에서 연맹 창립 선언문을 발표하였다.

마지막으로 본 연맹의 사명에 관하여 간단히 이야기하겠다.

상술한 대로 조선혁명운동에서 통일운동은 진작부터 있었다. 그러나 이 운동은 대체로 같은 성격의 정치단체의 합동 운동이 아니며 성격이 다른 각 당이 민족단일당으로 조직된 운동이었다. 그러나 본 연맹은 이념과 사상이 다른 단체가 각자의 정치 입장과 조직의 독립성을 유지하며 일정한 공동 정치강령 아래, 연합 형식으로 결성된 것이다. 이것이 본 연맹의 특색이며 연합전선의 전형이라 말할 수 있겠다. 그러나 우리는 결코 이 연맹을 조선혁명대중의 위에서 군림하는 지도기관으로 여기지 않는다. 우리는 그저 연맹을 가장 완벽한 전 민족통일전선 결성의 출발점으로 삼으려 한다. 전선의 통일운동에 더욱 노력할 것이고 가장 원만한 통일전선의 실현을 기대한다. 또 하나, 이러한 통일전선은 일본제국주의를 타도하는 투쟁과정 중에서 지지를 필요로 한다. 미래에 독립·자유·행복한 국가를 건립하려 할 때도 각 당파의 공동 노력이 필요하다는 것을 우리는 깊게 믿는다. 이렇게 해야만 조선 민족의 진정한 자유와 행복한 생활을 구현할 수 있기 때문이다.

(二) 조선민족전선연맹 창립 선언문

우리 세 단체는 모두 조선 민족의 자유·해방을 위해 투쟁한다. 비록 과거엔 각자 독립된 문호를 세우고 확실하게 단결하지 못하며 서로 말을 꺼렸다. 그러나 이것은 피할 수 없는 시대적 조류였을 뿐이다. 지난 몇 년간 우리는 모두 민족전선의 통일을 제창하고 전력을 다하였다. 특히 루거우챠오사건 발생 이후 중국 4억 5천만 민족이 전면 항전에 나섰고 우리는 민족전선통일이라는 목적을 이루기 위하여 우리 혁명의 모든 단체와 끊임없이 타협하였다. 이렇듯 3개월의 준비업무를 거쳐 오늘에 이르러 일단락을 지었다. 우리는 엄격한 맹약과 공동의 강령 정책 아래 "조선민족전선연맹"을 결성하였다. 우리의 태도와 결심을 아래에 서술하겠다.

(一) 조선 민족의 유일한 출로는 전 민족의 힘을 단결하여 일본제국주의를 타도하고 조선 민족의 자유 독립을 완성하는 데 있다. 그러므로 조선혁명은 민족혁명이다. 우리의 전선이 곧 민족전선이지 결코 "계급전선", "인민전선"이 아니다. 또한 프랑스, 스페인 등의 "국민전선"과는 엄격히 다르다. 이렇게 우리는 우리 민족전선 내부에 발생한 대립과 분화의 현상을 단호히 부정하며 과거에 있었던 이러한 모든 현상을 극복하고자 노력한다. 우리의 민족전선은 이미 이론적 과정을 거쳤고 실천의 단계에 이르렀다. 마침 이 시기 우리와 이해관계가 같고 우의관계가 가장 깊은 4억 5천만 중국민족이 일본 강도의 야만적 침략에 대항하여 전면적이고 용감한 항전을 시작하였다. 이것은 우리에게 실제적 교훈이 되어줄 뿐 아니라 우리에게 실질적 지원이 되어주었다. 따라서 우리의 혁명 성공의 신념 역시 무한히 증강되었다.

(二) 우리 혁명의 목적은 전 조선 민족의 자유평등을 실현하는 것이다. 이 목적을 이루기 위해 반드시 전 민족의 혁명 역량을 집중시키고 일본제국주의를 타도하려 일어나 조선 민족의 자유독립을 완성한다. 또한 전 민족이 충분히 누릴 수 있는 안락하고 행복한 정치기구와 경제 제도를 건립해야 한다. 바꿔 말하면 조선 민족은 생존적 자주 권리를 보장하기 위해 민족의 유구한 번영과 발전을 위해, 세계평화를 보장하기 위해 국제적으로는 민족의 자유·독립을 요구하고 정치적으로는 전 인민의 평등한 권리를 요구하며 경제적으로는 대중생활의 안정과 향상을 요구할 뿐이다. 이것은 우리 민족의 공동 요구이며 우리 민족이 일치단결하는 이론적 기초 역시 여기에 있다. 우리는 단

결해야 견고해지고, 혁명적 역량이야말로 위대하다는 명쾌한 이론 기초를 가지고 있다.

(三) 조선 민족에게는 특수한 상황이 있으므로 우리 조선의 혁명 역시 그 특수성을 갖는다. 이는 누구도 부정할 수 없다. 그러나 조선문제는 세계문제의 일환이며 조선의 혁명도 국제적 공통성을 지닌다. 이 역시 부정할 수 없다. 만약 중국민족정도의 차이는 있다도 우리와 같은 요구에 다다르기 위해 투쟁하고 있다면, 마찬가지로 중국민족의 자주 독립을 완성해야 하고 민권주의의 정치를 실현해야 하며 민생주의의 평등경제를 획득해야 할 것이다. 이는 중한 양 민족 혁명의 공통점으로 모든 억압받는 민족혁명이론의 공통점이기도 하다. 그러므로 모든 억압받는 민족의 연합전선은 꼭 필요하고 필연적인 것이다. 특히 우리는 반드시 중국민족과 연합하여 어서 빨리 일본제국주의를 타도하고 진정한 동아시아의 평화를 실현해야 한다. 이것이야말로 세계 평화와 인류 행복의 실현에 공헌하는 길이다.

(四) 조선 민족은 이미 혁명을 자각하고 있다. 우리는 전 민족 공동의 요구를 알고 있으며 혁명의 길만을 걷는다. 그러므로 조선 국내의 혁명대중은 내부 분열과 대립의 이유가 없다. 남북 만주의 다수 조선혁명군중의 분열과 대립은 그저 과거의 문제일 뿐이다. 중국 남방 조선혁명군 내부에 당파 대립의 현상이 아직 완전히 사라지지는 않았다. 우리의 혁명운동이 진일보하여 확대되어 대중 속으로 스며들 것이고 대립 현상도 극복될 것이라 믿는다. 그러나 이러한 과도기 현상은 혁명운동 전체에 악영향을 줄 수 있고 영향도 클 것이므로 이러한 당파의 대립 현상을 어서 빨리 극복할 수 있도록 노력해야 한다.

(五) 일본제국주의는 현재 육해공군의 총역량을 다하여 중국 침략전쟁을 적극적으로 진행 중이다. 독일과 이탈리아와 연합하여 침략 목적을 이루려 침략전선을 결성하였다. 우리는 반드시 중국민족과 연합하여 항일전선을

강화하여야 한다. 이는 역사가 우리에게 약속한 결정적이고 필연적인 출구이다. 또한 세계의 침략 전선과 대립하는 민주평화전선을 지지해야 한다. 이 또한 자연스런 방향이다. 일본제국주의는 중국 및 영, 미, 프랑스, 소련의 연합전선에 포위되어 발악하고 있으며 그들 자체의 모순도 극에 달하였다. 그러므로 그들의 정신나간 행패는 그저 마지막 발버둥이라 할 수 있겠다.

우리는 위와 같은 인식과 주장으로 "조선민족전선연맹"을 결성하였다. 국내외 혁명동지와 혁명대중에게 호소하고, 전 민족을 총동원하여 일본제국주의를 타도하고 우리의 혁명 위업을 완성하려 한다.

1. 조선 전 민족은 단결하여 우리의 민족전선을 공고히 한다!
2. 중한 두 민족은 연합하여 우리의 항일역량을 집중시킨다!
3. 세계의 모든 반일세력과 연합하여 일본제국주의를 타도한다!

조선민족혁명당
조선민족해방동맹
조선혁명자연맹
1938년 11월 15일

(三) 조선민족전선연맹강령朝鮮民族戰線聯盟綱領

갑. 기본강령

1. 일본제국주의를 타도하고 조선 민족의 진정한 민주주의적 독립국가를 건립한다.
2. 국민의 언론, 출판, 집회, 결사, 신앙의 자유를 확실히 보장한다.
3. 일본제국주의자와 매국노, 친일파의 모든 재산을 몰수한다.
4. 근로대중의 생활을 개선한다.
5. 국가 경비로 의무교육 및 직업교육을 실시한다.
6. 정치·경제·사회적으로 남녀의 평등한 권리를 보장한다.
7. 조선민족해방운동을 동정하고 원조해 준 민족과 국가와는 동맹 혹은 우호관계를 맺는다.

을. 투쟁강령

1. 일본제국주의의 통치세력을 근본적으로 박멸한다.
   (1) 전국적 총폭동을 조직하여 군사행동의 실행을 준비한다.
   (2) 폭력으로 왜적의 이주민을 구축逐驅한다.
   (3) 조선 내 왜적의 모든 공·사유 재산을 몰수한다.
   (4) 조선 내 왜적의 정치·경제 및 기타 모든 지배세력을 근본적으로 박멸한다.
2. 전 민족의 반일통일전선을 건립한다.
   (5) 소수의 친일파, 앞잡이들을 제외한 조선의 각 정치단체, 군중단체 및 개인 모두가 일치단결하여 전 민족의 반일통일전선을 건립한다.
   (6) 전 민족의 반일통일전선에 반대하는 모든 경향을 적극적으로 배격

한다.

(7) 전 민족의 반일통일전선에 반드시 민주집권제民主集權制를 채택한다.

3. 전 민족을 혁명에 총동원한다.

(8) 전국의 농민을 동원하여 왜적의 지주와 이주민을 몰아내는 운동과 납세거부운동을 전개한다.

(9) 전국의 노동자를 동원한다. 특히 왜적의 군수공장, 수력발전, 광산 및 각종 교통기관의 고용된 이들을 동원하여 태업, 파업 및 왜적의 모든 공업시설을 파괴하는 운동을 전개한다.

(10) 학생, 지식층 및 문화인을 동원하여 민족문화를 적극적으로 진작시키고 왜적의 노예교육을 몰아낸다.

(11) 전국 각 종교단체를 동원하여 민족해방투쟁에 참가시킨다.

(12) 전국의 여성들을 동원하여 민족해방투쟁에 참가시킨다.

4. 군사행동을 적극적으로 전개한다.

(13) 국외 각지의 민족 무장부대와 연합하여 통일된 민족혁명 군대를 조직하고 민족해방전쟁을 실행한다.

5. 중국의 항일전쟁에 참가한다.

(14) 국내에서 왜적의 후방을 교란시키고 무장투쟁을 실행하며 동북에서는 항일반만抗日反滿투쟁에 참가한다. 중국 관내에서는 중국항전에 직접 참가한다.

6. 세계의 모든 반일세력과 연합한다.

(15) 중국민족, 타이완 및 소련은 가장 큰 반침략·반일세력이므로 반드시 이들과 철저히 연합한다.

(16) 모든 반침략전선 국가 및 세계 반침략운동단체運動會와 긴밀한 연락을 취한다.

7. 자치운동, 타협주의 친일파 등 내부의 적을 숙청한다.

(17) 자치운동 및 참정권 운동을 박멸한다.

(18) 친일파가 조직한 시중회時中會와 아시아협회 등의 모든 반동단체를 박멸한다.

(19) 왜적의 모든 앞잡이들을 제거한다.

(20) 중국 국경 내의 밀수업자와 금지된 마약업자 등 범법자들을 숙청한다.

(四) 조선청년전시복무단 "조선민족전선연맹" 가입 선언문

우리는 우한의 조선 청년들로서 중국 항전에 직접 참여하기 위해 올해 7월 4일 조선청년전시복무단을 조직하여 항일 선전업무에 종사하였다. 과거 2개월 동안 다행히도 중국 각계 인사들의 열렬한 동정과 지원 그리고 많은 업무상의 편의를 얻었다. 이는 매우 감사한 일이다.

"조선청년전시복무단"은 중국 항전 속 하나의 핍박받는 민족청년의 업무단체로 우리는 중국 항전업무에 직접 참여하는 한편, 우리 민족해방운동의 선봉에서 임무를 수행한다. 현재 조선민족해방투쟁의 주요한 정치적 임무는 전 민족의 통일단결을 적극적으로 재촉하는 것이다. 또한 조선 민족 역시 전 민족의 반일통일전선을 공고히 하고 확대해야만 반일역량을 강화시킬 수 있고 최후의 해방을 보장할 수 있다.

그러므로, 본 단체의 모든 동지들은 중국 내 조선혁명운동의 통일전선기구인 "조선민족전선연맹"에 참가하기로 결정하였다. 오늘부터 연맹의 지도 아래 모든 반일혁명투쟁을 진행하기로 맹세하고, 동시에 본 단체의 각 명칭을 "조선청년전위동맹"으로 바꾼다. 우리는 민족통일전선의 깃발 아래 반드시 더욱 큰 혁명정신과 전투역량을 발휘할 것이라 굳게 믿는다. 우리는 중국 각계 애국인사들의 더 큰 연민과 지원을 받아 더욱 발전하고 힘있는 항일부대가 되기를 열렬히 희망한다. 우리는 반일제국주의 투쟁의 실천 속에서 경애하는 중국 동포와 손을 잡아 중국 항전의 승리를 쟁취하고 조선 민족 최후의 해방을 쟁취할 것을 선서한다.

조선청년전위동맹

1938년 9월

(五) 연맹이 중국국민당 임시대표대회에 보내는 서한

중국국민당 임시대표대회 주석단 귀중 :

일본 강도는 현재 대대적으로 중국을 침략하고 있습니다. 4억 5천만 중화민족은 위대한 지도자 장제스 선생과 귀당의 지도 아래 일치단결하여 국가와 민족의 생존을 위하여 용맹히 항전 중입니다. 적을 통렬히 공격하였습니다. 시의적절하게도 귀당은 임시대표대회를 거행하여 항전의 큰 계획을 토론하고 최후 승리 쟁취를 기대하고 있습니다. 본 연맹은 조선 2천3백만 동포를 대표하여 삼가 귀국의 위대한 지도자와 귀당의 동지 전체와 모든 항전 용사께 경의를 표하며 항전 승리의 조기 완성을 기원합니다. 아래의 의견을 올리니 받아주시길 바랍니다.

1. 조선 민족을 항일전선의 주요 세력으로 인정하고 조선민족해방운동에

물질적, 정신적 지원을 바랍니다.

2. 국제 반일연합기구 건립을 요청합니다. 특히 중국, 조선, 대만 각 민족의 연합회의를 특별히 마련하여 통일된 항일지도방침 아래 철저한 합작을 꾀했으면 합니다.

3. 조선 민족을 중국민족의 가장 믿음직한 동맹자로 인정하고 조선혁명동지를 중국 항일 전선자로 기꺼이 참가시켜 특별히 지도해주기 바랍니다.

경의를 표하며

항일에 경의를 표하며

조선민족전선연맹이사회

1938년 3월 29일

번역 저본 : 金奎光 著,『朝鮮民族統一戰線問題』,

重慶:新朝鮮社, "新朝鮮叢書之一", 1940년 3월.

제3부

『조선의용대통신』과 김성숙

제1장

발간사

규광

우리 조선의용대가 성립된 지 벌써 3개월이 되었다! 이 3개월 동안 우리 대원 동지들은 중국 군사 당국의 지도하에 일대一隊씩 남북의 각 전구戰區에 파견되어 각종 항전 업무를 담당하였다. 특히 우리는 적敵에 대한 선전과 적군을 와해시키는 임무를 수행하였다. 우리는 이러한 임무를 수행하면서 모든 혁명문제를 논의하고 서로 간에 업무상의 의견을 교환하는 조직으로서 우리 자신만의 간행물이 절실히 필요하였다. 이는 각지 대원 동지들의 동일한 요구로 우리가 이 통신을 발행하게 된 동기이다.

모두에게 조선의용대는 중국에 있는 조선혁명자가 중국 항전에 참가하기 위해 중국 최고당국의 지도와 지원을 받아 조직된 혁명집단으로 알려져 있다. 조선의용대는 중국 항일전선에서 특수한 임무를 맡은 전투부대이다. 조선의용대의 임무는 두 가지 측면에서 진행된다. 하나는 중국의 항전에 직접 참가하여 중국 전사들과 함께 적과 혈투를 벌이는 데 있다. 다른 하나는 2천 3백만 조선 민족에게 호소하여 전 민족적 반일폭동을 일으키도록 함으로써 중국의 항전을 원조하고 지지함과 동시에 조선 민족 자신의 해방을 쟁취한다. 조선의용대는 이러한 중대한 혁명적 임무를 맡아 남북 각지 전구에서, 적의 후방에서, 심지어 조선 국내의 광대한 민중 속에서 각종 형식의 반일혁명투쟁을 적극 전개해야 한다.

지금 우리는 혁명임무를 충실히 집행하고, 나아가 반일활동을 활발하게 전개하기 위해 간행물을 출판하기로 결정하였다. 여기서 우리는 중한 양 민족 항일연합의 문제를 토론해야 하고 서로 공작의 경험과 교훈을 교환해야 하며, 더 나아가 구체적인 공작 상의 결점과 장점을 서로 비판해야 한다. 우리는 이 작은 간행물을 대원 동지들의 혁명공작을 위한 지침으로 삼아야 하며, 동시에 대원 동지들이 서로의 의견을 교환하고 감정을 교류하는 장소로도 만들어야 한다.

위대한 중화민족의 항일전쟁은 18개월의 고된 투쟁을 거치며 승리를 확보하는 새로운 시기에 들어섰다. 이 시기 주요한 전략적 임무는 모든 군사적 조치 외에 정치 동원 방식을 활용해 적을 향해 적극 진공하는 데 있다. 따라서 이 시기 조선 국내 대중의 반일혁명투쟁과 대적선전을 통해 적군을 와해시키는 공작은 특히 중대한 의의가 있다. 우리 의용대는 비록 아직 자기 역량이 매우 미약하지만 반드시 가장 크게 희생 분투하여 모든 곤란을 극복하며 새로운 항전의 시기에 우리에게 주어진 중대한 혁명 임무를 집행해야 한다.

『조선의용대통신』 제1기, 1939년 1월 15일

제2장

1·28 기념의 의의

규광

"1·28"의 7주년 기념일이 되었다! 이는 중국민족이 일본제국주의 강도의 침략에 맞서 대대적으로 무력 항전에 나선 날이다. 우리는 이날을 마음속 깊이 새겨야 한다. 특히 올해는 중국 항전이 승리는 새로운 시기로 접어들면서 일본제국주의가 동요하고 붕괴하는 시기이므로 이날을 기념하는 일은 특별히 중대한 의의가 있다고 하겠다.

"1·28"상하이전쟁, 이는 일본제국주의의 강도 행위로 인해 어쩔 수 없이 이루어진 참극이었다! "9·18" 당시 일본 파쇼 군벌은 가장 비열한 강도의 수단을 써서 기회를 틈타 동북을 강점한 후, 이어 화베이를 침입하고, 나아가 중국 정부의 무릎을 꿇게 하고자 육해공군을 상하이로 불러들여 난징을 위협하는 한편, 국민정부를 향하여 각종 무리한 요구를 하였다. 이런 흉포하기 짝이 없는 강도 행각은 필연적으로 전 중국민족의 격렬한 항일구국운동을 불러일으켰고, 동시에 중국정부가 더 이상 참을 수 없도록 만들었다. 이러한 정세 아래서 당시 상하이를 경비하던 19로군은 적의 공격에 맞서 즉각적인 무력 대응을 하였다. 이렇게 해서 3개월간의 상하이전쟁이 폭발하게 되었다.

"1·28"상하이전쟁의 결과는 비록 당시 중국의 준비 부족과 국제정세의 불리함으로 인해 중국정부는 이 전쟁을 일종의 "지방사건"으로 처리해야 했고 울며 겨자 먹기로 이른바 쑹후淞滬 협정을 체결하였다. 그러나 이는 군사적 패배일 뿐 정치적으로는 여전히 중국의 승리였다. 그것은 왜일까? 이는 당시 19로군과 이 전쟁에 참가한 각 군 장병들의 용감한 항전, 특히 자베이閘北대전의 영광스러운 승리로 일본 강도들에 치명타를 입혔을 뿐만 아니라 중화민족의 독립자존 정신과 능력이 충분히 발휘되어, 세계에서 중국민족의 정치적 지위가 제고되었고, 더 나아가 중국 및 전 동아시아의 피압박민족 해방운동의 밝은 앞길이 열렸기 때문이다.

"1·28"항전은 조선민족해방운동에 대하여 당연히 매우 큰 추동과 충동의 영향을 주었다. 조선 민족은 시종일관 중국민족을 믿을 수 있는 유일한 우군으로 여겼다. "1·28"전쟁이 발발하자 전 조선혁명대중이 일어나 호응했고, 이들은 암살, 파괴, 폭동으로 중국의 항전을 지원하였다. 우리의 용감무쌍한 윤봉길 열사가 상하이 홍커우공원에서 적장 시라카와를 비롯한 적의 장관을 폭살한 사건이 그 예이다. 특히 동북의 조선 동포들은 "1·28"전쟁의 자극적 영향을 받아 조선의용군을 조직하고 중국의 의용군 형제들과 손을 잡으며 용감한 항일반만투쟁을 벌였다. 관내에 있는 조선 각 혁명단체 및 개인도 이때에 "대일전선통일동맹"을 조직하여 반일혁명투쟁을 활발히 전개하였다. 이 모든 조선혁명운동의 비약적 발전은 "1·28"전쟁이 추동하고 촉진했다고 말할 수 있다.

"1·28"항전이 벌써 7주년이 되었다! 이 7년간 일본 파쇼 강도가 계속 중국을 침략한 결과 중일대전마저 일으켰다! 중국 측은 18개월의 고군분투 끝에 항전 필승의 흔들리지 않는 토대를 마련하였다. 동시에 일본제국주의의 압제 아래 식민지 노예생활을 하던 조선과 타이완 민족도 중국의 항전 속에서 일어나 중국민족과 손을 잡고 어깨를 나란히 하며 적과 맞서 싸우게 되었다! 이와 같이 우리가 기념하는 "1·28"은 우리를 더욱 흥분시켰고 나아가 우리의 전투정신을 드높였다.

우리는 "1·28"항전에서 전사한 전사들의 피가 결코 헛되지 않음을 알아야 한다. 이번 중일전쟁에서 수백만 중국민족의 호위병들은 이미 "1·28" 선열의 혈흔을 밟고 분투하여 피를 흘렸다! 수백만 조선과 타이완의 혁명 대중들도 "1·28"선열의 혁명정신을 관철하기 위해 용감하게 매진해야 한다! 우리의 승리의 날은 곧 올 것이다! 우리는 마땅히 승리의 빛 아래 올해의 "1·28"을 기념해야 한다!

『조선의용대통신』 제2기, 1939년 1월 25일

제3장

중국국민당 5중 전회全會의 성공을 경축하다

규광

일본 파쇼 강도가 우한과 광저우를 점령하고 서북 및 서남 진격을 준비하고 있을 때, 특히 적국의 수상 고노에近衛가 이른바 중국에 대한 성명을 발표한 후 왕자오밍汪兆銘이 공공연히 타협 전문을 보내 국내외의 이목을 잠시 현혹시켰을 때, 1월 21일 중국민족의 전위 중국국민당은 위대한 지도자 장 총재의 지도하에 제5차 중앙전체회의를 열었다. 회의 결과는 현재 중일전쟁의 방향을 결정할 뿐 아니라 전 세계 정치 상황에도 중대한 영향을 미칠 것으로 보인다. 때문에 전 중국 인민은 물론 중국 문제에 관심이 있는 전 세계의 인사들이 이번 회의의 성과에 매우 예의 주시하고 있다.

현재 이렇게 중대한 의의를 지닌 5중전회는 10일간의 의사 일정을 거쳐 16개 항의 중요 제안을 통과시킨 후 1월 30일 원만하게 폐막하였다. 동시에 지난 18개월간의 항전 경험을 면밀히 검토하고 현재의 국제정치 상황을 정확하게 평가하여 장기 항전의 국책을 수립하기 위한 선언문을 발표하였다. 특히 국민에게는 더 강고하게 단결하고 적극 분투하여 항일건국 3대 임무를 집행하도록 다그쳤다. 전체적으로 보았을 때 이번 회의는 위대한 성공을 거두었다.

첫째, 이번 회의에서 중국은 일본 파쇼 강도의 새로운 공격에 대해 강력하게 반격한다는 회답을 주었다. 적이 우한과 광저우를 점령한 이후에 실시한 모든 군사적 공격과 정치적 음모는 이번 회의의 단결 강화와 장기 항전이라는 국책에 의해 분쇄될 것이라는데 의문의 여지가 없다.

둘째, 이번 회의의 결과는 국민당 내부의 단결을 더욱 공고히 할 뿐만 아니라 전국 인민의 항일 건국 신념을 더욱 확고히 하였다. 특히 일반적인 비관론자, 동요론자, 타협론자에게는 결정적인 타격을 주었다. 왕자오밍이 염전艷電[1]을 발표한 이후의 정치적 현혹 현상은 이번 회의를 거치면서 바로잡혔다. 그리하여 국민당에 대한 전국 민중의 신념과 기대는 더욱 깊어지고 간절해졌다!

셋째, 이번 회의 결과 동아시아 피압박민족 내지 전 세계 평화를 애호하는 국가 및 인민에게 중국국민당이 이끄는 전국 인민은 일본 강도에 철저히 반항하겠다는 결심을 거듭 새롭게 선언하였다. 따라서 전 세계 중국을 사랑하는 국가와 민족은 중국의 항전을 원조하고 지지하기 위해 그들의 역량을 더욱 집중할 것이다.

총괄하여 말하자면 이번 회의는 성공을 거두었다! 중국국민당의 이번 위대한 성공은 중화민족 해방전쟁의 최후 승리와 일본제국주의 통치하에 있는 피압박민족 및 인민혁명투쟁의 최후 승리를 결정짓는 것이었다! 여기서 우리 조선의용대는 전 조선 2천 3백만 동포를 대표하여 삼가 조선 민족의 이름으로 중국국민당 5중전회의 위대한 성공을 경축한다! 동시에 위대한 중국 민족의 지도자인 장제스 선생과 국민당 동지들에게 가장 열렬하게 혁명의 경례敬禮를 보낸다.

『조선의용대통신』 제3기, 1939년 2월 5일

---

1 왕자오밍은 중화민국 국방최고회의 부주석과 중국국민당 부총재를 맡고 있었다. 그는 1938년 12월 장제스에게 일본과 타협해야 한다는 요지의 전보를 보냈다. 이를 '염전'이라 한다. 왕자오밍은 공동의 군사 방위 협정을 체결하고 경제적으로 서로 도우며 우호적인 관계를 유지해야 한다고 장제스에게 주장함으로써 최고 통치자이자 전쟁 지도자에게 전쟁전략을 놓고 도전한 것이다.

제4장

제2기 항전에서 대적 선전의 중요성

규광

대적對敵 선전宣傳은 현대 전쟁에서 주요한 전술이다. 현대에 벌어지는 어떤 성격의 전쟁이든 전쟁을 수행하는 쌍방 모두 적군을 와해시킬 목적으로 이 전술을 운용해야 한다.

지금의 중일전쟁에서 침략당한 중국은 당연히 대적 선전을 해야 하고, 침략한 일본 강도도 대적 선전을 실행해야 한다. 그러나 쌍방의 선전 내용과 효과는 매우 크게 구별되고 상반된다.

대적 선전이 최대의 효과를 거두려면 선전에 반드시 정의롭고 공리적인 정치 내용이 담겨야 한다. 일본 강도의 중국 침략은 정치적으로 이미 정의와 공리에 위배되기 때문에 그들은 대적 선전을 해도 별 효과를 거두지 못한다. 그렇지 않은가? 적은 늘 우리 전방과 후방에 각종 선전물을 뿌리지 않았는가? 그러나 이는 기만, 회유, 협박으로 가득 찬 터무니없는 말로 그 누구도 믿지 않는다. 반대로 중국이 일본의 침략에 저항하는 것은 정치적으로 인류의 정의와 공리를 밝히는 것이다. 따라서 우리의 선전은 적의 마음을 파악할 수 있고 적에게 믿음을 줄 수 있어 그 효과는 확실히 매우 크다.

이러한 이유로 항전이 시작된 후 중국 당국은 일찌감치 대적 선전의 중요성을 인식하고 특별히 대적 선전 공작 기관을 설치하였다. 그러나 과거 1기

항전에서 적군은 이른바 "속전속결"의 정책 아래 대규모 포위 섬멸전을 맹렬하게 진행하였으므로 중국 측은 장기 항전의 주력을 보존하기 위해 군사적 방어에 전력을 실행할 수밖에 없었다. 그래서 맹렬한 군사투쟁 중에 작전이 선전보다 더 중요했고, 대적 선전은 당연히 부차적인 공작이었다! 사실상 이 공작은 과거에 큰 효과를 얻지 못하였다.

그러나 항일전쟁이 2기에 접어든 지금, 대적 선전공작은 매우 중요한 성질을 띠고 있다. 바꿔 말하면 현재 중일전쟁에서 발견되는 새로운 형세를 설명하는 몇 가지 특징은 대적 선전공작의 중요성을 결정하였다.

첫째, 적이 우한과 광저우를 점령한 후 그들의 소위 "속전속결" 정책과 포위하여 섬멸한다는 전략 방침이 이미 완전히 실패했음이 충분히 증명되었다. 그래서 그들은 장기적인 침략전쟁을 실행하기로 하였다. 이는 한편으로 과거 중국 침략전쟁의 실패를 감추어 동요하는 내국인의 마음을 안정시키려 한다. 다른 한편으로는 이미 점령한 지역의 보위保衛와 숙청을 기도하여 각종 기만, 유인, 협박 등으로 괴뢰 조직을 적극 조직하여 중국 민중을 쟁취하려 한다. 이처럼 적은 군사와 정치를 동시에 진행하는 전략방침을 모색하고 있다.

둘째, 적의 "속전속결" 정책이 실패한 이후 적 내부의 갈등이 더욱 첨예화되었고 반전 반파시스트운동이 더욱 보편적으로 발전하였다. 군부부터 사병, 내각부터 인민에 이르기까지 심각한 반전투쟁이 벌어지고 있다. 이는 바로 적이 우리의 선전을 받아들일 수 있는 조건이 매우 무르익었음을 말한다.

셋째, 일본제국주의 통치하의 조선과 타이완 민족은 일본의 중국 침략전쟁 패배의 기회를 틈타 더욱 적극적으로 반일혁명투쟁을 발동하였다. 최근 조선 및 타이완 각지에서 여러 혁명폭동이 일어나고 있으며, 이러한 폭동은 계속 발생하고 발전하고 있다.

위의 세 가지 특징은 우리의 대적 선전 공작에 주어진 최대 한도의 중요성과 가능성이다. 이런 새로운 형세 속에서 우리가 정확한 방법을 운용하여 적극 대적 선전을 실행한다면 반드시 최대의 효과를 얻을 수 있으며, 나아가서는 적군을 와해시키는 목적을 달성할 수 있다.

『조선의용대통신』 제4기, 1939년 2월 15일

제5장

3·1운동 소사小史

성숙

현재 해외에 망명해 있는 우리 조선의 혁명가들이 중국 항전에 직접 참가하여 적과 혈투를 벌이고 있는 때 "3·1"운동 제20주년 기념일을 맞이하였다. 이 대유혈 혁명의 기념은 각별히 우리의 혁명정신을 분발시키고 항전의 의지를 제고시킨다. 기념 중에 우리가 거듭 "3·1"운동 투쟁 과정을 새로이 회고하는 일은 당연히 매우 필요하지만, 운동의 전체 경과 과정을 상세히 서술하는 것은 불가능한 일이므로 소사小史로 써보려 한다. 역사라고 하기에도 거창하니 그저 작은 회고라 하겠다.

나는 이 글에서 "3·1"운동이 발생한 근본 원인과 직접 동기를 먼저 말한 뒤 실제 투쟁의 경과에 대해 말하겠다.

"3·1"운동의 가장 근본 원인은 다음 두 가지 측면에서 관찰할 수 있다.

첫째, 망국 후 10년간 일본은 조선에 대해 정치 도살, 경제 약탈, 문화 봉쇄 등 야만적인 정책으로 조선 민족을 망국과 멸족의 경지에까지 몰아넣었다. 그래서 이미 무장 해제된 조선 민족 개개인 모두 원한이 쌓이고 분노를 품고 있다. 그러나 조선인들은 가슴에 민족의 원한을 품은 채 입으로만 "이 태양은 언제나 없어질까, 우리도 태양과 함께 망하게 되리라時日曷喪, 予及女偕亡"[1]라는 주문을 외울 수밖에 없었다. 이것이 바로 3·1운동 이전 조선인의 일반적인 모습이었다.

둘째, 조선의 혁명운동은 의병의 무장투쟁이 실패를 겪은 후 많은 애국지사들이 해외로 망명하며 여러 선진국에서 새로운 민주주의 사조를 받아들이며 거듭 새롭게 혁명 진영을 정비하였다. 예를 들어 중국, 소련, 미주 각지에서 조선인들은 우방들의 관심과 지지를 얻어 각종 혁명단체를 만들었다. 이들은 서로 연락을 취하며 뒷일을 도모했는데 특히 종교단체와 유학생을 통해 국내 지도자들과 밀접한 관계를 맺었다.

다음에 "3·1"운동이 발생한 직접적인 동기도 다음과 같이 둘로 나누어 살펴볼 수 있다. 첫째, 유럽 대전이 끝난 후, 즉 1919년 파리에서 열린 세계평화대회에서 당시 미국 대통령 윌슨은 "정의와 인도를 바탕으로 한 민족자결안"을 제출하여 참전한 각국의 식민지 민족에게 자립과 독립의 기회를 부여하였다. 그러자 전 세계 약소민족의 해방운동 바람이 거세게 일었다. 이는 조선 민족에게도 많은 자극과 추진력을 가져다주었다. 둘째, 조선 민족의 국부 광무황제는 바로 이때 적에게 독살되어 서거하였다. 흉보가 전해지자, 전 국민이 절절히 애도하지 않을 수 없었다. 광무 황제는 망국 전에 일본에 저항하다 강제로 퇴위당했고, 망국 후에는 깊은 궁중에 유폐되어 시종 일본에 저항하며 혁명지사를 애호하였기에 적敵은 안심하지 못하고 결국 그를 독살하였다. 이것은 전 조선인이 잘 알고 있는 일이다. 조선인은 이 비보에 더 큰 망국의 아픔을 느꼈고 반일과 복수라는 혁명적 정서가 폭발 직전까지 치솟게 되었다.

---

1 時日曷喪, 予及女偕亡 : 『상서(尚書)』의 탕왕(湯王)이 인민을 수탈하는 하(夏)나라의 걸왕(傑王)을 정벌하러 나가고자 할 때 인민에게 내린 글 「탕서(湯書)」에 나오는 글귀 중 하나다. 백성들이 하의 걸왕을 정벌하는 데에 의문을 품고, "이 태양(걸왕의 비유)은 언제 없어질까요? 우리도 걸왕과 함께 죽게되겠지요"라고 체념하는 말을 하자, 탕왕이 인민에게 자신을 도와 하왕에게 천벌을 내리자고 설득하는 내용이다. 즉, 3·1운동 당시의 상황에서 '이 태양'이란 일제를 가리킨다.

이상과 같은 "3·1"운동이 발생한 근본 원인과 직접적인 동기가 자연스럽고 오묘하게 합쳐지며 1919년 "3·1"대혁명운동이 일어났다.

"3·1"운동을 주도한 단체는 독립총본부[2]였다. 이 단체는 조선 국내 각계의 애국지사 및 지도자, 해외의 여러 혁명단체와 연계하여 1918년 10월 조선 경성에서 비밀리에 조직을 결성하였다. 당시 조직 결성을 주도한 사람은 최남선·현상윤·송진우·최린 등이었는데, 이들은 비밀리에 천도교 지도자 손병희·권동진·오세창, 예수교 지도자 이승훈·박희도·함태영, 불교 지도자 한용운·백용성 등과 협의하여 이들 종교 지도자를 총본부에 합류시키고, 손병희를 최고 지도자로 추대하여 대대적인 반일혁명운동을 준비하였다. 당시 재일유학생단 및 조선 각지의 학생단도 총본부의 지도를 받았고, 천도교·기독교·불교 등 종교 신도들 역시 총본부에 소속되어 있었다.

제2년,[3] 즉 1919년 1월 22일 광무황제가 적의 독살로 서거하자 전국에서 반일 감정이 들끓어 일촉즉발의 상태가 되었다. 이때 미국 대통령의 "민족자결"이란 주장도 나왔다. 이러한 국제적 정치 상황은 끓어오르는 조선 민족의 혁명적 노기를 더욱 거세게 자극하였다. 이에 따라 독립단 총본부는 3월 1일을 가장 적절한 거사일로 결정하였다. 왜냐하면 3월 5일이 광무황제의 장례식을 거행하는 날이라 전국의 민중이 불원천리不遠千里 경성을 찾아 국부의 장의葬儀에 참석하는 때가 바로 이 시기이고, 동시에 전국에서 반일 감정이 가장 고조되는 시기이기도 하기 때문이다. 이에 따라 독립총본부는 전국의 단원들에게 3월 1일 하오 2시에 각지에서 반일 대시위를 벌이도록 밀령을 내렸다. 당시 정해진 구호는 그저 하나 "조선독립만세!"뿐이었다. 「독립선언서」와 「독립신문」, 태극기 등은 이미 모두 준비되어 있었다! 모두들 3월

2 중국어 원문에는 독립총본부, 독립단총본부가 섞여 있다.
3 원문대로이다.

1일이 오기를 애타게 기다리고 있었다!

3월 1일! 억압받는 조선이 저항의 노호를 외치는 날, 신성한 단군의 자손이 침략자에게 정의로운 전쟁을 선포하는 날이 결국 도래하였다! "날씨가 맑고, 바람이 화창한" 어느 봄날이었다! 경성 파고다 공원에는 모든 부흥과 재생의 봄기운이 충만하였다! 바로 이 공원에서 "3·1" 대혁명운동의 불꽃이 처음으로 타올랐다.

하오 2시에 각 학교의 학생은 한 무리씩 조수潮水처럼 공원 입구를 향해 돌진해 들어와 팔각정을 중심으로 가지런히 엄숙하게 배열하면서 방금 전까지 한적하고 농염했던 공원이 갑자기 수많은 인파로 가득 찼다! 엄숙하고 긴장되는 분위기 속에서 팔각정 위의 한 청년 지도자의 입에서 독립선언서를 낭독하는 단호한 목소리가 한 구절 한 구절 흘러나왔다! 아! 이것이 바로 조선민족 부흥의 함성이었다! 이것이 바로 정의의 전쟁을 선포하는 포고였다! 선언서를 읽는 순간 이구동성으로 "조선독립만세!"를 외쳤다. 천만의 힘찬 주먹을 들고, 천만 개의 눈부신 국기를 휘날리며, 한 무리 한 무리 홍수처럼 공원 입구를 빠져나왔다. 이때 적들은 어떤 상황인지 몰랐기 때문에 만세 행렬이 거리를 향해 돌진할 때, 헌병과 경찰들은 저지만 할 뿐 진압할 결정을 내리지 못하였다. 그리하여 시위대열은 수십만 명의 시민들과 합쳐져 혁명의 노도와 광란의 물결을 이루었고, 경성의 모든 거리에는 반일의 피바람이 가득하였다. "조선독립만세!" 소리가 맑게 울려 퍼졌다! 그러자 적의 헌병들이 나와 진압하였고 맨손의 군중은 곳곳에서 적의 헌병과 유혈 투쟁을 벌였으며 도처에서 폭동이 일어났다. 이렇게 하여 "3·1" 대혁명의 서막이 열렸다!

우리 민족 대표 손병희 등 33명은 이날 태화관에 모여 독립선언을 선포하고 독립을 축하하였고, 동시에 적敵 총독부에 통지하여 오늘 거사의 뜻을 알리자, 적은 즉각 헌병과 경찰을 보내 대표 모두를 차에 태워 데려갔다. 우리

대표 33명은 스스로 시위 군중에 앞서 적의 옥에 갇혔다!

같은 날 같은 시각, 전국 주요 도시와 시골 마을에서도 똑같은 격렬한 반일 시위가 벌어졌다. 이들은 모두 맨손으로 총칼을 든 적과 싸워 수많은 사상자와 체포자가 발생하였다.

이후 삼천리 강산 구석구석에서 반일혁명운동이 계속 발생하여 흰옷을 입고 조선말을 하는 사람 중 신성한 혁명 전투에 참가하지 않는 사람이 없었다고 말할 수 있다. 이와 같은 전투는 8개월 동안 계속되었다! 아래의 통계표를 살펴보면 운동이 얼마나 열렬하고 비장하며, 또 얼마나 확대 심화되었는지 거듭 알 수 있다!

1919년 3월 1일부터 같은 해 5월 말 3개월간 각지의 반일 시위 폭동 상황 조사통계표

1	2	3	4	5	6	7	8	9
시위 부군(府郡)수	시위 횟수	시위 참가자 수	사망자 수	부상자 수	체포 수감자 수	전소된 교당 수	전소된 학교 수	전소된 민가 수
211	1,542	2,023,098	7,509	15,961	46,948	47	2	715

통계는 단지 기본적으로 3개월간의 통계이며, 3개월 후에도 5개월 동안 시위폭동이 계속되었다. 8개월 전후의 시위 폭동을 집계하면 그 숫자는 더욱 놀랍다.

독립단 본부는 "3·1"거사 이전에 이미 파리 세계평화회의에 대표를 파견하여 조선의 독립문제를 토론하도록 요구하는 동시에 다수의 간부를 해외 각지로 파견하여 각지의 혁명단체들과 함께 독립운동을 진행하였다. "3·1"운동이 발발하자 독립단 본부의 간부 다수가 체포되어 독립단은 국내에서 활동할 수 없게 되었다. 이에 이승만, 안창호, 이동녕, 이시영, 이동휘 등 해외의 독립운동 지도자들은 상하이에 모여 한국임시정부를 조직하며 독립단 본부의 사업을 계속하였다. 특히 만주에 있는 각 혁명자치단체 및 무장대오, 미주 각지 한인 교포의 혁명단체는 한국임시정부의 지도를 받아 전체 해외

운동의 통일단결을 이루었다.

"3·1"운동은 8개월간의 맨손의 혈투 끝에 결국 실패하였다! 그러나 이는 표면적으로 보았을 때 실패이다. 즉 미래에 있을 최후의 성공을 준비한 실패이다. 이 운동이 실패한 원인은 물론 여러 가지가 있다. 어떤 이는 강력하고 현대적인 혁명정당의 조직이 없어서, 혹은 엄밀한 대중조직이 없어서, 심지어는 당시 지도자가 혁명적 결단성을 갖추지 못했기 때문이라고도 한다. 하지만 내가 생각하는 가장 주요한 실패 원인은 적들이 국제 및 국내적으로 너무 힘이 세고, 국제적으로 우리를 도와준 국가가 없었기 때문이다. 조선 민족은 목숨을 걸고 적에 대항할 결심과 행동을 갖추었음에도 불구하고 맨주먹이었기 때문에 그저 피만 흘릴 뿐이었다. 당시 어느 나라가 무기를 들고 우리를 도와주려 했던가? 당시 우리의 주관적 혁명조건은 상당히 성숙했지만 국제적인 시야에서 파악되는 객관적 환경은 우리 독립운동의 성공에 불리하였다. 이것이 바로 "3·1"운동의 대략적인 경위이다.

지금은 중국 4억 5천만 민족이 우리의 적을 상대로 필사적인 항전을 벌이고 있는 시기이다. 소련 및 전 세계의 민주 국가가 결국 파시스트 일본과 첨예하게 대립하고 있다. 일본 스스로도 총 붕괴의 길에 들어섰다. 만약 이 시기에 "3·1"운동이 일어난다면, 그것은 반드시 성공할 것이다. 그렇다, 지금 우리는 더욱 맹렬하고 더욱 대규모의 제2차 "3·1"운동을 발동해야 할 것이다!

『조선의용대통신』 제5기, 1939년 3월 1일

제6장

3·1운동 이후 조선혁명운동의 새로운 발전

김규광

"3·1"운동은 조선혁명운동 발전 과정에서 보면 하나의 분수령과 같다. 이전과 이후의 운동은 형식상, 내용상을 묻지 않고 모두 확연히 다르다.

"3·1"운동 이전의 조선혁명운동은 의병운동이든 암살·파괴운동이든 기타 혁명적 결사이든 모두 봉건적인 색채가 짙었다. 우선 당시 모든 운동의 주요 지도 정신이 막연한 충군애국주의와 추상적인 정의공리주의였다. 여기에는 어떤 심오한 혁명 이론도 필요 없고 적과 자신의 역량에 대해 어떤 과학적 추정도 필요 없으며, 어떤 국제정세를 분석할 필요도 없고 어떤 정강 정책을 수립할 필요도 없다! 그저 아는 것이라고는 모든 이가 충군애국을 원하고, 왜적이 우리 군권을 빼앗으며 우리나라를 망하게 하고, 우리 민족을 도륙하는 것은 정의롭지 못하고 비합리적이어서 우리가 왜적에게 대항하지 않으면 안 된다는 것뿐이었다. 이것이 당시 혁명이론의 전부라고 말할 수 있다. 심지어 혁명을 조직하는 방법과 관련해서 보면 현대적 혁명정당도 혁명적 대중단체도 없었으며, 그저 애국 의인지사들이 의기투합했을 때 모종의 혁명단체를 조직하여 각처에서 각자의 정치를 하면서 운동계의 봉건 할거割据 형태를 형성했을 뿐이다. 물론 당시에도 현대적이고 진보적인 혁명운동에 힘을 쏟은 지혜로운 인사들이 없지는 않았으나 이는 극히 드문 일이었다.

"3·1"운동 이후의 조선혁명운동은 운동의 내용이나 형식을 불문하고 돌변적 비약적 발전을 수행하였다. 우선 운동계에서 이른바 이론투쟁이 발생하여 일본이 왜 조선을 강제 합병하였는가? 조선 민족을 어떻게 압박했는가? 우리는 왜 혁명을 해야 하는가? 어떻게 하면 일본 강도를 타도할 수 있을까 하는 문제들에 관하여 모두 분명히 알고자 했다. 이런 논쟁 속에서 그동안 막연했던 충군애국주의를 차츰 청산하며 사상계를 정화하고 통일을 이루려 하였다. 동시에 현대적 혁명 정강과 정책을 만들어 운동의 지도방침으로 삼았다. 조직 면에서도 다양한 형태의 현대적 혁명 정당이 발생하고, 동시에 다양한 혁명적 대중단체가 생겨났다.

"3·1"운동은 일본제국주의에 대한 조선 민족의 혁명일뿐만 아니라 조선혁명운동 그 자체에 대한 혁명이기도 하다. 즉 대상뿐만 아니라 그 자신도 변화시켰다는 점에서 "3·1"운동은 종래의 봉건적 혁명운동의 형태를 현대적 혁명운동의 형태로 개혁하였다.

"3·1"운동 이후 조선혁명운동은 분명히 두 가지 방향으로 발전해 왔고, 이는 새로운 발전이었다.

첫 번째 방향은 바로 민족주의 또는 민주주의의 운동이다. 조선혁명은 성격상 원래 반일본제국주의 민족혁명이었다. 그러나 민족주의라는 혁명적 의식 형태는 "3·1"운동 이후에야 형성되었다. 조선의 민족주의는 비록 중국의 삼민주의처럼 이론적인 체계를 이루지는 못했지만, 일반적인 사상 형태에서 보자면 민족독립, 민족평등, 민족자결, 민족자치, 침략주의 반대, 강권주의 반대, 심지어 계급투쟁 반대 등의 사상이 있어 이미 소수 조선 민족자산계급 및 방대한 중소시민층의 정치 이상이 되었다. 동시에 이러한 사상은 조선혁명운동의 지도 정신이기도 하였다.

두 번째 방향은 사회주의 혹은 공산주의운동이다. 조선은 원래 전형적인 봉건적 농업 국가였다. 망국 후 10년 동안 일본자본주의의 급습으로 반봉건적 식민지가 형성되었다. 이러한 강제적 자본주의화 과정에서 일본자본의 직접 지배 아래 근대적 산업도시가 매우 빠르게 건설되었고, 근대적 무산계급도 매우 빠르게 발생하였다. 다른 한편으로 소련 사회주의혁명의 성공과 일본 및 기타 여러 나라 사회주의운동의 비약적인 발전이 조선혁명운동에도 직·간접적인 영향을 미쳤다. 이러한 조건 하에서 이른바 공산주의 또는 사회주의운동이 매우 빠르게 성장·발전하였다.

요컨대 "3·1"운동 이후 조선혁명운동의 새로운 특징은 민족운동과 사회운동의 대립적 발전이라 말할 수 있다.

"3·1"운동이 실패한 후 민족주의운동의 중심은 상하이임시정부 수립으로 인해 국내에서 해외로 이전되었다! 이러한 중심 이동은 주로 민족운동에 대한 적의 포악한 탄압에 의한 것이었다. 그런 부차적인 원인은 "3·1"운동의 운동 주도자인 "독립단 본부" 자체의 조직과 그 대중적 조직이 매우 미약하여 조직적으로 적의 압력을 막아낼 힘이 없었기 때문이다. 이러한 움직임의 결과로 해외에서는 한때 임시정부를 중심으로 한 각종 행사가 세계인의 이목을 끌었다. 하지만 현재는 대중적 기반이 없는 운동이 되었다. 물론 당시 만주의 각 혁명자치단체 및 미주 교민들의 혁명단체 등이 모두 임시정부를 적극 지지하였다. 그러나 이는 해외 교민들에 국한된 것으로, 국내의 광대한 혁명 군중과 독립운동 지도부 사이의 관계는 결국 나날이 느슨해져 결국 국내의 민족운동은 격렬한 혁명 방식에서 점차 온건한 반봉건적 신문화운동 쪽으로 방향을 바꾸었다. 최남선, 송진우, 이광수 등 많은 "3·1"운동의 지도자들은 적극적인 혁명 방식을 포기하고 합법적인 신문화운동에 주력하였다. 이들은 천도교, 기독교, 불교 등의 종교를 배경으로 신문 및 잡지를 출판하여 민주주의 문화를 소개 및 전파하고, 봉건 예교礼教에 반대하며 지식

만능을 제창하고, 신생활을 장려하였다. 이것이 당시 국내 민족주의운동의 형태였다.

신흥 사회주의운동은 이와 정반대였다. 이들의 지도 중심은 해외에서 국내로 이전하였다. 제3인터내셔널 출범 직후 해외에 있는 조선 공산주의자들이 "고려공산당"을 조직했지만 대중적 기반이 없어 시작만 있고 끝이 없었다. 사실상 사회운동 초기 일종의 사상단체였다. 이 당은 내부의 파벌 싸움으로 결국 해체되었다. 그러나 해외가 중심이던 사회주의 활동의 중심이 국내 대중 속으로 옮겨왔다. 처음에는 국내에 "무산자동맹", "노동공제회" 등의 사상단체가 생겨나면서, 이들을 중심으로 대중의 조직 활동이 급속히 진행되어, 4~5년만인 1924년 경성에서 민중운동가대회를 소집할 때 전국 사회운동 단체가 이미 1□□에 이르렀을 정도로 당시 조선의 사회운동은 비약적으로 발전하였다. 이런 광대한 군중의 기초 위에서 "조선공산당"이 생겨났고, 이들의 지도 아래 아래 전국 민중운동의 조직이 정비되어 "전국노동총동맹", "전국청년총동맹", "전국농민총동맹", 전국여성연합체인 "근우회" 등의 조직이 생겨나 조선 신흥 사회운동의 저력을 보여주었다.

1926~7년 중국의 북벌혁명시대에 이르러 조선혁명운동에 획기적인 전환이 일어났다. 그동안 대립 발전해 오던 민족운동과 사회운동이 조직한 반일 연합전선이 성립한 것이다. 민족주의자와 공산주의자가 연합해 단일 정당인 "신간회"를 조직하였다. 이는 당시 제3인터내셔널 동아시아 정책의 영향도 있었지만, 중국의 국공 양당이 합작하여 국민혁명을 실행한 정치정세가 조선혁명운동에 지극히 크게 추동 작용하여 일어났다. 당시 "신간회"는 국내 연합전선으로 회원이 3만여 명이고, 전국에 있는 150개 지부가 전국의 혁명대중을 지도하고 있었다. 1929년 광주학생운동도 "신간회"가 영도하였다. 국외에서는 각 혁명단체의 통일단결을 촉진하기 위해 "대독립당촉성회"

가 운동하였다. 이렇게 조선의 혁명운동은 한층 더 높은 단계로 발전하기 시작하였다!

그러나 혁명운동의 진일보한 발전은 필연적으로 적의 추가적인 압박을 불러왔다. "9·18"사변을 전후하여 일본제국주의자가 중국에 대한 침략전쟁을 준비하느라 움직이고 있을 때, 그들은 후방의 혁명 세력을 숙청하기 위하여 광적인 탄압정책을 실행하였다. 그리하여 많은 대중적인 혁명단체들이 하나 둘씩 해산되었고, 공산당과 다른 비밀 정치 결사들도 적의 밀정에 의해 하나 둘씩 파괴되었으며, "신간회"도 박해를 받아 스스로 해산하게 되었다. 이처럼 "9·18"사변은 조선혁명운동에 폭풍우 같은 반동적 탄압을 초래하였다.

"9·18"사변 이후 일본제국주의는 조선혁명운동을 상술한 바와 같이 탄압하여 조선의 혁명운동은 새로운 전략 방침을 채택하게 되었다. 바로 지금까지의 합법적, 공개적, 평화적이었던 투쟁방침을 비합법적, 비밀적, 폭력적 투쟁방침으로 바꾸는 것이었다. 이때부터 지금까지 조선 국내 운동은 비밀스런 지도하에 파업, 조세 거부, 수업 거부, 폭동 등의 전투적 행동을 채택하였다. 함흥 폭동, 영흥·단천 폭동 등은 모두 대규모 노동자와 농민폭동이었다. 이런 대중의 폭동은 멈추지 않고 지금까지 활발하게 발전해 오고 있다.

그러나 여기서 반드시 지적해야 할 것은 "9·18" 이후 "신간회"의 해체로 사회운동과 민족운동이 다시 분리되었다는 점이다! 사회운동의 경우 극비리에 활동한다는 방침 아래 반제동맹, 적색노조 및 농회, 적색독서회 등 비밀단체를 조직하고 "공산당 재건위원회"를 별도로 만들어 각종 혁명조직 및 활동을 지도하였다. 반면 민족운동의 경우 이러한 조직적인 비밀활동은 할 수 없다는 방침이었고 여전히 공개적으로 활동해야 했다! 그러나 일본 총독정치가 파시즘화된 지금 공개적이고 적극적인 혁명 활동은 불가능하여 종래와 같은 민주주의의 신문화운동도 공개적이고 합법적으로 진행할 수 없게 되었다. 그리하여 국내에서는 민족운동이 극도의 위기에 빠졌다. 즉 일반적으로 혁명성이 강한 민족주의자는 일본 파시스트의 분위기에서 소극적인 "정치 논외"라는 태도를 보였고 혁명성이 약한 많은 민족주의자는 동요하였고 심지어 항복한 데다 적을 대신하여 민중을 기만하는 일도 하였다. 당연히 기회적 사회주의자 역시 허다한 투항분자이다. 이른바 시중회, 대동민우회 같은 단체는 적을 대신하는 투항분자가 민중을 기만하는 매국노 집단이었다. 이 단체에는 "3·1"운동 때 민족대표를 지낸 사람들, 심지어 사회운동 지도자로 활동했던 사람들까지 참가하였다! 그러나 조선에서 광대한 중소 자산계급은 물론 농민 대다수는 조선 민족주의운동의 대중 기반이다. 이들은 결코 소수 지도자들의 투항을 쫓아 투항할 수 없고, 반대로 위대한 공명公命 역량에 품고 있다. 장차 조선 민족혁명의 주요 임무를 수행하는데 아무런 문제가 없었다.

해외 조선혁명운동을 돌이켜 보면 1927년 중국 북벌혁명 이후, 특히 9·18년 이후 민족주의운동은 중국국민당의 도움을 받아 한 단계 더 발전하였다! 한국임시정부의 활동은 여러 가지 조건으로 인하여 위축된 상태에 빠졌지만, 한국국민당, 조선혁명당의 성립과 발전, 많은 혁명 간부의 양성은 모두 해외 민족운동의 발전을 나타낸다.

해외 사회주의운동은 1927년 이후 환경 변화로 발전하기는커녕 쇠퇴하는 상태에 빠졌다. 특히 1929년부터 30년까지 조선 공산주의자들은 만주 폭동 실패 이후 많은 주요 간부들이 희생되어 극도의 쇠퇴상태에 빠졌지만, "9·18"사변 이후 다시 만주에 무장대를 만들고 중국의 의용군과 연합하여 동북의 항일유격근거지를 건설함으로써 조선 공산주의는 다시 활동할 수 있는 기회와 기반을 얻었다.

중국의 항전이 일어난 이후 조선혁명운동에도 자연히 새로운 변화와 발전이 있었다. 특히, 중국민족항일통일전선 정책은 곧바로 조선혁명운동에 영향을 미쳤다. 우선 중국 관내에 있던 각 혁명단체들은 "조선민족전선연맹"을 조직하여 전 조선 민족의 반일통일전선운동을 추진하는 한편, 중한 양 민족의 항일 연합전선도 적극적으로 추진하였다. 최근에는 이미 중국 최고 당국의 지도와 지원을 받아 조선의용대를 조직하고, 각 전장에 대원을 파견하여 중국 형제들과 함께 적을 상대로 혈투를 벌이고 있다. 바꿔 말하면 해외 조선혁명운동의 주요 정치노선은 전 민족 반일통일전선을 구축함과 동시에 중한 양민족의 항일연맹을 구축하는 데 있다.

총괄하여 말하자면 "3·1" 이후의 조선혁명운동은 양적 발전뿐 아니라 질적인 측면에서도 비약적인 발전을 이루었다. 이러한 발전은 중국의 항일전쟁이 일어난 오늘에 이르러 이미 최후의 승리를 거두는 단계까지 이르렀다. 그렇지 않은가? 중국 항전의 승리는 조선혁명운동의 승리가 아닌가? 우리는 지금 눈앞에 펼쳐진 승리의 빛을 향해 힘차게 나아가고 있다!

『조선의용대통신』 제5기, 1939년 3월 1일

제7장

'조선의 딸朝鮮的女儿'* 공연의 혁명적 의미

김규광

중국의 문화 항일전선에 이바지하기 위해 우리 후방에 있는 조선의용대 동지들은 한 달여 전부터 '조선의 딸' 공연을 준비해왔다. 하지만 준비 기간 동안 예상치 못한 난관과 우여곡절 끝에 잠시 멈출 수밖에 없게 되었다. 이후 국방예술사國防藝術社 동지들의 적극적인 지원으로 마침내 '조선 민족 반일 대유혈혁명 제20주년 기념일'인 3월 1일에 무대에 올릴 수 있게 되었다.

'조선의 딸' 공연과 관련하여 내가 예술이나 연극적인 논평 혹은 설명을 할 수 없다. 나는 예술이나 연극에 대해서는 문외한이기 때문이다. 그러나 나는 항상 피압박민족의 예술은 언제나 혁명적일 수밖에 없다고 생각해왔다. 피압박민족의 삶이 언제나 혁명적인 삶인 것처럼 말이다. 이런 관점에서 이 공연을 살펴보면 첫 번째로 이 연극은 매우 중대한 혁명적 의의를 지니고

* 1939년 3월 구이린은 중국 항전문예 활동의 중심지로 전란을 피해 많은 중국의 예술인들이 모여있었다. 당시 구이린에 머물던 예술인들은 조선의용대의 3·1 운동 기념 공연을 보고 적지 않은 글을 발표하였다. 대표적인 글로 1939년 3월 1일 발행된 『광시일보(廣西日報)』, 「'조선의 딸' 공연 특집」에 실린 양숴(楊朔)의 「'조선의 딸'을 읽은 이후(讀了『朝鮮的女兒』以後)」, 리양(力揚)의 「열성적인 기대-'조선의 딸' 공연을 축하하며(熱誠的期望-祝『朝鮮的女兒』的演出)」, 펑원(風文)의 「『아리랑』 가극에 관하여(關於『阿裏朗』歌劇)」, 1939년 3월 3일 『구망일보(救亡日報)』에 실린 아이칭(艾青) 등의 「조선의용대 공연에 관한 감상(關於朝鮮義勇隊公演的感言)」, 3월 6일 『구망일보』에 실린 왕잉(王瑩)의 「'조선의 딸' 관람 소감(『朝鮮的女兒』觀後感)」, 『동방전우(東方戰友)』 제6기(1939년 4월 1일)에 실린 톈신(田心)의 「'조선의 딸'과 『아리랑』(『朝鮮的女兒』和『阿裏郎)』」 등이 있다.

있음을 느낄 수 있다.

나는 '조선의 딸' 극본을 읽은 적이 있는데, 여기에는 조선 민족이 일본제국주의의 발굽 아래 어떻게 억압당하고 착취당하였으며, 또 반항적 현실적 생활 정황에서 어떻게 일어서게 되었는지, 특히 이 극본에서는 중국 항일전쟁에서 조선의 혁명 민중들이 중국의 항전을 지지하고 자신의 해방을 쟁취하기 위한 반전反戰, 반파시스트 신혁명 폭동을 발동한 정형을 묘사하고 있다. 이는 결코 예술적 허구가 아닌 현재 조선 민족의 반일정서와 그 혁명정신으로 조선혁명의 현단계에서의 중심적 임무임을 정확히 파악하고 있는 것이라 할 수 있다. 나는 이 점에서 우선적으로 '조선의 딸' 자체의 혁명적 의미를 간파할 수 있었다.

다음에, '조선의 딸'은 공교롭게도 "3·1"운동 기념일에 공연하게 되었고, 더욱 공교롭게도 극중 2막의 폭동이 "3·1"운동 기념일에 일어난 폭동이었다. 이것은 특별한 의미를 갖는다. 우리 모두가 알고 있듯이 "3·1"운동은 조선이 망한 후 10년째 되는 해, 즉 1919년 3월 1일 온 조선 민족이 일치하여 일어나 반일 대시위 폭동을 거행한 운동이다. 당시 시위에 직접 참가한 민중이 200만 명, 희생자는 4만여 명에 달했던 것으로 알려졌다. 시위와 폭동은 8개월 동안 지속되었으며 운동의 규모 역시 전국 방방곡곡으로 확대되었다. 이러한 사실로 볼 때 우리는 이 운동이 얼마나 격렬했는지, 얼마나 위대했는지를 알 수 있다. "3·1"운동은 결코 단순히 조선 민족 자신만을 위한 해방운동이 아니며, 동시에 그것은 모든 동아시아 피억압 민족해방운동의 선구적 임무의 집행이다. "3·1"운동 과정에서 조선 민족이 흘린 한 방울 한 방울의 피는 조선 민족 자체의 해방뿐 아니라 중화민족의 해방을 위한 것이기도 했다. 이는 현재 중국민족의 피비린내 나는 항전이 중화민족 자체의 해방뿐 아니라 조선 민족의 해방을 위한 것과도 같은 이치다. 일본제국주의는 지난 반세기 동안 한·중 양국의 공동의 적이었던 까닭에 바로 지금처럼 중국민족이 위대한 항일대전을 벌일 때 조선 민족 역시 이 연극에서 일어나는 폭동과 같이 비장하고 장렬한 대혁명 폭동을 벌여야 한다. 그리고 실제로 현재의 이러한 폭동은 조선 곳곳에서 끊임없이 생성, 발전해 나가고 있기에 제1차 "3·1" 운동보다 더 대규모이며 최후의 승리를 확보할 수 있는 제2차 "3·1"운동에 대해 의심할 필요가 없다.

다음에 우리가 이번 공연을 중한 양 민족 간의 일상적인 문화 관계에서 살펴보는 것 역시 매우 중요한 의의를 지닌다. 며칠 전 나는 국방예술협회 사장인 리원쟈오李文釗에게 조선 민족의 연극을 구이린에서 공연한 것은 이번이 처음이라고 말한 적이 있다. 이는 곧 구이린 연극사에서 새로운 기록이다. 구이린뿐만 아니라 전 중국의 연극 활동에서도 인용할 선례가 매우 적다. 작년 10월 10일 우리 부대원이 한커우漢口 예리夜立에 있었을 때 단막극 '두만강변에서圖們江邊'를 한 차례 공연한 적이 있었는데, 당시 많은 사람들은 중국에서 조선 민족이 자신들의 연극을 공연한 것은 그때가 처음이라고 했다. 하지만 당시의 공연 규모와 대본의 내용은 이번 공연에 비해 훨씬 뒤떨어졌었다. 그럼에도 우리는 사회 인사들의 열렬한 환영을 받을 수 있었다. 이는 우리의 공연이 좋았다기보다는 그것이 지니고 있는 국제적, 역사적 의미가 중대하기 때문이었다.

요컨대 우리의 이번 '조선의 딸' 공연은 앞서 언급한 혁명적 의의를 지니고 있다. 우리가 연기를 잘하면 당연히 혁명의 의의를 충분히 드러낼 수 있겠지만, 설령 잘못하더라도 역사적으로 규정된 중대한 의의를 잃게 되지는 않을 것이다. 이 점을 분명하게 파악해야 용기를 갖고 대중 앞에서 당당히 공연을 선보일 수 있게 될 것이다. 따라서 이번 공연의 예술적, 연극적 평가는 사회 인사들의 정확한 관찰을 기다려야만 한다.

끝으로 나는 몇 마디 말을 덧붙이고자 한다. 우리의 이번 공연은 대중들의 많은 도움을 받았다. 특히 국방예술사 사장인 리원쟈오와 직원들의 우리에 대한 깊은 동감과 희생적 도움에 너무도 감격하였다. 나는 이 자리를 빌려 조선의용대를 대표하여 리원쟈오 선생과 국방예술사 직원분들께 무한한 감사의 뜻을 전한다. 또한 수췬舒群[1] 선생과 그 밖의 많은 중국 동지들은 우리가 공연 준비를 시작한 이래 지금까지 끊임없이 지도와 격려 그리고 도움을 주었다. 이에 우리는 모든 동지들에게 진심으로 감사를 표한다. 우리가 항전 과정에서 기여한 것은 이렇게도 미약할 뿐이었지만 중국 각계 인사들이 우리에게 준 은혜는 이렇게도 위대한 것이었다! 이에 대해 우리 모두는 감사를 표하며 항전 임무를 위해 노력에 더욱 힘써야 할 것이다.

『조선의용대통신』 제6기, 1939년 3월 11일

---

1 수췬(舒群, 1913~1989), 헤이룽장성(黑龙江省) 출신의 작가. 1932년 중국공산당 가입, 1935년 '좌련' 가입. 동북대학 부총장, 중국작가협회 비서장 등 역임. 수췬은 중국현대문학사에서 한국인을 주인공으로 한 작품을 다수 창작한 작가로 유명하다. 나라를 잃은 한 한국인 소년이 일제와 맞서 싸우는 모습을 묘사한 단편소설 「조국이 없는 아이(没有祖国的孩子)」로 후일 작가적 명성을 얻었고, 이외에도 일제의 감시 아래 한 한국인 독립운동가가 상하이에서 어머니를 몰래 만나고 헤어지는 모습을 묘사한 단편소설 「바다의 피안(海的彼岸)」, 한국인 일본군 '위안부'를 묘사한 단편소설 「피의 단곡 8(血的短曲之八)」 등도 창작하였다.

제8장

적의 후방을 향해 빠르게 전진하자

성숙

조선의용대의 임무는 두 가지다. 즉 한편으로 중국의 항전에 직접 참여하고, 다른 한편으로 전 조선 민족의 반일혁명 폭동을 발동하는 데 있다.

조선의용대 성립 이후 대다수 대원 동지가 이미 각 전장의 전선으로 달려가 중국의 전사들과 함께 각종 항전공작을 하고 있다. 특히 대적 선전공작에 치중하고 있다. 과거 네 가지 공작 중 이 방면의 공작이 상당한 성과를 거두었다고 말할 수 있다. 그러나 만약 우리가 이러한 공작에만 한정하여 노력한다면 그것은 충분하지 않다. 한 걸음 더 나아가 적의 후방으로, 또 조선 국내로 침입하여 대규모의 반일혁명 폭동을 조직해야 한다.

이제 항전이 제2기에 이르러 서로 버티는 정세가 형성되었다. 적의 약점은 이미 하나하나 드러나기 시작하였다. 특히 적 내부의 갈등, 반전 반파시스트 군벌의 운동이 거세게 진행되고 있다. 이 시기는 우리가 적의 후방과 본국 대중 속에 침입하여 공작해야 하는 매우 절박한 시기이다. 최근 두세 달 동안 적국 내의 반전 폭동, 조선 및 타이완의 반일 폭동이 계속해서 생성 발생하고 있는데, 그중 최근 일본에서 일어난 시모노세키의 징병 폭동, 오사카의 화약고 폭파 사건 등은 매우 중대하고 조직적인 반전反戰 행동이다. 이런 행동은 조선 국내에서 더욱 적극적이고 일반적으로 발생하고 있다. 이렇듯 새롭게 발전하고 있는 혁명 정세는 우리가 적의 후방과 국내에 침입하여 활동하기에 매우 적합하다고 하겠다.

특히 최근 소식에 따르면 일본 파시스트 군벌들이 조선인 군대를 편성하기 위해 조선인 3천 명 당 400명의 청년 장정을 징집하는 징병 법안을 이번 의회에서 통과시켰다고 한다. 이렇게 되면 조선 민족이 일본제국주의를 대신하여 중국인을 죽여야 한다! 이것은 또한 병력 부족을 보충한다. 그러나 일본제국주의가 정말로 조선 민족을 무장시켰다고 가정한다면 그것은 조선인을 잘못 평가한 것이다. 왜냐하면 조선인은 여전히 조선인이기 때문이다! 조선인들이 총칼을 손에 들면 반드시 그 총칼을 사용하여 우선 자신에게 채워진 족쇄를 깨뜨리고, 총구를 자신의 진짜 적에게 겨눌 것이다. 조선인들은 절대 일본인을 대신해 중국인을 죽이려 하지 않는다. 바로 이러한 시기 우리는 조선 국내로 침투해 무장한 동포들을 조직하여 확실히 승리할 수 있는 최후의 결전 준비해야 한다.

총괄하여 말하자면, 조선의용대는 지금 새로운 정세 아래서 전방에서 대적선전을 하는 일도 중요하지만 적의 후방, 특히 조선 국내에 침입하여 광대한 조선 대중 속에서 무장된 조선 청년들 속에서의 공작, 그것이 더욱 중요하다. 우리는 적의 후방으로, 조선 국내로 진격할 준비를 서둘러야 한다. 중일전쟁의 새로운 국면과 조선혁명의 새로운 형세는 우리에게 이 방면의 임무를 신속히 집행하도록 요구한다.

『조선의용대통신』 제7기, 1939년 3월 21일

제9장

8·29

중광

처절히 짓밟혔던
국치일
8월 29일!
비참함은
8월 29일부터 시작되었다,
인면수심의 일본 강도는
아름다운 조선을 강점하였다.
온 국민의 피를 빨아대고,
온 국민의 살을 착취하고,
온 국민의 땀을 쥐어 짜내,
우린 좌절한 채 이리저리 떠돌게 되었다!

××××

아름다운 고국 땅에서
우린 거친 들판 이곳저곳으로 쫓겨 다녔다!

8월 29일부터
나라를 사랑하는 대중들은
뛰어들었다.
일본 군벌을 향해,
일본 재벌을 향해,
한간과 주구를 향해,
타격, 폭동, 암살!

××××

이제
망국의 노예 되길 원치 않은 사람들이여!
강철의 쇠사슬을 끊고
단결하자!
광명의 길로 나아가자!

『조선의용대통신』 제24기, 1939년 9월 11일

제4부

시사논평과 김성숙

1. 반식민지국가의 학생운동
2. 일본 금융자본의 조선 농촌 통제
3. 아시아 약소 민족의 윤곽 – 조선
4. 항일전쟁과 동아시아 피압박민족

제1장

반식민지국가의 학생운동

김규광

1. 학생운동의 일반 개념

최근 거의 매일같이 국제, 국내 학생운동 소식이 신문에 오르는데 "학생 시위"니, "수업 거부"니 하며 매우 시끄럽다. 동시에 각종 간행물에도 학생운동을 연구하는 글이 특히 많은 걸 보니 학생운동은 이미 일반 사람의 이목을 끄는 대상이 된 듯하다.

무엇이 학생운동인가? 간단히 말하면 학생운동이란 청년학생이 어떠한 사회현상에 불만을 품고 그것을 개혁하려는 일종의 사회운동이다. 이러한 운동은 역사적, 사회적 배경을 지니며 결코 우연히 발생한 것이 아니다.

우선 학생운동은 자본주의 사회의 존재물이다. 고대사회나 봉건사회에서는 청년학생이 사회에 불만을 품었더라도 개혁운동을 할 만한 물질적, 문화적 조건이 존재하지 않았으므로 광대한 학생운동을 일으킬 수 없었다. 또한 미래의 사회주의 사회는 이제까지의 모든 불합리한 사회제도가 이미 전복되어 청년학생이 불만을 품을 만한 사회현상이 존재하지 않으니 그들의 개혁운동은 자연스레 발생할 가능성이 없다. 자본주의 사회에서는 그들의 경제적 생산방식이 끊임없이 여러 불합리한 사회현상을 만들어 청년학생의 불만을 야기한다. 다른 한편으로 문화적 교육제도가 광범위하게 분산된 청년 대중을 한자리에 모이게 하고 사회적 집단생활을 형성하며 민주주의사상을 주입시킨다. 이렇게 청년학생이 자발적으로 개혁운동을 시작할 만한 물질적, 문화적 조건이 조성되었다. 학생운동이란 단지 이러한 사회적 토양에서만 비로소 성장하고 발전할 수 있다.

다음으로 학생운동 역시 다른 모든 사회운동과 마찬가지로 반드시 사회 편제의 배경을 갖는다. 우리는 학생이란 본래 하나의 계급의 형태로 출현한 것이 아니며 소자산 계급[1]성 사회집단의 하나임을 알아야 한다. 그러므로 이들의 행동은 종종 자본주의 사회의 두 기본 계급, 즉 유산자有産者와 무산자無産者라는 두 계급의 의식으로 결정된다. 자세히 말하자면 학생은 아마도 전자의 이익을 대표하며 또한 때때로 후자의 이익을 대표하기도 한다. 그 행동의 내용은 종종 객관적 정세 및 주관적 조건에 따라 변화한다.

역사적 관점에서 보면 학생운동은 아래 세 가지 주요한 단계에 따라 발전했음이 분명하다.

첫 번째 단계는 자산계급혁명의 시기이다. 근대의 자산계급은 16세기의 종교개혁과 17세기 영국혁명을 거치고 18세기 프랑스혁명 및 산업혁명 시대에 이르러서야 그들의 민주주의 정권을 완성하였다. 이 시기 자산계급은 봉건 계급을 타도하기 위하여 민주주의의 깃발을 들었고, 억압받는 수많은 대중에게 호소하여 선명한 깃발 아래 모였으며, 그 지도 아래 통일전선을 만들고 봉건세력을 향해 맹렬히 진공하였다. 당시 일반 청년학생 대중은 의심할 바 없이 반봉건 투쟁의 선봉에 섰고 민주주의 혹은 자유주의의 선창자였

---

1 중국에서 소자산 계급은 일반적으로 자신의 노동력에 의지하여 생활하는 중농, 수공업자, 소상공인 등과 같은 직업을 가진 사람을 가리킨다. 소자본 계급은 노동자로서는 무산계급에 가깝고, 사유 재산의 소유자로는 자본계급에 가까운 사상적 특징을 보인다.

다. 이 시기의 학생운동은 자연발생적으로 성장하는 단계여서 지금과 같은 대중적 집단행동을 할 수 없었다. 자산계급혁명시대는 현대와 같은 대규모의 학교 교육제도가 아직 없었고, 대부분 봉건적 사원식 교육 혹은 분산되고 개별적인 교육의 형식을 채택하고 있었으므로 청년학생의 집단의식과 집단행동은 발생할 수 없었다. 그러나 민주주의의 혁명 과정 중에, 특히 프랑스 대혁명 이후로 유럽, 미국 선진국가에서 점차 현대적 국민 의무교육이 확립되어 광대한 청년 대중이 한자리에 모여 일종의 집단생활을 하게 되었다. 이 집단생활에서 학생 대중은 민주주의와 자유주의의 사상을 흡수하는 동시에 사회집단 의식도 획득하였다. 이렇게 하여 초기 반봉건적 민주주의의 학생운동이 형성되었다.

제2단계는 자산계급의 건설 시기이다. 이는 산업혁명 완성 후부터 제1차 세계대전에 이르는 시기이다. 이 시기 자산계급은 수많은 노동 대중을 마음대로 부리며 자본주의의 문명을 적극적으로 건설하려는 한편, "문명"의 무기를 빌어 "야만"의 피압박민족을 정복하기 시작했다. 노동 대중의 역량은 자본주의적 생산조직의 확대와 증대에 따라 그 계급의 인생관과 사회관을 확립하였고 자산계급적 민주주의와 대립하기 시작했다. 이러한 상황 아래서 학생운동의 내부에도 계급의 분화가 발생하였다. 즉, 일부 학생이 자산계급의 입장에 서서 현재 상황의 유지 혹은 개량주의 운동을 지지하였고, 또 다른 학생은 생산 대중과 노동 대중의 이익을 위해 철저한 혁명을 주장하며 사회개혁의 한 축을 형성하였다. 이러한 학생운동의 분화는 1871년 파리코뮌 이후 더욱 분명하게 드러났다. 당시 각 선진국의 정치무대에 사회주의 정당이 이미 출현하였고 다수의 각성한 청년학생은 이 정당의 강령 아래 활동하기 시작하였다. 그러나 이 단계에서 우익, 즉 민주주의의 학생운동은 여전히 우세를 차지하였다. 좌익의 사회주의 학생운동은 여전히 성장하는 초기여서 매우 큰 역량을 갖고 있지 못하였다.

제3단계는 자산계급의 반동 시기이다. 이는 자본주의가 최고 단계로 발전하여 제국주의 단계에 이른 동시에 각 제국주의국가의 생산 대중의 역량도 이미 정권을 쟁취할 수 있을 만큼의 단계로 발전하였다. 이 시기에는 자산계급이 나날이 커지는 생산 대중과 노동 대중의 혁명 역량을 진압하기 위하여 소위 민주주의와 자유주의의 가면을 폭로해야 했고 파시스트의 독재를 실행해야 했다. 동시에 국내 혁명의 위기를 완화시키기 위해 잔인한 대외 침략전쟁을 실행해야 했다. 특히 이 시기, 소련의 10월 혁명이 성공하여 세계 1/6의 지역에 사회주의국가가 건설되어 세계에 두 개의 다른 시스템이 형성되고 파시스트의 경향이 점점 심각해졌다. 이러한 자산계급은 나날이 반동화하고 생산 대중과 노동 대중은 승리를 코앞에 두고 있는 상황에서 학생운동의 전세도 질적 변화와 양적 변화를 피할 수 없게 되었다. 상세히 말하자면 학생운동은 점차 지금까지의 민주주의적 내용을 버리고 사회주의 내용을 충실히 하였다. 게다가 우익 학생운동의 전선은 이 시기 근본적 동요를 일으켜 극소수 귀족 자산계급 출신의 학생이 반동적 정치공작을 하는 것을 제외하고 대다수의 학생은 모두 좌익 진영에 가입하였다. 현재까지 사회주의 학생운동은 세계 각국에서 모두 영도적 우세를 점하고 있다.

이상은 종적縱的인 관점에서 학생운동의 역사 발전을 개략적으로 서술하였다. 그러나 여기서 우리의 관점을 옮겨 횡적인 측면에서 현단계 학생운동의 여러 요소, 경향 및 정치적 임무를 관찰해보려 한다.

위에서 말한 바처럼 학생운동의 주요한 조성·요인·현대 사회화한 국민교육제도의 완성이다. 이 제도 아래에서만 비로소 학생운동의 집단적 행동과 사회적 집단의식이 발생할 수 있다. 그러나 이 견해는 형식적일 뿐 내용적이지 않다. 지금까지 학생운동의 주요 동력은 바로 반봉건적 민주주의이다. 그러나 현재까지의 제국주의 혹은 파시스트 단계, 소위 자산계급의 민주주의와 자유주의는 이미 전진하는 학생에게 간파당하였다! 지금 비록 많은 국가의 어용 교육학자가 강단에서 여러 교묘한 말로 현존하는 제도의 합리성과 신성성을 설명하고 있다. 그러나 학생들 눈앞에서 전개되고 있는 생생한 사실은 오히려 소수의 비생산자가 대다수의 생산 대중과 노동 대중을 압박하고 있다. 더구나 "문명"이라는 무기로 "야만"스럽게 약소민족을 정복하려는 지극히 불합리한 사정이다. 여기서 전진하는 학생은 이미 그들의 기만적 설교를 믿지 않는다! 그들은 불합리한 사실 앞에서 스스로 합리적인 길을 선택하지 않을 수 없다. 또한 가짜 민주주의와 가짜 자유주의의 소수인의 입장을 포기하지 않을 수 없으며, 진정한 민주주의적 다수의 입장에 서지 않을 수 없었다! 이것이 첫 번째이고, 두 번째는 소련 10월 혁명의 성공이 현단계 학생운동을 재촉한 주요 요소이다. 10월 혁명 이전에 많은 청년학생이 현존하는 제도가 불합리하다는 것은 알고 있었으나 이상적인 새로운 사회제도의 실현에는 확실한 깨달음이 없어 그저 요원하고 바로 실현될 수 없는 이상이라 여길 뿐이었다. 그러나 10월 혁명은 어떻게 이상사회에 도달할 수 있는지에 관한 절차를 정확히 알려주었고, 그들의 자신감과 용기를 공고히 해 주었다. 세 번째, 나날이 확대되고 심각해지는 세계 경제공황은 학생들 본인의 사회생활 관계의 변화를 불러일으켜 지금의 학생운동을 야기한 원인이 되었다. 우리가 아는 학생 대중 대부분은 중등 혹은 중하등 출신성분으로 개량주의의 색채가 농후하다. 이는 그들의 이익이 많거나 적게 통치계급의 이익과 일치하기 때문이다. 이들은 교육받을 기회를 얻었고 소학교에서 중학교, 중학교에서 대학교, 대학 졸업 후에는 만족스러운 직업을 얻어 편안한 삶을 살기를 희망한다. 이는 비록 "야심"이라 할 수는 없고 아주 보통의 요구사항 정도이겠으나 경제공황이 날로 심각해져 실업인의 수가 증가하는 상황에서 이러한 희망은 결국 환상이 되어버렸다. 우리는 신문에서 국내외 대학생 실업인 숫자의 통계를 종종 보지 않았던가? 예전엔 학생들이 책만 죽기 살기로 보고 "책 속에 황금으로 만든 집이 있고, 책 속에 아름다운 여인이 있다"는 희망을 품어도 좋았다. 그러나 지금은 이들 모두 어떤 추상적인 것보다 생활의 교훈이 더 힘이 있음을 깨닫게 되었다. 이들은 자신의 생존을 위해 기만적인 책을 버리고 사회를 개혁하는 공작을 할 수밖에 없다.

이상 세 가지는 현단계의 학생운동을 불러일으킨 주요한 요소이다. 그러나 세계 각국소련은 제외한다, 소련의 학생운동은 이미 존재하지 않기 때문이다! 학생운동의 상황을 둘러보면 그 운동방식과 책략이 각국 사회정세의 차이로 인해 서로 일치할 수 없다. 여기에서는 독자들의 명료한 이해를 위해 그것을 세 가지로 분류하여 간단하게 서술하려 한다.

첫 번째 유형은 소위 "민주"국가의 학생운동이다. 이러한 유형의 국가에서 청년학생은 비교적 광범위한 "자유" 권리를 갖고 비교적 편리한 조건 아래 학생운동을 전개할 수 있다. 예를 들어 현재 영국, 미국, 프랑스 등 국가의 학생은 헌법에서 부여한 권리를 근거로 언론, 출판, 집회, 결사의 자유를 누릴 수 있다. 그들은 이러한 조건 아래 공개적으로 학생 대중에게 호소하고 전쟁 반대, 파시즘에 반대하는 시위 투쟁을 진행할 수 있다. 현재 그들은 국내에서 반전, 반파시즘의 인민전선에 참가할 수 있고 국제적으로 식민지 및 반식민지의 학생운동을 지원할 수 있다. 그러나 이러한 국가의 통치계급은 인민전선의 확대와 발전을 두려워하므로 점점 민주주의, 자유주의의 가면을 벗고 파시스트의 흉악한 얼굴을 드러낸다. 객관적 정세의 변화에 따라 이들 국가 학생운동이 당면한 주요 임무는 파시즘에 반대하는 것이다. 그들은 통치계급의 파시스트화 경향을 극복하기 위해 민주제도에 반대하지 않고 오히려 옹호하며, 민주주의 깃발을 들고 광대한 각 사회층의 민중에게 호소하여 인민의 연합전선을 결성하려 한다. 바꿔 말하면 학생운동은 사실상 이미 이러한 유형 국가의 인민전선에서 중요한 세력이 되었다.

두 번째 유형은 파시즘 국가의 학생운동이다. 이러한 유형 국가의 학생운동은 극단적 파시스트 독재 아래서 약간의 민주 권리마저 빼앗겨, 언론, 출판, 집회, 결사의 자유도 없으며 또한 진보적 교육을 받을 권리도 없다. 그들이 즐겨 읽던 모든 진보적 서적은 소각되고, 그들이 숭배하던 모든 진보적 교육학자는 체포되어 살해당했거나 국외로 추방되었다! 그들의 지식과 사상은 극단적으로 봉쇄되었다. 모든 진보적 청년학생은 이유도 모르게 체포되어 구금되거나 잔인하게 살해되었고, 학교는 파시스트의 선전기관이 되어 버렸다. 이렇듯 험악한 상황에서 학생운동은 순조롭게 발전할 수 없었고 파시스트의 "문명"적 폭행을 당하여 공개적 운동을 잠행적 행동으로 전환하지 않을 수 없었다. 현재 독일, 이탈리아, 오스트리아 및 선거 전의 스페인 등의 학생운동은 이미 은밀하거나 반半공개적 운동으로 전환하였고 다른 다양한 사회운동과 긴밀히 결합하여 반파시스트 투쟁에 나섰다는 것이 가장 분명한 증거라 하겠다. 물론 표면적으로 이러한 유형 국가의 청년학생은 극단적 폭압 아래 거의 모두가 파시스트의 청년 대오에 편입되어 침략적이고 편협한 민족주의의 훈련을 받아 파시스트 독재자의 정치 혹은 전쟁의 도구가 된 듯 보였다. 그러나 일반적이고 전진적인 청년학생은 이것이 미래가 없는 반反진화의 수작임을 알고 있었기에 이들은 소수 독재자가 마음대로 전 민족의 운명을 가지고 놀지 못하도록 결연히 일어나 파시스트의 모든 폭력과 침략행위에 반대하였다.

세 번째 유형은 식민지 및 반半식민지국가의 학생운동이다. 이는 바로 우리가 여기서 연구하려는 주제이다. 이것에 관하여 아래 절에 상세한 논술이 있으니 여기서는 많이 논하지 않겠다. 그러나 우리는 반드시 분명히 알아두어야 할 것이 있다. 현단계 이들 국가 학생운동의 가장 주요한 임무는 전 민족의 통일전선을 결성하고 제국주의와 그 앞잡이들을 반대하는 것이다. 예를 들어 중국, 인도, 이집트 등의 학생운동은 모두 이 정치 임무를 수행하고 용감히 투쟁 중이다.

위에서 우리는 전 세계의 학생운동을 크게 세 부류로 나누고 고찰하였다. 그러나 이는 그저 형식적인 분류이며 내용상으로는 전 세계의 학생운동은 긴밀히 결합되어 있다. 각국 학생운동의 총 목표는 불합리한 현존 사회제도를 전복하고 이상적이고 가장 합리적인 사회를 실현하는 데 있다. 이 최종 목표에 다다르기 위한 수단과 책략은 일치하지 않을 수 있다. 간단히 말하면, 현재 각국 학생운동의 주요 정치 임무는 아래 3항으로 나뉜다. (1) 자본주의국가에서는 민주적 연합전선을 결성하고 파시즘에 반대한다. (2) 식민지 및 반식민지에서는 민족의 통일전선을 결성하고 파시즘과 그 앞잡이에 반대한다. (3) 국제적으로 전 세계의 평화세력을 결합하여 강력한 평화전선을 형성하고 침략전선, 침략전쟁에 반대한다.

2. 반半식민지국가 학생운동의 형성 원인과 의의

식민지 혹은 반半식민지국가의 학생운동은 현재 특히 맹렬히 전개되고 있다. 이는 민족의 위기, 경제적 공황과 정치적 속박 모두 사회적 요소가 조성한 결과이다. 만약 이 많은 요소가 하루 동안 존재한다면 식민지 혹은 반식민지국가의 학생운동 역시 필연적으로 맹렬하게 전개될 테고 어떤 잔혹한 압박도 운동을 소멸시키지 못할 것이다.

우리는 식민지 혹은 반식민지국가의 인민이 이중 억압 아래 매우 비참한 생활을 하고 있음을 알고 있다. 제국주의의 정치, 경제, 문화 등 각 방면의 침략을 받는 한편, 국내의 매국노와 봉건세력의 여러 무리의 압박과 착취를 감당하고 있다. 이들은 자본주의 "문명"세계 중의 최하층의 민족노예이다! 그러나 이들도 강렬한 생존욕구를 가진 인류이며 유구한 역사적 고대문화를 가진 민족중국, 이집트, 인도 등이다. 이들이 제국주의의 "문명"적 폭행을 소리 없이 오랜 기간 참아낼 수는 없다. 이들은 일어나 저항하고 민족의 생존권을 쟁취하고, 제국주의의 지배에서 벗어나려 한다. 이렇게 식민지 및 반식민지국가의 민족해방운동이 발생하였다.

반식민지국가의 학생운동은 이러한 민족해방운동의 분위기 속에서 생성 발전하였다. 반식민지국가의 학생은 자본주의화된 교육과정 속에서 선진 여러 나라의 민주주의 문화를 흡수하여 민족의 선구자가 되었다. 이들은 날카로운 민족감정과 강렬한 민주정신으로 반제국주의 반봉건의 해방투쟁 중에서 왕왕 가장 적극적인 선봉자였다. 이렇게 반식민지 학생운동은 민족해방운동 중 주요한 한 축이 되었다.

그렇지만 반식민지국가의 학생운동은 제1차 세계대전 이후에서야 맹렬히 발전하기 시작했다. 여기엔 그 원인이 있고, 아울러 원인을 우리가 연구할 만한 큰 가치가 있다.

첫째, 세계대전은 각 제국주의국가의 모든 경제조직과 생산 설비를 망가뜨리고 그들의 식민지에 대한 지배력을 약화시켰다. 동시에 반식민지국가에게 잠시의 자유와 발전의 기회를 주었다. 때문에 반식민지국가의 민족자본은 기회를 틈타 고개를 들 수 있었다. 민족자본은 상당한 발전을 거두고 민족자본계급 역시 반제·반봉건을 시작할 충분한 물질적 역량을 갖출 수 있었다. 그리고 대전 후 수년간 장렬한 식민지와 반식민지의 민족해방운동이 시작되었다. 예를 들어 중국의 "5·4"[2] 및 "5·30"[3]운동, 조선의 "3·1" 및 "6·10"운동, 인도, 터키, 시리아, 이집트 등에도 모두 같은 맹렬한 해방운동이 있었다. 이러한 운동 중에 학생운동은 주요하고 유력한 부대로 성장하였다.

두 번째, 소련의 10월혁명 성공은 식민지와 반식민지 민족해방운동에 큰 자극을 주었다. 10월혁명 성공의 결과로 사회주의사상은 폭풍우와도 같이 각 식민지와 반식민지국가에 퍼져나갔고 청년학생의 혁명적 정열을 불러일으켰다. 특히 당시 제3인터내셔널[4]의 소위 아시아정책은 아시아 약소민족 해방운동을 추동하는 지렛대였다. 청년학생은 유력한 지도 아래 열렬히 반제국주의적 정치 임무를 수행하였다.

그러나 민족해방운동의 혁명 고조는 세계대전 이후 각 제국주의국가가 전쟁 전의 상태로 회복하고 식민지와 반식민지에 대한 침략을 새롭게 강화함에 따라 빠르게 후퇴하고 말았다. 비록 여러 곳에서 다양한 형식의 반제국주의 투쟁이 끊임없이 발생했으나 이미 혁명 퇴조기의 게릴라전에 불과하였다. 이 시기의 학생운동은 민족혁명의 썰물을 따라 잠시 잠복상태에 들어갔다.

1929년 세계 경제공황이 폭발한 이후부터 반식민지와 식민지의 민족해방운동은 확실히 새로운 발전 단계로 나아갔다. 이 단계의 운동과 전前 단계, 즉 세계대전 후 수년간의 운동을 비교해보면 객관적 정세와 주관적 역량을 불문하고 전자의 전개는 후자에 비해 더욱 힘이 있었다. 여기서도 학생운동은 새로운 조건 아래 재기를 도모하며 제국주의를 향해 맹렬한 공격을 시행하였다.

---

2 1919년 5월 4일 베이징대학(北京大學) 학생을 중심으로 톈안먼(天安門)에서 일어난 반제국주의, 반봉건주의 기치를 내건 학생운동.

3 1925년 5월 30일 일본 자본으로 설립된 내외면화방적공장(內外綿花紡績工場)에서 발생한 노동자 탄압에 촉발되어 중국 노동자, 학생 등이 상하이 조계지에서 일으킨 시위. 시위 도중 영국 경찰이 시위대에 발포하여 13명이 죽고 수십 명이 중상을 입자 이후 전국적인 반제국주의 민중운동으로 발전하였다.

4 1919년 모스크바에서 창설된 공산주의 국제 연합으로 일명 코민테른이라 불린다.

이 단계에서세계경제공황이 시작되어 지금까지 반식민지국가 학생운동이 일어난 주요한 요소는 아래의 세 가지로 나뉜다.

(1) 경제공황은 반식민지국가 인민에게 이중부담을 안겨주었다. 인민은 자국 통치자의 착취를 견뎌야 했고 제국주의 열강의 침략도 받아내야 했다. 각 제국주의국가는 국내의 위기와 공황을 완화시키기 위하여 시시각각으로 공황의 부담을 반식민지국가의 인민에게 전가시켰다. 그러므로 근래에 와서 제국주의 열강이 반식민지 시장의 쟁탈과 진출에 특히 지독하였다. 예를 들어 미국제국주의가 라틴아메리카에 대한 침략을 강화하고, 영국제국주의는 본국이 식민지 시장을 독점하며, 그리고 중국에서 제국주의 열강의 쟁탈은 제국주의국가들이 공황의 부담을 반식민지국가의 인민에게 전가하려는 기도를 노골적으로 보여준다. 더욱이 반식민지국가의 대부분은 농업국으로 공황의 영향이 매우 심각하였다. 농산품의 가격하락으로 수많은 농민이 예전과 같은 삶을 유지할 수 없었다. 반식민지국가의 학생은 대부분 중등 계급 출신으로 이들은 공황 시기에 예전에 없던 빈곤, 실학失學, 실업失業의 처절한 고통을 겪어야 했다. 이러한 사실은 일반적으로 청년학생으로 하여금 자신의 환경을 깨닫고 제국주의에 저항하기 위해 집단의 역량을 이용하는 길만이 유일한 탈출구임을 깨닫게 하였다.

(2) 제국주의 침략은 반식민지국가의 전례 없는 민족 위기를 조성하였다. 제국주의는 반식민지국가를 "하나의 민족"으로 존재하지 못하게 하려고 한층 더 심화된 침략을 진행하였다. 제국주의 열강은 그들의 마지막 순간의 생명을 연장하기 위해, 마치 미친 개처럼 물불을 가리지 않고, 절대적 위험을 무릅썼다. 대량 무장을 하고 반식민지를 점령하여 완전히 그들의 식민지로 만들어 버렸다. ○○제국주의의 중국을 향한 진격, 이탈리아의 에티오피아 진공 등이 이러한 경우다. 이렇게 강폭强暴하고 무자비한 공격은 자연히 반식민지 민중의 맹렬한 저항을 불러

일으켰다. 민족해방운동의 물결은 전국에 퍼졌으며 민족혁명전쟁의 횃불을 높이 치켜들게 하였다! 학생운동은 전체 민족해방운동의 일환으로 전투 중에 민중의 선두에 서서 선봉대의 임무를 열렬히 집행하였다.

(3) 반식민지국가 통치자의 항복은 전대미문의 민족적 치욕이었다. 이러한 수치심은 인민도 그렇지만 특히 지식인인 학생은 참을 수가 없었다. 통치자들은 자신의 역량이 약해지면 항상 외력에 기대어 그 통치 지위를 유지하려 하므로 제국주의자들은 침략의 편리함을 위해 반드시 이들을 이용한다. 그러므로 그들은 은혜를 입고 보답하고자 민족의 이익에 참견하고 필사적으로 굴복하며 악착같이 팔아먹었다! 이러한 상황에 매우 분노한 인민은 오로지 군중의 힘으로 국가 권리를 보호하고 적군의 침략과 매국노의 배반을 방지하려 하였다. 학생 대중도 반매국노 투쟁에 용감히 참여한 것은 말할 필요도 없다. 예를 들어 최근 이집트 학생은 반영국운동이 확대되는 과정에서 나심Nessim 정부와 유혈충돌을 벌였다. 나심 정부는 "우방"을 돕기 위해 여러 악독한 수단으로 학생을 박해하였다.[5] 또한 남미 각국의 학생운동도 늘 남미 주재 미국 자본가들즉, 각 정부의 압박에 시달렸다. 이렇게 반식민지국가의 학생은 민중과 같은 전선에 서서, 제국주의자와 배신자들이 서 있는 또 다른 전선을 향해 싸웠다.

---

5 김성숙은 이집트 학생운동에 관한 소식을 중국 측 매체를 통해 알았을 것이다. 1935년 12월 8일 작성되어 1936년 발표된 겅단루(耿淡如, 1898~1975)의 글 「이집트 반영운동의 검토(埃及反英運動之檢討)」(『東方雜志』 제33권 제1기, 1936)을 살펴보면 이집트 반제국주의 운동에 대한 내용이 나와 있다. 그에 의하면 최근 이집트에서 시작된 반영국 시위는 영국 외무상 홀(Hall)이 이집트는 1923년과 1930년의 헌법을 복원해서는 안된다고 한 말이 이집트에 전해져 이집트 시민과 정치인이 크게 분노하여 시위가 시작되었다고 하였다. 당시 이집트 시민은 나심 내각의 사퇴, 영국과의 협력 중지 등을 요구하며 벽돌과 기타 날카로운 물건으로 경찰서를 공격했는데 시위진압과정에서 경찰이 시민을 향해 총을 발사하여 많은 사상자를 냈다고 하였다. 겅단루는 이것이 "반영국운동의 시작이며 이후 카이로와 다른 지역 모든 곳에서 계속되었고 학생의 수업 중단, 상점 폐쇄, 반영국의 불길이 지금까지 멈추지 않고 있다."하였다.

이상 세 가지 요소에 힘입어 격렬하게 일어난 반식민지국가의 학생운동은 최근 몇 년간 비약적으로 발전하였다. 그들은 끊임없이 수많은 청년학생을 격동動激하여 정치투쟁에 참여하게 하고 있으며 운동의 대오는 날로 확대되고 견고해졌다! 이들의 최후 목적은 명백히 민족해방이고, 그렇게 하는 수단은 제국주의의 세력을 국경 밖으로 몰아내고 국내의 매국노를 제거하는 데 있다.

비록 이와 같지만 반식민지국가의 학생운동은 일반적 민족해방의 요구 외에 특수한 요소와 요구사항을 가지고 있었다. 반식민지국가는 낙후되었기에 왕왕 농후한 봉건 잔재를 유지하고 있었고 학생 대중의 민주 권리는 남김없이 빼앗겼다. 게다가 봉건지배는 교육 면에서 반영되어 복고사상의 제창으로 자유와 사상을 연구하는 자유를 빼앗았다. 교육이 낙후되고 부패되면서 일반 청년학생의 불만이 생겨났다. 특히 학생에게 여러 과중하고 잡다한 세금 같은 학비를 착취하여 일반 청년은 더욱 참을 수 없었다. 이들의 괴로움이란 자본주의국가의 학생이 상상할 수 있는 수준이 아니었다. 이것이 학생이 정치투쟁에 참가하게 되는 특수한 원인이 되었다. 그들은 이미 민족해방과 모든 사회문제의 해결만이 비로소 자신이 해방될 수 있음을 인식하게 되었다.

이렇기 때문에 학생운동은 민족해방운동 속에서 위대한 역할을 하였다. 모든 반식민지국가의 민족 투쟁에서 얼마나 많은 청년이 민족해방을 위해 희생되었는지 모른다! 지금 그 누구도 민족혁명 중의 학생의 역할을 부인할 수 없다!

그러나 반식민지 민족해방운동 중의 학생의 역할에 관하여 우리는 종종 세 가지 다른 견해에 맞닥뜨린다. 첫 번째 의견은 반식민지국가의 학생이 민족해방운동에서 매우 큰 역할을 할 수 있다고 말한다. 그러나 이들은 응당 정부의 지도 아래 "일에 몰두하고" 단독 행동을 해서는 안 된다. 그렇지 않으면 정부의 대외정책을 훼손하고 외부의 적이 쉽게 개입할 수 있게 하기 때문이다. 이것이 바로 정부의 입장에서 학생운동을 취소하려는 견해이다. 두 번째 의견은 학생의 역할을 매우 높게 예측하는 것이다. 학생운동을 민족해방운동 중의 주력군과 지도자로 보아 전국 민중의 중심이 되어 구국운동을 시작하게 한다. 이 역시 부정확한 견해이다. 세 번째 견해는 학생의 역할을 너무 낮게 보는 것이다. 학생 대부분은 중소 자산계급 출신으로 의지가 약하고 동요되기 쉬우며 그저 구호나 외치고 전단지나 뿌리며 열정이라고는 10분 이내에 식어버리는 존재로 혁명투쟁 중에 그렇게 중요하지 않은 장식품의 일종으로 취급된다.

그러나 우리가 보기엔 위의 세 가지 의견 모두 문제가 있고 정확하지 않다. 우리는 혁명투쟁 속의 학생의 역할을 그리 낮게 평가하지 않으며 또한 그리 높게 평가하지도 않는다. 우리는 반식민지국가의 학생 대중은 민족해방운동 중의 위대한 역할을 인정하나 주력군이나 지도자로 여기지는 않고 그저 선봉대로 보고자 한다. 반식민지국가에서 선봉대의 역할은 매우 중요하다. 우리가 알아야 할 사실은 이러한 국가에서 일반 생산 대중, 노동 대중의 정치 수준과 교육 수준이 모두 낙후되었고 학생은 왕왕 그들에 대한 공작을 부담스러워 한다는 점이다. 아울러 학생 대부분은 청년으로, 계급의 이해관념이 비교적 약하고 민족적 적개심이 강하며 외래의 압박에 따른 고통에 매우 민감하다. 또한 평소에 집단적이고 조직적인 생활을 경험한 바 있어 집단행동을 하기에 용이하다. 이러한 조건으로 반식민지국가의 학생은 민족해방운동 중에 위대한 역량을 발휘하기에 충분하다.

그러나 우리는 학생의 역할에 한계가 있음을 반드시 알아야 한다. 학생의 사회 기초는 비교적 약하고 그들은 투쟁 생활의 용광로에서 단련된 산업노동자들 같지 않기 때문이다. 그들은 비교적 좋은 사회적 지위를 갖고 있기 때문에 확고하고 철저할 수 없다. 다음으로, 학생은 결코 인민의 대다수를 구성할 수 없다. 민족해방운동은 대다수의 민중이 참가하지 않으면 승리할 수 없다. 마지막으로 학생운동은 절대 단독으로 발생하지 않는다. 이는 본래 민족해방운동의 대조류 속의 하나의 거대한 흐름이다. 그러므로 우리가 학생운동만 보고 광대한 생산 대중 노동 대중의 전투에 주의를 기울이지 않는다면 나무만 보고 숲은 보지 못하는 것과 같다.

마지막으로, 우리는 학생운동이 세계혁명운동 속에서의 역할을 정확히 계산해 보아야 한다. 학생운동은 민족해방운동에서 위대한 역량을 발휘하므로 그 세계적 의의를 무시할 수 없다. 이번 중국학생의 구국운동은 전 세계를 뒤흔들었고 태평양 건너편의 미국 학생 대중의 동정을 빠르게 이끌어 내었다. 동시에 동정심 많은 영국 의회 의원로버트 말렛 경은 뜻밖에 상하이 공공조계에서 중국학생의 애국운동을 압박하는 행동에 대해 정부에 질문하였다. 이밖에 최근 이집트의 학생 시위, 시리아의 학생 유혈충돌 역시 세계적으로 중대한 의의를 갖는 사건이다.

왜 반식민지국가의 학생운동은 이처럼 중대한 세계의식을 갖는가? 우선 식민지 혁명과 반식민지 혁명의 중요성에 의해 결정된다. 세계혁명의 의의에서 식민지 혁명과 반식민지 혁명은 중요하다. 이는 식민지와 반식민지의 인민이 세계인구의 절대 다수를 차지하고 있다. 그곳에 혁명적 조직과 군중이 있기 때문이다. 또 주요한 점은 식민지 및 반식민지 민중과 자본주의국가의 노동 대중이 제국주의를 공동의 적으로 하고 있다. 그들의 제국주의에 대한 반대는 바로 자본주의국가 노동 대중의 혁명운동을 돕는 것과 같으며, 다른 식민지와 반식민지의 민족해방운동을 돕는 행위와 같기 때문이다. 다른 한편에서 보면 이렇게 중요한 진리를 자본주의국가의 노동 대중이 이미 서서히 받아들이고 있다! 그들은 식민지 및 반식민지 민족해방운동의 세계적 의의를 이해하고, 식민지 및 반식민지 민중의 해방투쟁을 비로소 충분히 지지할 수 있게 되었다!

그러므로 각 선진국가의 학생은 마땅히 전력을 다하여 식민지 및 반식민지국가의 학생과 연합하고 하나의 전선으로 결합하여 공동의 적을 향해 싸워야 한다. 이 진리는 과거 유럽, 미국의 인민에게 무시되었다. 그들은 반식민지 및 식민지의 혁명을 기껏해야 세계혁명의 부차적 일환이라 생각했을 뿐이다. 그러나 지금은 그들도 가장 중요한 진리로 충분히 받아들이고 있다. 전 세계의 학생운동은 가장 중요한 진리를 바탕으로 하여 재빠른 속도로 협동하며 앞을 향해 힘차게 달리고 있다.

3. 반식민지국가 학생운동의 현재 상황

우리가 반식민지국가 학생운동의 현황을 분석할 때 식민지의 학생운동과 연결 짓지 않을 수 없다. 허다한 경우 우리는 두 운동을 분리할 수 없는데, 이들의 성질과 임무가 거의 완전히 동일하기 때문이다.

반식민지국가의 학생운동은 최근 몇 년간 장족의 발전을 하였다. 이는 우리가 앞서 이미 상세하게 분석하였고 지금은 새로운 형세를 연구하겠다.

첫째, 반식민지국가의 학생운동은 반제국주의의 투쟁이다. 학생 대중은 민족해방의 전선에 서서 제국주의와 투쟁한다. 우리는 어떤 제국주의국가도 반식민지 학생의 고통을 맛본 적 없을 것이라 감히 말할 수 있다. 각 제국주의가 관할하는 범위 내에서 제국주의에 반대하는 학생 투쟁이 있다. 영국제국의 통치 아래서 가장 대단한 운동은 인도 학생의 독립운동과 최근 이집트의 학생운동이다. 이집트 학생 투쟁의 끈기와 작전의 용감함은 중국학생과 비교해도 심지어 아름답다고 할 수 있다. 그들의 이제까지 시위는 베이핑北平[6] 학생의 "12·9"[7]와 "12·16"[8] 대혈전 못지않았다. 그들은 대학가로부터 나일강을 건너 카이로에 이르기까지 투쟁하였는데, 우창武昌 학생의 도강渡江과 마찬가지로 훌륭하였다.[9] 이집트 학생들은 대영제국[10]의 통치에 유력한 타격을 주었을 뿐 아니라 이탈리아 파시스트 침략자들에게 교훈을 주었다. 이탈리아는 그들의 반영국 정서를 이용하고 싶어 했으나, 이집트 학생은 이탈리아의 침략이 더욱 악랄함을 알고 있었다. 영국은 그저 이집트를 원료 공급지 및 상품 판매 시장과 군사 요지로 삼을 뿐이지만 이탈리아는 이집트를 완전히 식민지화하려 하였다. 특히 이탈리아는 국제공법도 개의치 않고 이집트 구호대를 폭격하였다. 그러므로 이집트 학생은 이탈리아를 상대로 여러 차례 시위하였고 반이탈리아 투쟁을 일으켰으며 에티오피아의 신성한 민족 자위 전쟁을 도왔다. 5천 년 이상의 역사를 가진 오랜 문명국에도 우리 중국[11]과 마찬가지로 해방을 쟁취하기 위해 정의감에 복받쳐 격렬하게 일어난 청년 전사가 있었다.

시리아의 학생은 프랑스 파시즘 통치에 반대하였다. 근래 학생 시위 행동이 매우 맹렬해지고 군경과의 유혈 충돌이 발생했다는 기사가 실렸다. 시리아정부는 군중의 위력 앞에서 누그러지고 양보하지 않을 수 없었다. 시리아 학생은 학생의 통일전선을 결합하여 강건히 투쟁하여 위대한 성취를 이루었으므로 부분적 승리를 얻어낼 수 있었다.

---

6 베이징(北京)의 이전 이름. 저자는 베이핑과 베이징을 혼용하여 사용하였다.

7 1935년 12월 9일 중국 영토를 온전하게 보존하기 위해 베이징대학 학생 수천 명이 일본의 '화베이(華北) 자치' 운동에 반대하며 벌인 시위이다.

8 "12·9"시위의 연장선에서 학생과 시민이 중심이 되어 동년 12월 16일 벌어진 시위이다. "12·16"시위 이후 항저우(杭州), 광저우(廣州), 우한(武漢), 난징, 상하이 등지로 항일시위가 확대되었다.

9 1935년 12월 22일과 23일 우한(武漢)대학을 중심으로 한 학생 수천 명이 우창에서 양쯔강을 건너 한커우에서 대규모 시위를 벌인 사건을 가리킨다.

10 저자는 영국제국과 대영제국을 혼용하여 사용하였다.

11 중국어 원문에 "我們中國"으로 표기되어 있다.

남미와 필리핀 학생의 총구는 미국제국주의를 향하였다. 남미 각국의 혁명운동에서 학생은 항상 투쟁의 최전선에 서 있다. 브라질, 칠레는 미국제국주의 및 그 대리인의 인민전선에 반대하였고 그 성적이 가장 좋았다. 다수의 학생은 인민전선의 편에 섰다. 학생은 반미反美 시위를 자주 거행하였고 여러 차례의 투쟁 중에 학생은 시가전에 참가하여 군경과 충돌하였다. 남미 학생은 남미 혁명사에 이미 무수한 영광의 페이지를 남겼다.

이탈리아 파시스트의 에티오피아 침략은 에티오피아 학생의 무장 저항을 초래하였다. 에티오피아의 하급 군관은 대다수가 현대적 교육을 받은 청년들로 거국일치하여 끝까지 항전하는 상황에서 다수의 학생이 자연스레 참호 속으로 투신하였다.

만주와 조선 학생의 총구는 ○○제국주의를 향하였다. 그들은 망국의 노예가 되길 원치 않았고, 적군의 압박과 도살을 참으려 하지 않았으므로 영웅적인 자위 전쟁을 일으키기 위해 일어났다. 만주 인민혁명군, 만주 반反○회, 만주 인민정부 속에는 수많은 청년학생이 참가하였다. 이들은 군중을 조직하고 선전을 확대하며 작전을 계획하여 심지어 전선에서 돌격함으로써 적군을 섬멸하는 데 위대한 역할을 하였다. 그러나 적군의 압박이 심해져 학생의 군중운동을 순조롭게 전개할 수 없었고, 개별 활동의 게릴라 방식을 채택하여 비교적 약한 학생은 학교에 남게 되었다. 그러나 가장 용감하고 가장 결연한 학생은 학교를 떠나 민족의 자위 전쟁에 투신하였다. 이러한 상황에서 우리는 결코 학생운동이 소멸되었다고 말할 수 없다. 반대로 학생의 투쟁이 민족 혁명 전쟁과 완전히 결합되었으므로 오히려 역량이 더욱 강력해졌다.

여기서 우리는 전 세계 반식민지국가 학생운동의 윤곽을 간단히 서술하겠다. 그들의 분명한 중심 임무는 제국주의 통치 반대이다. 전 세계 피압박민족의 학생은 이미 혁명적 민족의식을 확고히 다잡고 있고, 민족의 독립과 해방을 위해 마지막 피 한 방울까지 싸우길 바라고 있다.

둘째, 반식민지국가의 학생운동은 동시에 매국노에 대한 반대 투쟁이기도 하다. 반식민지국가의 학생은 반제국주의 투쟁에서 우선 제국주의자의 현지 대리인과 충돌해야 한다. 반식민지국가의 내부의 적內奸은 자신의 존재가 완전히 제국주의 주인에게 달려 있어 감히 주인에게 반대하는 학생을 온갖 악랄한 수단을 동원하여 진압한다. 더 나아가 주인 앞에서 호감을 표시하며 치안을 유지할 충분한 역량이 있음을 보여줘야 하므로 더욱 힘을 쏟는다. 그러므로 반식민지국가의 학생은 민족운동을 확대하고자 시작부터 내부의 적과 충돌하게 된다. 이집트의 친영국 정부는 대규모 군인과 경찰을 보내어 시위하는 학생과 전투하였고 영국 주둔군을 내쫓으려 하지 않았다. 이집트 학생은 나심 등과 같은 이집트인을 인정하지 않았고 오히려 그들을 더 큰 적으로 여겨 냉정하게 투쟁하였다. 용맹한 학생은 폭력으로 진압되지 않았고 이집트정부가 가장 악랄한 방법학생에게 유색 잉크를 뿌렸다을 써도 소용없었다.

시리아의 학생은 친프랑스의 시리아정부와 충돌하고 있으며, 매번 시위 중에 학생 대중은 군경과 육박전을 피할 수 없었다. 남미南美의 학생은 미국 자본가의 대리인을 반대하였다. 중국의 학생은 이미 여러 차례 차오루린曹汝霖[12], 돤치루이段琪瑞[13] 등의 매국노에게 반대하였다. 특히 둥베이東北[14]학생의 "위만僞滿"정부 반대는 가장 용맹스럽고 장렬한 행동이었다.

---

12 차오루린(曹汝霖, 1877~1966), 청말민국(淸末民國) 시기 일본 유학생 출신의 대표적 매국·친일 정치인. 1904년 일본에서 귀국한 후 외무부 차장, 외무부 부대신 등을 역임하고, 돤치루이 내각에서는 교통총장과 재정총장을 겸직하였다. 일본이 중국을 침략할 때는 화베이임시정부(華北臨時政府) 고문, 화베이 정무위원회 자문위원 등을 지내기도 하였다.

13 돤치루이(段琪瑞, 1865~1936), 안후이성(安徽省)의 군벌, 베이양정부(北洋政府)의 실질적인 권력자로 국무총리를 지냈다. 니시하라차관(西原借款) 등의 원조를 받아 일본의 중국진출을 허용한 매국 정치인이고, 1926년 3월 18일 톈안먼에서 시위하는 학생에게 발포 명령을 내려 47명의 사망자를 만든 '3·18사건'을 일으키기도 하였다.

14 만주지역을 가리키는 말로 지금의 랴오닝성(遼寧省), 지린성(吉林省), 헤이룽장성(黑龍江省)과 네이멍구자치구(內蒙古自治區) 일부가 해당된다.

전 세계 반식민지국가의 학생 대중은 민족의 반역자와 내부의 적이 제국주의를 위해 일하고 그들의 주인을 위해 충성을 다하여 민족해방운동 전개의 가장 큰 장애가 되어 왔음을 일찌감치 잘 알고 있다. 그래서 제국주의를 반대하는 동시에 반드시 내부의 적을 제거해야 한다는 두 가지 임무는 하나로 결합되어야 하고 분리할 수 없음을 인식하였다.

이러한 깨달음은 최근 반식민지국가 학생운동의 큰 진보이다. 지금까지 민족의 반역자와 내부의 적은 여전히 민족개량주의의 기만정책을 이용하여 학생의 반제운동을 완화시켜 왔다. 심지어 허세를 부리며 표면적으로는 애국하는 척했다가 대중이 그들의 허락을 구하면 그들의 험상궂은 본래 얼굴을 드러내었다. 학생 대중이 민족의 반역자와 내부의 적의 진면목을 폭로해야만 비로소 철저하고 결연하게 투쟁할 수 있다. 만약 민족 개량주의의 기만정책이 학생 대중을 지배한다면 학생의 혁명운동은 틀림없이 실패할 것이다.

셋째, 반식민지국가의 학생은 민중 공동 노력의 임무를 환기시킬 임무를 맡고 있다. 모든 면에서 학생은 절대 단독으로 작전하지 않고 처음부터 끝까지 생산 대중, 노동 대중과 함께 싸운다. 반식민지국가 문화가 낙후되어 있으므로 일반 생산 대중과 노동 대중은 생활이 고되며 정치적 압박 때문에 배움의 기회가 없었다. 그러므로 눈앞의 정치 임무를 빠르고 분명하게 인식할 수 없으며 명쾌하게 인식하여 행동하기 어렵다. 그러나 학생은 현대 교육을 받을 기회가 있고 현실 지식을 획득하였으므로 정치상에서 비교적 선각적이다. 그들은 각 정치문제에 대하여 비교적 빠르게 반영하고 정치적 임무를 분명히 인식할 수 있어 가장 먼저 일어나 투쟁을 벌일 수 있다.

그러나 과거 반식민지국가의 지식인은 생산 대중과 노동 대중을 경시하는 심리가 남아 있어 모든 국가의 큰일은 학생이 도맡아야 한다고 착각하였다. 그러나 서서히 실제 투쟁 과정과 많은 투쟁 경험 중에서 그들 스스로 역량만으로는 충분하지 않음을 명백히 이해하고 광대한 민중과 연합하여 공동 투쟁할 필요가 있음을 깨닫게 되었다. 이러한 연합 역량만이 무시 받지 않는 힘이 되고 제국주의 및 그 앞잡이들을 향한 필생의 투쟁을 가능하게 하는 것이다. 그러므로 최근 학생운동은 결코 고군분투가 아니며 모든 민족해방운동과 협동하여 함께 해 왔다.

학생들이 자각하고 광대한 생산 대중, 노동 대중과 함께 투쟁하여 이미 상당한 성과를 거두었다. 예를 들어 이집트, 시리아 등의 학생은 일반 민중과 함께 행동하며 부분적 승리를 거두었다. 중국 및 기타 반식민지, 식민지국가의 정세도 마찬가지다. 학생은 전체 인민의 민족전선에 열렬히 참가하고 투쟁 역량을 강화하였다.

반식민지국가의 인민은 제국주의의 쇠사슬에서 벗어나려면 반드시 전국 민중이 반反제국주의와 반反내부의 적 전선에 함께 단결해야 하며, 학생 대중은 반드시 통일된 민족전선에 참가하여 투쟁해야 한다. 과거에는 학생 스스로 학생의 힘이 이미 매우 강대하다고 생각하여 필요로 하지 않았지만, 지금은 제국주의와 내부의 적에게 수차례 압박을 받은 후 민중과 연합하지 않으면 적과 싸울 수 없다는 사실을 깨달았다. 모든 민족해방운동은 수많은 청년학생의 헌신을 필요로 한다. 학생 대중 역시 광대한 민중과 어깨를 나란히 하여 작전해야만 비로소 그들의 위대한 역량을 발휘할 수 있다.

학생의 불철저성과 동요성은 대중의 대오 속에서만 그리고 대중과 어깨를 나란히 하며 투쟁하는 과정 중에서 비로소 극복될 수 있다. 그러므로 최근 반식민지국가 학생운동이 거세게 발전할 수 있었던 데는 실제 세계 민족해방운동의 촉진을 받은 측면도 있었다.

마지막으로 반식민지국가의 학생은 그들 자신의 민족혁명통일전선과 결합하고자 노력한다. 당면한 민족 위기의 엄중함으로 각당 각파 학생은 모두

사적인 의견을 희생하고 단결하려 한다. 각파 학생의 통일전선은 공동 행동이라는 기초 위에 건립된다. 다시 말해 각파의 학생은 공동 요구, 즉 민족해방의 요구 아래 단결하고 아울러 작전을 맡는다. 따라서 통일전선의 기초는 공동 강령이고 공동 행동이다. 이러한 기초 없이는 통일전선을 말하지 못한다.

각 반식민지국가의 학생은 통일전선상에서 이미 많은 공작을 해 왔다. 예를 들어 이집트의 학생 시위 참가자는 민족주의의 국민당國民黨부터 무산정당無産政黨 그리고 무당파無黨派의 청년이었다. 이렇게 해야 영국제국주의와 나심정부의 애를 먹일 수 있다.

시리아는 각종 종교신앙을 가진 청년이 함께 단결하였다. 본래 서로 적대시하던 회교도와 예수교도들이 과거의 응어리를 털어버리고 함께 투쟁하였다.

중남미의 각 나라는 모두 "민족해방대연맹民族解放大聯盟"을 조직하였다. 이는 통일전선의 단체로 각당 각파의 사람이 모두 이 조직에 가담하였다. 이 운동은 브라질, 칠레 등에서 가장 성공하였고 학생 군중은 "민족해방대연맹"에 참가하였다. 이들은 물론 다른 정치적 의견을 갖고 있었으나 민족해방을 쟁취하기 위해 반드시 통일하려 하였다. 그러므로 중남미의 학생운동은 맹렬히 전개되었고 모든 혁명 중에 학생은 큰 역할을 담당하였다. 각 학교 역시 이러한 이유로 군경에 수색당하였다.

중국학생은 민족전선 결성에 가장 위대한 성공을 거두었다. 여기서는 길게 언급하지 않겠다.

요컨대 대규모 투쟁의 시대에 반식민지국가에서 정치운동은 훨씬 더 어려운 환경을 겪고 있다. 한편으로 제국주의와 반식민지국가의 통치자는 서로 결탁하고 전력을 다하여 반식민지국가의 모든 민족해방운동을 진압하려 한다. 다른 한편에서 학생 대중은 이렇듯 무거운 압박을 돌파하려면 반드시 광대한 민중과 연합하여 혁명적 민족전선으로 반동적 제국주의전선을 분쇄해야 한다. 따라서 학생은 자신의 대오를 확대하며 더욱 광대하고 견고한 전 민족 대오에 참가해야 한다.

간단히 말하면 반식민지국가 학생운동의 근본 임무는 민족의 독립해방을 쟁취하고 제국주의 세력을 국경 밖으로 몰아내며 나라를 배신한 모든 내부의 적을 소멸하는 데 있다. 이 임무를 수행하려면 학생 대중은 반드시 자신의 대오를 결합하고 전국 민중과 연합하여 공동 투쟁해야 한다!

이제부터 반식민지국가의 학생운동은 반드시 이 큰길을 따라 전진해야 한다. 물론 이 길에는 무수히 많은 어려움이 존재한다. 우선 제국주의 열강의 중대한 군사, 정치 그리고 경제적 압박이 있다. 본국에서 제국주의국가 정부는 여전히 민주주의의 가면을 쓰고 있다. 그러나 반식민지에서 제국주의는 "현대적 기술"과 "아시아의 야만"을 공개적으로 결합하여 학생운동을 진압하려 한다. 이 점은 우리가 해설할 필요도 없이 중국 학생은 5·30부터 지금까지 이미 충분히 깨달았다.

다음은 반식민지국가 내부의 적이 전진하는 학생을 박해하고 학생운동을 훼손한 점이다. 그들은 종종 봉건적 세력을 이용하고 근대 법률을 개의치 않으며 학생의 최소한의 권리를 침범한다. 자본주의국가에서는 법률이 보장하는 관계로 학생은 상당한 기본권리를 지킬 수 있지만 반식민지국가에서는 법률보장이란 그저 공문 한 장에 불과하며 통치자는 몇천 년 된 낡은 방식으로 학생을 대한다. 예를 들어 이집트정부의 학생 압박은 파라오가 피라미드에서 기어 나와 자신이 노비를 압박했던 수단의 졸렬함을 부끄러워할 정도이다.

이러한 객관적 어려움은 확실히 학생운동의 전개를 방해할 수 있으며, 학생대오의 분열과 전 민족통일전선의 전개를 지연시키는 무시할 수 없는 약점이다.

반식민지국가의 학생 중에서 허다하게 "계급을 이탈한" 사람이다. 그들 대부분은 몰락한 지주 가정 출신이다. 현재 그들은 방법이 없음에도 과거 향락적인 기생寄生생활을 여전히 잊지 못한다. 이들은 정당한 노동을 하지 않고도 매춘과 도박을 하며 충분히 생활할 수 있어 쉽게 뇌물을 받는다. 그래서 적은 돈으로도 쉽게 회유되고 동학同學을 쉽게 모함하며 친구를 팔아넘긴다. 이러한 자들은 낙후된 학생을 도구로 이용하여 학생운동을 파괴한다. 그들은 할 수 있는 범위 안에서 온 힘을 다하여 학생운동을 옆길로 이끈다. 이 자들이 학생운동에 끼치는 위해는 매우 엄중하다. 여기에서 더 이상 설명할 필요가 없다.

그리고 반식민지국가의 민중은 항상 착취당하는데 작은 권리도 없으며 억압받는 생활이 많아 신속하게 행동을 취하기 어렵다. 때문에 민족해방운동 초기에 학생 대중은 항상 고군분투하는 곤경에 빠졌으며 광대한 민중의 투쟁이 없었다면 학생운동은 전개할 수도 없고 지속할 수도 없었다.

그러나 이러한 어려움도 절대적이지 않다. 제국주의와 내부 적의 광란의 압박은 비록 일시적으로 학생운동에 손상을 입혔으나 학생 대중의 분노와 항쟁을 더욱 세게 불러일으켰다. 각 반식민지국가의 학생운동이 한층 더 분발한 것이 이를 충분히 증명한다. 게다가 소수의 변절자 학생은 학생운동을 파괴했지만 반대로 학생전선을 더욱 분명히 구분해주었다. 소수의 변절자가 심하게 훼손할수록 다수의 학생은 더욱 긴밀하게 단결하고, 광대한 생산 대중 및 노동 대중은 빠른 속도로 각성하여 민족해방운동에 참가하였다. 모든 곤란한 요소들과 대조해도 모든 순조로운 조건들 역시 발전하고 있다!

반식민지국가의 학생운동은 전국 범위의 성격을 가지는 동시에 세계적 범위의 성격도 있다. 피압박민족의 학생은 제국주의와 그 앞잡이라는 전 세계의 적을 가지고 있다. 전 세계의 피압박민중과 제국주의국가의 노동 대중이라는 전 세계적 우군 역시 가지고 있다. 이들의 앞날은 전 세계의 우군과 결합하여 전 세계의 적에 반항하는 데 있다! 학생운동은 결코 고군분투할 수 없으며, 피압박민족이 해방되기 전에 학생의 운명은 근본적으로 개선할 방법이 없다. 따라서 반식민지국가의 학생은 전국 민중과 연합하여 민족의 승리를 쟁취해야만 비로소 자신의 승리를 쟁취할 수 있다!

4. 중국학생운동의 역사적 검토

1) 5·4운동부터 5·30시대까지의 학생운동

지금부터 중국의 학생운동을 연구하려 한다.

중국은 세계에서 가장 중요한 반식민지국가이다. 중국학생운동은 모든 반식민지국가의 학생운동 중에서 당연히 더 주요한 지위를 차지한다. 중국 학생은 5·4운동 이래로 20년 가까이 간고艱苦한 투쟁을 이어왔고 세계 학생운동 역사상 가장 풍부한 몇 장章을 써 내려갔다. 따라서 중국학생운동 연구는 반식민지국가운동의 가장 중요한 실제 사례 연구이다.

중국 학생은 일찍이 1911년 이전에 현재의 정치무대에 등장하였다. 신해혁명의 지도자와 참가자의 대부분이 청년 지식인으로 일본 유학생과 중국 각지에 새로 개교한 학교의 학생 출신이었다. 비록 이들의 사상은 큰 차이가 있었으나 대다수는 만청滿淸정부가 옛 방식으로 통치할 수 없다고 보았으므로 온건파든 급진파든 상관없이 정치개혁이 필요하다고 생각하였다. 대다수 학생은 만청정부를 전복한다는 깃발 아래 모여 함께 투쟁하였다. 그리고 반만청反滿淸전선을 영도한 조직이 쑨중산孫中山 선생이 지도하는 동맹회였다.

당시 학생은 비밀활동에 참가하고자 국내의 대도시와 일본, 남양南洋[15], 심지어 구미 각국에서 다양한 방식으로 활용하여 만청의 통치 기반을 흔들고자 노력하였다. 그러나 당시 주요한 투쟁방식은 음모 혹은 "개인공포" 같은 수단이었다. 이들은 아직 광대한 민중의 역량을 이해하지 못하고 민중을 조직하고 민중을 훈련시킬 필요를 이해하지 못하였다. 이들은 그저 자신을 희생하는 영웅주의를 품고 만청의 전제주의와 투쟁하려 하였다. 이로 인해 많은 학생은 목숨을 아끼지 않는 열정만 가지고 행동에서 군사 모험주의로 발전하였다. 이들의 정치사상은 이미 낙후되었고 다수는 부국강병의 몽상만 품고 만청을 전복시키기만 하면 모든 문제가 차례로 해결될 것이라 생각하였다. 그러나 당시 수많은 군중이 아직 각성하지 못하고 조직되지 않았으므로 혁명운동 도중에 우리는 그저 학생의 활동, 특히 군사학교 출신 학생의 반反만청 폭동 중에 활약한 위대한 역할을 바라만 보았다.

"만청 전복"은 중국정치의 근본 문제를 결코 해결하지 못하고, 중국 봉건세력은 위안스카이袁世凱의 통치로 대체되었다. 위안스카이의 군사 역량을 빌려 모든 진보적 개혁을 저지하고 힘을 다해 국민당의 활동을 압박하였다. 다수의 학생은 국민당 편에 서 있었으므로 당의 재난에 말려들었다. 민원民元[16] 이래로 두 차례 혁명을 겪고 홍헌洪憲[17]이 전복되었으나 철저한 개혁이 아니었으므로 중국혁명 문제는 여전히 원래 모습 그대로 우리 앞에 남았다. 5·4운동 전까지 이러한 형세는 조금도 바뀌지 않았다.

5·4운동은 중국 역사상 획기적인 운동으로 중국 역사상 위대한 변혁이어서 그 영향은 경제정치에 미쳤을 뿐 아니라 문화와 학생운동에도 매우 중대하다. 세계대전의 확대로 중국 민족자본은 각 제국주의의 포위로부터 잠시

---

15 명청(明清)시기 생긴 중국 중심적 지리 개념으로, 말레이시아 군도, 필리핀 군도, 인도네시아 군도 등을 포함한 동남아 일대를 가리킨다.

16 신해혁명(辛亥革命)을 가리킨다.

17 위안스카이(袁世凱)가 세운 중화제국(中華帝國)의 연호이다.

해방되었고 상당한 발전을 거둘 수 있는 기회를 얻었다. 비록 이 발전은 한계가 있고 기형적이었으나경공업에 편중되어 있었다 이 시기의 "번영"은 중국의 유산계급에게 큰 흥분을 안겨주었다. 이들은 경제 발전과 서로 어울리는 정권 형식과 하나로 통일되고 현명한 정부를 필요하다고 요구하기 시작하였다. 이것은 경제발전과 서로 어울리는 법률 문화 등 상부 구조도 필요로 했다. 발전 앞에 놓인 가장 큰 장애물은 유럽전쟁 참가를 이용하여 중국 침략에 박차를 가하는 ○○일본제국주의와 봉건 잔존세력을 대표하는 베이징 매국賣國 정부였다. 중국의 유산계급은 이 두 적과 맞서 싸워 중대한 장애를 제거하고자 일어날 수밖에 없었다.

이러한 형세 아래서 학생 대중을 주력군으로 하는 5·4운동이 전개되었다. 확실히 5·4운동은 민주적인 혁명운동이지만 주요한 점은 결코 하나의 사회집단에 속하지 않는 전국 민중에 속한다. 중국적 민족자본은 시작이 연약하여 민중을 떠나서 투쟁에 종사할 수 없었다. 따라서 운동 중에 동력은 비록 민족자본이었으나 군중의 기초는 여전히 소시민적 지식인이었다. 그렇기 때문에 학생 대중이야말로 이 속에서 위대한 역할을 해낼 수 있었다.

이 운동은 일본제국주의의 21개조와 이 21개조를 받아들인 매국정부에 대한 반대로 시작하였다. 중국의 혁명운동은 선명한 반제국 반봉건의 깃발을 들었고 이것이 첫 번째이다.

그때 베이핑의 학생 반란은 먼저 군중의 지지를 받아 매국노 차오루린, 장중샹章宗祥[18], 루쭝위陸宗輿[19]를 처벌하였고, 각지의 학생은 즉각 호응하여 시위를 거행하려 일어나 적국의 상품을 배척하며 선전을 확대하였다. 이번의 장

---

18 장중샹(章宗祥, 1879~1962), 일본 유학생 출신의 청말민국 초기 정치인, 1912년 위안스카이 총통부 비서, 1916년 주일공사 등 역임.

19 루쭝위(陸宗輿, 1876~1941), 일본 유학생 출신의 청말민국 초기의 정치인, 1913년부터 1916년까지 주일공사 역임, 5·4운동 시기 차오루린, 장중샹과 함께 3대 매국적(賣國賊)으로 불렸다.

렬한 학생운동은 중국 학생 대중 최초의 전국 규모 전쟁으로 이후 학생운동에 지대한 영향을 미쳤다. 오늘의 학생운동은 대체로 5·4반봉건적 혁명전통을 정식으로 계승하였다. 반제국·반봉건의 의식 면에서는 5·4운동과 비교하여 더욱 확정적이고 뚜렷해졌다.

5·4운동은 여전히 중국의 혁명문제를 완전히 해결하지 못하였지만 중국학생의 생활 속에서 소멸할 수 없는 뿌리를 내렸다. 5·4운동의 최대 성과는 중국사상계의 "계몽운동"을 전개하고 지식인의 진보였다. 우선 신청년新青年[20]파는 서양 과학과 문학의 새로운 사조를 중국에 소개하였고, 이로부터 중국의 경제생활, 정치생활, 문화생활이 구미를 향하여 문을 열었다. 당시 일반지식인과 학생은 "데모크라시"와 "사이언스"라는 두 개의 구호 아래 모두 단결하였다. 그중 비교적 좌익 성향인 이들은 더욱 진일보 발전하였고 대다수는 문화혁명자와 대학생이었다. 이들은 중국 최초로 과학적 사회주의운동 조직을 만들었다. 이것은 하나의 큰 변화로 우리가 주목할 만한 점이며, 이후 중국혁명운동과 밀접한 관련이 있다.

이후 중국학생운동은 용기 있게 밀고 나가는 추세로, 러시아혁명이 한층 중국학생을 자극하는 하나의 주요한 원인이 되었다. 쑨중산 선생의 신정책과 국민당의 활동, 그리고 소련이 중국민족해방운동에 보내는 동정으로 인해 중국민족운동은 새로운 고조기가 도래하기 시작하였다. 당시 중국과 러시아의 관계는 특히 문화면에서 크게 호전되어 소련 대표 요페[21]는 베이징에서의 성적이 매우 좋았다. 베이징 학생과 일부 선진 교수들은 소련에 대해

---

20 1915년 9월 천두슈(陳獨秀) 등에 의해 창간된 월간 종합잡지로 5·4신문화운동 시기 중국사상계에 많은 영향을 미쳤다. 『신청년』은 1926년 7월, 제9권 54호로 종간되었다. – 역자 주

21 아돌프 아브라모비치 요페(Адольф Абрамович Иоффе, 阿道夫·越飛, 1883~1927), 러시아의 혁명가, 1922년부터 중국 주재 소련 전권 대표로 베이징에 왔다 1923년 1월 국공합작 추진의 큰 동력이 된 쑨원요페공동선언의 당사자이다.

많은 관심을 보이고 중러 학생은 서로 연락하였다. 중국 학생은 러시아의 자극을 받고 전진하였으며 이웃 나라 학생들로부터 귀중한 경험을 얻었다.

민족해방운동의 큰 물결이 마침내 도래하였다. 상하이 ○○○방직공장에서 총에 맞아 사망한 노동자 구정홍顧正紅사건[22]을 시작으로 오랫동안 준비된 민족혈전이 마침내 시작되었다. 영○제국주의의 학살에 대항하여 전국 인민의 단결은 마치 한 사람이 된 듯 일어나 투쟁하였다. 학생들은 더 나아가 투쟁의 전선에 섰다. 5·30 그날, 상하이의 각 대학, 고등학교가 모두 선전대를 동원하여 ○○자본가가 노동자를 학살한 잔인한 사실을 연설하였다. 그들은 시민과 연합하여 라오자老閘[23]조계지 경찰서를 포위하였는데 영국, 인도 경찰이 발포하여 큰 유혈사태가 벌어졌고, 전국에서 제국주의에 반대하는 분노의 물결을 일으켰다. 각 학교는 수업을 거부하였고 상하이 80만 노동자는 파업하였으며 심지어 대大상인도 어쩔 수 없이 휴장하고 말았다. 상하이 전체가 분노하였다! 중국 전체가 분노하였다! 이는 중국 대중이 제국주의 침략자에게 전한 가장 힘 있는 대답이었다!

학생은 이번 투쟁에서 여전히 위대한 작용을 하였다. 그러나 5·30운동 중에 민족전선은 변했다. 5·4운동에서 지휘하는 위치의 민족자본가는 그 기초가 학생이었고 광대한 노동 대중은 비록 참가하였으나 여전히 결정적 역할을 하지는 못하였다. 그런데 5·30운동 중에는 민족전선의 주력군이 상하이 80만 산업노동자와 성항省港대파업[24]의 전사들이었다. 학생은 이 시기 이들 주력군과 연합하여 민족전선에서 가장 앞장서 나가는 하나의 역량이었

---

22 구쩡홍(顧正紅, 1905~1925), 중국공산당 당원으로 1925년 5월 30일 상하이의 일본인이 경영하던 내외면(內外綿) 방적공장에서 시위도중 총탄을 맞고 사망했다. 중화인민공화국 성립 후 상하이에 구쩡홍열사기념관이 생겼다.

23 상하이시 중부를 가리키는 옛 지명.

24 1925년 6월 상하이의 5·30운동을 지원하기 위해 일어난 광저우, 홍콩 노동자의 총파업.

다. 예전에는 지도하는 위치의 역량이었다면 이번의 역할은 이미 약화되었다. 게다가 군중의 단호한 투쟁 속에서 동요를 보이고, 가장 현저했던 것은 상하이 상업계의 영업 재개였다, 노동자 학생은 여전히 단호하게 투쟁하였고 이러한 역량관계의 변동 때문에 이 단계는 전 단계와 근본적으로 구별되었다. 이후로 민족자본가는 더 이상 중국혁명의 임무를 책임질 힘이 없었다.

5·30유혈은 1925~7년의 대혁명을 이끌었다. 학생들도 대혁명 중의 신예부대였다. 쑨중산 선생이 이끄는 민족해방운동의 통일전선은 가장 방대한 군중을 집합시켰다. 학생 대중은 북벌 중에 노동자, 농민과 함께 전투하며 선전 활동을 확대하고 민중을 조직하는 데 있어 가장 많은 공작을 수행하였다. 이들은 군대에서 정치부 공작을 맡았고, 점령한 지역에서 그 지역의 행정을 개조하였다. 베이양군벌의 지역에서 고군분투하여 혁명군을 위해 길을 내었다. 이들은 혁명의 씨앗을 수많은 민중의 토양 속에 흩뿌렸다.

이 단계에서 학생이 군벌을 반대하는 가장 유력한 행동은 베이징 학생의 3·18대혈전이다. 당시의 임시정부는 완전히 ○○제국주의를 위해 조종당하였다. 국민군은 진보 역량을 대표하여 ○○제국주의의 눈의 가시였다. 국민군이 단독으로 펑奉, 즈直, 루魯 3군[25]에 저항할 때, ○○제국주의는 펑, 즈, 루군을 도와 대포로 국민군을 포격하였다. 베이징대학 학생은 베이징 전체 학생을 지도하여 저항하였다. 임시정부 돤치루이段祺瑞가 ○○제국주의의 뜻을 받들어 학살을 실행함에 따라 베이징 학생은 전대미문의 유혈사태를 맞았다. 이 학살로 베이징의 학생은 봉건군벌에 저항할 결심을 더욱 다졌다. 많은 학생이 남하하여 혁명군에 참가하였다. 3·18의 참상은 혁명을 위해 몇천 명의 청년전사를 준비시켰다.

25 장쭤린(張作霖)이 지휘한 펑톈군(奉天軍), 펑궈장(馮國璋)이 지휘한 즈리군(直隸軍), 장쭝창(張宗昌)이 지휘한 산둥군(山東軍)을 말한다.

남방에서는 혁명세력이 하루가 다르게 확대되었고 광둥廣東 내부의 반혁명파를 숙청하고 영국제국주의를 공격한 후 파죽지세로 봉건 잔여세력을 대표하는 우페이푸吳佩孚[26]와 쑨촨팡孫傳芳[27] 을 타파하고 양쯔강 유역의 제국주의 세력을 동요시켰다한커우쥬쟝(漢口九江)영국 조계의 회수. 그러나 혁명이 심화되는 과정에서 1924년에 결성된 민족전선은 결국 분열되었다. 1927년 4월 이후 중국의 혁명 형세는 중대한 변화를 겪었고 중국은 분열되었다.

이후 중국학생은 고난의 시기를 겪었다. 만조滿潮가 지난 후 정치적 저기압은 예전보다 더해졌다. 각 지역에서 학생에 대한 탄압 운동이 발생했다. 모든 것이 과거로 돌아갔다, 아니, 모든 것이 예전보다 더 나빠졌다. 침체상황 중에 학생 대중은 잠시 물러나지 않을 수 없었다. 많은 지역의 학생이 모두 학교로 돌아갔다. 5·3 지난齊南의 참사[28]마저도 학생의 큰 반향을 일으키지 못했으며 그들은 이미 제압당하였다. 그러나 많은 학생들이 전장에서 돌아오고 그들의 가슴 속 불꽃이 여전히 타오르면서 넘치는 에너지를 발산할 길 없는 이 시기에 유례없던 대중문화 운동이 전개되었다. 학생 대중과 일반 지식인은 한차례 좌절을 겪고 세심한 검토를 필요로 했으므로 이들은 이론 탐구의 필요를 느꼈다. 한편 실제 투쟁을 떠나서 문화활동의 종사가 가능하였다. 이래서 중국문화 중심인 상하이에서 문화운동은 비약적 발전을 이루었다. 당시 사회과학 서적의 출판, 신흥문예의 소개…… 학생들이 모두 상당히 공헌하였다. 이때 몇몇 진보적 대학에서는 문화운동의 전위대 역할을 하였다. 학생은 휴학기간 중 결코 환멸을 느끼지 않고 이론을 비축하였다. 비록 이 운동이 서적의 검열과 서점의 봉쇄, 학교의 해산, 학생의 체포 등으로

---

26 우페이푸(吳佩孚, 1874~1939), 중화민국 시기 베이양군벌(北洋軍閥) 중 하나인 즈리 군벌의 지도자.

27 쑨촨팡(孫傳芳, 1885~1935), 중화민국 시기 베이양군벌(北洋軍閥) 중 하나인 즈리 군벌의 지도자.

28 1928년 5월 3일 일본군이 산둥성 지난(済南)을 침략하여 중국인을 학살한 사건.

의기소침해진 듯했으나 실제로는 이미 일반 진보 학생의 마음속에서 뿌리를 내렸다. 이것이 부흥 전의 준비공작이며, 이러한 준비가 있었기에 학생들이 비로소 부흥하는 신조류를 받아들일 수 있었다.

위의 간단한 서술을 통해 중국학생운동의 발전 과정을 알아 볼 수 있다. 신행혁명 시대에 싹을 틔우고, 5·4시대에 민족자본의 유력한 추동으로 성장하였다. 그후 소련 10월혁명의 영향과 중국 민족통일전선의 확대에 따라 강렬하게 발전하였으며, 5·30 이후 대혁명 시대에 이르러 절정의 시기에 도달하였다. 민족전선의 파열과 학생 진영의 혼란이 일어난 후 학생운동은 좌절을 겪고 침체기에 들어갔으며 9·18 이후에야 비로소 다시 부흥하기 시작하였다.

2) 9·18사변 후의 학생운동

1931년은 중국에게 고난의 일 년이었다. 안으로는 18개 성省에 큰 홍수가 나고 국민경제의 총붕괴가 가속화되었다. 밖으로는 ○○제국주의가 동북을 탈취하여 중화민족에게 전대미문의 위기가 조성되었다. 학생 대중은 이러한 국내외 공격 사이에서 결정적 전환을 가져왔다.

만약 이들이 1927년 이후의 잠복기에 스스로의 역량을 비축해두었다면 9·18사변은 이들이 투쟁을 시작할 중대한 시기였을 것이다. 한 달이 채 못 되는 시간에 전국 각지의 학생은 일어섰고 베이핑에서 광저우까지, 상하이에서 시안西安까지 학생운동은 마치 들판을 태우는 불처럼 타올랐다. 특히 베이핑, 상하이 두 곳의 학생전투는 가장 맹렬하고 용감하였다!

이번에도 학생운동은 여전히 반제국주의, 반봉건의 구호를 제창하였다. 그러나 이들 자신의 요구나 객관적 정세에 중대한 변화가 일어났다. 학생들은 두 기본강령의 새로운 내용에 충실하기 위해 우리 동북을 빼앗아 간 적과 민족의 이익을 팔아먹은 한간漢奸에게 화력을 집중하였다. 당시의 형세는 5·4시대, 5·30시대와 많이 달랐다. 민족자본은 이미 반대하는 세력과 결합하여 이전의 우군을 상대하였다. 이로 인해 학생 대중은 그것에 대해 이미 환멸을 느끼고 자신의 우군인 광대한 민중과 더욱 긴밀하게 연합하였다.

그래서 학생운동은 과거 민족 개량주의의 색채를 숙청하는 한편, 광대한 민중의 지지를 얻으며 더욱 맹렬한 형세로 전개되었다.

이번 물결 속에서 학생 대중의 행동은 영웅스럽고 위대하여 전례를 찾을 수 없었다. 이 운동은 비록 평화 청원으로 시작되었지만 이내 유혈투쟁으로 신속히 발전하였다. 심지어 청원운동 자체도 발전하였다.

이번 운동은 줄곧 이어져, 12·8전쟁[33] 중에 절정에 달했다. 19로군[34]의 병사와 상하이 민중은 용감히 일어나 상하이를 지켰다. 학생도 전쟁에 참가하였다. 현지의 학생뿐 아니라 외지의 학생도 먼 길을 달려왔는데 가장 저명한 것이 평용馮庸대학[31]의 학생들이었다. 그들은 참호 속에서 사병과 어깨를 나란히 작전하고 위문대, 구호대, 선전대, 원조병사, 격려병사, 구호병사를 조직하였다. 후방에서 그들은 구국회를 결성하고 선전을 확대하며 위로금을 모금하였다. 한간을 정찰하였고 후방을 공고히 하여 전선前線의 작전을 도왔다. 가장 유명한 항○의용대에도 적잖은 학생이 참가하였다.

위대한 민족 자위 전쟁에 수많은 청년들의 마음이 불타올랐다. 전국 각지의 학생은 모두 후원하겠다고 맹세하였다. 심지어 남양, 일본, 구미의 유학생들도 힘껏 돈을 모아 조국에 보내었다. 전 중국의 청년은 민족혁명의 큰

29 1932년 1월 28일 발생한 제1차 상하이사변을 말한다.

30 중화민국 국민혁명군 소속의 군대로 차이팅카이(蔡廷锴)의 지휘 아래 1932년 제1차 상하이사변에서 활약하였다.

31 펑계(奉系) 군벌 펑더린(馮德麟)의 첫째 아들 펑용(馮庸)이 세운 대학, 1927년 8월 8일 설립되었으나 만주사변 직후 대학 캠퍼스가 일본군에 의해 비행장으로 변하여 결국 대학이 없어졌다.

깃발 아래 단결하였다.

투쟁은 두 달 가까이 고전하고 마침내 억압받기 시작하였다. 19로군이 상하이에서 물러날 때 전국의 학생들은 참으로 비통해하였고, 특히 상하이 학생들은 더욱 그러하였다. 그러나 그들은 결코 실망하지 않고 계속 싸우겠다고 결의를 다졌다!

적군이 이들에게 남긴 상처는 매우 깊었다. 많은 대학과 수많은 중·소학교가 적군에 의해 불탔다. 이들은 학업을 중단하거나 세 든 한 칸 교실에서 비좁게 섞여 있기도 하였다. 한 달 전 그들은 전쟁에 희망을 걸었고 지금은 더욱 먼 중화민족의 마지막 해방에 그 희망을 걸었다.

9·18의 1주년 기념이 이어지고 이 쓰라린 날이 학생들에게는 얼마나 큰 의의가 있었는지 모른다. 전국 인민은 극도로 비통한 가운데 각 지역 학생은 모두 일어나 공개적으로 9·18을 기념하였다. 가장 잘한 사람은 상하이와 베이핑 학생이었다. 그들은 기념을 준비할 때 수많은 행동적군의 상품 검사, 시위, 선전 등을 거행하였고 기념 후 임시단체를 영구적 반○단체로 전환하였다.

란동灤東과 창청長城의 전쟁[32]은 학생들에게 큰 자극이 되었다. 이번에 남방 학생은 후방에서 모금을 하고 북방의 학생은 더욱 앞에서 뛰었다. 베이핑과 톈진天津의 학생은 다친 병사를 도우며 용맹한 29군 사병들에게 큰 칼을 증정하였다.

이들은 적에게 항전하는 사병을 옆에서 도울 뿐 아니라 사병들 속으로 깊숙이 들어가 그들에게 영향을 주었다. 이번 전쟁이 끝난 후 학생운동은 다시 일시적으로 침체되었으나 1935년 12월 다시 새로운 전개를 맞이하였다.

---

32 국민정부가 지휘하는 국민혁명군이 1933년 3월부터 1933년 5월 사이 만리장성 부근에서 일본군과 벌인 전투.

5. 현단계 중국학생운동의 전망

현단계의 학생운동은 작년 12월 9일 베이핑 학생의 유혈시위로 시작되었다. 지금까지 겨우 6개월이 지났지만, 중국학생은 이미 이 기간 동안 가장 맹렬하게 투쟁하였다. 이번 학생운동은 전례 없이 더욱 광대하고 맹렬하게 전국 규모의 민족해방운동으로 이어졌다.

이번 학생 투쟁의 큰 물결은 많은 요소들이 만들어 낸 것이다. 우선 ○○제국주의의 강화된 침략과 매국노의 배반이 중화민족의 전례 없는 위기를 조성하였다. ○○군대가 이미 화베이[37] 지역을 점령하고 인루겅殷汝耕[38]이 지동冀東[39]에서 괴뢰 자치를 실행하며, 도이하라 겐지土肥原賢二[40]가 연출한 화베이 자치가 나날이 표면화될 때 베이핑 학생은 행동을 시작하였다. 다음으로 전국 항○의 물결이 학생운동을 자극하였다. 일찍이 학생운동이 폭발하기 전에 화베이의 민중은 이미 여러 차례 괴뢰 자치에 반대하는 투쟁을 진행하였다. 학생운동은 전체 민족해방운동의 물결 속에서 하나의 거센 흐름이었다. 제3국의 혁명운동, 특히 학생 투쟁은 중국학생운동의 전개를 도왔다. 마지막으로 학생 대중 자신의 고난은 그들로 하여금 민족의 미래와 자신의 미래를 위해 항전하도록 자극하였다.

이번 학생운동은 예전의 학생 투쟁과 비교하여 확대되고 심화하였다. 학

---

33 중국의 지리 구분법 중 하나로 일반적으로 황허(黃河) 하류 유역, 만리장성 이남을 가리킨다. 허베이성(河北省)·허난성河南省)·산둥성(山東省)·산시성(陝西省)과 베이징·톈진 등이 포함된다.

34 인루겅(殷汝耕,1883~1947), 1919년 일본 와세다 대학 졸업, 중국 근대의 대표적 친일파 정치인, 1935년 일본의 괴뢰 정부인 지동반공자치정부(冀東防共自治政府) 주석 역임, 1945년 일본 항복 후 체포되어 1947년 총살됨.

35 1949년 중화인민공화국 성립 전의 행정구역으로 현 베이징 북동쪽, 허베성(河北省) 동쪽을 가르킨 다.

36 도이하라 겐지(土肥原賢二, 1883~1948), 메이지시대의 군인, 1912년 육군대학교 졸업 후 참모본부 육군과 대위로 베이징에서 대중국공작을 함. 특무기관장, 육군 교육총감 등 역임, 화베이 분리 공작을 추진하며 지동방공자치정부(冀東防共自治政部)를 수립하기도 하였다, 일본 패전 후 A급 전범으로 체포되어 교수형에 처해졌다.

생은 정치적 각성, 투쟁의 맹렬함, 조직의 엄밀함에서 모두 장족의 진보가 있었다. 각 신문 잡지에서 이미 자세히 기재하였으니 여기서는 다시 말할 필요가 없겠다. 여기서는 특별히 중국학생운동의 전망에 대한 문제를 연구하려 한다. 위에서 우리가 이미 지적한 대로 학생운동은 민족해방운동에서 매우 중요한 작용을 하였다. 그러나 학생은 고군분투하면 역량이 부족하므로 이후 학생운동은 반드시 민족통일전선을 충분히 활용해야 한다. 위에서 우리는 통일전선의 문제에 관하여 이야기했으므로 여기서는 더욱 진일보한 통일전선의 최고 원칙을 제시해 보겠다.

첫째, 통일전선은 중국민족해방운동에서 가장 주요한 적을 ○○제국주의와 그 주구로 간주한다. 각당 각파의 정치적 주장은 비록 서로 분명한 이견이 있으나 이 혁명의 목표만큼은 완전히 동일하다. 우리의 통일전선은 이 목표 위에 건립한다.

둘째, 통일전선은 결코 서로 이용하는 잠시의 합작이 아니다. 민족해방운동에서 끝까지 합작해야 하는 일종의 진영이다. 그러므로 통일전선에서 서로 성실하게 대하며 절대 음모가 존재해서는 안 된다.

셋째, 통일전선은 생산 대중을 주력으로 한다. 기타 망국의 노예와 한간이 되길 원하지 않는 중국인은 모두 참가할 수 있다.

넷째, 통일전선은 최고의 정치강령을 갖는다. 모든 행동과 투쟁은 최고 정치강령을 기준으로 한다. 기타 이 강령을 벗어나는 모든 요구는 잠시 포기한다.

다섯째, 통일전선에서 각 계층의 사람들은 각각의 사회적 지위와 사회적 관계를 이용하여 통일전선 공작을 충분히 전개시킨다. 모든 상황과 모든 순간에 이 공작을 소홀히 해서는 안 된다.

학생운동이 만약 정말로 정확하게 이 원칙들을 적용할 수 있다면, 만약 변증적으로 이 원칙들을 운용한다면, 미래가 없다는 두려움도 없고 전개할 수 없을 것이라고 겁내지도 않는다. 우리는 나아갈 때도 있고 물러날 때도 있을 것이다. 그러나 후퇴는 결코 실패가 아니며 두 번째 승리를 쟁취하기 위한 준비이다. 이렇게 변증법적으로 문제를 이해한다면 기계론적 유물론의 오류에 빠질 리 없다.

지금은 가장 엄중한 시기이다. 우리는 학생운동이 정확한 인식 하에 행동하고 앞날을 쟁취하길 희망한다.

번역 저본 : 金奎光 著, 『半殖民地國家的學生運動』,
上海 : 大衆文化社, "大衆文化叢書" 第一輯 第九種, 1936年 6月.

제2장

일본 금융자본의 조선 농촌 통제[1]

김규광

1. 조선 농촌기구의 특질

조선 농촌도 동아시아의 후진 국가의 농촌과 마찬가지로 한편으론 기생지주와 부농이 있고, 다른 한편으론 반농노적 소작농佃農과 고농雇農이 있어 서로 다른 두 계층이 대립하고 있다. 이러한 대립관계에서 반봉건적 채무농債務農적 영세경작零細耕作이 실행되었다. 그러나 여기서 주의할 점은 이러한 생산 관계 전체가 모두 일본 금융자본의 통제를 받고 일본자본주의의 착취의 대상이라는 점이다. 이것이 식민지 조선 농촌경제의 특징이라 말할 수 있다.

이제 몇 가지 수치를 활용해 조선 농촌의 사회구조를 먼저 설명해 보자. 쇼와昭和 7년1932 조선총독부의 통계에 따르면 조선 농촌의 가구 구성은 다음과 같다.

〈표 1〉

년도	갑등(甲等) 지주	을등(乙等) 지주	자작농	半자작농	소작농	겸(兼)화전농	순(純)화전농
1925	17.2	81.9	534.9	971.9	1,106.6	-	-
1926	20.6	84.0	525.7	895.7	1,193·1	-	34.3

1 중국어 원문 일부 부분에서 표에서 언급된 숫자와 본문 중 표를 설명하는 숫자가 서로 일치하지 않는다. 이 경우 〈표〉에 근거하여 본문의 숫자를 정정하였다.

년도	갑등(甲等) 지주	을등(乙等) 지주	자작농	半자작농	소작농	겸(兼)화전농	순(純)화전농
1927	20.7	84.4	519.4	909.8	1,217.9	90.6	29.1
1928	20.8	83.8	511.0	894.4	1,255.9	94.5	33.3
1929	21.3	83.2	507.4	885.6	1,283.5	92.7	34.3
1930	21.4	82.6	504.0	890.3	1,334.1	96.5	37.5
1931	23.0	81.7	488.6	853.8	1,393.4	96.5	41.2
1932	22.9	71.9	476.4	743.0	1,546.5	96.2	60.5

조선총독부통계연보 (단위 : 千戶)

위의 〈표 1〉에 따르면 소작농 수가 매년 증가하는 반면 자작농은 매년 감소하고, 이 밖에 순화전농화경법으로 황무지를 개간한 농민은 최근 몇 년간 아주 빠르게 증가하였다. 백분율로 계산하면 1932년 갑등 지주가 전체 가구 수의 0.7%를, 을등 지주가 2.4%, 자작농은 15.8%, 반자작농 24.6%, 소작농 51.3%, 겸화전농 3.2%, 순화전농이 2.0%를 차지한다.

또한 전체 경지 면적 대비 소작지 면적 비율을 관찰하면 소작지 증가 추세도 상술한 소작농 호수의 증가와 같다. 같은 해 총독부의 통계에 따르면 아래와 같다.

〈표 2〉

년도	자경지				임대경지			
	밭	화전	합계	%	밭	화전	합계	%
1925	552	1,503	2,135	49.5	994	1,189	2,183	50.5
1926	550	1,607	2,157	49.2	1024	1,193	2,222	50.8
1927	556	1,489	2,045	46.6	1032	1,312	2,344	53.4
1928	550	1,464	2,014	45.8	1048	1,329	2,377	54.2
1929	547	1,423	1,970	44.8	1067	1,360	2,421	55.2
1930	544	1,405	1,949	44.4	1074	1,365	2,439	55.6
1931	535	1,383	1,918	43.7	1094	1,372	2,466	56.3
1932	538	1,370	1,908	43.4	1108	1,373	2,481	56.6

출처는 앞과 같음(단위 : 千町)

조선의 농업 경영은 매우 소규모의 생산방식으로 상술한 농가 호수와 경지면적을 대조하여 관찰하면 대략적인 양상을 알 수 있다. 이러한 영세경작은 조선 농업 경영의 특징이며 상세하게 규명할 필요가 있다. 총독부가 펴낸「소작농 관련 참고사항 요약」에 따르면 농가당 경지 면적은 아래와 같다.1931년

최고	함경북도	2.73日畝(水田 0.19일묘, 旱田 2.54일묘)
최저	경상남도	0.95일묘(수전 0.60일묘, 한전 0.35일묘)
全国平均		1.52일묘(수전 0.56일묘, 한전 0.96일묘)

주 : 1日畝 = 1.61415中畝[2]

조선 농업 경영의 영세성을 더 뚜렷이 보고자 한다면 가장 좋은 방법은 다른 국가의 농가당 경지 면적을 나란히 비교해 보면 다음과 같다.

영국	6.9헥타르	1923년
프랑스	8.7헥타르	1892년
독일	5.6헥타르	1907년
헝가리	8.5헥타르	1895년
미국	59.5헥타르	1920년
일본	0.8헥타르	1929년
조선	1.2헥타르	1931년

주 : 1헥타르 = 1.25일묘(1ha = 3,000평, 1畝 = 30평)[3]

위를 보면 일본과 조선의 농업 경영이 다른 여러 국가에 비해 많이 영세하다는 것을 알 수 있다. 특히 일본은 1.06묘쇼와 4년가 조선의 1.52묘쇼와 6년보다 더 적다. 그러나 일본의 1묘당 생산량은 조선에 비해 배 이상이 많다는 점을 주의해 보아야 한다.

게다가 이러한 영세경작은 소수의 기생지주와 다수의 반半자작농 및 소작농이 대립하는 반半봉건적 착취관계 속에 시행되고 있다. 반봉건적 착취관계는 필수 노동의 일부까지 착취당해 소작료田租의 공납으로 활용되고 있음을 보여준다. 조선 소작료는 수확량의 50~60%에 달할 정도로 고율이다. 심지어 다른 소작 조건의 가혹함은 세계적으로 드문 경우이다.이에 관한 설명은 뒤에서 따로 자세히 다루겠다.

원래 자본주의 농업기업가와 임노동하는 농업노동자 간의 대립은 자본주

---

2 일본 1畝 = 중국 1.61415畝

3 일본 1무(畝)는 30평. 약 99.174m², 1 아르. 본문에는 일본의 면적 단위 무(畝)를 일무(日畝)라 적었다.

의 생산방식의 근본 필요조건이다. 지주는 농업기업가로부터 토지자본의 이율을 얻을 뿐 농업노동자와 직접적 관계는 없다. 이런 제도는 영국에서 가장 전형적으로 발달하였고 미국, 프랑스, 독일 그리고 다른 유럽의 선진국가 대다수가 이런 형태를 채택하고 있다. 그러나 조선과 일본은 절대다수의 실제 경작자가 소작농이고, 이들은 지주와 직접 관계를 맺고 있다. 소작농의 본질은 당연히 단순 임금 노동자와 다르다. 이들은 오랜 과거 사회로부터 물려받은 반농노半農奴이다. 비록 지금 이들과 지주의 관계가 자유계약 관계로 위장되어 있지만 결코 이들의 반농노적 성질을 부정할 수는 없다.

반봉건적 영세경작 아래서 경기가 좋건 나쁘건 농민은 극도의 빈곤과 과중한 부채에 빠지게 된다. 그러나 불경기의 상황이라면 이들의 빈곤한 상황은 더욱 심각해진다. 보릿고개 시기 상당수 농가는 기아에 허덕여 인근의 지주나 금융기관에서 가혹한 조건으로 돈을 빌리지 않을 수 없다. 다음의 숫자는 춘궁기에 생활이 불가능한 농가의 수를 나타낸다1930년 총독부 편, 前述書에 의거함.

	충청남도	함경북도	전국 합계
자작농	30.9%	10.5%	18.4%
반자작농	45.2	35.6	37.5
소작농	89.6	55.2	68.1
총계	69.7	20.5	48.3

이렇게 궁지에 몰린 다수의 농민은 필연적으로 채무농(債務農)이 된다.
다음은 조선 채무농의 수다.(전서에 근거함)

충청남도	반자작농과 소작농	85%(최다)
경북도	반자작농과 소작농	55%(최소)
전국	반자작농과 소작농	75%

주의할 점은 충남은 조선의 남방지역이고 함북은 조선의 북방지역이라는 것이다.
남방의 토지는 대부분 대지주가 점유하고 있으므로 소작농이 많고,
북방은 대지주가 적고 자작농이 많다는 것이다. 이상의 표가 남북 두 지방을 예로 든 이유이다.

위를 보면 조선 채무농의 수는 놀랄만하다. 앞의 책의 통계에 따르면 이들의 평균 채무는 65원이다.

이처럼 조선 농촌사회구조의 특징은 반봉건적 채무농의 영세경작임을 알 수 있다. 그렇다면 이러한 조선 농촌기구는 일본의 식민지가 된 상황에서 일본자본주의와 과연 어떠한 관계가 있을까? 이 문제에 관하여 반드시 약간의 설명이 필요하다.

요약하자면 조선 농촌기구는 일본자본주의의 가장 주요하고 가장 적합한 착취 대상이다. 다시 말해 일본자본 축적의 입장에서 보면 조선의 반봉건적 영세경작은 다른 어떤 농촌기구와 비교해도 착취하기에 가장 적합하다는 뜻이다.

일본제국주의가 조선을 강제 합병한 이래로 수십 년간 조선 농촌에서 이러한 농촌기구의 형성을 촉진하려는 노력이 있었다. 이러한 관계의 성립과 발전과정에 관한 설명은 지면의 한계로 여기서 상술하지 않고 일본자본주의와 조선 농촌의 반봉건적 구조와의 현존하는 의존관계에 관해서만 논의하겠다.

대략적으로 말하자면 선진 국가의 과잉자본물론 상대적 의미로이 후진 국가에 투자되는 형태는 크게 세 가지로 나뉜다. 첫째, 더 높은 지세地租를 목적으로 하는 자본. 둘째, 본국보다 더 많은 이윤을 목적으로 하는 자본. 셋째, 본국보다 더 많은 이자를 목적으로 하는 자본이 그것이다. 일본자본이 조선에 유입될 때도 세 가지 형태를 벗어나지 않았다. 다음으로 세 가지 형태의 투자와 조선 농촌의 반半봉건적 생산구조 사이의 연관에 대해 분석해보겠다.

첫째, 소작료를 목적으로 조선에 투입된 자본은 일본인 소유의 경지 면적에서 드러난다. 관청의 통계를 관찰해보면 쇼와 3년1928년 말 일본인 소유의 경지 면적동양척식회사 소유 포함은 대략 37~38만 일묘이다. 여기에서 자본가는 지주가 된다. 일본인 토지 소유자는 정부의 특별 보호를 받았기 때문에 조선 농촌의 반봉건적 구조를 충분히 이용하여 막대한 소작료를 보장받을 수 있었다.

둘째, 이윤을 목적으로 각종 산업에 투자한 자본은 농촌이 파산하는 과정에서 빈농층의 유랑을 틈타 저렴한 노동력을 매수하여 막대한 이윤을 얻었다. 농촌의 반봉건적 구조 때문에 필연적으로 높은 소작료가 발생한다. 그 결과 필연적으로 농민의 빈곤을 초래하고 파산한 가계의 이농으로 이어져 농민의 이농 현상은 일본 산업자본의 발달을 촉진하였다.

셋째, 더 많은 이자를 목적으로 조선에 유입된 자본은 농촌에서 고율의 소작료로 높은 율의 이자를 보장받았다. 조선 농촌에서 일본자금을 이용하는 사람은 대부분 지주이다. 이 때문에 지주는 고비율의 이자를 보장하기 위해 높은 비율의 소작료를 지지하지 않을 수 없다.

상술한 세 가지로부터 우리는 일본자본주의의 자본 축적과 조선 농촌의 반봉건적 채무농의 영세경작 사이에 어떤 연관이 있는지 명료하게 알 수 있다. 조선 농촌을 제대로 이해하려면 상술한 조선 농촌사회 구조의 기본 특징을 파악해야 한다.

2. 농촌과 금융기관

조선 농촌과 금융기관의 관계는 반드시 상술한 농촌사회 구조의 기본 특징을 대조해 보아야만 정확히 이해할 수 있다.

조선의 금융기관은 동양척식회사東洋拓殖公司, 식산은행殖産銀行, 금융조합金融組合 및 조선은행朝鮮銀行 외에 14개 보통은행이 있다.[4] 이러한 금융기관들은 모두 조선 농촌과 직접적인 관계가 있다. 금융기관이 운용하는 자본은 당연히 전부가 일본인의 자본이라 할 수는 없다. 그러나 동척, 식은, 금조, 조은

4 저자는 이어진 글에서 동양척식회사는 동척, 식산은행은 식은, 금융조합은 금조, 조선은행은 조은으로 각각 줄여서 표기했다.

등은 일본제국주의가 조선을 착취할 수 있게 하는 주요 관영 금융기관으로 막대한 자본을 소유하고 있고 전 조선의 금융 명맥을 지배하고 있다. 나머지 보통은행 중 조선인의 사영私營 은행도 몇 개 있었으나 자본이 극히 미약하여 일본자본의 직접적 지배 아래에 있다. 그러므로 조선 농촌의 자본 운용은 전부가 일본인의 자본이라 말할 수 있다. 그러므로 조선 농촌과 금융기관의 관계를 규명하면 결국 일본제국주의가 조선 농촌에 대한 가장 주요한 착취관계를 규명하는 셈이 된다. 우선 우리는 농촌과 가장 관계가 깊은 동양척식회사 및 식산은행을 살펴보자.

동양척식회사는 한국 통감부시대에 "척식사업 경영을 목적"『동척20년誌』으로 메이지明治 41년1908에 제24회 제국의회의 협찬을 받아 같은 해 8월 '동양척식주식회사법'이 공포되고 12월 창립되었다. 당시 일본정부는 동양척식회사에 매년 30만 원의 보조금을 주었는데 처음에는 주식 20만, 자본금 1천만 원의 특수 주식회사였다. 당시 20만 주에서 한국정부가 6만 주를 부담하고, 국유토지 1만 7천여 일묘를 출자금으로 받아 이 회사에 넘겼다. 이렇게 회사는 메이지 42년1909부터 영업을 시작한 이후 영업 지역을 확장하면서 다이쇼大正 7, 8년1918, 1919을 전후로 두 차례 자본금을 증자하여 현재 5천만 원의 자본금을 보유하고 있다.

동척은 과거 20여 년간 정부가 취득한 토지와 매수, 저당, 기타 방법으로 취득한 토지가 적어도 12, 13만 일묘에 이른다. 그중 일본 이민자에게 내주고 팔았던 토지 외에 쇼와4년 말 10만 5천 일묘의 토지를 더 소유하였다. 수전은 4만 6천여 일묘, 한전은 1만 6천여 일묘, 임야는 4만 1천여 일묘총독부 통계연보에 따름가 있다. 그러나 4만 6천여 일묘의 수전과 1만 6천여 일묘의 한전은 절대로 자본가의 경영 방법으로 경영한 것이 아니었다. 이 토지는 전국 각지에 영세하게 분산되어 반농노적 영세농적 경영을 실시하였다. 우리는 여기서 동척이 반봉건적 기생지주와 자본가라는 두 가지 성질을 직접 결합하고 있음을 알 수 있다. 동시에 동척이 조선 농촌의 반봉건적 영세 경작 구조의 가장 큰 기둥이라는 사실도 이해할 수 있다. 『동척업무요람東拓業務要覽』에 따르면, 쇼와 3년, 동척이 받은 전조는 다음과 같다 — 벼 25만 4천여 석, 대두 7천 6백여 석, 잡곡 7천 3백 석, 면화 2만 9천 여 근, 조세錢租 14만 6천여 원이다.

그러나 동척은 조선 최대의 반봉건적 기생 지주인 동시에 식산은행과 마찬가지로 조선최대의 부동산 금융기관이다. 동척의 이른바 "척식자금"은 정기상환이나 분할상환으로 여러 방면에 걸쳐 대부하는 것이다. 대출자금 총액은 쇼와 3년 말 7천 64만여 원일본이나 만주 쪽 자금은 제외이었다. 이 "척식자금"의 대부분은 30년 이내의 연부상환年賦償還이나 5년 이내의 정기상환의 방법으로 일본 이민자와 농업회사, 대지주 및 공공단체, 수리조합 등을 거쳐 "토지개량 및 간척사업", "수리사업", "토지 매입", "농사 경영" 등의 사업에 투입되었다. 이 자금과 조선 농촌기구가 어떻게 연관되어 있는가는 설명하지 않아도 분명하다.

그다음으로 식산은행은 다이쇼 7년1918 6월 반포된 조선식산은행법朝鮮殖産銀行法에 따라 농공은행과 합병하고 1천만 원의 자본금을 조달하여 "조선에서 각종 산업금융과 공공금융을 경영한다"『殖産金融槪覽』에 따름는 목적으로 같은 해 10월 창립되었다. 식은은 다이쇼 9년1920 자본을 증가시켜 현재 3천만 원의 자본금과 57개의 지점을 보유하였다. 총독부 및 지방 관청과 긴밀한 연락을 취하며 이른바 "산업금융"과 "공공금융"의 사업에 종사하였다.

비록 무슨 산업금융, 공공금융이라는 말을 하지만 결국 식은의 주요 업무는 결과적으로 농업금융이다. 그것은 대부금의 용도를 보면 증명된다. 쇼와 4년1929 말 식은 대부금 용도는 다음과 같다앞의 요람에 근거함.

식산은행 대부금 총액	191,695천 원
그 가운데, 금융조직연합회	13,351천 원
그 가운데, 금융조직연합회	50,850천 원
토지 개량	13,445천 원
농업	71,189천 원
양잠업 및 축산	1,491천 원
이상 합계	150,326천 원
대부금 총액의 비율	78%

자세히 말하자면, 쇼와 4년1929 말 식은이 농업방면에 투자한 자본이 1억 5천 32만 6천 원으로 대부금 총액의 78%에 달한다. 이러한 거액의 자금은 조선 농업기관이 어떠한 역할을 하는지 미루어 짐작할 수 있다.

금융조합은 동척, 식은과 마찬가지로 조선 농촌과 밀접한 관계가 있다.이 절에서 상세히 논하겠다.

위에서 동척, 식은 및 금융조합다음 절에서 상술하겠다은 조선 농촌의 가장 밀접하고 가장 중대한 관계임을 대략적으로 설명하였다. 이밖에 조선은행, 저축은행 및 14개 보통 은행 등도 농촌과 밀접한 관계가 있다. 우리는 아래의 통계표에서 이러한 사실을 충분히 알 수 있다.

조선 금융기관 부동산 담보대출 액수(1930년 말, 단위 : 1,000원)

조선은행	20,538
식산은행	149,116
보통은행	46,423
저축은행	646
동양척식	44,430
금융조합	67,499
개인대부업	55,617
합계	384,569

주 : 그중 공장, 건물, 시가지를 담보로 한 수천만 원을 제외한, 약 3억 5, 6천만 원은 모두 경작지를 담보로 한 것이라는 점에서 주목할 만하다. 몰락하는 수많은 중소지주들이 저당 잡혔던 많은 토지는 대부분 환수되지 못하고 금융기관에 귀속되었다. 이것이 바로 일본자본이 조선 경지를 침략하여 점유한 형태 중 하나이다.

위에서 말한 거대자본이 조선 농촌기구에 어떠한 역할을 하는지 분명히 하려면 먼저 거액의 자본이 누구를 위해 이용되는지부터 파악할 필요가 있다. 조선 농촌에서 이런 자금을 이용하는 자는 결코 자작농이나 소작농이 아님을 누구나 알고 있다. 그들은 아마 금융조합의 극히 일부의 자금을 이용할 것이다. 그 외 동척, 식은, 조은, 보은普銀 및 금조의 대부분의 자금을 "이용하는 자"는 대다수가 지주이고 나머지는 공공단체나 산업단체이다. 그렇다면 지주들은 자금을 차입하여 어떤 용도로 사용할까. 다음을 보면 대략 짐작할 수 있다.

조선 지주 대부금(貸金) 용도 유형(1930년 조사)

	면수	총 면수에서 차지한 비율(%)
토지 매입자금	1,207	48.9
혼상비(婚喪費)	214	8.7
생활비	214	8.7
농업 외의 사업 투자	186	7.5
토지 개량 및 기타농업자금	183	7.4
식량 및 기타 금융업	64	2.6
사치 소비	57	2.3
기타	344	13.9
전국 총 면수	2,469	100.0

이 표는 총독부 편에서 편집한 『조선 소작농 관행(朝鮮佃農慣行)』에 따름.
면은 군(郡) 아래의 행정구역이고 중국의 구(區)와 같다.

위에서 보는 바와 같이 전 조선 2천 4백 69면 중, 토지 매입을 목적으로 자금을 차입한 지주가 차지한 가장 많은 면수는 1천 2백 7면, 즉 약 절반에 달한다. 농업 이외의 사업 투자는 1백 86면, 토지 개량 및 기타 농업 자금이 다수를 차지하는 면은 1백 83면, 양식과 기타 금융업이 다수를 차지하는 면은 64면, 종합해보면 전체 면수의 66%에 달한다. 물론 이 통계만으로는 불충분하다. 이것만으로 지주의 차용 용도를 규정하면 안 되지만 적어도 그 윤곽은 짐작해 볼 수 있다. 대부분의 지주가 은행이나 기타 금융기관에서 자금을 차입해 자신의 지위를 유지하거나 확장한다는 사실을 알 수 있다. 물론 중소지주 중에는 가혹한 조건의 차용금 때문에 파산한 사람이 적지 않다.

이렇게 금융기관과 지주의 관계, 금융기관과 조선 농촌사회의 반봉건적 성격의 결합 관계가 명료해졌다. 지주는 금융기관의 가장 믿을만한 고객이며, 동시에 금융기관은 반봉건지주에게 유용할 자금을 공급해준다. 그러므로 금융기관은 조선 농촌의 반봉건적 영세 경작 기구를 옹호하며, 지주에게 높은 소작료를 보장하고 자신에게 고율의 이자를 보장한다. 이렇게 하여 금융기관은 조선 농민들이 소유한 토지를 빼앗는 한편 반봉건적 채무농의 영세 경작 구조를 확대한다.

3. 금융조합과 농촌의 특수관계

금융조합은 메이지 40년1907 "농민의 금융을 조화시키고 농업을 발전시킬 목적으로"지방 금융조합 규칙 제1조 설립된 기관이다. 쇼와 6년1931 12월 말, 조합수는 653개그중 촌락 금융조합 수가 대부분으로 모두 594개 조합원은 730,669명그중, 농민구성의 촌락 금조원이 절대다수를 차지하여 695,890명에 달한다으로 "서민 금융기관" 혹은 "상호부조에 기초한 신용조합"으로 불린다. 금융조합령金融組合令의 규정에 따르면 금조는 "일정한 구역을 정하여 그 구역 내 거주자 중 조합원을 모집하여 조직하되 그 가입자는 조합 설립의 취지를 고려해 중류 이하의 계급에 한한다. 동시에 조합원은 출자出資할 의무가 있고, 주당 10원 이상, 50원 이하이며 조합원이 주식 100주를 초과할 수 없다고 규정하고 있다". 이렇게 경영하는 사업은 대체로 다음과 같다.

1. 조합원에게 경제발달에 필요한 자금을 대출한다.
2. 조합원을 위해 예금이나 정기예금을 받는다.
3. 조합원을 위해 화물을 보관하거나 창고증권을 발행한다.

4. 공공단체 또는 산업조합의 예금을 받는다.

5. 비조합원의 정기예금을 받는다.

6. 다른 금융조합이나 은행 업무를 대신하거나 은행 업무를 매개한다.

7. 신탁이나 지방금융의 조정에 관하여 조선총독이 명령한 업무를 집행한다.

이렇게 쇼와 6년1931 말의 금조 업무 상황은 대략 다음의 표와 같다.

〈표 3〉
금융조합 업무 현황 (1931년 12월 말)

	촌락 금조	도시 금조	합계
조합수	594	61	655
조합원수	695,890	34,779	730,669
불입자금	6,674천 원	2,350천 원	9,024천 원
차입금	54,909천 원	4,932천 원	59,841천 원
저금	58,181천 원	28,361천 원	86,542천 원
준비금	11,133천 원	2,457천 원	13,590천 원
대출금	102,337천 원	22,491천 원	124,828천 원

(주) 식은에서 편집한 『조선의 금융조합(朝鮮的金融組合)』에 따름.

위의 표와 같이, 쇼와 6년 말, 금융조합은 조합수 6백 55, 조합원수는 73만 6백여 명, 불입자금은 9백여만 원, 차입금은 5천 9백 80여만 원, 저금은 8천 6백 50여만 원, 대출금은 1억 2천 4백 80여만 원이다.

조선 농촌에서 금융조합은 과연 "농민의 금융을 조절하고, 농업을 발전시킬 수 있을까" 이것은 과연 "서민금융기관"이 될 수 있을까 금융조합은 동척, 식은과 농촌의 관계에 어떤 본질적인 차이점이 있을까 이러한 질문의 해답은 금융조합의 주요 업무인 예금 업무 및 자금 대출 업무를 분석해보면 더욱 분명하게 알 수 있다.

첫째, 예금업무를 분석할 때 가장 주요한 것은 누가 예금을 넣었는지를 아는 것이다. 다음의 통계를 보자.

〈표 4〉

	금액	총액에서 차지한 비율(%)
조합원		
농업자	6,594,408	12.6
기타	4,246,343	8.2
비조합원		
농업자	3,722,129	7.1
기타	37,672,496	72.1

촌락 금융조합 예금 및 정기예금 통계(1929년 말)

(주) 조선금조협회 편 『제4차 금조요람(金組要覽)』에 따름

위의 〈표〉에 따르면, 쇼와 4년1929 말 촌락 금융조합 예금총액 5천 2백 23만여 원 중에서, 농업자 조합원의 예금 및 정기예금은 그저 6백 59만여 원, 즉 총액의 12%에 불과하다. 예금의 절대다수인 총액의 79%는 공공단체 및 산업단체, 상공업자, 지주비조합원 중, 농업자의 대다수는 지주이다의 예금이다. 반봉건적 영세경작 아래의 영세자작농, 반농노의 반자작농, 소작농 등은 저축할 여유가 거의 없다. 이런 점에서 볼 때 금융조합은 결코 농민을 위한 저축 금융기관이 아니다.

둘째, 거액의 자금 대출에 대한 차용자는 누구인가? 여기서 위의 기록과 상반되는 사실이 드러난다. 즉 조합원 농민들이 절대다수를 차지하고 있다. 금융조합의 대출은 조합원에게만 한한다 아래 〈표 5〉를 보면 이 사실을 잘 알 수 있다.

〈표 5〉

향촌 금융조합 대금 및 할인어음 (1929년 말)

	대출자 수	백분율	총금액(원)	백분율	평균(원)조합원 1인당
농업자	505,718	94	78,615,651	93	155,45
공상업자 및 기타	30,745	6	6,214,628	7	
합계	535,463	100	84,830,279	100	

〈표 6〉
향촌 금조의 담보대출금 및 할인어음(1929년 말)

	대출자 수	백분율	대출금액(원)	백분율
부동산	212,656	38.3	46,187,412	54.5
동산	1,099	0.2	340,427	0.2
유가증권	316	-	214,071	0.2
합계	214,071	38.5	46,584,867	54.9
대출 총계	555,966	100.0	84,830,279	100.0

(주) 위의 두 표는 모두 조선금조협회에서 편집한 『제4차 금조요람』에 따름

위의 두 표를 보면 쇼와 4년 말, 촌락 금융조합의 대출금과 할인어음 총액 8천 4백 8십여만 원 중, 농업자그중 농민이 절대다수에게 빌려준 금액은 7천 8백 6십 1여만 원, 즉 93%에 달한다. 이 대출금의 절반 이상이 부동산 담보로 잡혀있다. 이렇게 금융조합은 공공단체 및 산업조합, 상공업자, 지주 등의 예금을 이용하고 금융조합의 중앙 금고인 식산은행으로부터 낮은 이자의 자금위에서 보는 것처럼 금조의 차입금이 쇼와 6년 말 5천 9백 8십여만 원이라는 거액에 달한다을 차입하여 조선 농민들에게 높은 이자로 빌려준다. 그래서 농민을 위한 농촌 신용기관이라기보다 고리대 방식으로 농민을 착취하는 흡혈 기관이라 할만하다. 일본제국주의가 식민지에서 시행한 경제정책의 일면을 볼 수 있다.

농민들은 자금을 차입하여 어떻게 사용하는가. 이 문제에 관해서 직접 드러난 자료는 없으나 아래 〈표 7〉를 통해 소작농이 돈을 빌린 용도를 간접적으로 알 수 있다.

〈표 7〉
소작농 차입금의 용도(1930년 조사)
-전국 2,469면 중 가장 높은 면수-

	면수	백분율
식량	1,350	54.7
비료, 농사용 소 및 농업자금	624	25.3
혼례,장례비	150	6.1
기타	345	13.9
전국면수	2,496	100.0

(주) 총독부에서 편집한 『조선 소작농 관행』에 따름

위의 〈표 7〉에서 보면 소작농의 차입금은 대부분 농경 식량54%과 혼례, 장례비 등으로 사용하였다. 농업자금은 극히 일부에 불과하다. 소작농의 대부분은 가난 때문에 자금을 빌리고, 반자작농 및 자작농의 차입금 용도 역시 소작농과 큰 차이가 없었다. 영세농민자작농이거나 소작농은 자본에 종속된 한도 내에서 결국 파산에 이를 수밖에 없다. 조선 농촌구조의 반봉건적 성질이 이들의 몰락을 더욱 빠르게 촉진시킨다. 그러므로 이들의 차입금은 결코 지주의 차입금처럼 토지 매입, 토지 개량, 농업 이외의 사업 투자로 사용될 수 없다. 그 대부분은 일시의 빈곤을 해결하기 위한 것이다. 독자들의 참고를 위해 자작농 및 소작농의 차입금 현황을 다음과 같이 밝힌다.

〈표 8〉
자작농 및 소작농의 차입금 현황 (1930년 조사)

	자작농과 소작농 총가구 수	부채 가구 수	비율(%)	가구당 평균 대출액(원)	평균 대출액에서 환산한 대출금 총액
경기도	209,723	161,487	77	49	7,912,863
충청북도	120,116	94,892	79	38	3,605,896
충청남도	166,536	141,556	85	66	9,342,696
전라북도	211,513	175,556	83	62	10,884,472
전라남도	296,819	221,122	75	55	12,161,710
경상북도	288,795	210,821	73	55	11,595,155
경상남도	244,325	200,347	87	63	12,621,861
황해도	190,303	148,436	78	56	8,312,416
평안남도	119,540	69,827	81	59	5,712,793
평안북도	138,286	100,949	73	62	6,258,838
강원도	145,955	102,169	70	39	3,984,591
함경남도	89,029	64,101	72	121	7,756,221
함경북도	28,244	15,434	55	62	963,108
합계	2,247,194	1,733,797	75	65	101,112,630

(주) 총독부에서 편집한 『조선소작농관행』에 따름

금융조합의 농민 차입금은 다른 농민 차입금과 마찬가지로 토지, 가옥 및 농사용 소 등의 담보물을 담보하여야 한다금융조합은 비록 신용기관이지만 <표 6>에서 본 바와 같이 담보가 있는 대부금이 과반수를 차지한다. 담보물은 왕왕 농민들이 상환하지 못해서 결국 금조 소유로 귀속된다. 특히 쇼와 6년, 수확 전 농작물 담보 1만여 건 중 1천 5백 9십 1건이 금조에 귀속된 점은 주목할 만하다.

이를 통해 금조 대부자본의 고리대의 성격을 알 수 있다. 금조 역시 다른 금융기관, 예를 들어 동척, 식은 등과 마찬가지로 농민의 토지소유를 빼앗고, 반봉건적 채무농의 영세 경작 기구의 확대 재생산에 힘썼다. '서민금융기관'이니 '상호부조의 신용조합' 같은 언설은 모두 눈 가리고 아웅 하는 식으로 기만하는 말이다.

金奎光, 「日本金融資本在朝鮮農村的控制」,
『中國農村』 제1권 제2기, 1934년 11월. 上海

제3장

아시아 약소 민족의 윤곽
조선

김규광

내 생각에 중국에서 조선 민족 생활에 관한 지식은 매우 부족하고 보편적이지 않은 것 같다. 물론 많은 사람들이 조선인은 흰옷을 입고 얼굴이 중국인과 닮았으며, 말소리는 웅얼웅얼하여 자신만의 언어를 사용한다는 것은 알고 있다. 또 하나, 이들 국가는 일본에 망하였건만 지금은 호가호위狐假虎威[1] 하며 중국인을 속이려 든다! 아닌가? 몇 년 전의 완바오산萬寶山 사건과 조선 국경 내 화교를 상대로 한 폭동이 모두 중국인을 기만하였던 실례가 아닌가[2] 더욱이 지금까지 이들은 화베이華北 각지에서 일본인을 대신하여 현금을 몰래 운반하고 밀수에 앞장섰으며 마약을 팔고 정탐의 졸개 노릇을 한다. 물론 이 사례들은 숨길 수 없는 사실이다. 그러나 그저 이렇게 피상적으로만 이해해서는 안 된다. 우리는 이 사실들의 출처를 규명해야 하고 조선 민족의 역사적 생활 상황을 정확히 이해해야 한다. 바꿔 말하면, 조선 민족의 정치, 경제, 문화 각 방면의 생활 정황은 어떠한가 특히 망국 이전과 이후 이들의 생

1 여우가 호랑이 위엄을 빌리다. 남의 권세를 빌려 위세를 부린다.

2 1931년 7월 2일 지린성(吉林省) 완바오산 지역에서 수전(水田) 농사를 하는 조선인이 중국인의 한전(旱田) 영역을 거쳐 수로를 개척하려고 하다 한중농민 충돌사건으로 비화되어 사상자가 발생한 사건이다. 조선일보 기자가 중국인이 한국인 농민을 살해했다는 일본 영사관 경찰의 거짓 정보를 그대로 속보로 보도하면서 인천, 경성, 평양 등지에서 많은 중국인이 살해 당하면서 한중 관계에 매우 나쁜 영향을 미쳤다.

활에 어떠한 변화가 일어났나? 이런 문제에 관하여 우리는 반드시 정확히 인식해야 할 필요가 있다.

원래 조선은 아시아 동부에 돌출된 반도 국가이다. 서북쪽으로는 만주와 시베리아를 국경으로 하며, 동쪽으로는 바다를 사이에 두고 일본과 이웃한다. 사계절의 기후가 적절하다. 곳곳에 광대한 평야가 있고 토양이 비옥하여 농경에 적합하다. 해안선은 길고 선박 교통이 편리하다. 전국 면적은 1만 4천 3백 12방리方里[3]이며 총인구는 약 2천여만 명이다. 전 인구의 80% 이상이 농경에 종사하므로 농산물이 가장 많고, 연해 각지에는 어업이 발달하였다. 목재 및 광산 역시 풍부하다. 이러한 자연적 조건은 조선 민족의 발전과 큰 관계가 있다. 실제로 조선 민족은 반도에서 4천 년의 유구한 민족국가를 건립하고 동시에 주위의 강대한 이민족의 침략을 충분히 방위하면서 그들만의 독자적 문화생활을 누렸다. 이는 당연히 위에서 언급한 자연적 조건과 밀접한 관계가 있다.

그러나 조선 민족의 발상지는 이 반도가 아니다. 일반 역사학자들의 고증에 따르면, 조선 민족은 원래 몽골족의 일파이다. 예전에 대륙에서 남으로 이동하여 만주 황야를 거쳐 백두산맥을 따라 현재의 조선에 이주하게 된 것이다. 역사적 기록에 따르면 조선 민족이 가장 먼저 건국한 지역은 태백산즉 백두산으로 이들 최초의 군주는 단군이다. 단군이 바로 이들의 조상으로 이후 신성한 민족신으로 숭배되었다. 전해지는 말에 의하면 그는 "요堯와 나란히 섰다"고 하여 바로 요순堯舜[4]과 동일한 시대의 인물이다. 조선 역사는 그와 함께 시작되었다.

---

3 '방리'는 일제 강점기 조선총독부가 발행한 자료에서 조선 전체, 혹은 도(道) 같은 큰 면적의 땅을 설명할 때 사용되었던 단위이다. 1방리는 15,243제곱킬로미터이다.

4 중국 고대 전설상의 성제(聖帝)인 요임금과 순임금을 가리킨다.

역사적으로 조선과 중국의 최초 관계는 대략적으로 볼 때 소위 "기자가 조선의 임금으로 봉해졌다"는 시기부터 시작되었다. 그러나 당시의 조선 민족은 아직 중국문화의 영향을 받지 않았다. 당송唐宋시대에 이르러서야 이들은 중국의 문화를 충분히 흡수하였다. 유불도의 3교가 차례로 조선에 유입되고 신라, 고려시대의 찬란한 문화를 건립하였다. 동시에 조선은 정치적으로 중국에 예속되었다.

조선의 봉건 전제 왕국은 신라통일 이후에서야 완성되었다. 이 제도는 19세기 말까지 이어졌는데, 20세기 초 동요하기 시작하여 망국과 함께 와해되었다. 본래 조선은 아시아의 가장 전형적인 쇄국주의 봉건 전제국가였다. 귀족, 관료, 지주가 삼위일체의 통치계급이었고 나라의 문을 굳게 잠갔으며 대다수 농민의 피와 땀을 마음대로 착취하였다. 사치가 극에 달하였고, 마음껏 즐겼다. 이들은 3년에 한 번 대국의 천자天子에게 공물을 바치기만 하면 무사태평할 것이라 생각하였다. 이들은 이른바 제국주의의 괴물이 자신들의 안락한 보금자리를 무너뜨릴 줄은 꿈에도 생각지 못하였다!

19세기 말에 이르러 조선이 위치한 국제적 환경은 매우 복잡하고 험악해졌다. 당시 일본은 이른바 "메이지유신"을 완성하고, 한국을 정벌할 계획을 세웠다. 구 러시아 제국은 소위 부동항을 찾고자 만주로 진출하여 뤼따旅大[5] 요새를 얻고 더 나아가 조선을 삼키려 하였다. 중국은 큰 형의 자격으로 조선을 꽉 끌어안고 놓지 않았다. 이렇게 조선은 중일러 3국에게 쫓기는 사슴과 같은 형편이 되었다. 이러한 국제관계 역시 조선의 정치무대에 충분히 반영되었다. 소위 친중파, 친러파, 친일파 등 매국노 정당은 서로 투쟁하며 스스로 멸망을 재촉했다. 결과적으로 1894년 중일전쟁이 발발하고 중국은 패

---

5 뤼순(旅順)과 다롄(大連)을 가리킨다.

하였으며, 이어 중일 시모노세키조약[6]을 체결함으로써 조선의 독립을 인정하고 중국은 조선을 떠나게 되었다. 이렇게 조선 내 친중파 정당도 함께 와해되었다. 일본은 비록 중국을 내쳤으나 강대한 러시아 세력이 남아 조선의 정치무대에서 일본과 직접 대립하였다. 그 결과 1904년 러일전쟁이 발발해 러시아가 패배하고 조선의 독립 주권을 규정한 포츠머스조약이 체결되었다. 그러나 이때 이후로 조선은 현재의 "만주국滿洲國"처럼 일본이 마음대로 요리하는 사슴과 같은 처지가 되었다. 러일전쟁 이후 5년째 되는 해인 1910년 8월 29일, 조선의 친일파 매국 한간韓奸들은 마침내 국토와 민족 전부를 일본에게 헌납하고 일본의 식민지와 민족노예로 만들어 버렸다! 당시 전국의 민중은 망국노가 되기를 바라지 않았으므로 일어나 저항하여 각지에서 격렬한 폭동과 항전을 일으켰다. 그 결과 한간 매국노와 일본이 공동으로 공격하여 비록 일시적으로 진압당하였으나 이때 조선민족해방운동의 씨앗이 매우 광범위하게 심어졌다.

일본은 조선의 통치권을 빼앗은 후, 데라우치 마사타케寺内正毅를 첫 총독으로 임명하여 민중의 반란을 진압하려 하였고 극히 무지막지한 압박정책을 취하였다. 정치 방면에서는 유명한 헌병경찰제를 채택하고 전국 각지에 모든 헌병을 배치하여 조선인의 생사권을 쥐게 하였다. 경제 방면에서는 약탈주의를 채택하여 전국의 왕실 소유, 종교 소유, 인민의 종친 소유 등을 공유하고 소유권이 불분명한 토지, 삼림 및 기타 재산 모두를 총독부 소유로 몰수하였다. 이밖에 토착자본에 압력을 가하여, 특히 일본인의 자본 형성에 도움을 주었다. 문화 방면에서는 우선 노예교육을 실행하고 조선 역사 및 조선어 교육을 금하였으며, 조선인이 개교한 학교를 해산시키고 조선인이 고등

---

6 1895년 4월, 청일전쟁 후 일본 시모노세키에서 청일 간에 체결한 강화 조약. 조선의 독립 확인, 청의 일본에 대한 군비 배상, 랴오둥반도(遼東半島)와 타이완의 일본 할양 등과 같은 내용이 들어있다.

교육 받는 것을 방해하고 언론, 집회, 출판, 결사 등의 자유를 빼앗았다. 이렇게 전국을 감옥화하고 조선 민족 전체를 죄수로 취급하는 정치가 유명한 데라우치 무단정치이다. 이러한 정치는 민중의 저항 정서를 줄이지 못했을 뿐만 아니라 오히려 전 민족이 분개하여 반일통일전선을 촉진하는 계기가 되었다. 1919년 위대한 "3·1"독립운동은 이러한 정치의 필연적 결과였다.

본래 "3·1"운동은 다양한 국제적, 국내적 원인으로 촉진되었다. 첫째, 대전大戰 이후 파리에서 열린 세계평화회의에서 미국의 윌슨 대통령은 이른바 "정의인도正義人道에 근거한 민족 자결안"을 제창하였다! 각 약소 민족에게 독립 자주의 권리를 주었고 이는 조선 민족의 독립 자존의 결심을 자극하였다. 둘째, 나라를 빼앗긴 후 5년간 잔혹한 게릴라 전쟁을 치르며 만주로 패퇴한 의병은 그곳에서 더욱 강대한 무장 대오를 다시 새롭게 조직하였다. 동시에 해외로 망명한 많은 애국지사들은 각종 정치단체를 조직하여 각국에서 외교 활동을 펼쳤다. 이들의 목소리는 나날이 커졌고 국내 민중의 반일 정서를 자극하였다. 셋째, 데라우치의 무단통치 결과 다수의 노동 대중의 분노를 일으켰고, 아울러 민족자본가, 지주, 귀족 및 중소 자산가층까지 불만을 갖게 되었다. 당시의 민족자산계급은 국내외적으로 비교적 유리한 정세임을 알게 되고 민족 전체를 이끌고 항일을 결심하였다. 이 세 가지 주된 이유로 전국이 일치단결하여 위대한 "3·1"운동을 일으켰다. 이 운동은 중국의 "5·4"운동과 다소 비슷한 의의를 지니지만, 그 행동은 "5·4"에 비해 더욱 광범위하고 철저하였다. "3·1"운동은 결국 실패하였다. 실패의 주된 이유는 민족자산계급의 지도력이 매우 부족하였고, 굳건한 정치조직이 없었으며 폭넓은 군중을 조직하지 못하였기 때문이다. 그 밖에 더 주요한 원인은 바로 일본의 역량이 너무 컸기 때문이다.

"3·1"운동 후 데라우치 총독은 스스로 책임을 지고 물러났고, 사이토 마코토齋藤實는 소위 문화정치를 표방하는 두 번째 총독으로 취임하였다.[7] 그의 문화정치는 데라우치 마사타케의 무단정치에 비해 훨씬 뛰어났다. 그는 우선 민족자산계급 및 지주에게 회유정책을 실행하고 낮은 수준의 정치적 협의기관에 참가시키는 동시에 일정한 한도 내에서 언론, 출판, 결사의 자유를 허락하였다. 또 막대한 금융자본을 운영해 민족자본을 예속화하거나 동화시켰다. 이러한 정책의 결과로 민족자산계급 및 지주는 점차 그들의 품에 안겼다. 반면 다수의 노동 대중은 일본과 조선 자본가 및 지주의 공동 착취 아래 여전히 소와 말처럼 생활하였다. 소위 문화정치란 그들과 아무런 관계가 없었다.

"3·1"운동의 실패 이후, 조선혁명운동 내부에는 두 가지 경향, 즉 민족주의운동과 사회주의운동이 생겨났다. 본래 "3·1"운동 및 그 이전의 각종 반일 운동은 모두 민족주의운동이라 말할 수 있다. 그러나 이러한 운동들은 모두 막연한 애국운동이거나 복국復國운동이었다. 그러나 "3·1"운동 이후 일부 민족자산계급 대표자들 사이에 독립운동에 관한 이론투쟁이 발생하였다. 이로부터 매우 체계적이고 이론적인 민족주의가 등장하였다. 예를 들어 이광수李光洙의 민족성개조론民族性改造論[8], 안창호安昌浩의 무실역행주의務實力行主義[9] 등이 모두 여기에 속한다.

사회주의운동은 여러 원인으로 생겨났다. 첫째, 당시 소련이 조선에 미치

7 사실 관계를 바로 잡으면 다음과 같다. 데라우치 조선 총독은 1916년 10월 내각총리대신에 취임하기 위해 총독에서 사임했다. 제2대 총독은 하세가와 요시미치(長谷川好道)로 1916년 10월 14일~1919년 8월 12일까지 조선 총독으로 재직하였다. 사이토 마코토는 제3대 총독으로 1919년 9월 부임했다. 역대 조선 총독 9명 가운데 유일한 해군 출신이다.

8 1922년 5월 『개벽』에 발표된 이광수의 논설문 '민족개조론'에 잘 나타나 있다. 이광수는 이 글에서 일본의 식민지 지배보다 타락한 조선의 민족성이 조선 민족을 쇠락하게 한 근본 원인으로 보고 민족해방운동은 문화운동으로 방향을 전환해야 한다고 주장하였다. '민족개조론'은 결국 조선에 대한 일제의 식민지 지배를 합리화한 이론으로 발전하였다.

9 즉 '무실역행', 공리공론을 배척하며 참되고 성실하도록 힘써 행할 것을 강조하는 한국의 전통 사상으로 안창호가 설립·조직한 대성학교(大成學校)·청년학우회·흥사단 등을 통해 더욱 구체화 되고 보급되었다.

는 영향이 컸고 10월혁명에 참가한 조선 청년들 모두 조선 사회주의사상의 파종자였다. 둘째, 일본유학생 역시 사회주의사상을 가지고 왔다. 셋째, 가장 주요한 것은 조선 농업노동자의 수가 급속히 증가하며 사회주의사상을 받아들일 수 있는 객관적 조건이 조성되었다. 세 가지 주요한 이유로 사회운동은 더욱 급속히 발전하였다. 1924년 민중운동자대회가 열렸을 때, 화요회파火曜會派가 지도하는 단체는 모두 500여 개였고, 서울청년파에 속해 있던 단체는 모두 400여 개였다. 그리고 기타 무소속 단체는 천 개가 넘었다. 이는 조선 사회운동의 사상투쟁 시대의 현상이었다.

이밖에 "3·1"운동의 실패 이후 계속하여 암살 파괴 운동이 발생했음을 주의할 가치가 있다. 유명한 의열단은 이 운동의 대표적 단체였다. 이들은 소자산계급의 열혈분자로 무정부주의의 색채도 조금은 가지고 있었다. 이 운동은 비록 감정적이고 절망적인 행동에 가까웠으나 이들의 의분, 용감, 희생의 정신은 감복할 만하였다.

그러나 민족자산계급이 일본에 투항하고 대중의 사회운동이 광범위하게 전개된 이래 소위 민족주의운동 및 암살 파괴 행동은 점차 약화되었다. 1926~7년 중국 북벌 시기 중에 중국 혁명운동의 영향으로 조선에서도 사회운동과 민족운동의 연합전선이 성립되었다. 즉 신간회가 조직되어 조선민족해방운동의 총본부 역할을 하게 되었다. 그러나 얼마 되지 않아 여러 책략상의 불일치로 결국 분열되고 신간회 자체 해산되었다.

1929년 세계경제공황 이후 일본도 사회 각 방면에서 불안과 동요가 발생하였다. 일본은 공황의 위기를 극복하기 위하여 파시스트의 군사모험정책을 실행하기 시작하여 "9·18"사변을 조성하고 만주와 몽골 점령, 더 나아가 소련에 반대하며 중국을 멸滅하려는 소위 대륙정책을 실행하였다. 이러한 급격한 변화의 정치 정세는 조선 민족의 정치, 경제, 문화 등 각 방면의 생활에 큰 영향을 주었다. 바꿔 말해 일본은 미래의 대전을 준비하기 위해 조선 민족의 마지막 피 한 방울까지 쥐어짜지 않으면 안 되었다. 더욱이 전쟁의 승리를 보장하기 위하여 후방의 "불온분자"를 적극적으로 숙청하고 모든 혁명세력을 유린하였다. 최근 조선의 이른바 사상경찰제도思想警察制度는 대부분 좌경 사상의 사람들이었는데 모두 체포 투옥되었다. 이러한 파시스트의 폭압 아래, 민족운동이건 사회운동이건 모두 존재할 수 없었다. 조선도 이러했고 일본 역시 마찬가지였다. 그러나 다른 한편으로 이러한 정세는 반파시스트의 인민전선을 조직하는 객관적 조건을 조성하였다. 사실 현재 일본의 인민전선은 이미 이론적 과정에서 구체화된 과정으로 진행되었고 조선의 민족통일전선에 대하여 의심할 바 없이 지도적 역할을 하고 있다. 게다가 일본의 인민전선과 조선의 민족통일전선은 틀림없이 긴밀한 관계를 맺고 있고, 공동의 적을 향해 투쟁하고 있다는 것은 더욱 말할 필요도 없는 것이다.

마지막으로 조선 민족의 앞날에 관한 문제에 대해 많은 사람이 비관적인 생각을 갖고 있다. 이미 일본에 동화된 민족자본가, 지주 및 몰락한 중·소자산계급 분자, 이들 모두는 조선 민족의 앞날은 없다고 잘못 생각하고 있다. 이들은 일본의 강대한 군비, 막대한 금융세력 및 대규모의 산업조직을 보고 난 후, 자신의 주변을 돌아보며 아무것도 가진 것이 없다고 생각한다! 그래서 그저 절망할 뿐이다. 그러나 대다수 생산 대중은 항상 낙관적이다. 이들도 일본 세력의 전례 없는 팽창을 알고 있지만, 동시에 일본이 몰락할 날도 머지않았음을 알고 있다! 조선 민족은 비록 가난하고 약하지만 민족의 절대다수 중 위대한 신흥세력이 성장하고 있다. 이들은 영웅적 주관주의의 독자혁명론에 반대하며, 동시에 조선 민족의 해방은 일본혁명에 의한 취소주의取消主義만을 기다려야 한다는 주장에도 반대한다. 이들은 조선혁명 현단계의 임무를 정확하게 바라보는 동시에 조선혁명을 세계혁명의 일환으로 이해한다. 이로써 우리는 조선 민족의 빛나는 앞날을 바라볼 수 있는 것이다.

金奎光, 「亞洲弱小民族剪影 : 朝鮮」,

上海 『世界知識』 제5권 제2기, 1936년 10월 1일

제4장

항일전쟁과 동아시아 피압박민족

김규광

러일[illegible] 30여 년 동안 일본제국주의자는 조선과 타이완을 그들의 가장 안[illegible]개의 교량으로 삼아 중국대륙을 병탄하려는 계획을 적극 진행하였다[illegible]계획은 "9·18"전쟁 시기에 이미 실현단계에 들어섰다. 우선 동북東北[illegible]을 점령하고 괴뢰국가를 건립한데 이어 화베이華北와 화난華南을 침략[illegible] 강도와 같은 침략전쟁은 중국민족을 마지막 생사의 갈림길로 내몰[illegible]화베이와 상하이에서 대규모 항전을 불러일으켰다.

중[illegible]부와 인민이 의연하게 발동한 이번 항전은 주관적이든 객관적이든 [illegible]대하고 역사적이며 혁명적인 의의를 지녔다. 중국은 이미 멸망이 임[illegible]기 식민지국가였다. 전쟁의 승패는 중국민족의 존망을 결정할뿐 더[illegible]시아 전체 억압받는 민족의 최후의 운명까지 결정지을 것이다. 비록[illegible] 반식민지국가이지만 동아시아에서 유일하게 거대한 반일 제국주의[illegible]량을 갖추고 있다. 주위의 많은 피압박민족들, 예를 들어 조선, 타이완[illegible], 몽골 모두 그들의 해방된 미래를 중국의 역량에 기대고 있다. 이들

[illegible]랴오닝성(遼寧省), 지린성(吉林省), 헤이룽장성(黑龍江省), 러허성(熱河省)을 말한다. 러허성은 허베성[illegible]北省), 랴오닝성, 네이멍구자치구(內蒙古自治區)에 경계에 두고 있는 중국의 행정구역으로 1928년 9[illegible]설립되었고 1955년 7월 29일에 폐지되었다.

은 모두 중국 정부가 일본에 저항하며 중국 정부와 연합하고 지원을 받아 공동의 적인 일본제국주의를 타도할 수 있기를 열렬히 희망한다. 이런 의미에서 이번 항전은 중국민족 스스로 해방 임무를 수행하는 동시에 동아시아 전체 피압박민족의 해방 임무를 집행하는 것이기도 하다.

이번 항일전쟁은 대등한 두 국가 사이에 모종의 이권을 노린 전쟁이 아니라 침략당한 반식민지국가가 침략한 제국주의국가에 저항하는 전쟁이다. 이번 혁명전쟁의 주요 특징은 정치 전투력이 군사 전투력보다 우세하다는 데 있다. 정의와 진리의 깃발을 들고 억압받는 민족과 인민의 이익을 위해 항전하는 것이며, 여기엔 강대한 정치적 전투역량이 있다. 침략전쟁은 정반대로 군사 전투력이 정치 전투력보다 우세한 전쟁이다. 침략전쟁은 총과 대포로만 적을 굴복시킬 수 있지만, 진리와 정의로는 적을 극복할 수 없다. 정치는 내용이고 질이다. 반면에 군사는 형식이고 양이다. 혁명전쟁의 우세한 특징은 질적 내용의 정치적 역량으로 적군의 양적 형식의 군사 역량을 극복하는 것이다. 이번 중일전쟁은 군사적으로 일본이 명백히 우위를 점하지만, 정치적으로는 분명히 중국이 우세하다. 이러한 상황에서 중국이 일본을 이기려면 군사 역량만으로는 충분하지 않음이 명백하다. 그러나 우리는 절대 혁명적 군사 조치를 홀시해서는 안 된다. 혁명전쟁은 반드시 강대한 혁명정책에 군사 조치를 배합해야 한다. 뿐만 아니라 혁명적 정치 역량을 발전시켜 군사 역량으로 전환해야 한다. 만일 항일전쟁에 혁명적 항일정책을 배합하지 않는다면 승리의 가능성은 없다.

이른바 혁명적 항일정책이라 하면 두 방면으로 나누어 이야기할 수 있는데, 첫 번째는 국내에서 통일된 항일정권을 확립하고 모든 한간漢奸과 동요분자를 숙청하며 전 민족의 정치총동원을 실시하여 인민에게 가장 광범위한 자유를 가져다주는 것이다. 두 번째는 국제적으로 국제평화전선에 가입하고 영, 미, [illegible]의 국가와 연합하여 태평양집단안전제太平洋集體安全制를 건립하고, 동[illegible] 피압박민족과 연합하여 반일연합전선을 건립하는 데 있다. 특별하[illegible]민족의 독립 자유권을 선포하며 적의 압박에서 벗어나도록 돕는다. 특[illegible]국내의 모든 반제국주의 및 반파시스트 세력을 적극 추동하고 도우며 그[illegible]명운동을 촉진한다.

상술한 정책[illegible]전쟁의 승리를 확보하는 주요한 조건이다. 현재 중국 정부는 이러한[illegible]실행해 보았으나 사실상 부족한 면이 있었다. 더 나아가 가장 광범위[illegible]적 정치적 동원이 필요하다. 적의 압박 아래 있는 민족과 인민을 지지[illegible]움으로써 그들이 적의 진영 내부에서 대규모 혁명 반란을 조직하고 [illegible]의 [illegible]전쟁을 국내의 혁명전쟁으로 전환하도록 해야 한다.

구국운동에 [illegible]여하[illegible] 동지들은 항전의 국제 정책문제를 이야기할 때면, 영국, 미국[illegible]연합[illegible]프랑스, 소련 전선에 가입하자는 의견을 제시하곤 한다. 동아[illegible]아의 [illegible]민족과 인민의 연합전선 문제에 관해서는 일종의 구체적 정[illegible]제로 [illegible] 않았을 뿐만 아니라 누구도 이에 대해 깊이 있게 주목하거나 자세히 [illegible]지 않는 것 같다. 이는 간과할 수 없는 소홀함이 아닐 수 없[illegible] 우리는 [illegible]시 알아야 한다. 영국, 미국, 프랑스, 소련과 연합하는 것은 [illegible]를 중요한[illegible]지만, 적군의 압박 아래 있는 민족 및 인민 대중과 연합하[illegible]것 역시 똑[illegible] 중요하다. 혹은 더 중요한 혁명 정책이다. 일본의 혁명대[illegible]와 일본제국[illegible]의 직접적인 억압을 받는 조선과 타이완, 이용당하고 기[illegible]당하고 압박[illegible] 만주, 몽골 등의 민족들만이 항일전선의 가장 믿을 수 [illegible] 가장 주요[illegible]우군이며 동맹자이다! 이들만이 항전 과정 중에 중국민족[illegible]함께 마지막[illegible]까지 전투할 것이다!

현재 항일[illegible]쟁은 이미 [illegible] 저항에서 전면적 항전으로 발전하였다. 이러한 시기 [illegible]시아의 압박[illegible]민족연합전선 문제는 이미 추상적 이론문제가 아니라 구체적 선전, 조직 및 동원에 관한 문제다. 중국 정부와 각 정치단체는 이 문제에 관하여 마땅히 서둘러 통일된 정책을 결정해야 하고, 광대한 동아시아의 피압박민족과 인민으로 하여금 효과적으로 보조를 맞추어 항일전쟁에 참가하게 해야 한다. 이렇게 해야만 비로소 이번 항전의 위대한 사명을 완성할 수 있다.

金奎光, 「抗日戰爭與東亞被壓迫民族」, 上海『救亡日報』, 1937년 10월 16일.

원문

원문은 [illegible]본으로 439쪽부터
왼쪽 방[illegible]로 편집되어 있습니다.

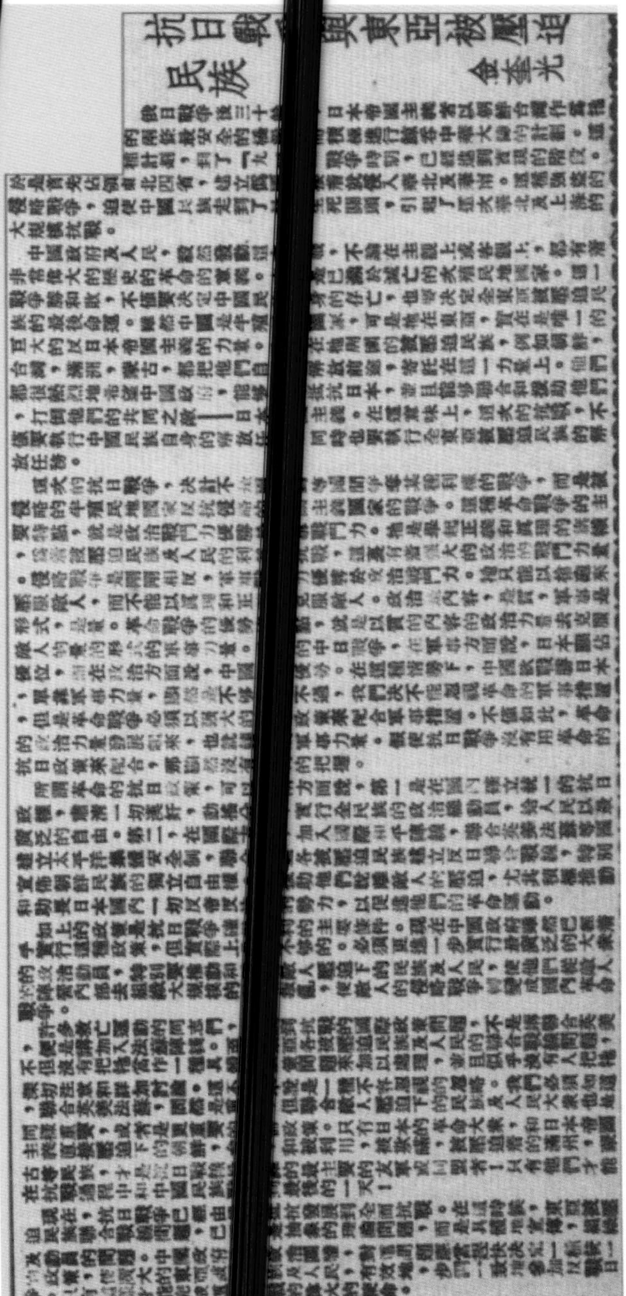

抗日戰爭與東亞被壓迫民族

金奎光

제4장

抗日战争与东亚被压迫民族
항일전쟁과 동아시아 피압박민족

김규광

四百餘，其他無所屬的團體一併計算起來超過一千以上。這是朝鮮社會運動的思想鬪爭時代的現象。

此外還有値得注意的是「三一」運動失敗後繼續發生的暗殺破壞運動。有名的義烈團是這運動的代表的團體。他們是小資產階級的熱情分子，有些帶着無政府主義的色彩。這運動雖然是近於感情的絕望的行動，但他們的義憤、勇敢、犧牲的精神是値得敬佩的。

可是自從民族資產階級投降了日本，而大衆的社會運動開始廣泛的展開以來，所謂民族主義運動及暗殺破壞運動，都漸次衰弱下去，到了一九二六——七年中國北伐時期中受着中國革命運動的影響，在朝鮮也成立了社會運動和民族運動的聯合戰線，即組織所謂新幹會作爲朝鮮民族解放運動的總本部，可是不久因種種策略上的分歧，遂致分裂，新幹會自身亦被解散了。

自從一九二九年世界經濟恐慌勃發以後，日本國內也發生社會各方面的不安和動搖。他們爲克服這恐慌的危機，遂開始實行法西斯蒂的軍事冒險政策，造成了「九一八」事變，佔領滿蒙，更進一步要實行反蘇滅華的所謂大陸政策。這種急激變化的政治局勢，對於朝鮮民族的政治、經濟、文化各方面的生活給與了很大的影響。換言之，日本爲着準備未來的大戰，不得不積極榨取朝鮮民族的最後一滴血，更爲着保證戰爭的勝利，不得不積極肅清後方的「不穩分子，」絞殺一切革命勢力。最近在朝鮮有所謂思想警察制度，大凡有着左傾思想的人，都在被捕投獄之列。在這種法西斯蒂的暴壓下，無論是民族運動或社會運動，都沒有存在的可能。這不單在朝鮮如此，在日本亦復如此。可是在另一方面，這種情勢乃是造成了可能組織反法西的人民戰線的客觀的條件。其實在現在，日本的人民戰線已經從理論的過程移到具體化的過程，牠對於朝鮮的民族統一戰線，無疑的是起指導的作用的。而且日本的人民陣線和朝鮮的民族統一戰線，一定有緊密的聯繫而和共同的敵人鬪爭，是不待說的。

最後，關於朝鮮民族的前途問題，許多人抱着悲觀。巳經給日本同化了的民族資本家、地主、以及沒落的中、小資產階級分子，他們都以爲朝鮮民族是沒有前途的，他們看了日本的強大的軍備，龐大的金融勢力及大規模的產業組織，回頭看自己民族的周圍，便覺得一無所有，於是乎只有絕望的一途了。可是大多數生產大衆是一向抱着樂觀的。他們也知道日本勢力的空前膨大，但同時知道牠的沒落時期不遠！又朝鮮民族雖極貧弱，但在民族的絕大部分中正在生長着偉大的新興勢力。他們是不單反對英雄的主觀主義的獨自革命論，同時反對那些主張朝鮮民族的解放只要等到日本革命的取消主義。他們是正確的提出朝鮮革命現階段的任務，同時把朝鮮革命當作世界革命的一環而理解的。從這裏我們可以看出朝鮮民族的光明的前途。

兵警察制，散布在全國到處的每個憲兵，對於朝鮮人都有生殺予奪之權。在經濟方面採用掠奪主義，把全國的宮室所有，宗教所有，人民的宗室所有等等共有的及所有權不分明的土地，森林及其他財產都沒收爲總督府所有。此外，對於土著資本加以壓迫，而特別助長日本人的資本。在文化方面，首先施行奴隸教育，禁止教朝鮮史及朝鮮語，解散朝鮮人辦的學校，防害朝鮮人受高等教育，剝奪言論、集會、出版、結社等自由。還種要使全國監獄化，而且把朝鮮全體民族當作囚犯看待的政治，就是有名的寺內武斷政治。這種政治，不單不能減低民衆的反抗情緒，反而更促進全民族同仇敵愾的反日統一戰線。一九一九年偉大的「三一」獨立運動，便是這種政治的必然的後果。

原來「三一」運動是由於國際的及國內的種種原因促成的東西。第一、大戰以後在巴黎開世界和平會議時，美國總統威爾遜提出所謂「基於正義人道的民族自決案!」要給各弱小民族以獨立自主的權利，這是刺戟了朝鮮民族的獨立自存的決心。第二、亡國後經過五年間殘酷的遊擊戰爭，最後敗退到滿洲的義兵，在那裏重新建立更強大的武裝隊伍，同時許多亡命海外的愛國志士組織各種政治團體，在各國作外交活動，而他們的聲勢日見浩大，刺戟了國內民衆的反日情緒。第三、寺內武斷政治的結果，不單引起了多數勞苦大衆的憤懣，並且民族資本家、地主、貴族及中小資產層的分子都抱着不滿，而當時的民族資產階級看了國際的及國內的比較有利的情勢，就抱着領導全體民族而與日抗爭的決心。在這三個主要原因之下，就發動了全國一致的偉大的「三一」運動了。這運動是和中國的「五四」運動有着多少同樣的意義，但它的行動是比「五四」運動更爲廣泛而徹底。然而它終於失敗了。失敗的主要原因是民族資產階級的領導力量太薄弱，沒有堅強的政治組織，沒有組織廣大的羣衆，然而此外還有更主要的原因，就是敵人的力量太大了。

「三一」運動後，寺內總督引咎辭職，齋藤實檪榜所謂文化政治，就任第二任總督。他的所謂文化政治自然比寺內的武斷政治高明得多。他是首先對於民族資產階級及地主施行懷柔政策，使他們參加低級的政治的協議機關，同時容許一定限度的言論、出版、結社等自由，而且運用龐大的金融資本，使民族資本隸屬化或同化，這種政策的結果，民族資產階級及地主，漸次投到他的懷抱裏去了。然而多數勞苦大衆是在日鮮資本家及地主的共同壓榨下，仍然過着牛馬的生活。所謂文化政治，和他們是沒有關係的。

「三一」運動失敗以後，朝鮮革命運動內部發生了兩種傾向，就是民族主義運動和社會主義運動。本來「三一」運動及其以前的各種反日運動，都可以說是民族主義運動，但這些運動都是很漠然的愛國的或復國的運動，可是「三一」運動以後，在一部分民族資產階級的代表者間，發生了關於獨立運動的理論鬬爭，從此便產生了很有體系的理論的民族主義，例如李光洙的民族性改造論，安昌浩的務實力行主義等，都屬於此。

社會主義運動是由種種原因而產生的。第一當時蘇聯對朝鮮的影響很大，而且曾經參加十月革命的朝鮮青年們都是朝鮮社會主義思想的播種者。第二，日本留學生方面也帶來了社會主義的思想。第三、最主要的是朝鮮農業工人的數目急激增加，具備了能夠接受社會主義思想的客觀條件。由於這三個主要的原因，社會運動便很迅速的發展。一九二四年開民衆運動者大會時，火曜會派所領導的團體共有五百餘，屬於蘇爾（即首都之意）青年派的團體共有衆的血汗，窮奢極侈，盡情歡樂，他們以爲只要三年一次進貢大國的天子，便可以太平無事。他們夢也想不到有所謂帝國主義的怪物，將要折散他們的安樂窩！

到了十九世紀末，朝鮮所處的國際環境是非常複雜而險惡。當時日本完成所謂「明治維新」要實行它的征韓計畫。舊俄帝國是爲着找尋所謂不凍港而向滿洲進出，取得旅大要塞，更進而欲併吞朝鮮。中國呢，以老大哥的資格，死抱着朝鮮不放。這樣朝鮮便成了中日俄三國爭逐之鹿。這種國際關係也在朝鮮政治舞台上充分反映出來。就是有所謂親中派，親俄派，親日派等韓奸政黨，互相鬭爭，而自促滅亡。結果，一八九四年發生中日戰爭，中國被打敗，遂締結中日馬關條約，承認朝鮮爲獨立，使中國離開朝鮮。這樣朝鮮內的親中派政黨也跟着瓦解。日本雖打退了中國，但強大的帝俄勢力，在朝鮮政治舞台上直接和日本對立着。結果，又發生了一九〇四年的俄日戰爭，俄國也被打敗，締結了所謂樸資茅斯條約，在這條約中也規定了朝鮮的獨立主權。可是從此以後，朝鮮好似現在的「滿洲國」一樣，成了日本隨意烹殺的鹿了。日俄戰爭後第五年，即一九一〇年八月二十九日，朝鮮的親日派賣國韓奸們，竟把整個的國土和民族獻給日本，作爲它的殖民地和民族奴隸了！當時全國民衆都不願當亡國奴，起來反抗，在到處發生強烈的暴動和巷戰，結果在韓奸賣國賊和日本的共同進攻下，雖被一時的鎮壓下去，但在此時已經很廣泛的種下了朝鮮民族解放運動的種子。

日本奪取朝鮮的統治權後，第一任總督寺內正毅爲着鎮壓民衆的叛亂，採取了極端蠻橫的壓迫政策。在政治方面採行有名的憲

朝鮮地圖

朝鮮

金奎光

關於朝鮮民族生活的知識，在中國我覺得還是非常缺乏，而且很不普遍的。固然，有許多人知道，朝鮮人是穿白衣的，面孔也像中國人一樣，說的話是咭哩咕嚕，說他們自己的話。還有一層，他們的國家是給日本滅亡了，可是現在，他們竟狐假虎勢，要欺負中國人！不是嗎？幾年前的萬寶山事件和朝鮮境內對華僑的暴動，都不是欺負中國人的實例嗎？尤其到現在，他們在華北各地竟替東洋人作了偸運現銀和走私的先鋒，作了販賣毒品和偵探的走卒，當然這些都是不可掩的事實。可見單單這樣的理解，顯然是不夠的，而且是浮淺的。我們是需要究明這些事實的來源，更需要正確的理解朝鮮民族的歷史的生活情況。換句話說，從來朝鮮民族的政治、經濟、文化各方面的生活情形是怎樣？特別在亡國以前和以後，他們的生活起了怎樣的變化？關於這些問題，我們必須有正確的認識。

原來，朝鮮是突出於亞洲東部的半島國家。在西北，以滿洲和西伯利亞爲境，在東方，隔海而和日本爲鄰。四季的氣候非常適宜。到處有廣大的平野，地質肥沃，適於農耕。海岸線很長，舟楫的交通甚便。全國面積有一萬四千三百十二方里，總人口約有二千餘萬人。全人口的百分之八十以上從事農耕，因此農產物最多，在沿海各地，漁業也很發達。木材及鑛產亦極豐富。這種自然的條件，對於朝鮮民族的發展，有很大的關係。事實上朝鮮民族能夠在這半島內建立四千餘年悠久的民族國家，同時能夠防衛周圍的強大的異民族的侵略，而過着他們的獨自的文化生活，當然與上述自然的條件，有密切關係。

可是，朝鮮民族的發祥地，却不是這個半島。據一般史學家的考證，朝鮮民族原是蒙古族的一支派。最初從大陸向南移動，經過滿洲荒野，循着白頭山脈而移住於現在的朝鮮。就歷史的記載說，朝鮮民族最初建國的地方是太白山（即白頭山）他們的最初的君主是檀君，這就是他們的老祖宗，奉爲神聖的民族神。據說，他是「與堯並立」的，即是和堯舜同一時代的人。朝鮮歷史也是從他開頭的。

在歷史上，朝鮮和中國發生最初的關係，大約是從所謂「箕子封朝鮮」時開始的。但當時的朝鮮民族還沒有受到中國的文化影響。到了唐宋時代，他們才能充分的吸收中國的文化。所謂儒釋道三教，次第輸入朝鮮，遂建立了新羅、高麗時代的燦爛的文化。同時朝鮮在政治上完全成了中國的附庸。

朝鮮的封建專制王國是在新羅統一後才被完成的。這制度，一直繼續到十九世紀末，開始動搖，至二十世紀初，隨亡國而跟着瓦解。本來朝鮮是東方最典型的鎖國主義的封建專制國家。貴族、官僚、地主三位一體的統治階級，深深的鎖着國門，任意榨取大多數農民大

世界知識
國際 政治 經濟 文化 半月刊
第五卷 第二號

제3장

亚洲弱小民族剪影—朝鲜
아시아 약소 민족의 윤곽—조선

김규광

，現在更爲供給讀者參考起見，表示自耕農及佃農的借財狀況如下：

自耕農及佃農的借金狀況(1930年調査)　　表8.

	自耕農佃農總戶數	負債戶數	比率(%)	每戶平均貸款數額(元)	從平均貸款額折算貸金總額
京畿道	209,723	161,487	77	49	7,912,863
忠淸北道	120,116	94,892	79	38	3,605,896
忠淸南道	166,536	141,556	85	66	9,342,696
全羅北道	211,513	175,556	83	62	10,884,472
全羅南道	296,819	221,122	75	55	12,161,710
慶尙北道	288,795	210,821	73	55	11,595,155
慶尙南道	244,325	200,347	87	63	12,621,861
黃海道	190,303	148,436	78	56	8,312,416
平安南道	119,540	69,827	81	59	5,712,793
平安北道	138,286	100,949	73	62	6,258,838
江原道	145,955	102,169	70	39	3,984,591
咸鏡南道	89,029	64,101	72	121	7,756,221
咸鏡北道	28,244	15,434	55	62	963,108
合計	2,247,194	1,733,797	75	65	101,112,630

(註：據依總督府編朝鮮佃農慣行)

金融組合的農民借金亦和其他的農民借金同樣，必須抵押土地，家屋及耕牛等擔保物（金融組合雖說是信用機關，但如前揭第6表所示，有擔保貸付金占半數以上.)。 此種擔保物往往因農民無力償還，終歸於金組所有。特別値得注目的是昭和六年，靑禾抵押共有一萬餘件，其中一千五百九十一件是屬於金組的。

因此，可以明暸金組貸付資本的高利貸的性質。金組亦和其他的金融機關例如東拓，殖銀等一樣，剝奪農民的土地所有，而且致力於半封建的債務農的零細耕作機構的擴大再生產。什麼「庶民金融機關」，什麼「相互扶助的信用組合」，都是掩耳盜鈴的欺騙話。

有價證券	316	——	214,071	0.2
合計	214,071	33.5	46,584,867	54.9
貸出總計	555,966	100.0	84,830,279	100.0

(註)以上二表均依據朝鮮金組協會編，第四次金組要覽。

就以上兩表觀之，昭和四年末，村落金融組合貸出金及貼現票據總額八千四百八十餘萬元中，貸給農業者（其中農民佔絕大多數）的金額達七千八百六十一萬餘元，即爲百分之93。而這貸款的半數以上是用不動產爲抵押。這樣，金融組合結局利用公共團體及產業組合，商工業者，地主等的儲金，並從金融組合中央金庫的殖產銀行借入低利資金（如上所示，金組的借入金昭和六年末達五千九百八十餘萬元的巨額），而以高利貸付於朝鮮農民。所以與其說牠是爲農民謀利益的農村信用機關，寧可說牠是用高利貸的方法搾取農民的吸血機關。我們在這裏也可以看到日本帝國主義施行於殖民地的經濟政策之一面。

農民借入這些資金來怎樣使用的呢？關於此點，沒有直接表現這種情形的材料，但下表也可用來間接表示佃農的借財用途。

佃農借款之用途(1930年調查)　表7.

——全國2,469面中占最高的面數——

	面數	百分比
糧食	1,350	54.7%
肥料耕牛及農業資金	624	25.3
婚喪費	150	6.1
其他	345	13.9
全國面數	2,496	100.0

(註)依總督府編，朝鮮佃農慣行。

就上表觀察，佃農的借入資金，其大部分使用於農耕糧食(佔百分之54)及婚喪等費用。農業資金祇佔其僅少部分。佃農的大部分是因貧窮而借入資金；半自耕及自耕農的借財用途，亦和佃農無大差異。零細農民（不問是自耕農或佃農）在牠從屬於資本的限度內，結局不得不陷於破產；朝鮮農村機構的半封建的性質，更加速地促進他們的沒落。因此，他們的借入金決不能像地主的借財一樣用於土地購入，土地改良，及農業以外事業的投資；其大部分是爲補救其一時的窮乏

『庶民金融機關』嗎？牠和東拓，殖銀對農村的關係有什麼本質的相異之點呢？解答這些問題要分析金融組合主要業務的儲金業務及資金貸出業務便可明瞭。

第一，在分析儲金業務時，最主要的就是要知道儲金是由誰儲入的。現在且看以下的統計。

村落金融組合儲金及定期存款統計(1929年末)　表4.

	金　額	對總額的%
組合員		
農業者	6,594,408	12.6
其　它	4,246,343	8.2
非組合員		
農業者	3,722,129	7.1
其　它	37,672,496	72.1

(註)據朝鮮金組協會編，第四次金組要覽

根據上表，昭和四年末村落金融組合儲金總額五千二百二十三萬餘元中，農業者組合員的儲金及定期存款，僅僅是六百五十九萬餘元，僅佔總額的百分之12。儲金的絕大多數卽總數的百分之79是公共團體及產業團體，商工業者，地主（非組合員中的農業者大多是地主）的儲金。處於半封建的零細耕作底下的零細自耕農，半農奴的半自耕農，佃農等是幾乎完全沒有儲金的餘裕。由此觀之，金融組合決不是爲農民儲金的金融機關。

第二，關於巨額的資金貸出，其借用者是誰呢？在這裏是表現和上記相反的事實，卽組合員的農民佔着絕對的多數。（金融組合的貸出，只限於組合員）。看下表便可明瞭這個事實，

鄉村金融組合貸金及貼現票據(1929年底)　表5.

	貸金人數	百分數	總金額(元)	百分數	組合員每人平均(元)
農業者	505,718	94	78,615,651	93	155.45
工商業者及其他	30,745	6	6,214,628	7	—
合　計	535,463	100	84830,279	001	—

鄉村金組有擔保貸出金及貼現票據(1929年底)　表6.

	貸款人數	百分比	貸付金額(元)	百分數
不動產	212,656	38.3	46,187,412	54.5
動產	1,099	0.2	340,427	0 2

三　金融組合和農村的特殊關係

金融組合是明治四十年(1907)『以調劑農民金融並發展農業爲目的』(地方金融組合規則第一條)而設立的機關。昭和六年(1931)十二月末，組合數達653個(其中村落金組數佔大部分，共594個)，組合員730,669人(其中，以農民構成的村落金組員佔絕對多數，達695,890人)，號稱『庶民金融機關』或『以互相扶助爲基礎的信用組合』。依據金融組合令的規定，金組是『定一定的區域，在該區域內居住者中徵求組合員而組織之，但此加入者是鑑於組合設立的趣旨，限於中流以下的階級，同時組合員有出資的義務，每股十元以上五十元以下，組合員認股不得超過一百股。』這樣，其所經營的事業大體如下：

一，對組合員貸給其經濟發達上必要的資金；
二，爲組合員受入儲金或定期存款；
三，爲組合員保管其貨物或發行倉庫證券；
四，受入公共團體或產業組合的儲金；
五，受入非組合員的定期存款儲金。
六，代理其他金融組合或銀行的業務，或者媒介銀行的業務。
七，關於信託或地方金融的調節，執行朝鮮總督所命令的業務。

這樣，昭和六年末的金組業務狀況，略如下表。

金融組合業務現況(1931年12月底)　表3.

	村落金組	都市金組	合　計
組合數	594	61	655
組合員數	695,890	34,779	730,669
繳入資金	6,674千元	2,350千元	9,024千元
借入金	54,909千元	4,932千元	59,841千元
儲金	58,181千元	28,361千元	86,542千元
準備金	11,133千元	2,457千元	13,590千元
貸出金	102,337千元	22,491千元	124,828千元

(備註)依據殖銀編，朝鮮的金融組合。

如右表所示，昭和六年(1931)末，金融組合是擁有組合數六百五十五，組合員數七三萬十餘名，繳入資金九百餘萬元，借入金五千九百八十餘萬元，儲金八千六百五十餘萬元，貸出金一億二千四百八十餘萬元。

金融組合在朝鮮農村，果能『調劑農民的金融，並發展農業』嗎？祇果能爲這巨額資本的爲誰所利用。誰都曉得在朝鮮農村中利用這種資金者絕不是自耕農或佃農；他們也許利用金融組合的極小部分的資金。此外東拓，殖銀，鮮銀，普銀乃至金組的大部分資金的「利用者」，大多數是地主，其餘就是公共團體或産業團體。那末，地主們借入這資金來做什麽用呢？看了下表便可推知其大概了。

朝鮮地主貸金用途類別(1930年調査)

	面數	對總面數的百分比(%)
土地購入資金	1,207	48.9
婚喪費	214	8.7
生活費	214	8.7
農業以外事業的投資	186	7.5
土地改良及其他農業資金	183	7.4
糧食及其他金融業	64	2.6
奢侈消費	57	2.3
其他	344	13.9
全國總面數	2,469	100.0

(註)此表依據總督府編，朝鮮佃農慣行.(面)是郡底下的行政區域，與中國的(區)相同.

如上表所示，全朝鮮二千四百六十九面中，以土地購入爲目的而借入資金的地主佔最多數的面數達一千二百七面，卽約半數。農業以外事業投資佔多數的面數一百八十六面，土地改良及其他農業資金佔多數的面數一百八十三面，糧食及其他金融業佔多數的面數六十四面，總合起來，達總面數的百分之16。當然這統計是很不充分的，絕不能依此而規定地主的借財用途，但至少可以推知其輪廓。以看出大部分的地主由銀行及其他金融機關借入資金，來維持或擴張其自身的地位的事實。當然在中小地主中，因條件苛酷的借金而破產的也很不少。

這樣，金融機關和地主的關係，與金融機關和朝鮮農村社會的半封建的性質的結合關係就很明瞭了。地主是金融機關的最可靠的顧客，同時金融機關是對於半封建地主供給有用的資金。因此，金融機關一面擁護朝鮮農村中的半封建的零細耕作機構，而對地主保證高度的田租，同時保證其自身的高率利息。這樣，金融機關一方面剝奪朝鮮農民所有的土地，另一方面擴大半封建的債務農的零細耕作的機構。

雖說是什麼產業金融，什麼公共金融，但殖銀的主要業務，結局就是農業金融；就其貸付金的用途看來，便可證明。昭和四年(1929) 末殖銀貸付金用途如下(依前揭概覽)。

殖產銀行貸付金總額	191,695千元
其中，金融組合聯合會	13,351千元
水利事業	50,850千元
土地改良	13,445元千
農業	71,189元千
蠶業及畜產	1,491千元
以上合計	150,326千元
對貸付總額的百分比78%	

詳言之，昭和四年(1929) 末殖銀投於農業方面的資本，達一億五千零三十二萬六千元，這數目等於貸付總額百分之78。這樣巨額的資金對於朝鮮農村機構起如何的作用，也是可想而知的。

金融組合和東拓，殖銀一樣，對朝鮮農村也有很密接的關係(次節中詳論)。

在上面，大體說明了東拓，殖銀及金融組合(當在下節詳論)對朝鮮農村的最密切，最重大的關係。此外朝鮮銀行，儲蓄銀行及十四家普通銀行等，亦和農村有相當密切的關係。我們看下列統計表便可充份明瞭這個事實。

朝鮮金融機關不動產抵押貸金之數額

——1930年底，單位1,000元——

朝鮮銀行	20,538
殖產銀行	149,116
普通銀行	46,423
儲蓄銀行	646
東洋拓殖	44,430
金融組合	67,499
個人貸金業	55,617
合　計	384,569

(註)其中除了以工場，建築物及市街地爲抵押的數千萬元外，約三億五，六千萬元是全部以耕地爲抵押，這是值得注意的。許多正在沒落過程中的中小地主所抵押的土地，大部分不能贖回，遂歸金融機關所有。這就是日本資本侵佔朝鮮耕地的一種形式。

要明瞭上面所說的巨額資本，對於朝鮮農村機構起如何的作用，必須先決定中，由韓國政府負擔六萬股，以國有土地一萬七千餘日畝當股金而讓給該公司。這樣，該公司從明治四十二年（1909）開始營業，其後跟着營業地域的擴張，在大正七八年（1918,19）前後實行二次的資本增加，到現在擁有五千萬元的資本金。

東拓在過去二十餘年間，由政府取得的土地以及用收買，抵押及其他方法取得的土地，至少已達十二三萬日畝。其中除了讓給日本移民及賣却的土地外，昭和四年末還佔有十萬五千日畝的土地。卽尙有四萬六千餘日畝的水田，一萬六千餘日畝的旱田，四萬一千餘日畝的林野（依據總督府統計年報），但這四萬六千餘日畝的水田和一萬六千餘日畝的旱田，絕不是採用資本家的經營方法而經營。這土地零細的分散於全國各處，而實行半農奴的零細農的經營。我們在這兒可以看到東拓直接地結合着半封建的寄生地主和資本家的兩種性質，同時可以理解東拓爲朝鮮農村的半封建的零細耕作機構的最大支柱的事實。依據東拓業務要覽，昭和三年，東拓所收的田租如下：稻二十五萬四千餘石，大豆七千六百餘石，雜穀七千三百石，棉花二萬九千餘斤，錢租十四萬六千餘元。

然而，東拓不僅是朝鮮最大的半封建的寄生地主，同時牠和殖產銀行同樣是朝鮮最大的不動產金融機關。東拓的所謂「拓殖資金」是以定期償還或分期償還的方法，貸付於各方面。貸出資金總額，昭和三年末達七千零六十四萬餘元（在日本或滿洲方面的資金不在內）。這「拓殖資金」的大部分是以三十年以內的年賦償還或五年以內的定期償還的方法，經由日本移民及其農業公司，大地主及公共團體，水利組合等的手，投下於「土地改良及墾殖」，「水利事業」「土地買入」，「農事經營」等事業。此等資金和朝鮮農村機構如何關聯着的事實，是不待說明而可以明瞭的。

其次，殖產銀行是依據大正七年（1918）六月頒佈的朝鮮殖產銀行法，併合農工銀行，籌集一千萬元的資本金，以『在朝鮮經營各種產業金融和公共金融』（依據殖銀金融概覽）爲目的，創立於同年十月。殖銀在大正九年（1920）增加資本，到現在擁有三千萬元的資本金及五十七個支店。牠和總督府及地方官廳保持密切的聯絡，從事於所謂『產業金融』和『公共金融』的事業。

的流離失所的機會，收買低廉的勞動力而獲得巨額的利潤。因爲農村的半封建的機構，必然造成高度的田租，其結果必然招致農民的貧窮而至於破家離村，農民離村的現象，是間接地促進日本產業資本的發達。

第三，以更多的利息爲目的而流入於朝鮮的資本，是在農村依高率的田租而保證高率的利息。因爲在朝鮮農村，日本資金的利用者，大多是地主。因此，地主爲着保證這高率的利息亦不得不支持高率的田租。

從上述三點，我們可以明瞭日本資本主義的資本積蓄，和朝鮮農村的半封建的債務農的零細耕作間究有如何的關聯了。要正確地理解朝鮮農村，就必須把握上述朝鮮農村社會機構的基本特質。

二　農村和金融機關

朝鮮農村和金融機關的關係，亦必須和上述的農村社會機構的基本特質相對照觀察，方能正確地理解。

朝鮮的金融機關，除東洋拓殖公司，殖產銀行，金融組合及朝鮮銀行外，還有十四個普通銀行。此等金融機關和朝鮮農村，都有直接關係。此等金融機關所運用的資本，當然不能說全部都是日本人的資本，但東拓，殖銀，金組，鮮銀等是日本帝國主義壓榨朝鮮的主要的官辦金融機關，擁有龐大的資本，支配全朝鮮的金融命脈。其餘數家普通銀行中，雖有幾家朝鮮人的私辦銀行，但其資本極爲微弱，處於日本資本的直接支配之下。所以運用於朝鮮農村的資本，無妨說全部都是日本人的資本。因此，究明朝鮮農村和金融機關的關係，結局就是究明日本帝國主義對於朝鮮農村的最主要的剝削關係。首先，我們來考察與農村關係最深的東洋拓殖公司及殖產銀行。

東洋拓殖公司是在韓國統監部時代『以經營拓殖事業爲目的』(東拓二十年誌）明治四十一年(1908) 得到第二十四回帝國議會的協贊，同年八月公布「東洋拓殖股份公司法」，同年十二月遂見創立。當時日本政府，每年給與三十萬元的補助金，最初是有二十萬股份，資本金一千萬元的特殊股份公司。當時，二十萬股

忠清南道	半自耕農及佃農	85%(最多)
咸鏡北道	半自耕農及佃農	55%(最少)
全國	半自耕農及佃農	75%

(注意,忠南是屬於南朝鮮,咸北是屬於北朝鮮,南方的土地大部分爲大地主所佔有,故佃農較多,北方是大地主少,自耕農較多.以上諸表以南北兩地方作例的理由在此.)

就上表看來,就可以知道朝鮮債務農的數目如何可驚。據前書的統計,他們的平均債務額爲六十五元。

依據上述,我們可以大概知道朝鮮農村社會機構底特質,是半封建的,債務農的零細耕作。那末,這樣的朝鮮農村機構,在成爲日本殖民地的情形之下,和日本資本主義果有如何的關係呢?對這問題,須要加以若干說明。

概括地說,朝鮮農村機構是日本資本主義的最主要而且最適合的搾取對象。這就是說:從日本資本積蓄的立場看來,朝鮮半封建的零細耕作,是比任何其他農村機構更適於搾取。

自從日本帝國主義併吞朝鮮以來數十年間,對於朝鮮農村,就努力促進這種農村機構底形成。關於這種關係的成立及其發展過程的說明,在這裏沒有詳述的篇幅,祇論究日本資本主義和朝鮮農村的半封建的機構之現存的依存關係。

就大體而論,先進國家的過剩資本(自然是在相對的意義)投資於後進國的形態,略分爲三種。第一,以更高的地租爲目的的資本。第二,以比本國更多的利潤爲目的的資本。第三,以比本國更多的利息爲目的的資本。在日本資本流入於朝鮮時,亦不出於這三個形態。現在就來分析這三種形態的投資和朝鮮農村的半封建的生產機構之間的關聯。

第一,以地租爲目的而投入於朝鮮的資本,是表現於日本人所有的耕地面積上面。按官廳統計觀察,昭和三年(1928)末,日本人所有的耕地面積(東洋拓殖公司所有在內)約達三十七,八萬日畝。在這裏便由資本家變爲地主。因爲日本人土地所有者是得到政府的特殊保護,所以能够充分利用朝鮮農村的半封建的機構而保證巨大的田租。

第二,以利潤爲目的而投於各種產業的資本,是乘着農村破產過程中貧農層

日　本	0.8公頃	1929年
朝　鮮	1.2公頃	1931年

(註: 1 公頃=1.25日畝)

就上表看來，可知日本及朝鮮的農業經營，較之其他諸國零細得多。尤其是日本的1.06日畝（昭和四年）比朝鮮的1.52日畝（昭和六年）爲數更少。但是日本的每一畝的生產量都比朝鮮多一倍以上，這是必須注意之點。

而且，此種零細耕作，還在少數的寄生地主和多數半自耕及佃農相對立的半封建的剝削關係之下實行着。半封建的剝削關係是表現於連必要勞動的一部也被剝削的田租的貢納。朝鮮田租的高率達於收穫量的百分之 50——60。至於其他佃作條件之苛酷，實爲世界所罕見。(關於此點的說明，容於將來的專論中詳述)

原來，資本主義的農業企業家，和工錢勞動的農業勞動者的對立，是資本主義生產方式底必要條件。地主祇從農業企業家獲得其土地資本的利潤，而和農業勞動者沒有直接的關係。這種制度在英國最典型的發達着，美，法，德及其他歐洲先進國家，大多是採取這種形態。可是，在朝鮮和日本，絕大多數的實際耕作者却是佃農，他們是和地主直接的關係着。佃農的本質當然是與單純的工錢勞動者迥然不同的。他們是從久遠的過去社會遺留下來的半農奴。雖然如今他們和地主的關係，是以自由契約關係來粉飾着，但這並不能否定他們的半農奴的性質。

在半封建的零細耕作底下，無論景氣的好壞，農民必然地陷於極度的窮乏和繁重的負債。可是在不景氣的形勢之下却加劇他們的窮乏。在青黃不接的時候，多數農家都陷於饑餓的絕境，不得不以苛酷的條件向就近的地主或金融機關借貸。下列的數字就表示春季不能生活的農家數目（依據 1930 年總督府編前述書）。

	忠淸南道	咸鏡北道	全國合計
自耕農	30.9%	10.5%	18.4%
半自耕農	45.2	35.6	37.5
佃農	89.6	55.2	68.1
總計	69.7	20.5	48.3

這樣，陷於窮境的多數農民，必然成爲債務農。以下的數字表示朝鮮債務農的數目(據前書)。

，那末1932年甲等地主佔總戶數的0.7%，乙等地主佔2.4%，自耕農佔15.8%，半自耕農佔24.6%，佃農51.3%，兼火田農佔3.2%，純火田農佔2.0%。

再就租種地面積對總耕地面積的比例觀察，租種地的增加趨勢也和上述佃農戶數的增加同樣顯著。依據同年總督府的統計結果如下：

表2.

年份	自耕地				租種地			
	田	火田	合計	%	田	火田	合計	%
1925	552	1,503	2,135	49.5	994	1,189	2,183	50.5
1926	550	1,607	2,157	49.2	1,024	1,193	2,222	50.8
1927	556	1,489	2,045	46.6	1,032	1,312	2,344	53.4
1628	550	1,464	2,014	45.8	1,048	1,329	2,377	54.2
1929	547	1,423	1,970	44.8	1,067	1,360	2,421	55.2
1930	544	1,405	1,949	44.4	1,074	1,365	2,439	55.6
1931	535	1,383	1,918	43.7	1,094	1,372	2,466	56.3
1932	538	1,370	1,908	43.4	1,108	1,373	2,481	56.6

來源同前(單位千町)

朝鮮的農業經營是行着極度碎小的生產方法，若將上述農家戶數和耕地面積對照觀察，便可知其梗概。此種零細耕作可以說是朝鮮農業經營的特點，實有詳加究明之必要。依據總督府所編關於佃農的參考事項摘要，每一農戶的耕地面積如下(1931年)：

最高	咸鏡北道	2.73日畝(水田0.19日畝，旱田2.54日畝)
最低	慶尙南道	0.95日畝(水田0.60日畝，旱田0.35日畝)
全國平均		1.52日畝(水田0.56日畝，旱田0.96日畝)

(註：1日畝＝1.61415中畝)

如果要更明顯地表示朝鮮農業經營的零細性，最好舉出其他國家的每家農戶耕地面積並列比較如下：

英國	6.9公頃	1923年
法國	8.7公頃	1892年
德國	5.6公頃	1907年
匈牙利	8.5公頃	1895年
美國	59.5公頃	1920年

日本金融資本在朝鮮農村的控制

金 奎 光

一 朝鮮農村機構的特質

朝鮮農村也和東亞後進國家的農村一樣，一方面有寄生的地主及富農，另一方面有半農奴的佃農及雇農，這兩種相異的階層相互對立。在這對立關係之下，實行半封建的，債務農的零細耕作。但在這裏要注意：這種生產關係全體都受日本金融資本的控制，成為日本資本主義的搾取對象。這可以說是殖民地的朝鮮農村經濟的特質。

現在先用若干數字來說明朝鮮農村的社會機構。依據昭和七年(1932)朝鮮總督府的統計，朝鮮村戶構成如下：

表1.

年份	甲等地主	乙等地主	自耕農	半自耕農	佃農	兼火田農	純火田農
1925	17.2	81.9	534.9	971.9	1,106.6	——	——
1926	20.6	84.0	525.7	895.7	1,193.1	——	34.3
1927	20.7	84.4	519.4	909.8	1,217.9	90.6	29.1
1928	20.8	83.8	511.0	894.4	1,255.9	94.5	33.3
1929	21.3	83.2	507.4	885.6	1,283.5	92.7	34.3
1930	21.4	82.6	504.0	890.3	1,334.1	96.5	37.5
1931	23.0	81.7	488.6	853.8	1,393.4	96.5	41.2
1932	22.9	71.9	476.4	743.0	1,546.5	96.2	60.5

朝鮮總督府統計年報(單位千戶)

上表告訴我們佃農戶數是在年年增加，同時自耕農戶則在年年減少；此外純火田農(用火耕法墾植荒地的農民)在近幾年間增加也很迅速，如用百分數來計算

江蘇省農民銀行

宗旨：調劑農村金融 發展農業生產

實收資本：三百六十萬元

公積金：二十萬元

主要業務：存款 放款 匯兌 押匯 貼現 倉庫 金庫 信託 代銷農產品 代購種子肥料

儲蓄處

資本：十萬元

公積金：一萬二千元

業務：存款 放款

保證：會計營業完全獨立並以本行全部資產為保證

總分行及通匯地點

行名	地址	電報掛號	電話
總行 鎮江	中山路「儉」	〇三〇九	[illegible]

分支行：上海 南京 丹陽 高淳 常州 無錫 江陰 蘇州 吳江 常州 崑山 青浦 嘉定 松江 金泉? 碭城? 徐州 金壇 清江 宜興 宿遷

營業處：溧陽

地址：新開河民國路二七五號「穗」 太平路戶部街 城內縣後街 城內中街 城內局前街 北門外江陰巷 城內東大街 城內觀前街 城內東虎街 城內縣南街 城內南街 城內縣前街 城內東大街 城外西大橋 城內冒家街 城內議井街 城內公安街 城內花內 城東 城內縣府內

其他本行未設分行處各縣城鎮及全國各省巨埠均可通匯：太倉 寶山 金山 沭陽 震澤

中國農村第一卷第二期

目　次

133

제2장

日本金融资本在朝鲜农村的控制
일본 금융자본의 조선 농촌 통제

김규광

楊東蓴主編

大衆文化叢書

第一輯第九種

半殖民地國家的學生運動

每冊實售一角五分

版權所有 翻印必究

著者 金奎光

總經售處 北新書局
生活書店
黎明書局

民國二十五年六月初版

社會的關係，充分地展開統一戰線的工作，在每一個情況中，在每一瞬間，都不能忽略這種工作。

學生運動如果眞的能夠正確地運用這些原則，如果能夠辯證地運用這些原則，便不怕沒有前途，便不怕不能展開。我們應當明白：有時應當進取，有時又應當退守，但退守決不是失敗，而是準備着爭取第二次的勝利。要這樣辯證地去了解問題，才不會陷于機械論的錯誤。

現在是最嚴重的時期，我們希望學生運動在正確的認識之下去行動，去爭取前途。

— 69 —

帝國主義及其走狗。各黨各派的政治主張儘管有顯明的分歧，但這個革命的目標是完全相同的。我們的統一戰線，便建立在這個目標上面。

第二，統一戰線決不是彼此的利用的暫時合作，而是在民族解放運動上要合作到底的一種陣營；因此，在統一戰線上，彼此都應以誠相見，絕對不容許有陰謀存在。

第三，統一戰線當以生產大衆爲主力，其他不願做亡國奴和漢奸的中國人，都應當一致參加。

第四，統一戰線有最高的政治綱領，一切行動和鬪爭，都應以這最高政治綱領爲標準，其他超出這綱領的一切要求，都應暫時放棄。

第五，在統一戰線上，各階層的分子，應該各各利用其社會的地位和自身的困苦，也促使他們起來爲了民族的出路和自己的出路抗戰！

這次學生運動，比以前歷次學生鬬爭，都要擴大深入，學生政治覺醒上，在鬬爭的猛烈上，在組織的嚴密上，都有了長足的進步。這些在各報章雜誌上已有詳細的記載，這裏用不着再說。這裏應該特別研究的，就是對中國學生運動的展望這一個問題。在上面我們已經指出：學生運動在民族解放運動上有着很重要的作用，但學生如果孤軍奮戰，還是沒有力量；因此，今後要展開學生運動，就必得充分地運用着民族的統一戰線。在上面我們已經說到統一戰線的問題，這裏我們便進一步把統一戰線的最高原則提出來：

第一，統一戰線在中國民族解放運動上，其最主要的敵人，便是××

現在還不過整整六個月，但就在這時期內，中國學生已做了最猛烈的鬪爭。這次學生運動不但是空前的，而且引導來了更廣大更猛烈的全國規模的民族解放運動。

這次學生鬪爭的大浪潮，是有許多因素促成的。首先是××帝國主義的加緊侵略和漢奸的出賣造成中華民族空前的危機，在××軍隊已實際佔領了華北，殷逆汝耕在冀東實行僞自治：土肥原導演的華北自治日益表面化的時候，北平學生開始行動了。其次是全國抗×的高潮推動了學生運動，早在學生運動爆發之前，華北的民衆已進行過無數次反對僞自治的鬪爭了。學生運動正是全民族解放運動的浪潮之一支激流。第三各國的革命運動，尤其是學生鬪爭，也幫助了中國學生運動的開展。最後，學生大衆檢查仇貨、示威、宣傳等），而在紀念後又將臨時團體轉變爲永久的反×團體。

灤東和長城的戰爭，給學生很大的刺激，這次南方的學生在後方，募捐慰勞；而北方的學生跑在更前，平津的學生不但慰勞傷兵，並且把大刀贈給英勇的二十九軍士兵。他們不但在旁邊援助抗敵士兵，並且深入士兵中來影響士兵。這次戰爭結束後，學生運動雖又一時沉下去了，但到一九三五年的十二月又獲得了新的展開。

六　現階段中國學生運動的展望

現階段的學生運動是開始于去年十二月九日北平學生的流血示威。到國的青年都團結在民族革命的大旗幟下了。

這個鬪爭，經過將近兩月的苦戰，終于被壓迫下去了。在十九路軍退出上海時，全國學生眞是悲痛到極點，尤其是上海學生。但他們並沒有沮喪，他們立志要奮鬪下去的！

敵人給他們的創痛是太深了，許多大學和無數的中小學被敵人炸毀，他們有的失學了，有的仍擠在一間租來的教室中混。一個月前，他們把希望寄之戰爭，現在他們把希望寄之更遠的中華民族的最後解放！

接着是九一八的週年紀念，這個慘痛的日子，對學生是有了如何重大的意義。在全國人民極度的悲痛中，各地學生都起來公開地紀念九一八。做得最好的是上海和北平的學生，他們在籌備紀念時舉行無數次的行動（如甚至請願運動本身，也是在發展的。

這次運動一直延續下去，在一二八戰爭中達到了高潮。十九路軍的兵士和上海民衆英勇地起來保衛上海。學生也加入了戰爭。不單是當地的學生，外地的學生也遠道而來，最著名的便是馮庸大學的學生。他們在戰壕中與士兵並肩作戰，組織慰勞隊、救護隊、宣傳隊，幫助兵士，鼓勵兵士，更救護兵士。在後方他們更成立救國會，擴大宣傳，募捐慰勞，偵察漢奸，他們鞏固後防，因而幫助了前線的作戰。而最有名的抗×義勇隊也有不少學生參加。

這次偉大的民族自衛戰爭，燃燒起千萬顆青年的心。全國各地的學生都誓爲後盾。甚至南洋、日本、歐美的留學生都盡力募款寄回祖國。全中們自身的要求或客觀的形勢，都起了重大的變化。這兩個基本的綱領，是爲新的內容所充實了；學生把他們的火力集中在那個奪去我們東北的敵人，和出賣民族利益的漢奸。而當時的形勢和五四時代五卅時代也大不相同了。民族資本已和牠所反對的力量結合，對付他以前的友軍；此因學生大衆對牠已經幻滅，他們也更密切地和他們的友軍——廣大民衆——聯合在一起。

因此學生運動一方面肅清了過去民族改良主義的色彩，一方面得到廣大民衆的支持，便以如此猛烈的形勢而展開。

學生大衆在這一次浪潮中所表現的是如此英勇如此偉大，幾乎是空前的。這個運動雖然以和平請願開始，但即刻就迅速地發展爲流血的鬭爭。

五　九一八事變後的學生運動

一九三一年是中國苦難的一年，內而十八省的大水災，加速了國民經濟的總崩潰；外而××帝國主義的奪取東北，造成中華民族空前的危機。學生大衆在這內外夾攻中，便有了決定的轉向。

如果，他們在一九二七以後的潛伏時期儲備了他們的力量，那麼九一八事變便是他們發動鬭爭的重大時機。不到一個月的工夫，全國各地的學生起來了，從北平到廣州、從上海到西安，學生運動如燎原的野火一般，燃燒起來，尤其是北平、上海兩地的學生戰鬭得最猛烈最英勇！

這次學生大衆仍然提出了反帝國主義，反封建的口號，但是，無論他休期中，並沒有幻滅，他們做了理論的儲備。雖然這個運動因爲書籍的查禁，書店的封閉，學校的解散，學生的逮捕，而又顯得消沉，實際上牠已在一般進步學生的心中生下了根。這是復興之前的準備工作，有了這樣的準備，學生才能起來接受復興的新潮流。

從上面簡單的敍述中，可看出中國學生運動發展的路程，牠在辛亥革命的時代萌芽，在五四時代因爲民族資本有力的推動而長成，其後因爲蘇聯十月革命的影響，中國民族統一戰線便隨着擴大而强烈發展，至五卅以後大革命時代，便達到最盛的時期；後來因爲民族陣線的破裂，學生的營壘也混亂了，學生運動受了挫折到了低潮時期，到九一八以後才又開始復興。

更甚。各地都發生了對於學生的「撥格龍」運動 。一切都復到過去，不，一切比從前更壞。在低潮中，學生大衆不能不暫時退守，許多地方的學生都囘到校裏去。其至像五卅濟南慘案也沒有引起學生重大的反響，他們已被壓下去了、但因爲多數學生從戰場上歸來，他們胸中的火焰仍在燃燒着，在這個精力無從發洩而又不得不發洩的當兒，便開展了空前的大衆文化運動。一方面學生大衆和一般知識份子遭受了一次挫折，需要細心的檢討，因此他們有理論探討的要求，另一方面他們既離開實際鬭爭也有從事文化活動的可能。這樣，在中國文化中心的上海，文化運動便得着飛躍的發展。當時社會科學書籍的出版，新興文藝的介紹，……學生都有相當貢獻的。那時有幾個進步的大學，更做了這個文化運動的前衛。學生在退生領導全北京的學生起來反抗，臨時執政府段琪瑞便秉承××帝國主義的意旨，實行屠殺，這是北京學生空前的大流血。由於這一次屠殺，北京的學生更加堅强了反抗封建軍閥的決心。許多學生南下參加革命軍。三一八慘案爲革命準備了幾千青年戰士。

在南方，革命勢力一天一天地擴大起來，肅清了廣東內部反革命派並打擊了英帝國主義之後，就以破竹之勢，摧毀代表封建殘餘勢力的吳佩孚和孫傳芳，並且動搖了帝國主義在長江流域的勢力（漢口九江英租界的收回）。但在革命深入的過程中，民國十三年結成的民族陣線終於分裂了。一九二七年四月後，中國的革命形勢起了重大的改變，而中國也就分裂了。

此後是中國學生的一個困苦的時期，高潮過去後，政治的低氣壓比前五卅流血引導了一九二五至二七的大革命。學生也是大革命中的一支生力軍。孫中山先生所領導的民族解放運動的統一戰線，集合了最廣大的羣衆。學生大衆在北伐中和工農一起作戰，他們在擴大宣傳上，組織民衆上，做了最多的工作。在軍隊中，他們担任政治部的工作人員，在佔領的區域中，他們改造該地的行政；在北洋軍閥的區域中，他們也艱苦地奮鬪，爲革命軍開路。他們把革命的種子，散播到萬千民衆的黑土壤中去。

這一階段中，學生反對軍閥最有力的行動，便是北京學生三一八的大流血。當時的臨時執政府，完全爲××帝國主義所操縱，而國民軍代表着進步的力量，成爲××帝國主義的眼中釘。國民軍單獨抵抗奉、直、魯三軍的時候，××帝國主義竟幫助奉、直、魯軍，用大礮轟擊國民軍。北大學吼了！這是中國大衆給帝國主義侵略一個最有力量的回答！

學生在這次鬪爭中，仍舊盡了偉大的作用，但在五卅運動中民族陣線是改變了。在五四運動中，處在指揮地位的是民族資本家，其基礎還是學生，廣大勞苦大衆雖參加，但還未起決定的作用。可是在五卅運動中，民族陣線的主力軍已是上海八十萬的產業工人和省港大罷工的戰士了。學生在這時和這主力軍聯合起來，成爲民族陣線中最前進的一個力量，而以前處於領導地位的力量，此時的作用却已削弱了，並且在羣衆堅決的鬪爭中表示了動搖，最顯著的是上海商界的復市，而工人學生仍然堅決地奮鬪下去，這個力量關係的變動，是這個階段和前一階段的根本區別，從此以後，民族資本家再也無力担負起中國革命的任務了。

北京活動的成績很好，北京學生和一部分前進教授對蘇聯很關切，當時中蘇學生且相互通訊，中國學生不但受着俄國的刺戟而前進，並且從他們隣國的學生得到了寶貴的經驗。

這個民族解放的大浪潮終於來到了。由於上海×××紗廠開鎗打死工人顧正紅案開始，準備了許久的民族血戰終於開始了。對於英×帝國主義的屠殺，全國人民團結得像一個人似地站起來鬪爭。而學生更站在鬪爭的前線上。在五卅那天，上海各大中學，都動員宣傳隊，講演××資本家屠殺工人的殘酷的事實，他們和市民聯合包圍老閘巡捕房，英捕印捕開鎗，造成了大流血，隨後便引起全國反帝的怒潮。各校罷課，上海八十萬工人起而罷工，甚至大商人也不得不宣佈罷市。全上海在怒吼了！全中國在怒科學與文學上的新思潮於中國，從此以後，不單是中國的經濟生活，政治生活，就是文化生活，也向歐、美開一扇大門。當時一般知識份子、學生都團結在『德謨克拉西』和『賽思斯』兩個口號之下；但其中較左的成分，則更進一步向前發展下去，他們多半是文化革命者和大學學生，由他們就產生了中國最初的科學社會主義運動的組織，這是一個大的變化，值得我們注意的，後來的中國革命運動便和它有着密切的關聯。

此後，中國學生運動能夠有勇往直前的趨勢，俄國的革命更推動了中國學生，便是一個主要的原因。由於孫中山先生的新政策和國民黨的活動，由於蘇聯對中國民族解放運動的同情，中國民族運動的新高潮，就開始來到了。當時，中、俄關係，尤其是文化關係，大見好轉，蘇聯代表越飛在一次。

那時，首先由北平的學生發難，用羣衆的制裁，處罰了漢奸曹汝霖、章宗祥、陸宗輿，各地的學生立刻響應，紛起舉行示威遊行，排斥仇貨，擴大宣傳。這次轟轟烈烈的學生運動，是中國學生大衆最初的有全國規模的戰爭，其影響於以後的學生運動是至大的——今日的學生運動，大體上正是承繼了五四反封建的革命傳統，不過在反帝反封建的意識上，比較五四時代更加確定而明顯罷了。

五四運動，仍舊沒有把中國革命問題完全解决，但牠已在中國學生的生活中生下了不可消滅的根。五四運動最大的成就，就是中國思想界「啓蒙運動」的開展，進步的知識份子，首先，就是新青年派，介紹了西洋的帝國主義和代表封建殘餘勢力的北京賣國政府，中國的有產者，就不得不起來，對這兩個敵人鬬爭，掃除這重大的障礙。

就在這個形勢底下，展開了以學生大衆爲主力軍的五四運動，誠然，五四運動，是民主性的革命運動，但主要的，牠並不屬於一個社會集團，而是全國民衆的。中國的民族資本，一開始便是軟弱得幾乎離開民衆而無力從事鬬爭的，所以在這一次運動中，其動力雖然是民族資本，但其羣衆基礎還是小市民的知識份子。因此學生大衆才能在這裏邊，盡着偉大的作用。

這個運動，一開始便是反對××帝國主義的二十一條和接受這二十一條的賣國政府。中國的革命運動打着顯明的反帝反封建的旗幟，這還是第革，所以中國革命問題，仍舊原封未動地擺在我們的面前，直到五四運動之前，這一情形並沒有絲毫改變。

五四運動是中國史上劃時期的運動，是中國史上一個偉大的變革，其影響不單在經濟政治上，並且在文化上和學生運動上，都是十分重大的。由於世界大戰的擴大，中國民族資本得以暫時從各帝國主義的包圍中解放出來，而得到相當發展的機會，雖然這個發展是非常有限，是畸形的（主要地偏於輕工業方面），但這個時期的『繁榮』，給中國的有產者一個很大的衝動。牠開始要求和牠的經濟發展相適應的政權形式；需要一個統一而賢明的政府，並且需要那和牠的經濟發展相適應的法律文化等上層建築。在牠的發展之前最大的障礙，便是利用歐戰機會加緊侵略中國的××

着自我犧牲的英雄主義和滿清的專制主義鬥爭。因此，許多學生，只憑着一腔熱血拚命，在行動上，便發展爲軍事冒險主義。他們的政治思想已很落後，多數只抱着富國强兵的幻想，以爲推翻滿清，便什麽問題都連帶解决了。但因爲當時廣大羣衆還沒有覺醒，還沒有組織起來，所以在革命運動中，我們只看見學生的活動，尤其是出身軍事學校的學生在反滿清的暴動中，盡了偉大的作用。

「推翻滿清」並沒有解决中國政治的根本問題，中國的封建勢力又換上袁世凱的統治。牠藉着袁世凱的軍事力量，阻止一切進步的改革，盡力壓迫國民黨的活動，而多數學生，因爲站在國民黨一邊，也就被牽入黨禍。民元以來，雖然經過二次革命，推翻了洪憲，終因爲沒有徹底的改領導者參加者，多半是些青年知識份子，是留日學生和出身中國各地新創辦的學校的學生。他們的思想雖有很大的紛歧，但他們多數都認爲滿清政府已沒有方法照舊統治下去了，所以，不問其爲緩進的抑爲急進的，都十分覺得政治改革是必要了。於是多數學生便集合在推翻滿清的旗幟之下，共同鬥爭。而組織幷領導這個反滿清戰線的便是孫中山先生所領導的同盟會。

當時學生爲着參加祕密活動，在國內各大城市，以及日本、南洋，甚至歐、美各國，學生都努力用各種各樣的方式，來動搖滿清的統治基礎。但他們那時主要的鬥爭方式，是陰謀的或「個人恐怖」的手段。他們還沒有了解廣大民衆的力量，沒有了解組織民衆和訓練民衆的必要，他們只抱

四　中國學生運動的史的檢討

1.從五四運動到五卅時代的學生運動

現在要研究中國的學生運動。

中國是世界上最重要的半殖民地國家，中國學生運動在一切半殖民地國家的學生運動中，當然佔着更主要的地位。中國學生，自五四運動以來，做了將近二十年的艱苦鬥爭，在世界學生運動史上，寫下了最豐富的幾章！所以，研究中國學生運動，便是研究半殖民地國家運動最重要的實際例子。

中國學生，早在一九一一年前，便出現在政治舞台上了，辛亥革命的生破壞得愈厲害，多數學生團結得也愈緊，而廣大生產大衆勞苦大衆正以加速的速度覺醒過來，參加民族解放運動，與一切困難的因素相對照，這一切順利的條件也在發展着呀！

半殖民地國家的學生運動，不單有全國範圍的性質，而且也有世界範圍的性質。被壓迫民族的學生既有全世界的敵人——帝國主義及其走狗；而且也有全世界的友軍——全世界的被壓迫民衆和帝國主義國家的勞苦大衆。牠的前途便是結合全世界的友軍，反抗全世界的敵人！學生運動決不能孤軍奮鬥的，在被壓迫民族沒有解放之前，學生的命運是沒有方法根本改善的。因此，半殖民地國家的學生，只有聯合全國民衆爭取民族的勝利，才是爭取自身的勝利！

動到歧途。這些份子對于學生運動的危害是很嚴重的，在這裏也用不着多說了。

還有，半殖民地國家民衆常被剝奪得沒有一點權利，在過着重重壓迫的生活，不能迅速地起來行動；因此， 在民族解放運動的初期， 學生大衆，常陷於孤軍奮戰的苦境，沒有廣大民衆的鬥爭，學生運動也是不能開展，不能持久的。

但這些困難，不是絕對的。帝國主義和內奸的瘋狂壓迫，固然可摧殘學生運動於一時，但反因此更加激起了學生大衆的憤怒和抗爭。各半殖民地國家學生運動的再接再厲，正是充分證明了這一點 。再，少數學生敗類的破壞學生運動，反而使學生的陣線劃分得更清楚，更明晰了。少數學付學生。如埃及政府的壓迫學生，要是法老王從金字塔裏爬出來，也要自愧他壓迫奴隸手段的拙劣吧？

這些客觀的困難，的確能阻礙學生運動的開展，而學生隊伍中的分裂，和全民統一戰線開展的遲緩，也是一個不可忽視的弱點。

半殖民地國家的學生中，有許多是「脫離了階級」的份子，他們多半來自沒落的地主家庭。現在他們雖然沒有辦法了，但還忘不了過去享樂的寄生生活。這些份子容易被收買，因爲只要這樣，就可以不用正當的勞動，而能夠度其狂嫖爛賭的生活了。所以他們只要花很少的金錢，就可被收買過去，不惜陷害同學，出賣朋友；這些份子並且常利用一班落後的學生爲工具，破壞學生運動。在他們能力範圍之內，他們要竭力引導學生運今後半殖民地國家的學生運動必然是沿着這條大路向前發展的。當然，在這條路上存在着無數的困難：首先是帝國主義列强重大的軍事、政治與經濟的壓迫。在本國，帝國主義國家政府還保持一點民主主義的假面具，但在半殖民地，帝國主義便公開地結合了「現代的技術」和「東方的野蠻」來鎮壓學生運動。這一點，不用我們解說，中國學生，從五卅直到現在，已領略得夠了。

其次，是半殖民地國家內奸的迫害前進學生，破壞學生運動。他們常利用封建的勢力，不顧一切近代法律，侵犯學生最低限度的人權。在資本主義國家，因爲法律保障的關係，學生還得到相當的基本權利，但在半殖民地國家，法律保障，只是一紙空文，統治者完全用他們幾千年的老方法對了。

總之，這是大規模的鬥爭的時代，在半殖民地國家，政治運動所經歷的環境更爲困難。一方面帝國主義和半殖民地國家的統治者勾結在一起，用全力鎭壓半殖民地國家的一切民族解放運動。另一方面，學生大衆要衝破這萬重壓迫，必須聯合廣大民衆，用革命的民族陣線粉碎反動的帝國主義戰線。所以學生不單要鞏固、擴大自己的隊伍，而且要參加更廣大更堅强的全民族隊伍。

簡單地說：半殖民地國家學生運動的根本任務，是爭取民族的獨立解放，就是驅逐帝國主義勢力出境，消滅一切叛國的內奸。要担負起這個任務，學生大衆就必須結合自己的隊伍，聯合全國民衆，共同奮鬥！

年。只有這樣才能夠給英帝國主義和奈辛政府吃苦頭。

在叙利亞抱着各種宗教信仰的青年，團結在一起，素來相互仇視的回教徒和耶教徒，都能捐棄前嫌，共同奮鬥。

在中南美各國，都有「民族解放大聯盟」的組織。這是一個統一戰線的團體，各黨各派的人都參加到這個組織裏面。這個運動，在巴西智利等國最爲成功，學生羣衆多參加「民族解放大聯盟」。他們固然有不同的政治意見，但在爭取民族解放一點上，是可能而且必須統一起來的。所以中南美的學生運動，才能猛烈地開展起來，並且在每次革命中，學生都盡了不少的作用。各學校也因此之故，常被軍警搜查了。

中國學生在結成民族陣線上有了最偉大的成功，這裏我們不用多說有在大衆幷肩鬥爭的過程中才能被克服。所以近年來半殖民地國家學生運動得以澎湃發展，實在是受了世界民族解放運動的推動。

最後，半殖民地國家學生，正努力結合他們自身的民族革命統一戰線。因爲當前民族危機的嚴重，各黨各派的學生均能犧牲一己的私見而團結起來。各派學生的統一戰線，是建立在共同行動的基礎上的，這就是說：各派學生團結在共同的要求——即民族解放的要求——下並肩作戰。所以統一戰線的基礎是共同的綱領，共同的行動，沒有這個基礎是談不到統一戰線的。

各半殖民地國家的學生在統一戰線上已做了許多的工作。如埃及的學生示威，參加者從民族主義的國民黨起一直到無產政黨，以及無黨派的青部分的勝利。在中國以及其他半殖民地和殖民地國家的情形，也是這樣。學生熱烈地參加了全體人民的民族陣線，加强了鬥爭的力量。

半殖民地國家的人民，要掙脫帝國主義的鎖鏈 必須團結全國民衆站在一條反帝國主義和反內奸的戰線上，學生大衆便應該參加在這條統一的民族陣線上來鬥爭。在過去，學生還不需要牠，自以爲學生的力量已很强大了，但現在，在他們受了帝國主義和內奸無數次的壓迫後；他們已自覺了，他們非聯合民衆不能夠打擊敵人。整個民族解放運動需要無數萬青年學生的獻身；而學生大衆也只有和廣大人民并肩作戰，才能發揮他們偉大的力量。

學生的不澈底性，動搖性，也只有在大衆的隊伍中才能被克服，也只治問題反映得比較快，所以他們能夠認淸他們的政治任務，常能首先起來發動鬥爭。

但在過去，半殖民地國家的知識份子，還殘餘着輕視生產大衆勞苦大衆的心理，以爲一切國家大事都得由學生包辦。不過逐漸地，在實際鬥爭過程中，在許多鬥爭經驗中，他們明瞭自身力量的孤單和不充實，便感覺到有聯合廣大民衆共同鬥爭的必要。因爲只有這種聯合的力量，才能成爲一個不可輕視的力量，向帝國主義及其走狗作必勝的鬥爭。所以近年來，學生運動决不是孤軍奮鬥，牠是和整個民族解放運動配合在一起的。

學生自覺地和廣大生產大衆勞苦大衆一起來鬥爭，已經獲得了相當的成果。如埃及、叙利亞等地學生，是和一般民衆共同行動的，並且獲得了們的允許時，他們的背面獠牙的本來面目便立刻露出來了。學生大衆正是在行動中暴露了民族叛徒和內奸的眞面目，所以才能徹底地堅决地奮鬥下去。如果民族改良主義的欺騙政策，還能支配着學生大衆，則學生的革命運動一定會失敗的。

第三，半殖民地國家的學生正負起喚起民衆共同奮鬥的任務。在一切地方，學生幷不是單獨作戰，他們始終是和生產大衆勞苦大衆一起來奮鬥的。因爲半殖民地國家文化的落後，一般生產大衆勞苦大衆因爲生活的困苦，政治的壓迫，沒有求知的機會，所以對于當前的政治任務不能很快地認識清楚，而且依照明確的認識行動起來。但是學生因爲有機會受現代的敎育，獲得了現實的知識，隨而在政治上比較是先覺的。他們對于每個政生羣衆必和軍警肉搏。南美的學生，也反對美國資本家的代理人。中國的學生，曾經無數次地起來反對曹汝霖、段琪瑞等賣國賊，尤其是東北學生反對「僞滿」政府，是最英勇最壯烈的舉動。

全世界半殖民地國家的學生大衆，都認淸了民族的叛徒和民族的內奸爲帝國主義服務，爲他們的主人盡忠，早已成爲民族解放運動開展的最大障礙，所以要反對帝國主義，同時就必須除奸，這兩個工作是結合在一起的，是不可分離的。

這種覺悟是最近半殖民地國家學生運動的一大進步，直到現在那些民族叛徒和民族內奸，還是時常利用民族改良主義的欺騙政策來緩和學生的反帝運動；甚至裝模做樣，表面上表現得很愛國，但一到大衆要求實現他突，半殖民地國家的內奸，知道他們的存在，完全是依附于帝國主義主人身上的，所以對于敢反對他們主人的學生，用盡一切毒辣手段來鎮壓，更因爲要在主人面前表示好感，表示他們有維持治安的充分的力量，便愈加賣力了。因此，半殖民地國家的學生，爲了要擴大民族運動，一開始便得和內奸衝突。埃及的親英政府，派大批軍警與示威的學生作戰，却不敢並且不願把英國的駐軍驅逐出境。埃及學生也不承認奈辛等爲埃及人，却把他們當作當前大敵，而對他們作無情的鬥爭。英勇的學生是不能被暴力鎮壓下去的，即使埃及政府用最毒辣的法子（用有色墨水向學生濆射）也是沒有用處的。

敍利亞的學生，也和親法的敍利亞政府衝突，在每次游行示威中，學不留在校裏，但那些最勇敢最堅決的學生却拋開了學校，投身於民族的自衞戰爭中。在這樣的情形下，我們決不能說學生運動消滅了，恰恰相反，正因爲學生的鬥爭，完全和民族革命戰爭結合在一起，反顯得更加有力量了。

這裏我們簡單地描寫了全世界半殖民地國家學生運動的輪廓，牠的顯明的中心任務，是反對帝國主義的統治。全世界被壓迫民族的學生，已堅固地抓緊了革命的民族意識，願爲他們民族的獨立解放而戰鬥到只有最後一滴血。

第二，半殖民地國家的學生運動，同時也是反對內奸的鬥爭。半殖民地國家的學生，在反帝鬥爭中，首先就要和帝國主義者在當地的代理人衝

— 35 —

在南美革命史上已經留下了無數光榮的篇幅。

意大利法西斯蒂的侵略阿比西尼亞，引起了阿比西尼亞學生的武裝抵抗。阿比西尼亞的下級軍官，無疑的多半是曾經受過現代教育的青年，而在舉國一致抗戰到底的形勢底下，多數學生，自然也投身在戰壕裏了。

滿洲和朝鮮的學生的槍頭，是朝着××帝國主義的，他們因爲不願做亡國奴，不願受敵人的壓迫和屠殺，所以起來作英勇的自衞戰爭。在滿洲人民革命軍中，在滿洲反×會中，和滿洲人民政府，都參加有無數青年學生。他們在組織羣衆上，在擴大宣傳上，在計劃作戰上，以至於在前線衝鋒殺敵中，都盡了偉大的作用。不過因爲敵人壓迫的嚴酷，學生的羣衆運動不能順利地開展，因而採取個別活動的游擊方式，那些較輭弱的學生不得爭。這個有五千年以上的歷史的文明古國，和我們中國一樣，也有慷慨激昂的青年戰士，爲牠爭取解放呢。

敘利亞的學生是反對法國帝國主義的統治的。近來報載學生示威行動也極猛烈，與軍警發生流血衝突，敘利亞政府在羣衆威力的面前，便不得不轉化，不得不表示讓步。因爲敘利亞學生在結合學生的統一戰線上，在鬥爭的堅强上，都有偉大的成就，所以才能獲得部分的勝利。

南美和菲律濱學生的槍頭是朝着美國帝國主義的。在南美各國的革命運動中，學生常是站在鬥爭的最前線。在巴西智利反對美國帝國主義及其代理人的人民陣線，成績最好。多數學生是站在人民陣線一邊的。學生常擧行反美示威，在歷次鬥爭中，學生常參加巷戰，與軍警衝突。南美學生衆反對他們的鬭爭。在英帝國的統治下，最厲害的有印度學生的獨立運動；和最近埃及的學生運動。埃及學生的鬥爭的持久和作戰的英勇上，堪與中國學生比美，他們歷次的示威不亞於北平學生『一二、九』和『一二、一六』的大流血；他們從大學區爭着渡尼羅河到開羅城，也可和武昌學生的渡江並美。埃及學生非但給大英帝國的統治以有力的打擊，而且也教訓了意大利法西斯蒂主義侵略者。意大利很想利用他們反英的情緒，但埃及學生知道意大利的侵略是更壞的，因爲英國只要把埃及當作原料供給地，銷售商品的市場和軍事要地，但意大利却要把埃及完全殖民地化，尤其是意大利竟敢不顧國際公法轟炸埃及救護隊，所以埃及學生也對意大利做了多次的示威，激起了反意的鬥爭，幫助了阿比西尼亞的神聖的民族自衞戰

三　半殖民地國家學生運動的現狀

我們在分析半殖民地國家學生運動的現狀時，不得不聯繫地談到殖民地的學生運動。在許多場合，我們不能把這兩個運動來分開，因爲牠們的性質和任務，都幾乎是完全相同的。

半殖民地國家的學生運動，在最近幾年來，有着長足的發展。這原因我們在前面已經詳細地分析過了，現在要研究的是牠的新形勢。

第一：半殖民地國家的學生運動是反帝國主義的鬥爭。學生大衆站在民族解放的前線，和帝國主義鬬爭。我們敢說：沒有一個帝國主義國家不曾吃過半殖民地學生的苦頭的。在各帝國主義統轄的範圍內，都有學生羣的民族解放運動。在另一方面來看，這個重要的眞理，又已經逐漸爲資本主義國家的勞苦大衆所接受了！他們了解了殖民地及半殖民地民族解放運動的世界意義，他們才能充分的支持殖民地及半殖民地民衆的解放鬥爭！

因此，各先進國家的學生應當用全力和殖民地及半殖民地國家的學生聯合起來，結合在一條戰線上向共同的敵人作戰。這個眞理，在過去還是被歐、美的人民所忽視的，——他們以爲半殖民地及殖民地的革命，至多不過是世界革命次要的一環——但現在他們已經能夠接受這個最重要的眞理了。全世界的學生運動，也憑着這個最重要的眞理，而以飛快的速度配合起來向前奔放了。

然把上海公共租界壓迫中國學生愛國運動的舉動，向政府提出質問了。此外，最近埃及的學生示威，敘利亞的學生流血衝突也都是世界上有重大意義的事件。

爲什麼半殖民地國家的學生運動，有着這樣重大的世界意識呢？這首先是由于殖民地革命和半殖民地革命的重要性而决定的。在世界革命的意義上，殖民地革命和半殖民地革命是重要的。這不單是因爲殖民地和半殖民地人民佔世界人口的絕對多數，不單是因爲那裏有革命的組織和羣衆，而主要的是因爲殖民地及半殖民地民衆，和資本主義國家的勞苦大衆有一個共同的敵人——帝國主義，他們反對帝國主義，就是等於幫助了資本主義國家的勞苦大衆的革命運動，也就是等於幫助了別的殖民地和半殖民地們有較好的社會地位，這便是他們不夠堅定，不夠徹底的原因。其次，學生並不能構成人民的大多數。而民族解放運動，非有大多數的民衆參加，却是不能得到勝利的。最後，學生運動並不是單獨發生的，牠本身就是民族解放運動的大浪潮中的一支巨流。所以我們要是只看見學生運動，而不去注意而廣大的生產大衆勞苦大衆的戰鬪，那就等於只見樹木而不見森林了。

最後，我們必須正確地估量學生運動在世界革命運動中的作用。正因爲牠在民族解放運動有着偉大的力量，所以牠的世界的意義，也是不可忽視的。這次中國學生的救亡運動震動了全世界，很快地引起了太平洋對岸美國學生大衆的同情。同時英國國會中也有同情的議員（馬萊爵士），居應當承認半殖民地國家的學生大衆在民族解放運動中的偉大作用，但牠不能成爲主力軍或領導者，牠只是一支先鋒隊。在半殖民地的國家，這個先鋒隊的作用是十分重大的。我們要曉得，在這種國家，一般生産大衆勞苦大衆的政治水準和敎育水準都異常落後，而學生往往負担起對他們的啓蒙工作，並且學生大都是靑年，階級的利害觀念比較薄弱，民族的敵愾心極强，很銳敏地感覺到外來的壓迫的痛苦。又在平時，他們也經過了集團的有組織的生活，容易作集團的行動。由於這些條件，半殖民地國家的學生，才能夠在民族解放運動中發揮出偉大的力量。

不過，我們必須知道，學生的作用是有限度的。因爲學生的社會基礎較薄弱，他們不是像産業工人那樣，在鬥爭生活的鎔爐裏鍛鍊出來的。他中，可能起很大的作用，可是他們應當在政府的領導下『埋頭苦幹』，而不可單獨行動，否則就破壞了政府的對外政策，使外敵易於乘隙而入。這是站在政府的立場要取消學生運動的見解。第二種意見：是把學生的作用估計得很高。把牠當作民族解放運動中的主力軍和領導者，以牠為中心而發動全國民衆去抗敵救國。這也是不正確的見解。第三種見解：是把學生的作用估計得太低，以為學生大部分是由中小資產階級出身的，意志薄弱，富於動搖性，至多不過是喊喊口號，發發傳單，熱情不到十分鐘就會冷起來的，他們在革命鬬爭中只是一種不很重要的點綴品罷了。

可是在我們看來，以上三種意見都有毛病，都不正確。我們把學生在革命鬬爭中的作用，固然不能估計得太低，同時也不能估計得太高。我們成敎育的落後和腐化，使得一般青年學生大爲不滿。尤其是對于學生種種苛捐雜稅似的學費剝削，更非一般青年所能忍受。他們的痛苦，實在不是那些資本主義國家的學生們所能想像得到的。這便是激起學生們參加政治鬪爭的特殊的因素。因爲他們已經明白了只有解放民族，解決一切社會問題，才能得到本身的解放。

因爲這樣，所以學生運動才能在民族解放運動中，發生出偉大的作用。在每個半殖民地國家的民族鬥爭中，我們眞不知看見多少青年爲民族解放而犧牲了！現在誰也不敢否認學生在民族革命中的作用了！

但是關於學生在半殖民地民族解放運動中的作用問題，我們常常碰到三種不同的見解。第一種意見說：半殖民地國家的學生，在民族解放運動家的學生是和民衆站在一條戰線上，向另外一條戰綫上的帝國主義者和內奸作戰的。

以上三種因素所激成的半殖民地國家的學生運動，在最近幾年來，有着飛躍的發展。他們不斷地激動無數萬青年學生，參加政治鬪爭；這個運動的隊伍是一天天地在擴大，在强固！他們的最後目的，顯然是民族解放，他們的手段便是驅逐帝國主義的勢力出境和消滅國內的內奸。

雖然如此，半殖民地國家的學生運動，除了一般的民族解放要求外，還有牠的特殊的因素和要求。因爲半殖民地國家是落後的，往往保持着濃厚的封建殘餘；而學生大衆的民主權利常被剝奪無餘。並且封建支配在敎育上的反映，便是復古思想的提倡，研究自由和思想自由的剝奪，因而造辱，不是人民尤其不是知識份子的學生所能忍受的。他們統治者，因爲自身力量的薄弱，總是依賴外力才得維持其統治地位，而帝國主義者也爲了侵略的便利，必然地利用他們。所以他們受恩圖報，那里還管民族利益，就拚命屈服，拚命出賣了！在這種情勢之下，極端憤怒的廣大人民，只有用羣衆力量保衞國家權利，防止敵人的侵略和內奸的出賣。學生大衆也勇敢地參加這反內奸的鬪爭，這是用不着多說的。例如最近埃及的學生，在擴大反英運動的過程中，和奈辛政府作流血的衝突，奈辛政府則爲了服務『友邦』，用種種惡毒手段迫害學生。又如南美各國的學生運動，也總是受着美國資本家駐南美的代表們（卽各政府）的壓迫。這樣，半殖民地國他們唯一的出路，只有用集團的力量，來反抗帝國主義。

（二）帝國主義的侵略，造成了半殖民地國家的空前的民族危機。帝國主義對半殖民地國家更進一步的侵略，爲的是不讓半殖民地國家『當作一個民族』而存在。帝國主義列强爲了要延續它們最後一瞬間的生命，就好像一條瘋狗一樣，不顧一切，冒着絕大的危險，用大批的武裝，佔領半殖民地，完全作爲它們的殖民地。××帝國主義的進佔中國，意大利的進攻阿比西尼亞，便是這樣。這種强暴無理的進攻，必然地激起半殖民地民衆的猛烈反抗，民族解放運動的浪潮，流遍全國，民族革命戰爭的火炬也就高舉起來了！學生運動乃是整個民族解放運動的一環，他們在這一戰鬪中站在民衆的前頭，熱烈地執行着衝鋒隊的任務。

民，不單是受着本國統治者的剝削，更受着帝國主義列强的侵略。各帝國主義國家爲了要緩和國內的危機和恐慌，時時刻刻要把恐慌的負担轉嫁給半殖民國家的人民身上。所以，近幾年來帝國主義列强在半殖民地市場的爭奪和進出，就特別厲害了。例如美帝國主義的加緊侵略拉丁美洲，英帝國主義的獨佔本國殖民地市場，以及帝國主義列强在華的爭奪，都露骨地說明了帝國主義國家把恐慌的負担轉嫁給半殖民地國家的人民的企圖。更因爲半殖民地國家多半是農業國，恐慌的影響也就特別來得深刻。農產品的價格的降低，使成千整萬的農民無法照舊生活下去。半殖民地國家的學生，多半來自中等階級，他們在這恐慌期中，也在經歷着空前的貧困、失學、失業的切身痛苦。這些事實促使一般青年學生起來認識他們的環境；

已經不過是革命退潮期的游擊戰而已。在這時期中，學生運動，也跟着民族革命的落潮，而入於暫時的潛伏狀態。

自從一九二九年世界經濟恐慌開始暴發以後，半殖民地和殖民地的民族解放運動，的確踏進了一個新的發展階段。這一階段的運動和前一階段即大戰後數年間的運動比較起來，無論在客觀情勢上或在主觀力量上，前者的展開比後者都要來得更有力些。這裏，學生運動也在新的條件之下，重整旗鼓地向着帝國主義施行猛烈的進攻。

在這一階段（世界經濟恐慌開始到現在）中，激起了半殖民地國家學生運動的主要因素，可分爲以下三種：

（一）經濟恐慌所給予半殖民地國家人民的負担，是雙重的。這些人及「六十」運動，印度、土耳其、敘利亞、埃及等，都有同樣猛烈的解放運動。在這些運動中，學生運動，便成爲主要而有力的一個部隊。

第二，蘇聯十月革命的成功，也給殖民地和半殖民地民族解放運動以很大的刺激。十月革命成功的結果，社會主義思想，好比暴風雨一樣，吹散到各殖民地和半殖民地國家，引起了青年學生底革命的情熱，特別是當時第三國際的所謂東方政策，竟成爲推動亞洲弱小民族解放運動的槓杆。青年學生，在這有力的指導之下，熱烈地執行過反帝國主義的政治任務。

可是，這一民族解放運動的革命高潮，隨着大戰以後各帝國主義國家，恢復了戰前的狀態，重新加强對殖民地和半殖民地的侵略，便很快地退落下去了。雖然在各處，仍舊不斷地發生了種種形式的反帝鬪爭，但這動中的主要的一翼。

雖然如此，可是半殖民地國家的學生運動，一直要到了第一次世界大戰以後，才開始猛烈地發展起來。這是有原因的，並且這個原因很值得我們來研究：

第一，世界大戰不單是破壞了各帝國主義國家底一切經濟組織和生產裝置而減弱牠對殖民地的支配力，同時還給半殖民地國家以暫時的自由發展的機會。因爲這樣，所以半殖民地國家的民族資本，得以乘機抬頭。民族資本得着相當的發展，於是民族資產階級就獲得了足以發動反帝反封建運動的物質的力量，就開始了大戰後數年間轟轟烈烈的殖民地和半殖民地的民族解放運動，例如中國的「五四」及「五卅」運動，朝鮮的「三一」

— 18 —

『文明』世界中的最下層的民族奴隸！然而他們也是具有着强烈的生存慾的人類，或許是有着久遠歷史的古代文化的民族（如中國、埃及、印度等），他們無論如何不能長此忍受着帝國主義『文明』的暴行，一聲不響。恰恰相反，他們要起來抗爭，要爭取民族的生存權，要脫離帝國主義的支配。這樣，就發生了殖民地及半殖民地國家的民族解放運動。

半殖民地國家的學生運動，是在這種民族解放運動的氣氛圍中，生長並發展起來的。半殖民地國家的學生，在資本主義化的教育過程中，吸收了先進諸國的民主主義的文化，而成爲民族的前進分子。他們有着銳敏的民族感情和强烈的民主精神，因此，他們在反帝反封建的解放鬪爭中，往往成爲最積極的急先鋒。這樣，半殖民地學生運動，就成爲民族解放運陣線，反對侵略陣線，反對侵略戰爭。

二　半殖民地國家學生運動的成因和意義

殖民地或半殖民地國家的學生運動，目前正在特別猛烈地展開着。這是民族的危機、經濟的恐慌和政治的束縛諸社會的因素所造成的結果。假使這許多因素存在一天，則殖民地或半殖民地國家的學生運動也必然猛烈地展開下去，任何殘酷的壓迫，都不能把牠消滅掉的。

我們知道，殖民地或半殖民地國家的人民，是在雙重壓迫之下過着極悲慘的生活。卽一方面受帝國主義的政治、經濟、文化各方面的侵略，他方面受國內的漢奸以及封建勢力的種種無理壓迫和榨取。他們是資本主義

— 16 —

成全民族的統一戰綫，反對帝國主義及其走狗。例如中國、印度、埃及等國的學生運動，都正在執行着這一政治任務而英勇地鬪爭着。

在上面，我們把全世界的學生運動，分爲三大類，而加以考察，但這不過是形式上的分類，在內容上看來，全世界的學生運動是緊密地結合在一起的。各國學生運動的總目標就是要推翻不合理的現存社會制度，實現理想的最合理的社會。爲着要達到這最終的目標，手段和策略，並不一定是一致的。簡單地說：在目前，各國學生運動的主要政治任務，可以分爲以下三項：(一)在資本主義國家，結成民主的聯合戰綫，反對法西斯蒂主義。(二)在殖民地及半殖民地，結成民族的統一戰線，反對帝國主義及其走狗。(三)在國際上，結合全世界的和平勢力，形成强有力的和平已經成爲祕密的或半公開的運動，而和其他各種社會運動緊密地結合起來，作反法西斯蒂的鬬爭，便是最顯明的例證。當然，在表面上看來，這些國家的青年學生在極端的暴壓下，幾乎全部都編入到法西斯蒂的青年隊伍裏去了，受着侵略的狹隘民族主義的訓練，而成爲法西斯蒂獨裁者底政治的或戰爭的工具。但是實際上，一般前進的青年學生，已經知道這是沒有前途的反進化的勾當，他們決不能讓少數獨裁者任意地玩弄全民族的命運，他們要堅決地起來反對法西斯黨的一切暴力和一切侵略行爲。

第三類是殖民地及半殖民地國家的學生運動。這就是我們這裏所要研究的主題了。關於這，在以下數節中有詳細的論述，在這裏用不着多說；不過我們必須預先指明白：現階段這類國家的學生運動，最主要的任務是結動在事實上已爲這類國家人民陣線的一支生力軍。

第二類是法西主義國家的學生運動。這類國家的青年學生，在極端的法西斯蒂獨裁底下，連一點一滴的民主權利都被剝奪了，他們既沒有言論、出版、集會、結社的自由，又沒有機會受進步的教育，他們所愛讀的一切進步的書籍盡被焚毀，他們所崇拜的一切進步的教育家學者們不是被捕被殺害，便是逃往外國去了！他們的知識和思想，極端地被封鎖着。一切進步的青年學生，也無緣無故地被捕下獄，或被殘殺，把學校作成法西斯蒂的宣傳機關。在這種險惡的情形之下，學生運動不但不能順利地發展，反而更蒙受所謂法西斯蒂的『文明』底暴行，因此，不能不把公開運動轉換爲潛行的運動。現在德、意、日、奧以及選舉前的西班牙等國的學生運動在英、美、法等國的學生們都能夠根據憲法上所賦與的權利，相當地享受了言論、出版、集會、結社的自由。他們能夠在這種條件之下，公開地號召學生大衆，實行反對戰爭和反對法西斯主義的示威鬪爭。在目前，他們不但在國內參加反戰反法西的人民陣線，在國際上同時還聲援殖民地及半殖民地的學生運動。可是這些國家的統治階級因爲害怕人民陣線的擴大和發展，所以也在一天天地揭露出民主主義和自由主義的假面具，暴露出法西斯蒂的兇惡面孔。隨着客觀情勢的這一變化，因此這類國家的學生運動當前的主要任務，就是反對法西斯蒂。他們爲着克服統治階級的法西斯化的傾向，不單是不反對民主制度，反而要擁護牠，並且舉起這民主主義的旗幟號召廣大的各社會層的民衆結成人民的聯合戰綫。換句話說：卽學生運還可以被騙着去讀死書，還抱着『書中自有黃金屋，書中有女顏如玉』的美夢。然而到現在，他們都覺悟了，沒有什麽東西比生活的教訓更有力了；他們爲了自己的生存，不得不丟掉騙人的死書，幹起改革社會的工作來。

以上三點，是造成現階段的學生運動的主要因素。可是環顧世界各國（蘇聯在外，因爲在那兒學生運動已經不存在了！）學生運動的現狀，則其運動方式及策略，却又由於各國社會情況的相異而不能一致。這裏爲着讀者易於明瞭起見，把牠分爲三大類，來作一個簡單的敍述。

第一類是所謂『民主』國家的學生運動。在這種國家裏，青年學生有了較廣泛的『自由』權利，能夠在較便利的條件下開展學生運動。例如現遠而不能馬上實現的理想而已。可是十月革命是很正確地指明了那如何到達理想社會的途徑，鞏固了他們的自信心和勇氣。第三點，近來日益擴大而深入的世界經濟恐慌，引起了學生本身的社會生活關係底變化，也是激起目前學生運動的原因。我們知道學生大衆，多半是出自中等或中下等人家，向來改良主義的色彩很濃厚，這就是因爲他們的利益是或多或少和統治階級的利益一致的緣故。他們得到受敎育的機會，總希望由小學而中學，由中學而大學，大學畢業後便得到一個美滿的職業，去過着安適的生活。這雖然算不得『野心』，而是很普通的要求，可是在這經濟恐慌日益深刻化，失業人數日見增大的現狀下，這種希望却終於變成了幻想。我們不是在報紙上常常看到國內外的大學生失業人數的統計報告嗎？在從前，學生了！目前雖然有許多國家的御用教育家們，在講壇上用種種巧妙的話語來說明現存制度的合理性和神聖性，但是在學生眼面前展開着的活生生的事實，却是少數不生產者壓迫大多數生產大衆勞苦大衆，尤其是拿所謂『文明』的武器去征服『野蠻』的弱小民族的極不合理的事情。這裏，前進的學生們已經不能相信他們的欺騙的說教了！他們不能不在這不合理的事實面前自行選擇一條合理的道路來走，這就是說，他們不能不放棄假民主主義和假自由主義的少數人的立場，而站到眞正民主主義的多數人的立場上來！這是一點。第二點蘇聯十月革命的成功，也是促成現階段學生運動的主要因素。在十月革命以前，許多青年學生雖然知道現存制度的不合理，但於理想的新社會制度底實現，仍然沒有切實的把握，只把牠當作一種遙生，還幹着反動的政治工作外，大多數學生，都加入到左翼的陣營。到了現在，社會主義的學生運動，在世界各國，都佔着領導的優勢。

以上是從縱的觀點，概略地敍述學生運動底史的發展，但是這兒，試轉移我們的觀點，從橫的方面來觀察現階段學生運動的種種造成因素、傾向及其政治任務吧。

上面說過，學生運動底主要的造成因素是現代的社會化的國民教育制度底完成。只有在這樣的制度下，才會發生學生大衆的集團的行動和社會的集團意識。但這樣的說法，還僅僅是形式的，不是內容的。從來學生運動的主要動力，乃是反封建的民主主義，可是到現在的帝國主義或法西斯蒂階段，所謂資產階級的民主主義和自由主義已經給前進的學生們看穿發展到可能奪取政權的階段。在這時期中，資產階級爲了鎮壓日益增大的生產大衆勞苦大衆的革命力量，不能不揭露出所謂民主主義和自由主義的假面具，而實行法西斯蒂的獨裁，同時爲了緩和國內革命的危機，又不得不實行殘酷的對外侵略戰爭。特別在這時期中，蘇聯的十月革命成功，在世界六分之一的地方，建設了社會主義國家，於是世界形成了兩個不同的體系，而法西斯蒂的傾向就愈加厲害。在這種資產階級日益反動化而生產大衆勞苦大衆日益把握勝利的前途的情勢之下，學生運動的陣勢也不能不發生質的變化和量的變化。詳細地說：學生運動，日益拋棄了從來的民主主義的內容，而以社會主義的內容來充實。並且右翼的學生運動的陣線，在這時期中，發生了根本的動搖，除了極少數由貴族資產階級出身的學部，也發生了階級的分化，卽一部分學生站在資產階級的立場上，致力於維護現存狀態的或者是改良主義的運動；另一部分學生是爲了生產大衆勞苦大衆的利益，主張徹底革命，而形成社會改革的一翼。這種學生運動的分化，在一八七一年巴黎公社以後表現得更爲明顯。當時在先進各國的政治舞台上，已經發現了社會主義的政黨，而多數覺悟的青年學生，都在這一政黨的綱領之下活動起來。可是，在這一階段中，右翼的卽民主主義的學生運動，仍舊佔着優勢，左翼的卽社會主義的學生運動，還正在生長的初期，並沒有很大的力量。

第三階段，是資產階級的反動時期。這是資本主義發展到最高階段，卽發展到帝國主義階段，同時，各帝國主義國家的生產大衆的力量也已經漸確立了現代的國民義務教育制度，使廣大的青年大衆集合在一起，造成一種集團生活。在這種集團生活中，學生大衆不單吸收了民主主義和自由主義的思想，同時還獲得了社會集團的意識。這樣，就形成了初期的反封建的民主主義的學生運動。

第二階段，是資產階級的建設時期。這是產業革命完成後直到第一次世界大戰時止的一個時期。在這時期中，資產階級一面在驅使廣大的勞苦大衆，積極地建設資本主義的文明，他方面又藉着這『文明』的武器，開始征服『野蠻』的被壓迫民族。在這時期中，勞苦大衆的力量，隨着資本主義的生產組織底擴大而大見增大，並且確立了牠的階級的人生觀和社會觀，而和資產階級的民主主義對立起來。在這種情勢之下，學生運動的內紀的宗敎革命和十七世紀的英國革命，到十八世紀法國大革命及產業革命時代才完成了牠們底民主主義的政權。在這時期中，資產階級爲着要打倒封建階級，舉起了民主主義的旗幟，號召廣大的被壓迫大衆，集中在這鮮明的旗幟下面，作成在牠領導下的統一戰線，向封建勢力猛烈地進攻。當時一般青年學生大衆，無疑地是反封建鬪爭的急先鋒，是民主主義或自由主義底宣揚者。這時期的學生運動，自然還在生長的階段，不能成爲像現在一樣的大衆的集體行動。因爲在資產階級革命時代，還沒有產生現代的大規模的學校敎育制度，而其大部分在採取着封建的僧院敎育或分散的個別敎育的形式。因此，青年學生的集團意識和集團行動便無從發生。可是在這民主主義的革命過程中，特別是法國大革命以後，在歐、美先進諸國，却逐

— 4 —

的土壤中，才會生長，才會發展。

其次，學生運動也和其他一切社會運動一樣，必然有牠的社會編制的背景。我們要曉得，學生本身並不是當作一個階級的姿態而出現的，却是小資產階級性的一種社會集團，因此他們的行動是常常爲資本主義社會的兩個基本階級卽有產者和無產者兩個階級底意識所決定。詳細地說：牠有時可能代表前者的利益，又有時可能代表後者的利益，而其行動的內容，往往隨着客觀的情勢及主觀的條件底變化而變化。

我們從史的見地上來看，學生運動很顯然地循着以下三個主要的階段而發展。

第一階段，是資產階級革命的時期。近代的資產階級，是經過十六世首先，學生運動是資本主義社會的存在物。我們要曉得，在古代社會或封建社會，雖則存在着青年學生對社會抱着不滿的事實，但是能夠使他們起來作改革運動底物質的及文化的條件並不存在，所以不能發生廣大的學生運動，又在將來的社會主義社會，從來一切不合理的社會制度已被推翻，使青年學生抱不滿的社會現象已不存在，他們的改革運動也自然沒有發生的可能。在資本主義社會中，一方面牠的經濟的生產方法，不斷地製造出種種不合理的社會現象，引起了青年學生的不滿，他方面牠的文化的教育制度，又使廣大的分散的青年大衆集合在一起，形成一種社會的集團生活，並且灌注他們以民主主義的思想。這樣，造成了青年學生能夠自動發起改革運動底物質的及文化的條件。所謂學生運動，只有在這樣的社會

半殖民地國家的學生運動

一　學生運動的一般概念

近來報紙上幾乎天天都登載着國際國內學生運動的消息，什麼『學生示威』啦！『罷課』啦！鬧的眞個厲害。同時在各種刊物上研究學生運動的文章也來得特別多，可見學生運動已成爲一般人所注意的對象了。

什麼是學生運動呢？簡單地說：學生運動就是青年學生對某種社會現狀抱着不滿，而起來要把它改革的一種社會運動。這種運動，自然有着牠底歷史的社會的背景，決不是偶然發生的。

— 1 —

大衆文化叢書

第一輯第九種

半殖民地國家的學生運動

金奎光著

大衆文化社出版

民國二十五年

新文化叢書

民國的生動
地家學運

金奎光著

第一輯

第九種

제1장

半殖民地国家的学生运动
반식민지국가의 학생운동

김규광

제4부

시사논평과 김성숙

以三民主義的革命精神，在 領袖蔣委員長領導之下，統一的對我們。另一方面朝鮮民族亦要站在統一的立場上看對中國以及一切友邦。尤其我們既然參加了中國抗戰，在中國只有實踐三民主義的革命精神，而共同對付敵人的任務，以期早日完成朝鮮民族自由獨立的願望，除此以外，再沒有更大的願望，因此我們對中國也必須要行動上的統一。可是，過去朝鮮同志的參加中國抗戰，是分散的，在東北方面雖有了中韓聯軍（抗日聯軍）的形成而許多的朝鮮人便很能夠集體的參加抗爭，但在關內却是很分散的，甚至有一部人材是以技術員的資格，在中國機關做事的，這可說是我們過去的弱點。同時在中國方面的對朝鮮人的看法也有過相當的差別，因而幫助的系統太不統一，甚至到現在還有這種現象存在着。我們要知道現在關內及美洲的各革命團體（除掉極少數以外）已在金若山，金九，兩位先生領導之下，已經打成一片。因此部份的援助，急須在最短期內撤消的必要。這種部份的，局部的，分散的援助，固然我們所誠心感謝的，可是，我們更希望着統盤的，有系統的援助，因爲分散的援助，力量太薄弱，往往不補於事，並有分散革命羣衆之可能。所以聯合陣線必須要建立在行動的統一上。茲特以目前提出幾個辦法如下：

（1）經濟方面：希望中國當局今後在政府的統籌的計劃下，劃出一定的經費，交給認爲關內最有力量的朝鮮革命團體，專用以有組織的動員朝鮮國內人民發起武裝暴動，並用於參加中國抗戰等一切抗日行動的經費。（如組織淪陷區域內的朝鮮民衆也是當面主要工作之一）。

（2）外交方面：希望今後外交方面，各須要統一，不好再有張三李四的雙重不統一的外交，中韓兩方面，都要有一個對象，不好有兩個對象；因爲這種不統一的外交，往往容易使得朝鮮革命團體內部發生分裂，，朝鮮俗語說：「一家長多了沒有不破產的家庭」。

（3）軍事方面：確認朝鮮義勇隊爲國際縱隊之先鋒，給予相當的獨立性與自主性，並加擁護。在朝鮮同志方面亦以全部的力量來支持並擴大朝鮮義勇隊。總而言之，中韓兩民族是東方民族解放運動中，最可靠而且最有力的同盟軍，我們要克服敵人的一切離間陰謀，緊緊地握手，把東方的法西斯魔鬼日本帝國主義打倒，建立起，創造起中韓兩民族光明、自由、幸福的新中國，新朝鮮推進人類光明的前途！

「八二九」

重光

被蹂躪的
國恥日，
八月二十九日啦！
從悲慘的
八月二十九日起，
人面獸心的日本強盜，
霸佔了美麗的朝鮮，
吮吸，全民的血，
剝削，全民的肉，
搾取，全民的汗，
迫得顛沛流離！
× × × ×
美麗的國土上，
成羣的縱橫到荒野！
從八月二十九日起，
愛國的大衆們，
跳躍着，
向日本軍閥，
向日本財閥，
向韓奸走狗，
打擊，暴動，暗殺！
× × × ×
如今
不願做亡國奴的人們呀！
打斷鋼鐵的鎖鏈，
團結起來！
向着光明的道路前進吧！

제9장

8 · 29

8 · 29

중광

在繼續生長和發展，最近日本下關的反徵兵暴動反大阪火藥庫爆炸等事件等，都是非常重大的有組織的反戰行動。這種行動在朝鮮國內更加積極而普遍。這種新的正在發展着的革命形勢，是很適合於我們侵入敵人後方及國內去活動的。

尤其據最近的消息，日本法西軍閥，在這次議會中通過了朝鮮的徵兵法案，規定在朝鮮每三千名中抽徵四百名青年壯丁，編組朝鮮人軍隊。這樣要驅使朝鮮民族替日本帝國主義去殺中國人！這樣又要補充其兵力之不足。不過，日本帝國主義假使眞把朝鮮民族武裝起來，那末它對於朝鮮人的估計是錯了的。因爲朝鮮人仍然還是朝鮮人！當他們把刀槍拿在手裏的時候、必首先要用這個刀槍來砍斷加在自己頸上的枷鎖。首先要把這個槍口對準自己的真正敵人，他們絕對不肯替日本人來殺中國人的。在這個時候，我們應該侵人到朝鮮國內去，積極組織被武裝的同胞，以準備確得勝利的最後決戰。

總而言之。朝鮮義勇隊在目前新形勢下，在前方做對敵宣傳的工作固然重要，但侵入敵人的後方，尤其侵入朝鮮國內去，在廣大的朝鮮大衆中，在被武裝的朝鮮青年中工作，那是更重要了。我們要趕快準備向敵人的後方，向朝鮮國內邁進！中日戰爭的新局面和朝鮮革命新形勢，正是需要着我們趕快執行這一方面的任務。

朝鮮義勇隊的新發展

李嬰如

朝鮮義勇隊自從在武漢豎起了光輝的旗幟——中韓民族聯合起來，打倒日本帝國主義，分派到南北各戰區去進行瓦解敵軍工作與民衆宣傳運動等政治工作以來，以至於今日，已有五個多月，這期間，我們的隊員同志們的澈底的自我犧牲與忠實的執行朝鮮義勇隊在中國抗戰中所負的任務，結果在前方能得到民衆的深刻的同情與熱烈的歡迎，同時獲得中國抗戰軍事當局的贊許與積極援助，最近在××戰區內義勇隊一部同志組織朝鮮義勇游擊隊，即赴敵人的後方，進出於敵軍的佔領區域作游擊戰，更一層擴大了朝鮮義勇隊今後的鬥爭地區，而且踏上了朝鮮義勇隊與敵浴血戰鬥，神出鬼沒短刀直入的擊破敵人的一切軍事企圖與政治陰謀等等長存的第一步了。

這當然是在這五個月當中，不斷奮鬥與犧牲的光榮成就。同時，是朝鮮義勇隊在中國抗戰中能發揚朝鮮民族固有的勇烈戰鬪精神與實際戰鬪能力，予敵人以決定的打擊，而促進中國抗戰向勝利之重要素之一。因之，這次朝鮮義勇隊的組織游擊隊，不但在朝鮮義勇隊自體的發展方面，有新的廣大意義，而且在中韓兩民族具體的聯合抗日戰鬪的力量上也進 步擴大了，加強了。

這種光榮的新發展決不是偶然的，也不是自然而來的。大家都知道，朝鮮義勇隊當初的目的是在組織朝鮮義勇軍，直接參加中國抗戰與敵奮鬭，但人數之不足，終於組爲義勇隊；這是一種不完備的隊伍，是政治宣傳工作的隊伍。然而，現在呢？更少數的一半之半之數目已組織游擊隊而武裝出戰了。其理由在那裏？這種光榮成績的最大因素有下列三點：

第一、朝鮮義勇隊是革命的隊伍，朝鮮義勇隊大多數同志是在過去朝鮮革命鬥爭中佔主要地位的革命的知識份子和學生青年。尤其在反日本帝國主義的大衆鬥爭當中，學生青年担負過重要任務。這樣 朝鮮義勇隊同志們在反抗兇暴慘惡的日本帝國主義殖民地政策與榨取政策的激烈鬥爭中，勿論在北學校裏，在其裝裏，不斷的經過堅強的革命性。在朝鮮本國內，在滿洲平原，過去反日鬥爭中，與工農大衆的反日鬥爭聯系在一起，鍛鍊一部份勇敢的先鋒的任務。他們現在自己組織革命的隊伍，參加中國抗戰。所以這種革命的鬭爭性，先鋒作用和積極性充滿着他們每個同志的意識裏，忠實的，勇敢的執行他們在中國抗戰之中所負的任務也就是朝鮮民族在中國抗戰中應盡的責任。

第二、朝鮮義勇隊能得到中國人民大衆的深刻的同情和熱烈的歡迎：我們是爭取中韓兩民族的自由與獨立，打倒日本帝國主義，這工作已隨着中國抗戰的進步，將益顯是光明了。但我們要達到這個光明，中間必須經過一般艱難的路程。我們在這抗戰中應負起模範作用與先鋒作用的積極性的工作。尤其

朝鮮人民的英勇鬥爭

——紀念「三一」獨立宣言二十週年——

于鳴

今天是朝鮮「三一」獨立宣言二十週年紀念的日子，二十年前的今天，朝鮮人民爲了反抗日本的壓迫，發動了全民族革命的行動，在孫秉熙先生的領導，和三十三位民族代表的推動下，在韓國的京城，發表了獨立宣言，全鮮人民便在這一天作了反日復國的宣誓，要求日本侵略者立刻退出朝鮮境內。宣言一表以後，馬上激起了全鮮人民的革命運動。但同時，也引起了日本總督府的嚴厲鎮壓，展開了屠殺的慘劇！三十三位代表被捕入獄了，全國各地，由京城到城市和鄉村，都揭起了義旗。廣大的隊伍，執着國旗，遊行示威，赤手空拳，迎堅着敵人的刀砍，槍殺，棒打，繩捆，鐵鈎子拿……年青的女孩子，手執着國旗，高喊萬歲，被敵人砍斷右手，左手舉着吶喊：又砍斷左手，仍張着喉嚨，直到敵人把嘴刺傷，而壯烈地死去。這英勇的運動，繼續到三月之久，結果被殺者七千五百餘人，受傷者一萬六千九百餘人，下獄者四萬六千九百餘人，充塞在日本的監牢裏……一頁血的歷史，便這樣寫下。壓力雖然更大，而反抗也愈激烈。

那時，正當第一次世界大戰以後，全世界弱小民族的解放運動，和偉大的蘇聯社會主義革命的成功，都給朝鮮人民以極大的鼓勵。於是偉大的任務，肩負在朝鮮人民的身上。

從一九二〇年以後，朝鮮人民沒有停止過革命的鬪爭。那一篇革命運動的歷史，是急劇的開展着。

比如吧：一九二三年社會主義運動開始，全國人民，青年婦女都積極參加；一九二五年「全國勞動總同盟」成立，包括工人總同盟，農民同盟，青年學生同盟，婦女聯合會等，成爲國內的總革命團體，屢次勞動暴動及罷工鬪爭，每年達十次的多。在一九二九年，南部的光州學生反對不平待遇的運動，擴張到全國；一九三〇年北部的元山發生勞動者大規模的罷工。特別是一九二七年成立「新幹會」，是全國民族統一戰線的組織，包括各個階級，有二萬多人參加。可惜，不久在日本彈壓下全被解散，革命工作，於是轉移在下層發展。

在「七七」事變以後，日寇因爲兵力的不足，驅使朝鮮人民作它侵略的犧牲品，但是朝鮮人那個願意來打中國人？所以，全國民衆起了反戰運動，在漢城、平壤等地，都發生騷動。特別是一月六日的廣州六千人譁變，更給日寇以莫大打擊。

這些澎湃的革命運動，還泛濫在國外各國。在東北，特別是「九一八」以後，由孤立的復國運動發展爲國際，抗日運動，一面中華兒女與朝鮮兒女早已在東北抗日聯軍的組織下互相團結起來；另一面朝鮮革命軍與中國抗日各軍在統一的領導下合作起來，在蘇俄領沿海，以某種形式已有兩個師團以上的兵力，在中國關內，最近對立着的各革命團體業已臨到了統一團結的地步，一般青年在朝鮮義勇隊的旗幟下，日各戰區累積了他們的偉大的同情和光榮的戰績。在北美，同樣組有「韓人聯合中國後援會」在同嚮個在一道，努力援華運動。

所以，二千三百萬朝鮮民族的解放運動，將和四萬萬五千萬中華民族的英勇抗戰，五百萬台灣民族解放運動，日本人民的反戰運動，全世界愛好和平的人們反法西斯運動匯合成一支抗日洪流，把日本法西斯强盜衝決下去！

（轉載新華日報）

快向敵人的後方邁進

星淑

朝鮮義勇隊的任務，該是有兩方面。即一方面要直接參加中國的抗戰，另一方面是要發動全朝民族之反日革命暴動。

朝鮮義勇隊成立後，大多數隊員同志已經跑到各戰區前線去，和中國的戰士們一塊做種種抗戰工作的特別是做着對敵宣傳工作。在過去四個中，這方面的工作，可以說有相當的成績。但假使我們可限於這些工作，那是不够的。我們必須更進一步，侵入敵人的後方，侵入朝鮮國內去，組織大規模的反日革命暴動。

現在抗戰已進到第二期，相持局勢已經形成。敵人的弱點已經開始一個個地暴露出來。特別是敵人內部的矛盾，反戰反法西軍閥的運動，正在開始猛烈進行。這個時段，是很迫切地需要我們侵入敵人的後方，侵入本國大衆中去工作了。最近兩三個月中，敵國內反戰暴動，朝鮮及台灣的反日暴動已

제8장

快向敌人的后方前进
적의 후방을 향해 빠르게 전진하자

성숙

是過去半世紀以來中韓兩民族的共同敵人的原故，現在是中國民族實行偉大的抗日戰爭的時候，朝鮮民族應當在這個時候發動正如在這戲劇中的暴動一樣，悲壯轟烈的大革命暴動。而且事實上在目前內種暴動，在朝鮮到處向在不斷地生長和發展，無疑地將要發動比第一次「三一」運動更大規模的，可以確保最後勝利的第二次「三一」大暴動。

再其次，我們把這次的公演從中韓兩民族的平常的文化關係來觀察，也是有着非常重要的意義。我在數日前，同國防藝術社社長李文釗先生說過這樣的話，朝鮮民族自己的戲劇，在桂林公演，這是第一次。這就是說，在桂林的戲劇史上寫了一段新的記錄。這不僅在桂林如此，在全中國的戲劇活動中，也很少前例可引的。去年雙十節，本隊在漢口成立時，我們演過一次獨幕劇「圖們江邊」。當時許多人說，在中國，朝鮮民族自己來演自己的戲劇，這還是第一次。但那時的公演規模及劇本內容遠不如這次公演來得大。但我們還能博得了社會人士們的熱烈歡迎——這並不是因爲我們表演得好，而是因爲它有着重大的國際的及歷史的意義的原故。

總括起來說，這次我們公演「朝鮮的女兒」，是有着如上所述的革命的意義。我們演得好、固然可以更加深刻的發揮這個革命的意義，卽使演得不好，也不會失去這個歷史所規定的重大意義。我們是深刻地把握着這一點，才有勇氣，才能大胆地在社會人士們之前獻演起來——！至於這次公演的藝術上或戲劇上的評價，只有待於社會人士們的正確的觀察了。

最後，我必須附帶說幾句：我們這次公演，得到社會人士們的幫助，實在太多了！尤其國防藝術社社長李文釗先生暨該社同志們，對我們的深厚的同情和犧牲的幫助，實在使我們萬分感激。我在這兒，代表朝鮮義勇隊，向李先生暨國藝社諸位同志致無限親切的感謝之意。還有，舒琴先生及其外數位中國同志們，從開始準備到現在，給我們不斷背指導，鼓勵和幫助，我們每一個同志都在表示衷心的感激，我們在抗戰中的貢獻是這末的微些，而中國各界人士們對我們的賜與是這末的偉大！我們在感激之餘，只有更加努力於抗戰工作而已。

——你是義勇的戰士——

（給前方朝鮮、勇隊同志們）

李斗山

你是義勇的戰士，義勇的結晶！
義，不容你沈醉在「沙漠」上躺臥；
勇，不許你蟄獸在斗室裏蟄伏。
你像火塊似的熱烈；
你像電氣似的飛跑！

呵！我年青的同志們記吧！
我和你在羊城拍案起時，
珠江風月怎敢來留戀我們的腳步；
白雲山林也不敢遮着我們北上的路。
那時的血潮，還在你和我的心臟鼓湧着！

戰士們，鴨綠江水等着你早點來，
滌你青龍刀上仇血斑痕；
同志們，東海水候着你快點來
洗你沙場上炮烟汚泥的身軀。
你是義勇的結晶，去吧向前兵！
死也是「永生」，生也是「求生」，
還是無上的光榮，也人生的最高理想。

阿年青的我的「成」弟呀！
我願你單刀直入，衝渡鴨綠江，
快把仇親的荒蕪掃除掃除，
早把徘徊路傍的父親安慰安慰吧！
你是義勇的戰士，我讓你趕上報仇！

阿一兒呀，你不顧慮我這你的父吧！
我和你爲着神聖而死，是我的理想，
若你遵着這理想，就給我痛心的；
我若不幸，不替你死，
給我摩着你的名字刻在烈士墓碑上吧！
這是你對我的「孝」，也我的至願。

二兒呀，我已知你在火線上搏鬥，
我的喜鬼混着三杯酒，雀躍在我的心窩；
你殺一個，我酒一杯；殺兩個，我傾六個大碗，
二兒呀，你不給我肚餓吧！
若你落戰陸，我怕我的英發不足呀！
你是義勇的戰士，多出些勇敢吧！

一九三九，三月五日於桂林。

關係而更加離遠了。現在，他們除了切斷中國與各國的關係，在政治上，經濟上使各國和被佔領區域分離以外，沒有第二條「長期建設」的路了。蘇聯的莫洛托夫說：「這次戰爭是犧牲所謂各民主國家，再來瓜分世界的大戰」。他的話的特徵已經明白地表現出來了。如海南島的佔領，實在是第一步呵。包含在所謂「長期建設」內面的世界戰爭新危機已經呈現了。法西斯日本已經點起了以世界爲敵的大戰的火。他們這樣地將盲知向自滅的路上挺進。全世界已經瀰漫着烽煙的不息了。

同志諸君！現在是時候了！做法西斯主義犧牲的各民主國家也不能不決定鮮明態度的時候了。已經是從消極防禦轉向積極阻止侵略的時候了。他們的戰燄已經延燒了。他們不能不和我們接近。這樣世界的人民和各被壓迫民族不能不共同一致進行反攻。我們的手應該拉得更加緊牢不能斷。法西斯日本向着自滅的道路盲進着。以中華民族的抗戰爲軸心，我們應該開始東方各民族解放戰線的反攻，世界人民與被壓迫民族的反抗！

現在是時候了！只有這時候，諸君才是吹散阿里謝的陰雲，向北力吹刮去，把春天送到祖國去的南風！最後勝利正顯然現着這個特徵。我們向光明的光輝宣誓。我們東方各民族的先鋒隊，在着流過血的紀念日宣誓，我們和着步伐向必勝的道路前進！

一九三八年三月一日

關內朝鮮義勇隊，東北朝鮮革命軍，東北抗日聯軍中朝鮮人部隊全體將士公鑒

親愛的同志們，我們今日在重慶舉行「三一」運動第二十週年紀念典禮，首先向爲祖國的光復與人類的正義而英勇奮鬪的你們致最熱烈的敬意，你們不僅是爲朝鮮民族的解放，而且是爲中華民族的解放與全世界的和平而鬥爭的最光榮的戰士，凡是爲自由和平而戰的一切國際的朋友們都很熱烈的關心你們愛護你們，幫助你們。你們的勝利正在眼前，自由幸福的新朝鮮就要到來，希望你們更加努力，戰勝日本法西軍閥，完成我們朝鮮民族的解放，我們誓爲後盾，謹敬

民族革命敬禮

旅渝韓僑韓國獨立宣言第二十週年三一紀念大會

主席團 金九 韓東說 玄河竹
金白淵 王海公 韓子明 啓

公演『朝鮮的女兒』的革命意義

金奎光

我們在後方的朝鮮義勇隊同志們，爲着在中國的文化抗日戰線上有所貢獻，早在一個多月前，就開始準備公演『朝鮮的女兒』。可是在準備時期中，遇到意外的困難和波折，不得不暫時停頓了一下。後來得到國防藝術社同志們的積極援助，終於能夠在三月一日——朝鮮民族反日大流血革命第二十週年紀念日——開始上演了。

關於公演『朝鮮的女兒』，我是不能作藝術上或戲劇上的評價或說明的。因爲我在藝術或戲劇方面，是一個門外漢了！但是總覺得，我們被壓迫民族的藝術，似乎總該是革命的。這正如被壓迫民族的生活，總該是革命的生活一樣。倘使讓我用這個觀點去觀察這次的公演，那就首先感到這個戲劇，是有着非常重大的革命意義。

我讀過「朝鮮的女兒」劇本，這裏很深刻地描寫了朝鮮民族在日本帝國主義的鐵蹄下如何被壓迫被榨取，又如何起來反抗的現實的生活情況，特別描寫了在中國抗日戰爭中，朝鮮革命民衆爲着支持中國抗戰和爭取自身的解放，發動了反戰反法西斯革命暴動的情形，這決不是什麼藝術的虛構，而是現在朝鮮民族的反日情緒及其革命精神，而且正確地把握了朝鮮革命現階段的中心任務。我在這一點，首先看出了「朝鮮的女兒」自身的革命意義。

其次，「朝鮮的女兒」恰巧在「三一」大革命紀念日公演，而且這戲劇第二幕中的暴動，恰巧正是「三一」革命紀念日的大暴動。這是有着特別重大的意義。大家都曉得，「三一」運動是在朝鮮亡國後第十年，即一九一九年三月一日全朝鮮民族一致起來舉行反日大示威暴動的運動，當時直接參加示威的民衆，達二百萬人，被犧牲者達四萬餘人。示威暴動支持到八個月之久，運動的規模擴大到全國每個角落裏。由此可知這個運動是如何的轟烈，如何的偉大了。「三一」運動，決不僅僅是單純的朝鮮民族自身的解放運動，同時它是執行全東方被壓迫民族解放運動的先驅的任務。「三一」運動中，朝鮮民族所流出的一點一滴的血，不僅爲朝鮮民族自身的解放而流，也就是爲中國民族的解放而流的。這正如目前中國民族的浴血抗戰，不僅爲中國民族自身的解放，而且爲朝鮮民族的解放而流血一樣。因爲日本帝國主義便

제7장

公演'朝鲜的女儿'的革命意义
'조선의 딸' 공연의 혁명적 의미

김규광

了。由此可以看出朝鮮社會運動飛速發展的局面了。在這樣廣大的羣衆基礎上，產生了『朝鮮共產黨』。在它的指導下，繼續全國民衆運動的組織，即組織了『全國勞動總同盟』，『全國青年總同盟』，『全國農民總同盟』，全國婦女聯合體『槿友會』等，這樣表現着朝鮮新興社會運動的高度發勤！

到了一九二六——七年，中國的北伐革命時代，朝鮮革命運動上發生了劃時期的轉變。這就是從來對立發展的民族運動和社會運動，組織了反日聯合戰線。就是說，民族主義者和共產主義者聯合而組織單一政黨『新幹會』。這是一方面由於當時第三國際的東方政策的影響，但當時中國的國共兩黨合作，實行國民革命的政治情勢，對於朝鮮革命運動起了極大的推動作用。當時『新幹會』是國內的聯合戰線，會員有三萬餘人，全國有一百五十個支部，指導着全國的革命大衆。一九二九年光州學生運動，也是『新幹會』所領導的。在國外，運動了『大獨立黨促成會』，以促進各革命團體的統一團結。這樣，朝鮮革命運動推進到更高的一個階段了！

可是革命運動的進一步的發展，必然招來敵人的進一步的壓迫。當『九一八』事變前後，日本帝國主義者正在準備和運動對中國侵略戰爭的時候，他們爲着肅淸後方的革命勢力，實行了瘋狂的彈壓政策。於是許多大衆的革命團體，一個個地被解散，共產黨及其他秘密政治結社都在敵人的密偵之下，一個個地被破壞，『新幹會』也被迫而自行解體了。這樣，『九一八』事變是朝鮮革命運動上招致了暴風雨般的反動的彈壓

『九一八』事變後，日本帝國主義對朝鮮革命運動的這種彈壓，逼迫着朝鮮革命運動採取了新的戰略方針。這就是把從來的合法的，公開的，和平的鬪爭方針，轉變爲非合法的，秘密的，暴力的鬪爭方針。從此以後，一直到現在爲止，朝鮮國內的運動是在秘密的指導下，採取了罷工，抗租，罷課，暴動等戰鬪行動。例如咸興暴動，永興，端川等暴動，都是大規模的工人及農民暴動。這種大衆的暴動，一直繼續地發展到現在。

但是這裏，必須指出的是『九一八』以後由於『新幹會』的解體，社會運動和民族運動又是分家了！社會運動方面是採取了極端秘密活動的方針，組織反帝同盟，赤色工會及農會，赤色讀書會等秘密團體，特別建立『共產黨再建委員會』，以指導各種革命組織及活動。但是民族運動方面是不能够這種有組織的秘密活動的方針。仍然要作公開活動了！但在日本總督政治已經法西斯化的現在，公開的積極的革命活動固然不可能，即使像從來一樣的民主主義的新文化運動也不能公開的合法的進行。於是乎國內，民族運動便陷於極端的危機了。即一般革命性較强的民族主義者，在日本法西斯的威脅中只有消極的『不談政治，自[illegible]』，至於許多革命性較弱的民族主義者就要動搖，甚至是投降！替敵人來做欺騙民衆的工作。當然投機的社會主義份子也有許多投降分子的。所謂時中會，大同民友會之類的團體，便是投降分子替敵人來欺騙民衆的爲奸集團。這裏面。『三一』運動時當過民族代表的人們，甚至當過社會運動指導者的人們也參加在內呢！但是在朝鮮，廣大的中小資產階級乃至農民的大多數，還是朝鮮民族主義運動的大衆基礎。他們是決不會跟着少數指導分子的投降而投降，相反地他們抱穩着偉大的公命力量。將執行朝鮮民族革命的主要任務是沒有疑問的。

反過來看海外朝鮮革命運動，自從一九二七年中國北伐革命以後，尤其在九一八以後民族主義運動得到中國國民黨的幫助，遂行更進一步的發展！韓國臨時政府的活動雖因種種條件而陷於委微不振的狀態，但在另一方面，韓國國民黨，朝鮮革命黨的成立和發展，許多革命幹部的養成，都表現着海外民族運動的發展。

至於海外的社會主義運動，自從一九二七年以來，由於環境的關係，不僅不能發展，反而陷於衰退狀態。特別在一九二九年至三〇年，朝鮮共產主義者的滿州暴動失敗以後，許多主要幹部都被犧牲，以陷於極度的衰退狀態了，可是『九一八事變』後，重新建立在滿洲的武裝隊，而和中國的義勇軍聯合起來，建立東北的抗日游擊根據地，在這一方面朝鮮共產主義者又獲得了活動的機會和地盤。

中日抗戰發生以後，朝鮮革命運動也自然有新的變化和發展。特別主要，是中國民族抗日統一戰線政策，便馬上影響到朝鮮革命運動上面，首先在的國關內的各革命團體，發起組織『朝鮮民族戰線聯盟』，一方面推進全朝中民族反日統一戰線的運動，另一方面積極促成中韓兩民族的抗日聯合戰線。最近已經在中國最高當局的指導和援助，組織了朝鮮義勇隊，分派到各戰區前去與中國兄弟們一塊，與敵血戰，換言之，海外朝鮮革命運動的主要政治路線，就是要建立全民族，反日統一戰線，同時要建立中韓兩民族的抗日聯盟。

總而言之，『三一』以後的朝鮮革命運動，不僅有量方面的發展，同時有質方面的飛躍發展。這種發展，到了中國抗日戰爭的今日，已經接近於獲得最後勝利的階段了。不是嗎？中國抗戰的勝利，不是朝鮮革命運動的勝利嗎？我們正在向着擺在眼前的勝利之光勇往邁進着！

「三一」運動以後朝鮮革命運動的新發展

金奎光

「三一」運動在朝鮮革命運動發展過程中，好像是一個分水嶺。以前和以後的運動，不論在形式上或內容上，都有着截然的分別。

「三一」運動以前的朝鮮革命運動，不論是義兵運動也好，暗殺破壞運動也好，其他革命的結社也好，都帶着濃厚的封建的色彩。首先當時全運動的主要指導精神，是漠然的忠君愛國主義和抽象的正義公理主義。這裏不需要什麼深奧的革命理論，不需要對敵人和自己的力量作什麼科學的估計，不需要去分析什麼國際形勢，不需要去樹立什麼政綱政策！只要你知道，凡人都要忠君愛國的，倭敵奪我君權，亡我國家，屠戮我民族，這是不正義非公理的，所以我們非起來反抗倭敵不可。這可以說是當時的全部革命理論。至於革命的組織方面，固然沒有現代的革命政黨，也沒有革命的大衆團體。只有愛國的義人志士們，志同道合時，便即組織某種革命團體，在各處各自以爲政。以形成運動界的封建割據形態。當然在當時也不無明達之士，致力於現代的進步的革命運動，但這是絕無僅有的事情。

「三一」運動以後的朝鮮革命運動是不論在運動的內容或形式上，遂行了突變的飛躍的發展。首先在運動界發生了所謂理論鬥爭，大家都要認識清楚；日本爲什麼併吞朝鮮？怎樣認識朝鮮民族我們爲什麼要革命？怎樣才能打倒日本强盜等等的問題。在這種論爭中，逐漸掃蕩從來漠然的忠君愛國主義，以形成思想界的淨化和統一。同時產生了現代的革命政綱和政策，以作爲運動的指導方針。在組織方面也發生各種形態的現代的革命政黨，同時有種種革命的大衆團體。

「三一」運動不僅是朝鮮民族對日本帝國主義的革命，同時是朝鮮革命運動對它自身的革命。換言之，它不僅改變對象，同時改變自身，很顯然地『三一』運動是把從來的封建的革命運動形態改革爲現代的革命運動形態。

「三一」運動以後，朝鮮革命運動很顯然的循着兩種方向演進發展的，而且這是新的發展。

第一個方向，便是民族主義或民主主義的運動。朝鮮革命在性質上原是反日本帝國主義的民族革命。但所謂民族主義這一革命的意識形態，是在『三一』運動以後才漸形成的。朝鮮的民族主義雖然並沒有像中國的三民主義一樣形成了理論的體系，但在一般的思想形態上說，民族獨立，民族平等，民族自決，民主自治，反對侵畧主義，反對强權主義，甚至反對階級鬪爭等思想，已經成爲少數朝鮮民族資產階級及廣大的中小市民層的一種政治理想。同時就是朝鮮革命運動的一種指導精神。

第二個方向是社會主義或共產主義的運動。朝鮮原是一個典型的封建的農業國家。在亡國後十年間，由於日本資本主義的急激侵襲而形成半封建的殖民地。在這種强制的資本主義化過程中，在日本資本的直接支配下，很快地建立近代的產業都市，同時很快地發生近代的無產階級，在另一方面蘇聯社會主義革命的成功和日本及其他各國社會運動的突飛猛進，便直接或間接地影響於朝鮮革命運動，由於這些條件，所謂共產主義或社會主義運動，便很迅速地生長和發展。

要之，『三一』運動以後，朝鮮革命運動的嶄新的特徵，便是民族運動和社會運動的對立的發展。

『三一』運動失敗後，民族主義運動的中心，是由於上海臨時政府的成立，從國內移到海外來了！這種中心的移動，主要的是由敵人對於民族運動的兇惡的彈壓，但次要的原因是「三一」運動的發動主持者『獨立團本部』自身的組織及它的大衆的組織很是微弱，在組織上無力抵禦敵人的壓力。這樣移動的結果，在海外雖然以臨時政府爲中心的種種活動轟烈了一時，吸引了世界人士們的注意，但這已經成爲沒有大衆基礎的運動。當然在當時滿洲的各革命自治團體及美洲僑民的革命團體等都積極支持臨時政府，可是這只是限於海外的僑民羣衆，而國內的廣大的革命羣衆和獨立運動指導部的關係便日益疏懈和隔離起來，於是在國內的民族運動從激進的革命行動，逐漸轉向於穩健的反封建的新文化運動方面來。許多「三一」運動的指導者如崔南善，宋鎮禹，李光洙等都放棄了積極的革命行動而致力於合法的新文化運動。他們以天道教，基督教及佛教等宗教爲背景，出版新聞及雜誌，介紹及傳播民主主義的文化，反對封建禮教，提倡知識萬能，勵行新生活。這就是當時國內民族主義運動的形態。

新興的社會主義運動是剛剛相反。它的指導中心是由海外移到國內的。第三國際成立後不久，海外的朝鮮共產主義者組織了『高麗共產黨』，但這是沒有羣衆基礎有頭無尾的東西。事實上這是社會運動初期的一種思想團體。這個黨因內部的派爭而終於解體。但這種以海外爲中心的社會主義的活動中心，移到國內的大衆中來。最初在國內產生了『無產者同盟』，『勞動共濟會』等思想團體，以這些團體爲中心而急速地進行大衆的組織活動。四五年內，即一九二四年在京城召集民衆運動者大會時，全國社會運動團體已達一

제6장

“三一”运动以后朝鲜革命运动的新发展
“3·1”운동 이후 조선혁명운동의 새로운 발전

김규광

條件是相當成熟了的，但國際的客觀環境還不利於我們獨立運動的成功。這就是「三一」運動的大概經過情形。

現在是中國四萬萬五千萬民族對我們的敵人拚死抗戰的時候了。蘇聯乃至全世界民主國家，抑和法西斯日本尖銳地對立着。日本自己也已走上崩潰的途上了。「三一」運動，假使在這個時候發生，那一定是成功的，是的，現在我們要發動更加猛烈而更大規模的第二次『三一』運動！

三一運動的教訓

李嬰如

三一運動中的主要力量是資產階級，小資產階級的知識份子與勞動者農民。它是全朝鮮民族即知識份子，商人，資本家，小有產者與勞動者農民大衆的反日本帝國主義的聯合統一戰鬥的一種革命運動。這一運動的領導者，一般的說來，是代表資產階級，要求民主革命的知識份子。這一運動中表現知識份子的愛國熱情與英勇犧牲戰鬥和群衆的反日革命高潮。

三一運動教訓我們甚麼呢？

第一，如果沒強有力的革命政黨領導革命群衆，在殖民地革命運動中取得勝利是不可能的。從朝鮮本身的社會經濟，政治等等客觀的條件看來，朝鮮的革命性質是資產階級民主革命，但朝鮮的革命問題，是在帝國主義時代，已經形成一般世界革命的一環。假使朝鮮的革命群衆沒有強有力的革命政黨，那末當作世界革命問題的一環着的朝鮮民主革命便不能有力的進行的。

三一運動的實際指導者民族代表三十三人是天道教基督教與其他上層社會的知識份子。他們是代表舊朝鮮變爲日本帝國主義的殖民地後，在日本帝國主義的商品資本，高利貸金融資本的搾取與土地掠奪政策之下遭遇沒落悲運的朝鮮土著資產階級。他們乘着這個時期在朝鮮社會內急激發展的反日革命高潮，又爲當時的世界大戰後俄羅斯的革命勝利，波蘭的獨立與帝國主義各國內的革命危機等世界史的潮流所刺激，起來執行了『三一』運動的指導任務。但因爲他們沒有強有力的革命政黨的組織，所以不能更有力的指導猛烈沸騰着的大衆的革命鬥爭。當時全國到處爆發的示威和暴動，幾乎都是任它自然發動而沒有組織的領導，這可以說是「三一」運動失敗的主要原因之一。

第二，三一運動教訓我們，朝鮮革命群衆如果不與國際的革命群衆保持緊固的聯盟關係，就不能充分發揮朝鮮革命群衆的革命力量。如前所述，朝鮮革命問題是世界革命問題的一部分。一個殖民地民族的革命要獲得完全勝利，並且要把勝利不致再被摧毀，必須與其他國家的革命群衆共同努力，打倒共同的敵人。朝鮮革命群衆要脫離日本帝國主義的統治而獲得獨立與自由，必須要得到中國，蘇聯與日本國內的革命群衆的同情與援助，同時利用帝國主義間的對立關係。可是『三一』運動的指導部，並沒充分作到這一重要的工作，當時雖然得到美國人士們的熱烈的同情，但這只是同情而已，並沒有建立用實力幫助我們的國際關係，特別中國和蘇聯的革命人士雖然對我們寄與無限的同情，但那時他們也沒有積極援助我們的條件了，這樣『三一』運動在國際關係上便成爲孤立的運動了。

第三，三一運動教訓我們，如果革命運動沒有廣大的群衆組織，沒有經常的鞏固這些組織，沒有經常的研究他們的需要，並了解他們的能力，以去教導他們，教訓他們，那末眞正的革命力量的基礎是不會建立的。「三一」運動在一方面有了大的缺點。『三一』運動不僅沒有強有力的革命黨的組織，而且沒有廣大之大衆的組織，尤其沒有用有體系的正確理論來作爲指導大衆的南針，只有順着大衆的反日情緒的高漲而點上了革命的導火線而已。至于鬪爭運動中的指導和教育工作是完全沒有做到的。

因上述的幾個重要缺陷，三一運動終於失敗。可是我們不能因爲三一運動有這樣的缺陷與失敗，就要忽視它在朝鮮革命運動史上歷史的重大意義。這個重大意義有下列各點：

一、朝鮮亡國後，雖然有過種種的反日革命鬪爭，但到了這次，才表現了眞正群衆性質的革命鬪爭。同時這一運動建立了民主主義的指導精神，使朝鮮革命提高到更高的一個階段。

二、在朝鮮產生新的革命群衆，必然的需要新的意識形態與文化形態，在這「需要之下，以三一運動爲契機，推行了廣大的新文化運動。結果，學校，雜誌刊物，新聞報紙與介紹社會科學的書籍等蓬勃的激增，同時外國留學生也增大起來了。

三，三一運動爲自發的一種反日本帝國主義的民族統一戰線。它本身雖有許多缺陷，但無疑地是成爲我們目前統一戰線運動的寶貴的經驗。

這幾点是三一運動的最偉大的功績。

編輯室言

在種種困難條件下，『三一』紀念專號總算編好了！內容雖則不充實，但關於『三一』運動的意義及其以後朝鮮革命的動向，可算作了一個較有系統的介紹。

不過，我們預備着的『三一』示威及敵人屠殺示威民衆的許多寶貴的歷史照片終於來不及登上去，遺憾得很！還有！本刊第四期正在排印中，而先出第五期了！由此可知印刷上的困難情形。本刊原定每逢五日出版的，但從第五期起，決定每逢一日出版，因爲這樣可以得到印刷上的方便。

第二年卽一九一九年一月二十二日光武皇帝因鑒敵人之毒害而暴崩，全國反日情緖，頓形沸騰，大有一觸卽發之勢。同時有美國大統領的「民族自決」的主張。這個國際的政治潮流，更加猛烈地刺激正在沸騰着的朝鮮民族的革命怒潮。於是獨立團總本部決定以三月一日爲最適當的擧事日期了。因爲三月五日爲擧行光武皇帝葬儀之日，所以這時期是全國民衆不遠千里來到京城，參加國父葬儀的時候，同時是全國的反日情緖最緊張高潮的時候。於是密令全國屬員在三月一日下午二日，在各地擧行反日大示威。當時所規定的口號，只有一個『朝鮮獨立萬歲！』此外有『獨立宣言書』及『獨立新聞』，朝鮮國旗等，這些都早已準備好了！大家都在等候着，焦急地等候着三月一日的到來！

三月一日！這個被壓迫的朝鮮喊出反抗的怒吼的日子，這個神聖七檀君子孫對侵略者宣佈正義之戰的日子，果然是到來了！這是『天氣淸朗，惠風和暢』的一個春天！在京城巴咕達花園裏，充滿着一切復興再生的春的氣氛！這個花園便是打開『三一』大革命運動的火蓋的場所。

下午二時，各學校的學生，一隊一隊地像潮水般的向花園門口湧將進來，以八角亭爲中心而整齊地，嚴肅地排列起來，團總幽靜而濃豔的花園，頓然成爲萬頭攢動的人海了！在緊張，嚴肅的空氣中，從八角亭上的一位青年領袖的口裏，一句句地蹦出了朗讀獨立宣言書的斬釘截鐵似的聲音來！呵！這不是朝鮮民族復興五生的吼聲嗎！這不是宣布正義之戰的布告嗎！讀完宣言書的瞬間，異口同聲地高呼着『朝鮮獨立萬歲！』擊起了千萬個有力的拳頭，飄揚着千萬個鼓目的國旗，一隊一隊地像洪水般地衝出花園門口來了在這時候，敵人還不曉得這是什麼一回事，所以在隊伍向街道衝出來的時候，憲警們只是干涉而已，而不能作決定的彈壓。於是隊伍已經和數十萬市民，匯合成革命的怒潮狂瀾，在京城每一條街道上充滿着反日的血潮！『朝鮮獨立萬歲！』的聲音，響澈雲霄了！於是敵人的憲兵出來彈壓，結果徒手猛衆在到處和敵憲發生了流血鬥爭，到處發生了暴動。這樣揭開了『三一』大革命的序幕！

我們的民族代表孫秉熙等三十三人，在這一天集會在太和館，宣佈獨立宣言，並聲明獨立，同時通知敵總督府，告以今日擧事之旨，敵人卽派憲警，以汽車載代表諸人以去。我代表三十三人，身先烈衆而投入敵獄了！

在同日同時，全國各主要都市及鄉鎭，都發動了同樣熱烈的反日示威和運動。他們都以徒手向敵人的刀槍搏鬥，發生了無數的死傷者和被捕者。

從此以後，三千里江山每個角落裏，繼續地發生反日革命運動，凡是穿白衣說朝鮮話的人，可以說沒有一個不參加這個神聖的革命戰鬥！這種戰鬥，一直繼續到八個月之久！我們看了以下的統計表，便可以知道這一運動是何等熱烈和悲壯，又何等擴大和深入了！

自一九一九年三月一日至同年五月末三日個月間各地反日示威暴動狀况

調査總計表

一、示威府郡數	二一一
二、示威次數	一、五四二
三、參加示威人數	二、〇二三、〇九八
四、死亡人數	七、五〇九
五、被傷者數	一五、九六一
六、被捕入獄數	四六、九四八
七、被燒教堂數	四七
八、被燒學校數	二
九、被燒民家數	七一五

這統計，還只甚三個月間的統計，在三個月後還繼續了五個月的示威暴動。若把前後八個月的示威暴動的狀况統計起來，其數目字更是驚人的了。

獨立團本部在『三一』擧事以前，早已遣代表到巴黎世界和平會議，要求討論朝鮮獨立問題，同時派多數幹部到海外各地，和各地的各革命團體，共策進行獨立運動。『三一』運動爆發後，獨立團本部的多數幹部先後被捕，而在國內無法活動下去了。於是在海外的獨立運動領袖，如李承晚，安昌浩，李東寧，李始榮，李東輝諸人，會集於上海，組織韓國臨時政府，以繼續獨立團本部的事業。特別在滿洲的各革命自治團體及武裝隊伍，美洲各地韓僑的各革命團體，却接受韓國臨時政府的指導，形成了全海外運動的統一關係。

『三一』運動經過了八個月的徒手血戰，終於失敗了！但這是表面的失敗。是預期着將來的最後成功的失敗。這運動所以失敗的原因，自然是很多，有人說，沒有强力的現代的革命政黨的組織，或者說，沒有嚴密的大衆組織，甚至說，當時指導者沒有革命的堅決性，但我認爲最主要的失敗原因，還是敵人在國際及國內的力量太大，而國際上並沒有一個用實力幫助我們的國家。朝鮮民族儘管有拚死抗敵的決心和行動，但手無寸鐵，只有鮮血可流而已！當時那一個國家肯拿武器來幫助我們呢？……我們主觀的革命以明白的。

「三一」運動不僅在政治上確立了民主主義的革命精神，同時在社會文化各方面吸收和傳播民主主義的新文化，以替代舊封建文化。當時在朝鮮有一個普遍的新文化運動的口號：「知識就是力量，要生活就要學習」。這口號正是和同時期的中國「五四」運動的「賽因斯」的要求完全一樣。這種反封建的新文化運動，自然要遭受日本帝國主義的不斷地摧殘，但這運動，始終透過種種形式的鬥爭，繼續地生長和發展起來。

其次，「三一」運動，決不是帝國主義時代的一個民族對另一個民族的報復的鬥爭，而是帝國主義時代的被壓迫民族的反帝解放鬥爭。在這一點上，它有著國際的革命意義。「三一」運動是在第一次帝國主義戰爭以後，在蘇聯社會主義革命成功以後，又在世界被壓迫民族的反帝國主義鬥爭突飛猛進的時候爆發起來的運動。所以這運動本身就成爲全世界被壓迫民族的一環，尤其成爲東方被壓迫民族解放運動的主要的一部分。再從「三一」運動的動機來說，它是響應著成爲當時世界弱小民族獨立運動的指導精神之「民族自決」的主張來發動的。因此在「三一」獨立宣言中，明白反對一切的強權主義及侵畧主義，特別闡揚人類的正義和公理。此外在當時韓國臨時政府不僅和中國革命黨發生聯繫，而且對於社會主義蘇聯也保持友誼的關係。當然在那時候，由於東方被壓迫民族解放運動還處在各別的自然發展的時期，所以在各民族間還沒有發生革命的組織的結合，換言之，還沒有具體的形成東方被壓迫民族的聯合戰線，但是「三一」運動本身，無疑地是有著反帝國主義的國際的革命意義。

——總括一句說，「三一」運動，形式是反帝反封建的鬥爭，它的內容是自由主義和民主主義的政治要求。而且這一運動是日帝國主義猖獗的時代，以殖民地民族反帝運動的形態爆發的，所以它帶上了濃厚的國際的性質。

「三一」運動小史

星 淑

現在我們亡命在海外的朝鮮革命者，直接參加中國的抗戰，與敵血戰的時候，迎到了「三一」運動第二十週年紀念日，這個大流血革命的紀念，格外使得我們奮發革命的精神，提高抗戰的情緒。在這個紀念中，我們重新回顧一下「三一」運動的鬥爭經過，自然是很必要的，但在這兒要詳細敍述這運動的全部經過，是不可能的事情，所以只好作爲一小史來寫，但這又談不上什麼歷史，而只是一種小小的回顧而已。

我想，先講「三一」運動的基本原因和直接動機，而後說到它的實際鬥爭經過。

「三一」運動的最基本的原因，可以從以下兩方面去觀察。

第一，亡國後十年間日本對朝鮮的政治屠殺，經濟掠奪，文化封鎖等等野蠻政策，迫使朝鮮民族走到了既亡國而又滅族的境地。於是已經被解除武裝的朝鮮民族，個個都在含憤積怨。他們只能在胸腔裏懷着滿肚的民族的仇恨，在口腔裏唸着，「是日曷喪，余及汝偕亡」之呪語。這就是「三一」運動以前的一般朝鮮民間的情形。

第二，朝鮮革命運動經過了義兵的武裝鬥爭失敗後，許多愛國志士們亡命海外，在先進諸國中吸收新的民主主義的思潮，重新整頓革命陣營。例如在中國，蘇聯，美洲各地，獲得各友邦的愛護和支持建立各種革命團體。相互取得聯絡，特別透過宗教團體及留學生的關係，和國內的指導者們建立密

其次，「三一」運動的直接的動機，也可分爲以下兩方面來加以觀察。

第一，歐洲大戰告終後，即一九一九年在巴黎開世界和平大會，當時美國大總統威爾遜氏在這大會提出「基於正義人道的民族自決案」，而對於參戰各國的殖民地民族給予了自立獨立的機會。於是全世界弱小民族的解放運動風起雲湧。這是給朝鮮民族以很深刻的刺激與推動。

第二，朝鮮民族的國父光武皇帝，也正在這個時候，爲敵人所毒殺而殯逝了！噩耗傳來，全國人民莫不慟悼至切！光武皇帝是在亡國前，因反抗日本而被逼禪位，亡國後雖被幽禁在深宮中，但始終反抗日本，愛護革命志士，因而敵人對他"不能放心"，竟加以毒害。這是全國人民所深知的事情。他們得此噩耗，更以亡國之痛，反日復仇的革命情緒，高漲到快要爆發的程度了！

以上的「三一」運動的基本原因和直接的動機，很自然而巧妙地融合起來，掀起了一九一九年的「三一」大革命運動。

「三一」運動的發動主持的團體，是獨立總本部。這是網羅朝鮮國內各界愛國志士及領導人物，並聯絡海外各革命團體，於一九一八年十月在朝鮮京城秘密組織成立。當時主動的人爲崔南善，玄相允，宋鎭禹，崔麟等，他們秘密和天道教首領孫秉熙，權東鎭，吳世昌，耶穌教首領李昇薰，朴熙道，成台永，佛教首領韓龍雲，白龍城等協商，使他們加入總本部，公推孫秉熙爲領袖，準備發動大規模的反日革命運動。當時留日學生團及本國各地學生團都受總本部的指導，天道教，基督教，佛教等宗教信徒們，亦在總本部

제5장

"三一"运动小史
"3·1"운동 소사

성숙

조선의용대통신 (旬刊)

對敵宣傳在二期抗戰中的重要性

奎光

對敵宣傳是現代戰爭中的一種主要戰術。不管現代任何一種性質的戰爭也好，作戰雙方都需要運用這一種戰術，以達到瓦解敵軍的目的。

在目前中日戰爭中，被侵略的中國固然要實行對敵宣傳，但侵略的日本強盜也要實行對敵宣傳。不過雙方的宣傳內容和效果是大有分別的；而且是相反的。

對敵宣傳要獲得最大的效果，則這宣傳必須含有正義公理的政治內容。日本強盜侵略中國，在政治上已經違背了正義和公理，所以，即使他們也實行對敵宣傳，但得不到什麼效果的。不是嗎？敵人不是時常在我們的前方及後方散布種種宣傳品嗎？但這些都是充滿着欺騙，利誘，威脅等謠謬言論，誰都不會相信的。反過來看，中國反抗日本的侵略，在政治上正是關於人類的正義和公理。所以我們的宣傳是可以把握敵人的心，可以使敵人相信，而其效果一定是很大的。

正因爲如此，抗戰開始後，中國當局早已注意到對敵宣傳的重要，特別設置了對敵宣傳工作的機關。可是在過去第一期抗戰中，因爲敵人在所謂「速戰速決」政策下猛烈進行大規模的包圍殲滅戰，而中國方面不得不全力實行軍事上的防禦，以保存長期抗戰的主力。所以，在這種猛烈的軍事鬥爭中，作戰較重於宣傳，對敵宣傳自然是次要的工作了！事實上這一工作在過去是得不到大的效果的。

可是在抗戰進到第二期的現在，對敵宣傳工作便帶上了非常重要的性質。換言之，目前中日戰爭新形勢的幾個特點，是決定了對敵宣傳工作的重要性。

第一、敵人佔領武漢，廣州以後，他們的所謂「速戰速決」政策和包圍殲滅的戰略方針，已很顯然地證明完全失敗了。於是他們也要實行長期的侵略戰爭，一方面企圖挽回過去較長戰爭的失敗，以安定正在動搖的國內人心。另一方面企圖保衛和鞏固已經佔領的區域，並用種種欺騙，利誘，威脅等手段來積極建立僞組織，以爭取中國的民衆。這樣敵人正在採取軍事和政治雙管齊下的戰略方針。

제4장

对敌宣传在二期抗战中的重要性
제2기 항전에서 대적 선전의 중요성

규광

조선의용대 통신 (旬刊)

朝鮮義勇隊通訊

本刊已呈請登記中

第三號

一九三九年二月五日出版

編輯兼發行　朝鮮義勇隊

通訊處　桂林桂西路新知書店轉

定價　每份國幣三分

社評

慶祝中國國民黨五中全會的成功

奎光

正當着日本法西斯強盜攻佔武漢廣州以後更進而準備窺伺西北及西南的時候，尤其當着敵相近衛發表所謂對華聲明以後汪兆銘氏公然發出妥協電文而一時眩惑了國內外視聽的時候，於一月廿一日中國民族的前衛中國國民黨在偉大領袖　蔣總裁領導下開了第五次中央全體會議。這個會議的結果如何，不僅對於目前中國的抗戰將給與決定的影響，同時對於全世界政治局勢也要起重大的作用。因此全中國人民以及全世界關心中國問題的人士們都很迫切的注視着這個會議的成果。

現在有着這樣重大意義的五中全會，經過了十日之議事日程，通過重要提案八十六項，於一月卅日得到了圓滿的閉幕。同時發表會議的宣言，嚴密地檢討過去十八個月的抗戰經驗，正確地估計目前的國際政治情勢，以樹立長期抗戰的國策。特別是向國人勉勵加強團結，積極奮鬥，加緊建設等抗日建國的三大任務。總之，這次會議是得到了偉大的成功。

首先，這次會議的結果，對於日本法西斯強盜的新的進攻，給與了強有力的反攻的回答。敵人佔領武漢廣州以後的一切軍事進攻和政治陰謀，在這次會議的加強團結和長期抗戰國策之下，將被粉碎，是沒有疑問的。

其次，這次會議的結果，不僅更加鞏固了國民黨內部的團結一致，並且更加堅定了全國人民的抗日建國的信念。特別對於一般悲觀，動搖，妥協的份子，給與了決定的打擊。汪兆銘氏發出豔電後的政治的眩惑現象，經過這次會議而得到了一個明朗！於是全國民衆對於國民黨的信念和期待便更加深厚而殷切起來！

再其次，這次會議的結果，對於東方各被壓迫民族乃至全世界愛護和平的國家及人民，重新宣示了中國國民黨領導全國人民徹底反抗日本強盜的決心。於是乎全世界愛護中國的國家及民族，將要更加集中他們的力量，以援助和支持中國的抗戰。

總而言之，這次會議是成功了！中國國民黨的這一偉大的成功，不僅要決定中華民族解放戰爭的最後勝利，同時要決定日本帝國主義統治下的被壓迫民族及人民革命鬥爭的最後勝利！在這裏，我們朝鮮義勇隊代表全朝鮮二千三百萬同胞，謹以朝鮮民族的名義來慶祝中國國民黨五中全會的偉大成功！同時向偉大的中國民族領袖　蔣介石先生及國民黨諸同志，致最熱烈的革命敬禮。

▼朝着光明的路上走！

郭少其作

－13－

제3장

庆祝中国国民党五中全会的成功
중국국민당 5중 전회의 성공을 경축하다

규광

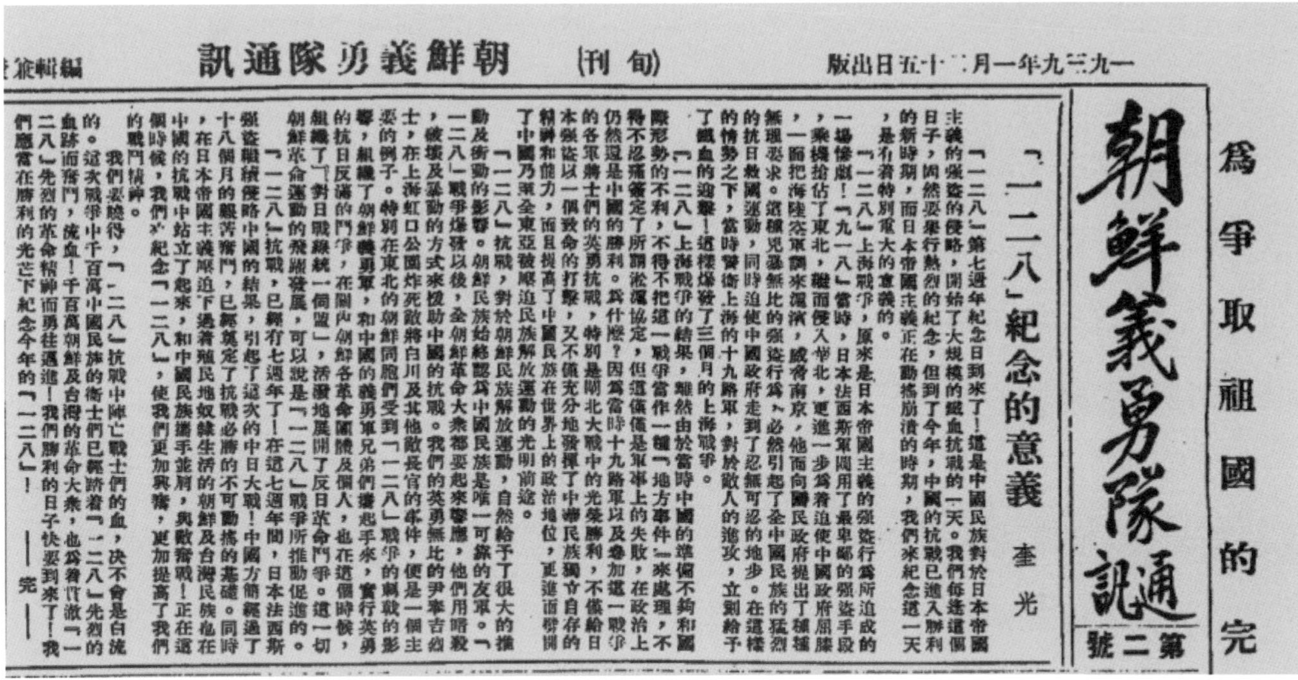

一九三九年一月二十五日出版 （旬刊） 朝鮮義勇隊通訊 編輯

爲爭取祖國的完

朝鮮義勇隊通訊

第二號

「一二八」紀念的意義

奎光

「一二八」第七週年紀念日到來了！這是中國民族對於日本帝國主義的强盜的侵略，開始了大規模的鐵血抗戰的一天。我們每逢這個日子，固然要舉行熱烈的紀念，但到了今年，中國的抗戰已進入勝利的新時期，而日本帝國主義正在動搖崩潰的時期，我們來紀念這一天，是有着特別重大的意義的。

「一二八」上海戰爭，原來是日本帝國主義的强盜行爲所造成的一場慘劇！「九一八」當時，日本法西斯軍閥用了最卑鄙的强盜手段，乘機搶佔了東北，繼而侵入華北，更進一步爲着迫使中國政府屈膝，一面把海陸空軍調來淞滬，威脅南京，他面向國民政府提出了種種無理要求。這種兇暴無比的强盜行爲，必然引起了全中國民族的猛烈的抗日救國運動，同時迫使中國政府走到了忍無可忍的地步。在這樣的情勢之下，當時警衛上海的十九路軍，對於敵人的進攻，立刻給予了鐵血的迎擊！這樣爆發了三個月的上海戰爭。

「一二八」上海戰爭的結果，雖然由於當時中國的準備不夠和國際形勢的不利，不得不把這一戰爭當作一種「地方事件」來處理，不得不忍痛簽定了所謂淞滬協定，但這僅僅是軍事上的失敗，在政治上仍然還是中國的勝利。爲什麽？因爲當時十九路軍以及參加這一戰爭的各軍將士們的英勇抗戰，特別是閘北大戰中的光榮勝利，不僅給日本强盜以一個致命的打擊，又不僅充分地發揮了中華民族獨立自存的精神和能力，而且提高了中國民族在世界上的政治地位，更進而開闢了中國乃至全東亞被壓迫民族解放運動的光明前途。

「一二八」抗戰，對於朝鮮民族解放運動，自然給予了很大的推動及衝動的影響。朝鮮民族始終認爲中國民族是唯一可靠的友軍。「一二八」戰爭爆發以後，全朝鮮革命大衆都要起來響應，他們用暗殺，破壞及暴動的方式來援助中國的抗戰。我們的英勇無比的尹奉吉烈士，在上海虹口公園炸死敵將白川及其他敵長官的事件，便是一個主要的例子。特別在東北的朝鮮同胞們受到「一二八」戰爭的鼓勵的影響，組織了朝鮮義勇軍，和中國的義勇軍兄弟們攜起手來，實行英勇的抗日反滿的鬥爭，在關內朝鮮各革命團體及個人，也在這個時候，組織了「對日戰線統一同盟」，活潑地展開了反日革命鬥爭。這一切朝鮮革命運動的飛躍發展，可以說是「一二八」戰爭所推動促進的。

「一二八」抗戰，已經有七週年了！在這七週年間，日本法西斯强盜繼續侵略中國的結果，引起了這次的中日大戰！中國方面經過了十八個月的艱苦奮鬥，已經奠定了抗戰必勝的不可動搖的基礎。同時，在日本帝國主義壓迫下過着殖民地奴隸生活的朝鮮及台灣民族也在中國的抗戰中站立了起來，和中國民族攜手並肩，與敵奮戰！正在這個時候，我們來紀念「一二八」，使我們更加興奮，更加提高了我們的戰鬥精神。

我們要曉得，「一二八」抗戰中陣亡戰士們的血，決不會是白流的。這次戰爭中千百萬中國民族的衛士們已經踏着「一二八」先烈的血跡而奮鬥，流血！千百萬朝鮮及台灣的革命大衆，也爲着貫徹「一二八」先烈的革命精神而勇往邁進！我們勝利的日子快要到來了！我們應當在勝利的光芒下紀念今年的「一二八」！

——完——

제2장

“一二八”纪念的意义

“1·28” 기념의 의의

규광

朝鮮義勇隊通訊

第一號

旬刊 朝鮮義

一九三九年一月十五日出版

發刊詞

我們朝鮮義勇隊成立到現在，已經有三個月了！在這三個月當中，我們的隊員同志們在中國軍事當局的指導下，一隊一隊地被派到南北各戰區中去，担負了種種抗戰的工作。特別我們是要執行對敵宣傳，瓦解敵軍的任務。我們在這種工作當中，很迫切地需要有一種自已的刊物，作爲討論一切革命問題及相互交換工作上的意見的機關。這是各地的隊員同志們的同樣的要求，也就是我們發行這個通訊的動機。

大家都曉得，朝鮮義勇隊是在中國的朝鮮革命者爲着參加中國抗戰，而在中國最高當局的領導和援助下組織起來的革命集團。它是中國抗日戰線上的一個特殊的戰鬥部隊。它的任務是有兩方面的，即一方面，要直接參加中國的抗戰，和中國的戰士們攜手並肩，與敵血戰。在他方面，要號召二千三百萬朝鮮民族，發起全民族的反日革命暴動，以援助和支持中國的抗戰，同時爭取朝鮮民族自身的解放。朝鮮義勇隊担負了這樣重大的革命的任務，在南北各戰區前線上，在敵人的後方，甚至在朝鮮國內廣大的民衆中，積極地開展種種形式的反日革命鬥爭。

現在我們爲了忠實地執行我們的革命任務，更爲了活潑地展開我們的反日工作，於是決定出版這個刊物。在這裏，我們要討論中韓兩民族聯合抗日的問題，要相互交換工作上的經驗和教訓，更要相互批評具體工作上的缺點和優點。我們想把這一小小的刊物，要作爲隊員同志們的革命工作的南針，同時要作爲隊員同志們相互間交換意見，聯絡感情的園地。

偉大的中華民族抗日戰爭，經過了十八個月的艱苦奮鬥，已經進入了確保勝利的新的時期。這一時期的主要戰略的任務，除了軍事上的一切措置外，就是要用政治動員的方式去積極向敵人進攻。因此在這時期中，發動朝鮮國內大衆的反日革命鬥爭和對敵宣傳，瓦解敵軍的工作、特別有着重大的意義。我們義勇隊雖然感覺到自已的力量還很微弱，但必須用最大的犧牲奮鬥，克服一切困難去執行抗戰新時期所給予我們的重大的革命任務。

——奎光——

제1장

发刊词
발간사

규광

제3부

『조선의용대통신』과 김성숙

新朝鮮叢書之一
朝鮮民族統一戰線問題

版權所有

著者 金奎光
發行者 新朝鮮社
重慶彌子石石橋段七十五號
總經售 生活書店

實價四角

一九四〇年三月一日出版

重慶市圖書雜誌審查委員會圖字第一〇四三號審[illegible]

中國國民黨臨時代表大會主席團公鑒：

日本強盜現正大舉侵略中國，四萬萬五千萬中華民族在偉大領袖蔣介石先生及
貴黨領導之下團結一致，爲國家民族生存而英勇抗戰，予敵以痛擊。適在此時
貴黨舉行臨時代表大會，討論抗戰大計，以期爭取最後勝利。本聯盟代表朝鮮二千三百萬同胞，謹向
貴國偉大領袖，貴黨全體同志以及一切抗戰將士致敬，并祝早日完成抗戰勝利。茲特提出下列意見，請求予以採納。

一、確認朝鮮民族爲抗日陣線的一主要勢力，對於朝鮮民族解放運動予以物質上及精神上的援助。

二、建立國際反日聯合機構，尤其特設中國，朝鮮，台灣各民族之聯合會議，在統一的抗日指導方針下，予以切實合作。

三、確認朝鮮民族爲中國民族的最可靠的同盟者，對於朝鮮革命同志樂爲參加中國抗日戰線者，予以特別指導。

敬致

抗日敬禮

朝鮮民族戰線聯盟理事會啓

一九三八年三月二十九日

多工作上的便宜，這是非常感激的事情。

『朝鮮青年戰時服務團』是中國抗戰中的一個被壓迫民族青年的工作團體，我們在一方面固然要直接參加中國的抗戰工作，但在另一方面也必須執行自已民族解放運動急先鋒的任務。在目前朝鮮民族解放鬥爭的主要政治任務，就是要積極促成全民族的統一團結，朝鮮民族也只有鞏固和擴大全民族反日統一戰線，才能加强反日力量，才能確保最後的解放。

因此，本團全體同志决定參加在華朝鮮革命運動統一戰線機構『朝鮮民族戰線聯盟』，從今日起，誓在聯盟的指導下進行一切反日革命鬥爭，同時把本團的名稱改爲『朝鮮青年前衛同盟』。我們堅决相信，在民族統一戰線的旗子下，一定能够發揮更大的革命精神和戰鬥力量。我們熱烈地希望中國各界愛國的人士們，仍舊給我們以加倍的同情和援助，使我們得到堅强的發展，成爲一個有力的抗日隊伍。我們誓在反日本帝國主義鬥爭的實踐中，和敬愛的中國同胞攜起手來，爭取中國抗戰的勝利，爭取朝鮮民族的最後解放。

朝鮮青年前衛同盟

一九三八年九月日

(五)聯盟致中國國民黨臨時代表大會函

五、參加中國抗日戰爭。

(14)在國內實行倭敵的後方擾亂和武裝鬥爭，在東北參加抗日反滿鬥爭，在中國關內，直接參加中國抗戰。

六、聯合世界上一切反日勢力。

(15)中國民族，台灣及蘇聯爲最大的反侵略反日勢力，必須與之切實聯合。

(16)對於一切反侵略陣線國家及世界反侵略運動會，取得緊密的聯絡。

七、肅淸自治運動妥協主義親日派等內奸。

(17)撲滅自治運動及參政權運動。

(18)撲滅親日派所組織的時中會，亞細亞協會之類的一切反動團體。

(19)剷除倭敵的一切走狗。

(20)肅淸中國境內的走私業者違禁毒品商等不良份子。

(四)「朝鮮青年戰時服務團爲加入「朝鮮民族戰線聯盟」宣言

我們在武漢的一部分朝鮮青年，爲了直接參加中國抗戰工作起見，於本年七月四日，組織朝鮮青年戰時服務團，從事抗敵宣傳工作，在過去二個月中，幸蒙中國各界人士們的熱烈的同情和援助，得到許

(4)根本撲滅朝鮮內倭敵的政治，經濟及其他一切支配勢力。

二、建立全民族的反日統一戰線。

(5)朝鮮民族，除少數親日派，走狗外，不論各政治團體，羣衆團體及個人，一致團結，建立全民族的反日統一戰線。

(6)積極排擊一切反對全民族的反日統一戰線的傾向。

(7)全民族的反日統一戰線須採取民主集權制。

三、全民族實行革命的總動員。

(8)動員全國農民，展開驅逐倭敵地主及其移住民的運動和拒絕納稅的運動。

(9)動員全國工人，特別動員倭敵的軍需工廠，水電，礦山及各種交通機關中被雇工人，展開怠工，罷工及破壞倭敵的一切工業施設的運動。

(10)動員學生，知識層及文化人，積極發揚民族文化，撲滅倭敵的奴隸教育。

(11)動員全國各宗教團體，使之參加民族解放鬥爭。

(12)動員全國婦女，使之參加民族解放鬥爭。

四、積極展開軍事行動。

(13)聯合國外各地的民族武裝部隊，組織統一的民族革命軍隊，實行民族解放戰爭。

(三)朝鮮民族線戰聯盟綱領

甲、基本綱領

一、打倒日本帝國主義，建立朝鮮民族的眞正民主主義的獨立國家。

二、確實保障國民的言論，出版，集會，結社，信仰之自由。

三、沒收日本帝國主義者及賣國賊，親日派一切財產。

四、改善勤勞大衆的生活。

五、以國家經費實施義務敎育及職業敎育。

六、在政治，經濟，社會上確保男女的平等權利。

七、對於同情或援助朝鮮民族解放運動的民族及國家，締結同盟或友好的關係。

乙、鬥爭綱領

一、根本撲滅日本帝國主義的統治勢力。

(1)組織全國的總暴動，準備實行軍事行動。

(2)用暴力驅逐倭敵的移住民。

(3)沒收朝鮮內倭敵的一切公私有財產。

對立現象。

（五）日本帝國主義，現在發動其陸海空軍的總力量來積極進行侵略中國的戰爭，並且聯合德國和意大利，結成侵略戰線，以便達到其侵略的目的。我們須要與中國民族聯合起來，加强抗日的戰線，這是歷史許給我們決定的必然的一條出路，並且要支持與世界上侵略戰線對立的民主和平戰線，這也是一個自然的趨向。日本帝國主義正在被包圍於中國及英美法蘇的聯合戰線之中掙扎，而且其自體的矛盾也達到了極點。所以它的瘋狂肆虐，也不過是最後的掙扎而已。

我們是在如上的認識和主張之下，結成『朝鮮民族戰線聯盟』，並號召國內外革命同志及革命大衆，要發動全民族的總動員，打倒日本帝國主義，完成我們的革命偉業。

一、朝鮮全民族團結起來，鞏固我們的民族戰線！

二、中韓兩民族聯合起來，集中我們的抗日力量！

三、聯合世界上一切反日勢力，打倒日本帝國主義！

朝鮮民族革命黨
朝鮮民族解放同盟
朝鮮革命者聯盟

一九三八年十一月十五日

計，爲保障世界的和平計，在國際上要求民族的自由獨立，在政治上要求全民的平等權利，在經濟上要求大衆生活的安定和向上而已。這是我們民族共同的要求，而我們民族一致團結的理論基礎也就是在這裏。我們有了這樣明確的理論基礎，團結才是鞏固，革命的力量才是偉大。

（三）朝鮮民族自然有其特殊的情形，所以我們朝鮮的革命也應該有其特殊性。這是誰也不能否定的。但朝鮮問題也不過是世界問題的一環，所以朝鮮的革命也應該有國際的共同性，這也是不能否認的。譬如中國民族（雖不無程度的差異）也爲達到與我們相同的要求而鬥爭着。同樣地要完成中國民族的自主獨立，實現民權主義的政治，獲得民生主義的平等經濟。這就是中韓兩民族革命的一個共同性，也就是一切被壓迫民族革命理論的共同性。所以一切被壓迫民族的聯合戰線也是需要，而且必然的。尤其是我們須要與中國民族切實聯合起來，趕快打倒日本帝國主義，實現眞正的東亞和平。這樣也可以貢獻世界和平及人類幸福的實現。

（四）朝鮮民族已經有了革命的自覺。我們知道要達到全民族共同的要求，只有一條革命的路可走所以在朝鮮國內的革命大衆，並沒有什麼內部分裂和對立的理由，就是在南北滿洲的多數朝鮮革命羣衆的裂分和對立是已屬過去的問題。不過在華南方面的朝鮮革命陣營內部，還沒有完全消除黨派對立的現象。我們雖然相信如果我們的革命運動更進一步地擴大到大衆裏面去了，這種現象是自然可以被克服，可是這種過渡現象給與整個革命運動的惡影響，也的確是不少，所以我們仍須努力趕快克服這種黨派的門戶，未能切實地團結。是不可諱言的。不過這也是在時代潮流動蕩中免不了的一回事罷了。但是自幾年以來，我們同是提倡民族戰線的統一而不遺餘力，尤其是自蘆溝橋事變發生，中國四萬萬五千萬民族開始全面抗戰以來，我們爲達到民族戰線統一的目的，不斷地與我們革命的諸團體接洽，如此經過三個月的預備工作，至今才告一段落。我們就在嚴密的盟約及共同的綱領政策下，結成『朝鮮民族戰線聯盟』，並將我們的態度和決心，申述於下。

（一）朝鮮民族的唯一出路端在團結全民族的力量來打倒日本帝國主義，完成朝鮮民族的自由獨立。所以朝鮮革命就是民族革命，而我們的戰線就是民族戰線，並不是『階級戰線』，也不是『人民戰線』，又與法國，西班牙等的『國民戰線』有嚴格的分別。這樣我們堅決否定我們民族戰線內部發生對立或分化的現象，而且要努力克服過去所有的這種現象。我們的民族戰線也已經過了理論的過程，而達到實踐的階段。剛在此時，與我們利害關係相同而友誼關係最深的四萬萬五千萬中國民族，對日本強盜的野蠻侵略，發動全面的英勇抗戰，這不僅給我們以實際的教訓，而且給我們以實質的援助，於是我們革命成功的信念也無限地增強。

（二）我們革命的目的，不外乎實現全朝鮮民族的自由平等。要達到這個目的，必須集中全民族的革命力量，起來打倒日本帝國主義，以完成朝鮮民族的自由獨立，而且要建立全民族能夠享受安樂和幸福的政治機構和經濟制度。換句話說，朝鮮民族爲保障民族生存的自主權計，爲民族的悠久繁榮和發展，宣言等。而『朝鮮獨立運動者同盟』遂爲無形解散。

正在這個時候，由於中國方面在東戰場失利，南京危機益急，於是，本聯盟卽由南京移到武漢，到了十二月初在漢口發表本聯盟創立宣言。

最後，關於本聯盟的使命，簡單地說一說。

上面說過，在朝鮮革命運動上，很早就有統一運動。但這運動，大體上不是同一性質的政治團體的合同運動，便是性質不同的各黨來組織民族單一黨的運動。可是本聯盟是由主義和思想不同的團體，保持各自的政治立場和組織的獨立性，而在一定的共同政綱下，以聯合形式來結成的。這便是本聯盟的特色，也可以說是聯合戰線的典型。不過我們決不會把這聯盟看作君臨於朝鮮革命大衆之上的領導機關，我們只把聯盟作爲結成最完滿的全民族統一戰線的一出發點，由此將要更努力於戰線的統一運動，以期實現最圓滿的統一戰線。還有一層，我們深信，這種統一戰線不僅在打倒日本帝國主義的鬥爭過程中需要支持，而且在將來，建立獨立自由幸福的國家的時候，也需要各黨各派的共同努力。因爲只有這樣才能招來朝鮮民族的眞正自由幸福的生活

朝鮮民族戰線聯盟創立宣言

我們三個團體同是爲朝鮮民族的自由解放而鬥爭，然在過去的一個階段中，我們各自樹立旁獨立的

表十五人，討論結果，先成立了『朝鮮民族戰綫統一促成會』，並發表致力於統一運動的宣言。

可是，再隔數日，『南京韓族會』，也召集全體大會，發起組織『在中國朝鮮民族抗日同盟』，不過，這同盟在組織趣旨上，完全和統一促成會相同，故經雙方協商，把兩者合同而組織『朝鮮獨立運動者同盟。』

正在這個時候，同樣在中國爲朝鮮革命而奮鬥的『韓國國民黨』，『朝鮮革命黨』，『韓國獨立黨』等三團體，網羅在美洲的朝鮮革命團體，成立了『韓國光復運動團體聯合會』，當時我們對於他們，再三提出關於統一的意見和要求，但由於種種關係，至今尚未得到統一，不能不認爲很大的遺憾。不過我們始終爲統一而努力，而且深信，我們的統一運動一定會成功的。

『朝鮮獨立運動者同盟』雖然是成立了，但在名稱上好像一個獨立的團體，而且牠的內容上以個人本位爲組織原則，這是不適合於民族戰綫的組織原則。因此在這團體中，發生了民族戰線的組織是否以個人本位，或以團體本位的問題，此外還有民族戰綫政治綱領的問題。關於這些問題有許多不同的意見，爲着統一這種分歧的意見，更爲着和光復運動團體聯合會充分協商統一問題，經過了相當的時日和數次的正式和非正式的會合。

這樣，前後經過三個月的時日，民族戰綫的組織及綱領問題的意見，終於得到一致，到了十一月十二日才正式召集三個團體的代表會議，經過四五次的會議，成立了本聯盟，通過了名稱，綱領及規約等體、武裝隊伍及其他宗教及社會的羣衆團體，統一起來，建立全民族的反日革命總指導機關。
第三，在國際上，正是全世界愛護和平，反對侵略的國家及人民，積極反對法西斯侵略主義，尤其是中國四萬萬五千萬民族起來反抗我們的敵人日本法西斯强盜的時候。在這種形勢下，我們的民族戰綫獲得了空前偉大的國際友軍和同盟軍。
以上三個特點是在過去的任何形式的統一運動都沒有具備齊的。一九二七年的『大獨立』黨促成運動及『新幹會』運動，雖然是民族統一戰綫運動，但牠在政治上並沒有明確地提出反日民主綱領，在組織上並沒有採取團體本位的原則，在國際上也沒有像現在一樣偉大的國際友軍。因此這運動並不能有力的發展和擴大。
『朝鮮民族戰綫聯盟』是由三個主義不同的革命團體聯合而成。卽朝鮮民族革命黨，朝鮮民族解放同盟，朝鮮革命者聯盟等。這三個團體在過去雖則有過種種對立的傾向，但自從一九三六年夏天起，就適應着時代的要求，開始共同主張建立全民族的反日統一戰綫。
到了蘆溝橋事變發生後，客觀情形，更有利於統一戰綫的結成，於是三團體代表集合在南京，交換關於如何結成民族戰綫問題的意見。當時孫建，金鐵男，李然浩三同志，以不屬於任何團體的個人資格，在各團體間努力策動統一，結果由三人簽名，發表宣言，同時得三團體的同意，召集關於統一問題的懇談會。這時中國的全面抗戰已經揭開，敵機不斷空襲南京。在這種恐怖緊張空氣中，召集各方面的代

附錄

(一)朝鮮民族戰線聯盟結成經過

在朝鮮革命陣營內，發生統一運動，可以說是早在一九一九年『三一』運動剛剛過後的事情。這運動在各時代，其名稱，方法及內容雖有所不同，但牠一直繼續到現在，是不可否認的歷史的事情。可是在這裏並沒有把牠詳述的必要，而只要說明，『朝鮮民族戰綫聯盟』的成立，也就是十餘年來繼續發展的統一運動的一個成果。

那末，『朝鮮民族戰綫聯盟』是經過怎樣的途程而成立的呢？牠和以前的統一運動或以外的統一運動比較起來，有什麼特殊之點呢？他的歷史的使命是什麼呢？這些問題，須要加以簡單的說明。

現在我們的民族戰綫統一運動的特點，可以從以下三方面去觀察。

第一，在政治上明確地提出了反日民主綱領，而這綱領充分代表全體民族的政治要求的，所以在這綱領下，可以團結各民族各社會階級，各政黨政派，共同奮鬥。

第二，在組織上明確地提出團體本位和民主集中制的原則，而在這原則下，可以把全國各種革命團第三，要實現並保障東亞的永久和平。

不過，要完成這種偉大的歷史任務，必須要和朝鮮民族建立强固的聯合戰綫。

五、結論

總括起來說，在目前中國的抗戰已進入第二期的時候，建立中韓民族抗日聯合戰綫的工作，是極其重要和必要的工作。可是到現在爲止，還沒有具體地把牠實現出來。這不能不認爲很大的缺憾。我們應當曉得，在目前『中韓民族聯合起來！』這一口號，決計不是一個空洞的作爲『政治號召』的東西，而是急需運用於實際抗日鬥爭的一種革命政策。我們對於這一問題，固然要展開更廣泛，更綿密的理論的討論，但同時必須急速地把牠實現出來，以擴大和加强實際的抗日鬥爭，以保證抗戰的最後勝利。

一九三八年五月九日

解放，而更進一步要實現東亞的眞正的永久和平。換一句說，中國抗戰的勝利，可能招致朝鮮的獨立，朝鮮的完全獨立，可能實現東亞的和平，但最主要的前提，就是要建立中韓兩民族的聯合戰綫。

稍具一些政治眼光的人，誰都可以明白，朝鮮的獨立或敗亡，對於東亞和平有着決定的關係。朝鮮在政治地理上處於中俄日三大國之間，好像歐洲的巴爾幹半島一樣，誰先侵佔了牠，誰就能够把持東亞的霸權。因此在過去這三大國的政治勢力均衡發展的時期中，朝鮮民族是可以獨立的，相反地，只有確保朝鮮的獨立，這三國才能保持着東亞的均勢，才能保持東亞的和平。

自從日本開始併吞朝鮮以後，東亞和平開始破壞，也就是種下了目前中日大戰的禍根，過去的清日戰爭和俄日戰爭，都是因朝鮮問題而發動的，可是戰爭的結果，所謂朝鮮問題並不以『獨立』的形式來解決，而是以『被併吞』的形式來解決，從此以後，日本帝國主義者就以朝鮮爲侵略大陸的架橋，開始進行併吞整個中國的侵略計劃，遂引起了『九一八』以來繼續發展的中日戰爭。

可是到現在，情形便完全不同了。第一、蘇聯是強大了，第二、中國也站立起來了，第三、日本帝國主義倒走上沒落之路了，第四、朝鮮民族始終沒有給日本人同化，始終爲自由獨立而鬥爭。在這種情勢下，中國發動了抗日戰爭，而這戰爭所負起的歷史的任務是很重大的。即

第一，要把日本在華勢力鏟除淨盡，收復一切的失地，

第二、要襄助朝鮮獨立，並加以維護，

進到具體實行的時期了。於是乎全朝鮮革命團體及個人，異口同聲地主張全民族的統一團結，同時積極展開反日援華獨立的鬥爭，最近在國內已很普遍地發生反戰，反徵兵的鬥爭和暴動。在國外的革命者間，已經發起了民族統一戰線運動，成立了『朝鮮民族戰線聯盟』。特別是在中國的朝鮮革命者，直接參加中國的抗戰。這就是說明，朝鮮民族解放運動的基本戰略，在於聯合中國民族，在中國抗戰中，要以鬥爭來援助中國，同時爭取自身的解放。

在這裏，朝鮮民族統一戰線團體『朝鮮民族戰線聯盟』所發表的鬥爭綱領中，關於中韓民族聯合抗日問題的規定，是特別值得指出的。

『(14)在國內進行倭敵的後方攪亂和武裝鬥爭，在東北參加抗日反滿鬥爭，在中國關內直接參加中國抗戰』。

『(15)中國民族，台灣民族及蘇聯爲最大的反侵略，反日勢力，必須與之切實聯合。』

這個綱領是和中國的抗戰建國綱領的規定，正相吻合，可見中韓抗日聯合戰綫的建立便是兩大民族的最緊急最迫切的要求。

四、中韓民族戰聯合戰線是要實現東亞的永久和平

我們要建立中韓民族聯合戰綫的目的，不僅在於確保中國抗戰的勝利，又不僅在於朝鮮民族的獨立

國當局一定會積極實現這一革命政策，以配合中國的抗戰。

三、中韓民族聯合戰線是朝鮮民族解放運動的基本政策

其次，我們要從朝鮮民族解放運動的立場，來觀察中韓民族聯合戰綫的意義。

誰都曉得，朝鮮是東方最强大的帝國主義日本的獨占殖民地。朝鮮民族要得到根本的解放，單單靠自己的力量顯然是不够的。這因爲過去數十年間日本帝國主義的繼續向上發展過程中，對殖民地的統治力格外加强，而朝鮮民族的一切孤立的自力的解放鬥爭，都被敵人所鎭壓下去了。換言之，敵人的力量太强大，而我們的力量太弱少了。因此朝鮮革命運動的主要戰略，第一是全民族的一致團結，第二是聯合一切國際的反日勢力。

所謂國際的反日勢力，在朝鮮看來，主要的是蘇聯和中國。這兩個國家，不僅在目前遭受日本的壓迫和侵略，而且在過去半世紀以來，結下了對立鬥爭的歷史關係。因此，聯合這兩大國家，共同打倒日本帝國主義，便是朝鮮革命的基本戰略。正因爲如此，朝鮮民族始終以中國和蘇聯民族看作最可靠的友軍或同盟軍。無數的朝鮮革命者都跑到中國和蘇聯來活動，並且直接參加這兩國的一切革命鬥爭，更努力和這兩國的政府及人民建立密切的關係。

自從中國政府及人民，毅然發動抗日戰爭以後，朝鮮民族和中國民族聯合抗日的戰略的任務，已經

本來，聯合被壓迫民族共同奮鬥，乃是中華民國的創造者孫中山先生的革命原則。也就是中國國民黨的主要政綱。中山先生說：『我們對於弱少民族要扶持他，對於世界的列强要抵抗他』。中國國民黨第二次全國代表大會，根據了中山先生的這種遺囑，在對外政策決議中明白規定『……聯合世界上一切被壓迫民族……共同奮鬥』。這種政策，到現在已進到了進一步實現的階段。中國民族領袖　蔣介石先生，素來關心和扶助朝鮮民族解放運動，到最近更積極表示關於援助朝鮮獨立運動的意志。特別在這次中國國民黨臨時代表大會所通過的抗戰建國綱領上明白規定：

『（三）本獨立自主之精神，聯合世界上同情于我之國家及民族，爲世界之和平與正義，共同奮鬥。』

『（五）聯合一切反對日本帝國主義侵略之勢力，制止日本侵略，樹立並保障東亞之永久和平。』

中國共產黨及其領袖們，對於這種政策的意見也是一樣的。毛澤東，周恩來，陳紹禹諸先生的言論中，也曾屢屢提到聯合東方被壓迫民族共同奮鬥的意見。尤其在中國共產黨抗日救國十大綱領中，更明白規定：

『聯合朝鮮，台灣及日本國內工農人民，反對日本帝國主義。』

這樣看來，建立中韓兩民族抗日聯合戰綫，無疑地是目前中國抗日政策的具體任務。我們深信，中

二、中韓民族聯合戰線是中國抗日革命政策的主要一環

大家都知道，這次中國的抗戰，決不是兩個對等國間爭奪某種利權的戰爭，而是被侵略的半殖民地中國反對侵略的帝國主義日本的革命戰爭。這種戰爭在軍備上不能不比侵略者處於劣勢，但在政治上反而比侵略者佔優位的。因此中國的抗戰，單單靠軍事力量是不行的，必須積極動員國內及國際的一切政力量，以配合劣勢的軍事力量。正因爲如此，中國自抗戰以來，積極實現全國各黨各派的統一團結，以治便實行全民族的政治總動員，同時積極聯合英美法蘇等擁護和平、反對侵略的國家，以增強國際的抗日政治勢力。

不過，在這種抗日政策中，對於日本殖民地問題的政策，特別對於朝鮮二千三百萬反日民族的政策，應當佔最重要的地位。當然在目前，聯合英美法蘇以及全世界反對侵略的國家及人民，共同反對日本的侵略是非常主要的工作。實際上他們已經開始熱烈地援助中國的抗戰，無論在精神上及物質上增加抗戰力量者極大。不過這還祇是『援助』而已。至於日本帝國主義壓迫下的朝鮮民族，爲了在這次戰爭中爭取他們自身的解放，而當作中國民族最可靠的同盟軍而出現。雖然他們沒有什麼物質可以援助中國，但他們卻能够拿出寶貴的生命來替中國民族和自己解放而與敵拚命的。聯合這一支可靠的同盟軍，無疑地是中國抗日革命政策的主要任務。

四　中韓民族聯合戰綫的革命的義意

一、引言

中韓兩民族聯合抗日的問題，在中國還未發動抗戰以前，是很少人加以注意的。卽或有人提出這個問題來討論，也未免有些『時期尙早』之感，而不能成爲可能實現的實際問題。可是到現在，由於中日戰爭的擴大和深刻化，特別由於中國方面堅定了『抗戰必勝』的信念和『抗戰到底』的決心，這個問題已經成爲最現實的政治問題了。最近在各種中韓文刊物上，中韓人士已經很普遍地提出這個問題來加以探討。特別値得我們注意的是•在中國各主要政黨的抗日政綱上和諸抗日領袖們的言論中，都很明確地提到了這個問題。

那末，所謂中韓民族聯合戰綫是什麼呢？對這個問題的回答，說起來是很簡單的，就是說：中韓兩民族同樣地遭受日本帝國主義的侵略和壓迫，他們爲了打倒這共同的敵人，就有聯合起來的必要了•這樣的解釋，自然是對的，然而是不够的。我們必須更進一步去認識這一聯合戰綫所負起的歷史的革命任務。

，任何一個社會階級都有反日革命的要求。尤其廣大的朝鮮工農大衆，是朝鮮革命運動最勇敢最堅決的戰鬥隊伍。

四、結語

朝鮮民族到底有多少反日力量這個問題，自然不是容易解答的。我們上面所解釋的，未必就是完全正確，不過在大體上說，關於朝鮮民族在過去發動過的以及在今後可能發動的反日力量，都有相當的分析和估計。我提出這個問題的用意，端在於使中國人士們注意和研究這個問題，而進而正確地認識朝鮮民族問題，而在目前中韓兩民族抗日聯合戰線結成過程中，得到認識上的幫助。

原來，關於這個問題的估計，中韓人士的看法固有所相異，即使在朝鮮人間，也未必就能完全一致。有的人是把農工大衆的革命性，作過高的評價，而對於民族資產階級的革命性，評價得太低。又有的人是與此相反。我認爲站在民族統一戰線的立場上說，過左或過右的評價都不正確，我是始終相信，在『打倒日本帝國主義，建立眞正的民主共和國』這一目標下，只除了親日派韓奸外，全體民族，不論是屬於什麽階級或什麽黨派的人，都要參加反日革命鬥爭，是沒有絲毫疑問的。

一九三八年六月十日

最後，朝鮮民族資產階級及『民族地主』，雖則他們的力量是很微弱的，又雖則他們還在夢想着在日本資本的卵翼下打開一條新的出路，但同時他們仍然並沒有完全放棄打退日本資本而獨霸朝鮮的雄心。在過去的歐戰景氣時代，他們也曾有過光榮的發達，企圖和日本資本對抗一下。一九一九年『三一』革命，無疑地是朝鮮民族資產階級及『民族地主』所領導發動的反日運動。當時的所謂民族代表三十三人，其實是他們的代表者。可是這一運動失敗以後，他們便一蹶不起了！在日本資本的重重壓迫下，他們不得不陷進繼續破產和沒落的過程。然而這不是說他們已經完全失去了反日獨立的精神。剛剛相反，他們在這種破產和沒落過程中，更加深刻地認識到自已的出路除了民族的獨立自存外便沒有第二條可走的路了。許多人對於朝鮮民族資產階級的革命性估計太低，就是認爲，他們的資本早已被日本資本所同化，根本沒有力量和日本資本對立。因此他們在政治上已經成了日本統治階級的走狗，早已放棄了反日獨立的要求。這種看法自然有部分的正確，而不是眞理。他們早已無力打倒或排斥日本資本是事實，而且他們無論在經濟上或政治上都成了日本帝國主義的附庸，也是事實。但同時在日本的民族的侵奪政策下，他們和日本資本的利害決不能一致。相反地他們爲着生存和發展，不能不和日本的資本對立起來。雖然這個對立的力量是極其微弱的。在這一點上，我們深信在目前全民族反日統一戰線運動中，他們一定能够參加進來，而且能够執行他們所負起的歷史使命。

綜上所述，在日本帝國主義的民族的屠殺，侵奪政策底下，全體民族，除了極少數親日派走狗等外發揮出最強大的革命力量來。無疑地他們和工人階級一塊，成爲全民族反日統一戰線的最基本的戰鬥隊伍。

(3)中小資產階級

朝鮮的中小資產階級，即小規模的商工業者，小地主及其他小市民等，也在日本資的壓榨下，日本益走上沒落的過程，而不能不走到革命的陣營中來。他們在歐戰時期的普遍景氣時代，曾經抱着一攫千金的雄心，而在日本資本的大量流動中企圖建築向前發達的基礎。可是這種雄心終於變成美夢。在日本經濟的週期恐慌中，由於日本資本向着朝鮮民族開始了空前的侵奪，許多小規模的產業及商業機關紛紛倒閉，今日的所謂中小資產者，到明日就會變成無產者了。他們只有在資本集中的法則下，好像牽入屠場的羔羊一樣成爲無力抗爭的犧牲品。

可是我們必須知道，在這一社會階層中，包含着許多聰明的知識份子。例如教授，新聞記者，作家，醫生，牧師，青年學生等都是這一社會階層的出身。這一批人們不僅形成了朝鮮民族文化運動的一種力量，而且不論在過去和現在，在朝鮮民族解放運動中，起着非常重大的作用。他們在目前中日戰爭中，清楚認識這是朝鮮民族爭取解放的唯一機會，而要站到中國這邊來，共同打倒日本帝國主義，是沒有疑問的。

(4)民族資產階級和『民族地主』

封建的超經濟的搾取方法。例如地租，高利貸，賦役及其他苛捐雜稅等，沒有一個不是封建的剝削方式。朝鮮農民在遭受日本人的苛歛誅求而在饑餓線上彷徨的時候，一方面深深地追憶亡國以前安居樂業的往時生活。另一方面對於日本的强盜的無理掠奪引起無限的憤怒。他們早已明白，爲爭取他們的生存，也只有走上反日獨立的一途了。因此朝鮮農民在過去的種種反日運動中，都很熱烈地參加，特別在『三一』大革命中，可以說全國農民都被動員，積極參加反日示威和暴動。其後隨着農村破產的日益加深，在各地不斷地發生農民大衆的抗租，抗捐等鬥爭。據敵方統計，全國農民抗租鬥爭，每年平均有三千餘件之多。這就是朝鮮農民的慘苦生活和白熱鬥爭的表現。

『九一八』事變以後，日本法西斯强盜們一手舉起『建設滿洲天國』的招牌，欺騙和誘惑農民，另一手拿着刀槍，威脅和驅逐農民，使他們到滿洲荒野去開拓荒地，同時作爲侵華後備隊。另一方面把日本的『過剩』人口移到朝鮮來，作『鵲巢鳩居』的勾當。日本强盜的這種政策，在過去數十年間可以說是得到相當的效果，現在在朝鮮的日本移住民已達六十萬人，在滿洲的朝鮮移居民已超過二百萬人。可是朝鮮農民移住滿洲的結果，更加提高了他們的反日情緒，同時更加增强了滿洲朝鮮獨立軍的大衆基礎。

本來朝鮮農民是有着光榮的歷史的革命傳統。一八九三年發動的所謂東學黨暴動，就是農民大衆反抗李朝專制壓迫的大革命運動。亡國當時的全國義兵運動也是農民大衆的武裝抗日鬥爭。又如上述，『三一』大革命的基本隊伍也就是農民。他們有着執拗的民族意識和頑强的反日感情，在每次反日鬥爭中罷工，示威的權利，而且沒有集會，結社的自由，拿着鞭子的工人監督可以隨便加以毆打，加以刑罰。他們好像牛馬一樣只有服從和驅使，而不得反抗。可是他們决不是日本人的奴隸，而是有着五千餘年悠久歷史的文化民族，只要有反抗的機會和辦法，便馬上起來反抗。在過去歷次的反日鬥爭中，他們不僅起來參加，而且最勇敢最堅決地執行反日革命主力軍的任務。尤其在朝鮮共產黨建立以後，在黨的領導下建立了全國工人總同盟，把全國的工人組織起來，而在全國到處不斷地進行罷工，示威，暴動等反日鬥爭。有名的元山罷工和永興暴動，是表現了朝鮮工人階級的偉大的革命力量。

『九一八』事變以後，日本帝國主義者爲準備對華侵略戰爭起見，更加殘酷地搾取朝鮮工人階級的最後一滴血。他們首先破壞了朝鮮共產黨，繼而强迫解散全國工人總同盟，絕對禁止一切罷工及怠工等行動，以便加速增進他們的所謂國防工業的效率。在這種壓迫條件下，他們更加引起民族的同仇敵愾的情緒。我們相信，在目前偉大的中國民族解放戰爭中，朝鮮一百餘萬工人大衆，一定能够發動最有力的反日鬥爭，以執行朝鮮革命基本隊伍的任務。

（2）農民大衆

廣大的朝鮮農民大衆，也保持着强大的反日革命力量。朝鮮原是以農立國的國家，農民佔全人口的八〇%在朝鮮變態的資本主義化過程中，農村破產格外急激地進行。在日本帝國主義的繼續掠奪和收買政策下，全國土地三分一以上已歸爲日本人所有。敵人爲着更多的搾取農民大衆，在農業方面仍舊採取大家都曉得，朝鮮原是封建農業國家。自從亡國以來，在日本帝國主義侵略資本的猛烈侵襲下，強制地走上了資本主義化過程。而且這樣形成了半封建的社會形態。在這個制度裏，有日益增大的現代工人階級，有日益沒落的中小資產階級，又有無限制被剝削的廣大的農民大衆。這些社會階級在日本資本的壓迫和搾取之下，保持着強烈的反日革命性。此外還有所謂民族資產階級及『民族地主』，也同樣遭受日本資本的壓迫，不僅沒有發達的前途，反而更走上沒落的過程。據最近統計，全國資本的九五%，全國耕地面積的六〇%及其他主要產業機關，都歸爲日本人的公私所有。由此便可以看出朝鮮民族資本家及地主的可悲的命運。因此，他們也爲着生存，非走上反日革命這一條出路不可。

在這兒，我們把朝鮮民族各社會階級的現實的生活關係，加以分析和研究，藉以正確地認識他們的反日革命性，而且正確地估計他們可能發動的力量。

(1)工人階級

在朝鮮各社會階級中，反日情緒最高而戰鬥力最強的便是工人階級。在日本帝國主義的朝鮮工業化運動中，朝鮮工業日益發達，而這些工廠都是日本人的公私資本所開辦的。在這種情勢下，工人階級便急激地增加起來。據敵方的統計，全國工人總數已超過一百萬人。他們的大多數都是破產的農民。他們在鄉村中，經過一番日本的地主及高利貸業者的無限的剝削而至於破產。跑到都市進工廠，也要遭受日本人的絕對的壓搾。他們每日的平均工資四角乃至五角，工作時間超過十小時乃至十二小時。不但沒有一九二六年發動的「六十」運動，也是大規模的民衆反日示威。可是在軍警的武裝彈壓下，不能發展成爲全國規模的運動。不過，這運動在朝鮮共產黨的單獨領導及策動下發動的這點上，有牠的特徵。

此外還有無數次的工人及農民的大罷工，抗租鬥爭和暴動。在這裏應當把這些鬥爭事實列舉出來一一加以說明，但因篇幅關係，不得不割愛。只好待到別的機會再說。

總括一句說，在如上的革命的大衆運動中，我們可以看出，朝鮮民族不僅沒有被日本人同化，相反地，對日同仇敵愾的情緒便一天天地高漲起來，同時可以看出，他們有偉大的反日動員力量，有不可克服的民族意識，更有偉大的民族的團結力和戰鬥精神。

三、朝鮮民族的革命力量表現在他們的現實的生活關係上面

朝鮮民族的反日革命力量，不僅要從他們的歷史的反日鬥爭上面去觀察出來，而且要從他們的現實的被壓迫生活關係上面去觀察出來。我們必須明白，朝鮮民族所以能夠發揮像上述那樣偉大的反日戰鬥力量，主要的是由於他們的現實的被壓迫生活關係所有以推動，有以迫成的。換言之，他們的現實的被壓迫生活關係，對於他們反日鬥爭起着決定的作用。

(3)大衆的反日運動

朝鮮民族的歷次的大衆反日鬥爭，是比任何殖民地民族的反抗運動更為激烈，更為廣泛，而且這種鬥爭，在質和量方面都有繼續的發展。在亡國後數年間，只有全國義兵的武裝鬥爭，而一般民衆的反日示威和暴動還沒有爆發。可是到了一九一九　三月一日發動了空前激烈的全民族的反日大示威和大暴動。主持這個運動的民族代表三十三人，本來的計劃是動員幾個中心都市的青年學生，舉行和平的反日示威，單單提出『朝鮮獨立萬歲』！這一口號，並且規定了和平示威的辦法，但是這運動從發動的那天起，就馬上發展成為全民族的大示威，又所謂和平辦法變成了大衆的徒手暴動。這種示威和暴動在全國到處每個鄉村中都是猛烈地進行，一直繼續到八個月之久。這樣全國被動員的民衆總數達二百萬人，被犧牲者達四萬餘人。特別值得指出的是，平時被看作親日派走狗的官吏，警察及憲兵補助員等也自行脫掉敵人的服裝，參加示威。

其次，一九二九年發動的全國學生反日總罷課總示威運動也是充分發揮了朝鮮民族的團結力和戰鬥力的偉大。這原是以光州地方的朝鮮學生和日本學生間小小的衝突為契機而爆發的運動，發展起來成為全國青年學生的反日政治鬥爭。這運動的中心口號，是『反對奴隸養成教育政策』，『反對韓日學生的不平等待遇』。全國公私立學校的朝鮮學生實行總同盟罷課，同時舉行了轟轟烈烈的反日示威。參加學生總數超過十五萬人，就是連小學生，也都起來加入這個運動。

是民族主義運動的前衛。

這裏，特別値得指出的是，一九二六、七年中國的國共合作時代，在朝鮮也發生了同樣的運動。就是發起建立民族主義運動和社會主義運動的協同戰綫。當時在國外，發起建立『大獨立黨』，在國內，組織了『新幹會』。新幹會是在合法條件下，以單一黨形式出現的團體。成立不久，會員共有三萬餘人，全國到處有一百五十餘支會。一九二九年以光州事件爲契機而爆發的全國學生反日大示威運動，可以說完全由新幹會領導的。這個單一政黨形式的團體，因種種內部的矛盾和外部的抑壓，遂於一九三一年至於解體，可是這三萬餘的反日積極分子，在種種形式的社會組織裏面仍然在推進反日運動。尤其在以後產生的祕密團體『反帝國主義同盟』是代替了新幹會的任務。

最後，一九三六年中國的全民族統一戰綫開始以後，尤其到中日戰爭爆發以後，朝鮮民族的反日政治鬥爭也踏進了一個新的階段。這個階段的主要任務，就是一方面要建立全朝鮮民族的反日統一戰綫，別一方面要建立中韓兩民族的抗日聯合戰綫。爲了遂行這個歷史任務，在海外首先成立了『朝鮮民族戰綫聯盟』。這聯盟已經成了朝鮮民族統一戰綫的發起者或推動者。

要之，民族主義運動和社會主義運動，是朝鮮革命運動的兩大中心勢力。這兩個運動能够合作，則革命運動便馬上昂揚和高漲，不幸而分裂，則革命運動便馬上消沈和停滯！在目前，我們的所謂統一戰綫運動，便是這兩個運動的團結合作的運動。

反日革命力量却是很大的。朝鮮民族主義運動的大部分，都以宗敎界的活動表示出來，這是很値得注目之點。例如『三一』大革命，可以說完全以宗敎爲中心而指導發動的。不僅當時的民族代表三十三人中宗敎信者佔絕對多數，而且在參加示威暴動的大衆中，絕對多數爲宗敎信者。這樣，到現在還在相當保持反日革命性的宗敎，有天道敎，基督敎，佛敎及儒敎等。這些宗敎都各擁有數十萬的敎徒，還有青年會，學校及敎會等社會事業機關，吸收廣大的青年學生。他們在平時生活上，自然是很消極的，非革命的，可是一到反日革命高潮到來的時候，他們都可以動員起來，參加民族解放鬥爭，而且可以發生偉大的力量。

民族主義運動的大衆基礎，在宗敎方面是有原因的。因爲在朝鮮，一切集會，結社的自由全被剝奪，民族運動團體更不能公開存在，所以許多有志人士們都參加宗敎團體，藉着宗敎的掩護而進行民族更生的事業。故安昌浩先生所領導的興士團及青年修養同盟等，也正是藉着基督敎的掩護而活動。這是朝鮮民族主義運動的特殊情形。

民族主義運動在海外有着很强固的基礎。『三一』運動以後在上海的『韓國臨時政府』，是當時民族主義運動的總指導機關，在『九一八』以前，滿洲的正義府，統義府，參議府等韓僑自治機關，都是民族運動的大本營。在美洲的國民會，同志會等也是有相當歷史和羣衆基礎的民族主義團體。最近數年前由五個團體合併而成立的朝鮮民族革命黨和韓國國民黨是在中國活動的主要民族主義團體。這些團體無疑地但是，在『三一』大革命運動以後，朝鮮革命運動遂行了三個主要的發展。第一，把從來的以志士爲中心的運動移到大衆中間來，特別由於新興社會主義運動的發生及發展，工農大衆及青年學生的反帝反封建的鬥爭日益擴大，而把運動的基礎安放在廣大的大衆鬥爭上面。第二，積極展開革命運動的理論鬥爭，澈底清算從來漠然的忠君愛國主義，以及一切不正確的政治見解，同時吸收現代的民主主義及社會主義思想，開始建立正確的革命理論。第三，不論是民族主義運動或社會主義運動方面，都把從來分散的，自然發生的以及宗派主義的革命團體，不斷地予以淘汰或取消，開始建立現代的革命政黨。

『三一』以後，朝鮮革命運動的主要特徵，就有民族主義運動和社會主義運動的對立的發展。可是由於朝鮮產業工人的急速增加和國際社會主義運動的突飛猛進，後者的發展比前者更爲迅速而普遍。一九二四年在京城召集全國民衆運動者大會時，全國社會運動團體總數已超過一千。其後一九二六年成立了『朝鮮共產黨』，在牠領導下成立的全國勞動總同盟，全國農民總同盟，全國青年總同盟等所屬人員總數達二十餘萬人。這些團體在『九一八』事變前後雖被解散而不能公開活動，但他們的組織的活動仍然存在着。朝鮮共產黨也在一九二八年被敵人破壞，在敵人的屠殺政策下，直到今日還不能建立健全的共產黨，但他們的秘密組織和活動，從來沒有中斷過。這樣全國到處不斷發生的罷工，抗租，罷課等鬥爭，都是由社會主義派所指導發動的。這一運動在朝鮮革命運動中已佔着主要的地位是不待言的了。

至於民族主義運動，在國內雖然沒有社會主義運動那樣表示出積極的行動來，但牠所保持的潛在的而移居東北的韓僑，便遭受了慘酷的屠殺和蹂躪。許多村莊，學校，自治機關等都被敵人佔領或焚燒，無數的農民，婦女都被屠殺和姦淫。可是敵人並不能消滅獨立軍。剛剛相反。朝鮮獨立軍一方面得到反日僑胞的積極參加，他方面獲得中國抗日義勇軍的響應和合作，其戰鬥力量便急激地强大起來了。現在在東北抗日聯軍中的朝鮮人隊伍及其他獨立的武裝部隊，已有數萬之衆。他們在抗日反滿的口號下，建立了新的更强固的游擊根據地。不斷地越過國境而襲擊敵人！此外在蘇聯遠東紅軍中，也有兩個朝鮮人師團，這個蘇聯的特殊軍隊，雖然在蘇聯政府及共產黨領導之下，但到了一定的時期，可能遂行朝鮮革命主力軍的任務。又在中國關內及蘇聯方面是有不斷養成出來的多數軍事幹部人材。這些都是朝鮮民族解放運動的基本軍事力量。這種力量在今後，由於中國抗戰的勝利的進展和蘇日對立的尖銳化，一定能够得到中蘇兩國的積極援助，而建立强有力的朝鮮革命軍。

（2）民族主義運動和社會主義運動

朝鮮民族的反日政治鬥爭也同軍事運動一樣，不論在形式上或內容上都有不斷的進步和發展。大家都曉得，一九一九年『三一』大革命是朝鮮獨立運動飛躍發展的時期。在『三一』以前，許多愛國志士們亡命海外。有的籲請列强主持公道，有的號召國人起來反抗，又有的暗敵魁以快人心。可是他們間的政治意見極不一致。或主張軍事救國，或主張外交救國，又或主張民族的自力更生。這種以少數志士們爲中心的初期運動，自然不能够建立統一的指導理論和統一的革命集團。

量，不但沒有絲毫減弱，反而更加猛烈地增大和發展。許多不瞭解朝鮮革命運動的實際情形的人，看只到日本統治力量的不斷增加和朝鮮民族生活的日益破產，就認爲朝鮮民族的反日力量也在不斷地減弱下去。但這是表面的浮淺的看法。實際的情形是與此相反。正因爲日本統治力的增強和民族生活的破產，所以朝鮮民族爲着生存和自由而奮鬥的力量，便不得不更加強固起來。關於這問題，我們可以從以下三方面去觀察牠的歷史的發展傾向。

（1）軍事運動

朝鮮民族的反日武裝鬥爭，在過去三十年間不但沒有停止，反而更加發展和擴大。亡國前後在國內發動的義兵的游擊戰爭，繼續到八年之久，最後由於武器的不精良和給養的無辦法，終於敗退了，可是退到滿洲國境方面，重新建立了朝鮮革命軍事根據地，繼續不斷地和敵人作戰。直到現在沒有停止。在一九一九年『三一』大革命運動前後，據敵方的統計，在圖門江鴨綠江等國境方面獨立軍與敵人會戰，每年平均有七八百次之多。特別在一九二〇年秋天，有名的青山里會戰的勝利，是給朝鮮獨立軍留下了光榮的功績。當時敵人爲討伐獨立軍，大規模進兵滿洲。獸兵到處，殺人，焚刦，姦淫無所不用其極。可是在青山里一帶與獨立軍會戰，敵軍一聯隊遂被全數殲滅。當時敵人方面也不能不承認滿洲朝鮮獨立軍戰鬥力的強大，尤其佩服朝鮮民族的勇敢機敏的戰鬥特性。

『九一八』事變以後，敵人用絕大的兵力，繼續進攻滿洲朝鮮獨立軍根據地。數百萬不願做日本奴隸朝鮮民族的抗日革命力量到底有多少呢？這原是很値得研究和討論的問題。朝鮮民族自從亡國以來三十年間，在日本帝國主義的無限制的壓迫和榨取下，無論物質生活或精神生活，都遭受極度的蹂躪和破產。這樣久被衰亡的民族還有多少革命力量能够抵抗日本呢？對於這個問題，我們固然不能說牠的力量可以戰勝日本，但同時不能說牠是沒有什麼力量可以抵抗日本的。我們是需要有一個正確的認識。

不過，我們要曉得，所謂革命力量並不是拿數字來可以表現的東西。牠不僅僅有物質的因素，而且有精神的因素。牠不單有表面的力量，同時有潛在的力量。牠不是靜止的死板的，而是生動的發展的。牠不是單純的孤立的，而是複雜的關聯的。我們要估計這樣的一種力量，自然是不容易的，但也不是完全不可能的事情。假使我們從以下兩方面去觀察朝鮮民族的反日力量，則可以得到比較正確的認識的。即第一，必須從歷史的反日鬥爭方面去觀察，第二，必須從現實的被壓迫生活方面去觀察。

二、朝鮮民族的革命力量表現在他們的歷史的反日鬥爭上面

首先，我們用歷史的眼光去考察朝鮮民族的反日鬥爭的時候，就可以知道這個鬥爭，自亡國到現在三十年間不僅沒有一時一刻停止過，而且繼續猛烈地發展下去的事實。換言之，朝鮮民族的反日鬥爭力

高度地提高起來。

可是，事實是怎麼樣呢？現在在朝鮮，除了極少數革命的知識份子外，大多數民衆都不能正確地認識中國民族的可以戰勝日本的偉大的抗日力量，因而對於中國的抗戰到底和抗戰必勝，不能具有堅決的信念。這因爲一方面由於日本帝國主義的欺騙宣傳所蒙蔽，他方面由於中國方面對朝鮮民族的宣傳做得太不够，甚至是沒有做了的緣故。同樣地，在中國，除了極少數特別關心東方被壓民族解放運動的人士們外，大多數人民都不能正確地認識朝鮮民族的革命力量，因而不能把朝鮮民族看作中國抗戰的唯一可靠的同盟軍，甚至在不知不覺間把牠看作無足輕重的東西。這因爲一方面由於日本帝國主義者對中韓兩民族的挑撥，離間的政策，常常得到很大的效果。他一方面由於我們在中國的朝鮮革命者對中國民族的文化宣傳的工作沒有做到，或者做得太不够的原故。

我常常遇到中國文化界的朋友們，他們一開口便問起朝鮮革命運動的問題。談話的結果，知道了他們對於朝鮮民族的知識太不正確了。有的還在說朝鮮人七家用一把刀的話。我知道他們對於英，美，法，蘇等國家的知識是很充足的，但爲什麼他們對於隣接的久有歷史關係的尤其處在同一命運的朝鮮民族的知識是如此地不正確和不够呢？主要的原因，就是朝鮮民族的一切文化宣傳的活動都被日本帝國主義所封鎖，而他們無從研究朝鮮問題。因此我們在日本帝國主義的文化封鎖綫以外的朝鮮革命者，必須格外加强朝鮮民族的文化宣傳的工作。

三　朝鮮民族反日革命總力量問題

一、爲什麽要提出這個問題

當中國的抗日戰爭正在猛烈進行的時候，同樣遭受日本帝國主義的掠奪和壓迫的中韓兩民族，建立抗日戰鬥聯盟是非常重要，而且必要的事情。正因爲如此，自從抗戰以來，許多中韓人士都很深切地注意這個問題，同時熱烈地期望着這個被壓迫民族的聯合戰綫，能够早日實現出來！

可是在這兒，我們必須知道，所謂聯合戰綫決不是空洞的，作爲政治號召的東西，而是要實踐，要鬥爭的一種戰鬥聯盟。沒有實踐和鬥爭的聯合戰綫是不會存在，而且不應該存在。相反地只有在實踐和鬥爭中，才能够鞏固和擴大聯合戰綫。所以當我們要建立中韓兩民族抗日聯合戰綫的時候，兩民族相互間正確地認識對方的實踐和鬥爭的力量是很必要的。換句話說，朝鮮民族必須認識中國民族的抗日力量，而且必須確信中國的抗戰必能得到最後勝利而決不會中途妥協或失敗。同樣地，中國民族也必須正確地認識朝鮮民族的抗日革命力量，而且必須確信朝鮮革命運動必能獲得最後成功而決不至於成爲日本帝國主義的永久奴隸。因爲我們只有這樣的相互間正確認識和決堅信念，才能把兩民族的聯合抗日力量最

四、結語

總括起來講，我們要建立全民族的反日統一戰線，首先必須建立關於民族戰綫的正確的統一的指導理論。其次必須採取正確的組織原則及方案，以建立民族戰線的總指導機關。假使我們做不到這一工作，那末朝鮮民族即使要在這種偉大的中國抗日戰爭所給與我們的新環境和新時期之中，也不能活潑的展開自已的解放鬥爭，更談不到響應和支持中國的抗戰。全朝鮮革命者們！我們從滅亡中回頭再生的時期已經到來了！只要有自身的自覺的團結和自覺的鬥爭，我們便可以由奴隸的今日走到解放的明天！

一九三八年四月十五日

召集全民族的代表大會。這個大會是由國內外各革命團體及武裝隊伍，一切保持反日革命性的宗教及共他社會的大衆團體所選出的代表來構成，並且由這代表大會選出若干有權威的民族代表來組織民族戰線的總機構。

可是當我們進行這一工作的時候，首先碰到的困難，就是各團體的宗派主義的觀念和各領袖們的英雄主義的心理。因爲有了這種觀念和心理，不單很難克服各團體間的對立關係，並且很容易產生反民族統一戰綫的傾向。這樣的情形，在中國關內的各朝鮮革命黨派間，更爲厲害。在甲乙對立的兩團體中，假使甲團體贊成或參加民族戰綫，乙團體便無條件地反對或拒絕參加民族戰綫。即使同樣的民族主義或社會主義的團體，但因從來的歷史背景和宗派關係，一定要保持另一種組織，一定要柔出另一種主張來相互對立。民族統一戰線的組織形態，在朝鮮，採取團體本位和民主集權制度，是再合理沒有的事情，但由於他們的宗派觀念和英雄心理，不是故意地反對這種合理的辦法，便是消極地取採不理睬的態度。這是中國關內各朝鮮革命黨派的情形。其次，還有次要的困難，就是自從中日戰爭發生以來，國內和國外的交通完全杜絕，而和各地革命團體間之直接談判和接洽便成爲不可能。尤其我們和東北及西比利亞的革命團體及武裝隊伍間之聯絡亦被斷絕了。不過我們爲着迅速建立反日統一戰綫，必須盡我們所有的力量來克服這一切困難，而且這些困難決不是不可克服的困難。我們堅決相信，任何一種困難都不能阻止時代所要求的戰綫統一的工作。

的正確性所決定。假使一個組織的政綱政策不正確而不能代表多數成員的要求的話，那末不論其組織爲個人本位也好，團體本位也好，都不能建立强有力的紀律。相反地，假使一個組織的政綱政策能够正確地代表多數成員的要求的話，那末不論這組織爲個人本位也好，團體本位也好，都可以採用强有力的民主集權制原則，可以建立鐵的紀律。我們的民族戰線是在『打倒日本帝國主義，建立民主共和國』的這樣偉大的革命政綱下，各種革命團體約束共同行動的革命的總指揮機關，這裏必須採用强有力的民主集中制，必須有鐵的革命紀律和民族紀律。決不能採用議而不決，決而不行的所謂協議制度。在不違背反日民主綱領的限度，任何成員團體都有執行一切民主的決議的義務。假使不執行這個義務，那就運用革命的民族的紀律來把牠處置的。這樣，民族戰線的組織，一定要採取强有力的民主集權制度。

如上所說，團體本位和民主集權制度，乃是朝鮮民族統一戰線的兩個基本的組織原則。我們應當在這原則下進行統一工作。

現在，『朝鮮民族戰線聯盟』，已經向全體民族提出了反日統一戰線的共同政治綱領，並積極進行戰線的統一組織的工作。本來這聯盟是由幾個主義不相同的團體組織而成的民族戰線團體。但牠還不能成爲全民族統一戰線的總指導機關，牠只不過是民族戰線的發起形態或雛型形態而已。因此，聯盟必須爲着建立最完全的全民族統一戰線機構而繼續努力。在這一點上聯盟所負起的責任是非常重大的。

那末，怎樣才能建立能够完全代表全體民族的意思的統一的最高指導機關呢？爲着這個，必須首先有許多缺點。主要的，這不是組織的統一，而是組織的分散和複雜化。因爲許多屬於各種團體的人，個別他混合在另一種組織裏面，結果這一組織，不是成爲各黨各派在暗地裏爭奪領導權的場所，便是成爲第三種的政治團體。尤其因爲主義思想及其政策相互不同的各團體，在這統一的組織中，透過個人，爭取多數來要實現各自的政治企圖，因而發生劇烈的磨擦。終於不能建立統一組織的紀律，終於走到淸黨或分裂的一條路了。現在我們的民族統一戰綫是不能採用過去已經試驗過，失敗過的這種組織原則，因爲民族戰綫決不能成爲一種政黨形式的團體。應該是由全民族各階級的政治黨派，各種社會羣衆團體。武裝隊伍乃至各種宗教的代表來組織的革命的總指導機關。在這裏，各政黨政派，各民衆團體，都保持自已的立場，在一定共同綱領卽反日民主綱領下，約束共同行動。而且參加組織的各黨派都可以坦白地提出自已的政策上的意見和要求，用互助互讓的精神來解決一切政策上的問題，但同時各黨派必須履行民主集中制的組織的紀律。這種組織方法，在政治黨派最複雜的朝鮮，特別適合的。要之，朝鮮民族戰綫是一定要採用團體本位的組織原則。

其次是民族戰綫的民主集權制的問題。有些人認爲：團體本位的組織，絕對不能採用民主集權制。因爲民主集權制對於構成員必須有確實的强制力，但這種强制力決不能確實地施行於意見不同的各黨派間，所以團體本位的組織，只能採用協議制。可是這樣主張的人，不是別有企圖而故意歪曲事實，便是暴露自已的無知。一種組織的强制力，並不是爲個人本位我團體本位所決定，而是爲該組織的政綱政策黨一樣統一的有權威的革命政黨，以指導社會主義運動和民族主義運動。朝鮮共產黨，在過去雖有屢次的建立，但屢被敵人破壞，到現去還不能很好的建立起來。這個結果，社會主義運動便失去了中心的組織的指導和統制，因而產生了許多宗派主義或關門主義的小組織，互相對立和分裂。民族主義運動方面也是同樣，只有大小不同的種種政治團體相互對立和分裂，即使同樣舉起民族主義政綱的團體，但因牠們的歷史背景和宗派關係而不能統一團結。這結果終於不能形成像中國的國民黨一樣有廣大的大衆基礎的統一的民族主義政黨。這個樣子，所謂社會運動和民族運動，祇不過是思想系統上的區別，而不是組織系統上的區別。因爲這兩種運動都沒有自身的統一指導的組織系統的原故。在這種情形下，要進行戰線的統一工作，是非常困難的事情。

當我們進行組織的統一工作的時候，在組織理論上發生了個人本位或團體本位的問題。主張個人本位的人，以爲朝鮮民族解放運動，是和中國不同，有着種種特殊情形。就是說，不論是社會運動方面或民族運動方面，不單沒有統一的組織系統，反而更有種種宗派主義的分裂的政治團體。在這種分裂對立的狀態中，要以團體本位來組織民族戰綫是非常困難，而且不可能的，所以只要贊成民族統一戰線的人，不管他是屬於任何團體，都以個人的資格來參加，以擴大戰線的組織。這種主張，自然是有牠的根據的。事實上，一九二七年在國內成立的民族協同戰綫團體『新幹會』(有三萬以上的會員和一百五十餘支會)，與及當時海外的『大獨立黨』組織運動，都採取了這種個人本位的組織原則。可是這種組織，顯然本身就是代表全民族的意思的民主集中的革命的權力機關。因此必須運用這革命的權力來打倒日本帝國主義的政權，又必須運用這個革命的權力來建立自由，平等，幸福的新朝鮮共和國。

以上提出的八個問題，是在朝鮮民族統一戰線結成過程中，每個朝鮮革命者非正確的認識不可的最基本的問題。假若我們對於這幾個問題，能夠得到正確的統一的認識，那末我們的反日統一戰線便可以具體的，完滿的建立起來的。

三、組織的統一

假使我們對於全民族反日戰綫的統一問題，做好了認識上理論上的統一工作，那末就要移到組織上行動上的統一工作了。

無疑地，戰線的組織問題，也是同樣的認識問題一樣重要，而急待解決的問題。這問題的討論，自從『朝鮮民族戰線聯盟』成立以後，比較地具體化起來，漸次形成組織理論的體系。

朝鮮民族戰線的組織問題，在表面上看，似乎是很簡單而易於解決的。但就內容上說，是非常複雜而難於處理了。詳細一點說，在朝鮮，民族統一戰綫的主要組織對象，就是民族主義運動和社會主義運動的統一，這好像中國的國共兩黨成爲中國民族戰線的最基本的組織對象一樣，只要建立這兩種運動的統一的組織就行了！但這是表面上的看法，實際上並不這麼簡單。因爲在朝鮮還沒有像中國的國共兩大第六，我們要清楚認識；民族戰線的鬥爭對象，不僅限於外部，而在內部也可能發生種種的鬥爭對象的。當然我們的主要鬥爭對象是日本帝國主義，可是對於內部的各種左傾或右傾的反民族統一戰線的傾向，也要實行無情的鬥爭。因爲只有這樣才能把全民族的意志和力量集中起來，才能確立民族戰線的民族紀律，才能增强反日的戰鬥力。特別對於民族叛徒，親日派及其走狗的撲滅運動，是一刻也不能放鬆的。

第七，我們要清楚認識；我們的民族戰線是和從來的左翼的反帝國主義同盟及右翼的民族主義各派的聯合體完全不同的東西。或許有人在『左』的立場上主張；在朝鮮，從來的反帝國主義同盟和現在的民族統一戰線是本質上相同的東西，祇不過有名稱上的相異而已。又或許有人在『右』的立場上主張；『光復運動團體聯合會』便是民族統一戰線。可是這兩種主張都是不對的。從來的反帝國主義同盟，是一種以反對戰爭爲其主要任務的國際組織，牠在各國，原是共產黨所指導推動的羣衆運動團體，不論牠的形式和內容，都和現在的民族統一戰線，絲毫也沒有共通的地方。同時，純粹由民族主義各黨派聯合而成的『光復運動團體聯合會』，在本質上不是民族統一戰線。

第八，最後我們要清楚認識；民族戰線在打倒日本帝國主義的革命過程中，必須成爲能動員全體民族進行反日鬥爭的革命的總指導機關。又在打倒日本帝主義在朝鮮的統治以後，必須成爲朝鮮民主共和國的建立者。因爲民族統一戰線是由全民族各階級的黨派及其他羣衆團體的代表來組織的革命集團，牠個要求，而從各自不同的立場，在共同的政治綱領下，共同地行動起來。

第四，我們要清楚認識：民族戰線有牠的一定的政治目的，而不祇是政治手段或政策。有些人認爲我們民族戰線的最終目的在於打倒日本帝國主義，而打倒了之後如何建設，是民族戰線所不能負担的任務。爲什麼呢？因爲到那個時候，或許建設社會主義國家，或許建設法西斯主義國家也說不定之故。然而這種見解顯然是錯誤的。我們認爲民族戰線的最終的政治目的，是在於建立眞正的民主共和國，而打倒日本帝國主義乃是爲達到這一目的的政策或手段。打倒日本的統治是破壞的，而建立民主共和國是建設的。建設是目的，破壞是手段。無目的的手段是盲動的行爲。我們的民族戰綫一定要有一種基於全民族共同要求的建設綱領，同時要有一定的反日共同鬥爭綱領。最近中國國民黨臨時代表大會也發表了抗敵建國綱領，可見我們的見解决不是獨斷的。

第五，我們要清楚認識：我們民族戰綫內部的矛盾是可以避免的。雖然在朝鮮民族中也有種種利害相反而相互對立的社會階級，但這種階級的對立是和日本帝國主義的對立比較起來，極其次要的。現在朝鮮全國耕地面積的六〇%，全國資本的九五%，全國交通及主要產業機關的差不多全部，都已經歸爲日本人的公私所有。這就是說，在朝鮮，不僅政治的壓迫者爲日本人，即大地主及大資本家也就是日本人。在這種情形下，祇要使民族戰線採取最廣泛最澈底的民主制度，則內部的相互對立和矛盾是可以避免的。即使不能避免，也不至於分裂的境地。

關於兩種陣線的同異問題，在中國初期的民族統一戰綫運動時代，也曾有過各種理論的探討，而到現在已經得到了統一的認識。可是在朝鮮，這一問題的討論，正在開始，而還沒有得出一定的結論。

第二，我們要淸楚認識，我們的民族戰綫和中國的民族戰綫，也不盡是相同的。雖然這兩個戰綫在內容上本質上是相同的，但在表現形式上却有所相異。這因爲朝鮮是日本的獨佔殖民地，早已沒有了國家機構，而民族戰綫形態便不能不以各種革命集團的結合形式表現出來，然而中國是半獨立國家，有廣大的人民和土地，而在統一的國家政權下成爲民族戰綫的人的及物的基礎。而且這國家政權自身就成爲抗日民族戰線的中心機構。還有一層，朝鮮革命黨派的情形是和中國不同的。在中國有國共兩大政黨，而這兩黨都有一定的主義和政綱，有數十年革命的偉大歷史，又擁有數十萬乃至數百萬黨員，而且國民黨是掌握着國家政權的政黨。這兩個大革命政黨便成爲中國民族統一戰線的中心指導力量。可是在朝鮮，不論在民族主義運動方面或在社會主義運動方面，都沒有像中國的國共兩黨一樣有着廣大的羣衆基礎，而有着久遠的革命歷史的大革命黨。只有許多主義不同的或宗派主義的小型革命團體，相互分裂和對立着的。在這種情形下，民族戰線的結成也只有在民主主義的原則下建立各革命團體的聯合戰線。

第三，我們要淸楚認識；民族戰線是代表全民族社會各階層的共同利益的統一的最高政治鬥爭機構，而不是只代表某一階級的利益的一種政黨。換言之，民族戰綫是一民族內各個不同的社會階級或集團，根據其自身的立場和各自共同的要求來參加組成的，這個共同的要求便是全民族的要求。爲着滿足這沒有認識上理論上的統一，那就不能有實際上行動上的統一。

朝鮮的民族統一戰綫運動，不用說還是在發起促進的時期。自從一九三五年中國的抗日民族統一戰綫運動開始以來，在極少數旅華朝鮮革命者間，雖然有過關於這一運動的熱烈的討論，而且到現在巳經結合幾個主義不同的革命團體，組織了『朝鮮民族戰綫聯盟』作爲建立民族統一戰綫的基礎，但這還是初期的運動形態，而對於這一運動還沒有確立正確的統一的指導理論。最近在中國發行的朝鮮文雜誌『民族革命』，『民族戰綫』，『韓青』等上面，發表了許多關於民族統一戰綫問題的文章，而積極展開了關於這一問題的理論的探討，這自然是很好的現象。因爲只有在這樣的理論的探討和鬥爭中，才能正確地認識戰綫的統一問題，才能正確地樹立統一的指導理論。

現在我們爲了正確地建立民族戰綫的統一的指導理論，首先使得每一個朝鮮革命者，對於以下幾個最基本的問題，都要有一個正確的認識。

第一，我們要淸楚認識：我們的民族戰綫是和西歐的人民陣綫有所區別的。因爲人民陣綫是在高度發展的資本主義國家內，人民大衆爲着反對或防止法西斯蒂，爭取民主與和平，而在一定的政治綱領下結合起來的一種政治鬥爭機構。可是我們的民族戰綫則不然。就是全體民族，不論是屬於什麽社會階級或政治黨派，都爲着打倒唯一共同的敵人日本帝國主義，爭取民族的自由解放，而在一定的政治綱領下團結起來的另一種政治鬥爭機構。

主。現在我們所堅決主張和積極進行的全民族反日統一戰綫運動，也就是要建立這兩種運動的統一戰綫作爲主要的目的。各種民族運動團體間之統一，各種社會運動團體間之統一，當然也是必要的。但這不能成爲全民族的統一，因而不是我們所目的的統一戰綫。

總而言之，在這中國民族的抗日戰爭正在猛烈進行，而東亞各被壓迫民族的反日鬥爭空前緊張和高度的熱化的今日，朝鮮民族反日戰綫的統一問題，特別有着重大的意義，而非急速地，正確地解決這個問題不可。這個問題能否得到迅速的正確的解決，無疑地可以決定朝鮮民族解放前途的光明或黑暗。可是我們怎樣才能正確地解決這個問題呢？就是說，我們怎樣才能完滿地建立全民族的反日統一戰綫呢？關於這個問題，我們要在下面加以詳細的討論，而得出一個正確的結論來。

二、認識的統一

在現在，任何一個朝鮮革命者，不管他是信仰什麼主義或屬於什麼黨派，都不反對戰綫的統一，不單消極地不反對，而且會積極地加以主張。可是這還只是『不反對』或『主張』而已。至於如何統一的具體方法的意見上，每個人都有不同的看法，各黨派也各有相異的見地。因此只有口頭上標語上的統一，而沒有具體的實際的統一。

我們認爲，倘要實現民族戰綫的實際的統一，必須首先建立關於民族戰綫的認識的統一。假使我們鮮革命者都很熱烈地喊出了這樣一個口號：

『全朝鮮民族在「反日第一」主義下團結起來！』

這一口號，可以完全代表現階段朝鮮革命大衆的共同要求是不待言的。而且這種民族的統一團結，在目前不但是必要，並且是可能的。可是到現在爲止，這還只是口號而已，並沒有把牠完滿地，具體地實現出來！

本來的講，全民族反日戰綫的統一問題，在朝鮮決不是到現在才被提出來的問題。因爲朝鮮是日本的獨占殖民地，日本帝國主義就是全朝鮮民族的唯一共同的仇敵。所以在朝鮮，要建立全民族的反日統一戰綫，乃是歷史所決定的朝鮮民族解放運動的主要政治任務。正因爲如此，從來在朝鮮，任何一種革命團體，都不能公開反對反日戰綫的統一。卽使偏見最深的宗派主義的團體或某種階級的政黨政派，也在表面上不能不主張全民族的統一團結。這樣，戰綫的統一，在朝鮮已經成爲歷史的口號，而且在過去解放運動的各時期中，用各種不同的方式來進行過戰綫的統一運動。

在朝鮮，戰線統一運動的主要對象，是民族主義運動和社會主義運動的統一問題。雖然在朝鮮，不論是國內或國外，存在着種種形式的分裂和對立的多數革命團體，而在表面上看，的確未免有些複雜之感！可是在內容上把牠檢考一下，就可以知道這許多團體都有着種種的社會的階級的背景，不是屬於民族主義運動，便是屬於社會主義運動。所以在朝鮮所謂戰綫的分裂對立，主要的是這兩種運動的分裂對立

二 如何建立全民族的統一戰線？

一九三八年三月二十五日

一、戰線的統一問題

自從中日戰爭爆發之後，在朝鮮民族解放戰綫上，引起了一個非常重大而急待解決的問題，這就是如何建立全民族的反日統一戰綫的問題。

當中日戰爭開始爆發的時候，一切的朝鮮革命者，不論是民族主義者，共產主義者或無政府主義者，都同樣的感覺到，這一戰爭對於朝鮮民族解放運動有着重大的決定的關係。就是說，中國勝利了，不單中國民族可以得到解放，而且朝鮮民族也有得到解放的希望，中國失敗了，不僅中國的民族國家將陷於滅亡的境地，而且朝鮮民族的解放前途將更是黑暗而渺茫的。因此全朝鮮革命運動者在這樣一種新的戰鬥環境和新的戰鬥時期中，都要積極發動全民族的反日革命鬥爭，以響應和支持中國的抗戰，以爭取朝鮮民族自身的解放。可是要實行全民族的反日總動員，首先最要緊的就是要確立朝鮮民族解放戰綫自身的統一。假使我們的解放戰綫不能統一，仍然保持像從來那樣宗派主義的或主義思想的分裂和對立的狀態，那末我們不單不能完滿地執行中日戰爭所給與我們的新環境和新時期的鬥爭任務，即使中國戰勝了日本，我們的解放運動也未必就能夠得到順利的成功。這是顯而易見的事情。在這種情形下，一切朝

『朝鮮民族戰綫聯盟』，自然不是全民族的完全的統一戰綫機構，就是說，牠不是實際上代表全體民族的意思的統一戰綫團體。爲什麼呢？因這聯盟，只不過是三個革命團體的聯合，而不是由全民族各社會階層，各政黨政派，各宗敎及民衆團體的代表來組織的東西。但是這聯盟，在結合主義不同的政治團體的意味上，特別在正確地主張民族統一戰綫的一點上，至少可以看作全民族統一戰綫的一出發點，一雛形形態。我們固然不把聯盟看作君臨於全朝鮮革命大衆之上的總指導機關，但同時我們堅决相信，只有這聯盟方能正確地執行推進全民族統一戰綫的主要槓杆的任務。

朝鮮民族戰綫聯盟的當面任務，是一方面積極促成完全代表全體民族的意思的民族統一戰綫總指導機關，另一方面在中國抗日戰爭過程中，積極促成中韓兩民族的聯合戰綫，同時要和其他一切的反日勢力取得密切的聯繫。只有這樣，才能增强我們的戰鬥力量，才能確保我們的最後勝利。

最後，朝鮮民族戰線聯盟已經發表了創立宣言及關於民族統一戰綫的基本綱領和鬥爭綱領。我們應當根據這個宣言及綱領，去奮鬥到底，獲得最後勝利爲止。

一九三八年三月二十五日

階級或黨派，都不能不集中到民族統一戰綫的旗幟底下。在全國工人，農民及青年學生大衆中，迅速地發展着革命的祕密結社，在各種宗敎及文化機關中，急激增大着反日的政治組織。這樣在全國到處，不斷地爆發着罷工，抗租，罷課等革命鬥爭。他們已經在反日鬥爭的實踐中，必然地統一了他們自身中的所謂社會運動和民族運動的從來對立的陣綫，而向着全民族統一戰綫的政治路綫上邁進着！

特別在海外，由於中日戰爭的擴大和日蘇對立的尖銳化，在中國和蘇聯各地活動着的朝鮮革命團體和個人，都開始了空前活潑的鬥爭。在蘇聯的數十萬朝鮮民族，在蘇聯政府及共產黨領導下，已經結成了堅强的戰鬥隊伍，在滿洲的數萬同胞，直接加入東北人民革命軍，在抗日聯軍旗子下實行英勇的遊擊戰爭。在中國關內的各革命團體及個人，直接或間接地參加到中國的抗日戰綫。在這樣的實踐的鬥爭中，沒有別的，只有合力攻打敵人的血戰，又只有各黨各派的同志的合作。

六、結論

從上述諸端看來，我們所堅決主張的全民族統一戰綫，無疑地是現階段朝鮮革命的唯一主要和緊急的任務。我們爲着執行這一偉大的歷史的使命，首先結合海外的幾個社會的立場和主義的信仰各不相同的革命團體，（即朝鮮民族革命黨，朝鮮革命者聯盟，朝鮮民族解放同盟等）組織了『朝鮮民族戰綫聯盟』。

民族的抗日勢力，台灣的民族戰綫，以法蘇爲中心的國際和平陣綫，英美等國內的一切反日勢力，甚至敵國內反侵略的革命大衆，這一切都可以看作我們民族統一戰綫的國際的友軍或同盟軍。

五、民族統一戰線的現實的鬥爭意義

再其次，最近在國內及國外愈激發展着的我們的解放鬥爭，是事實上證明了民族統一戰綫的實踐的革命的意義。

最近數年來，特別在『九一八』事變以後，一方面由於日本帝國主義爲了準備侵略戰爭，在經濟及政治上加緊壓搾，他方面由於中國民族的抗日鬥爭和蘇聯社會主義勢力的日益高漲，朝鮮國內外革命運動，推進到更高的一個階段，而且得到了更合理的發展。

日本帝國主義者爲了實行大規模對華侵略戰爭，特別爲強化戰爭的後方根據地朝鮮的統治，施用空前苛酷的法律，嚴重鎮壓朝鮮民族的一切政治的社會的活動。牠强迫解散擁有數十萬組織大衆的全國工人總同盟，農民總同盟及青年總同盟。鎮壓了擁有三萬餘名前衛部隊的新幹會的活動，更進而完全剝奪一切集合，言論，出版，結社等自由。但是我們的鬥爭，決不會因此而停止，相反地敵人的抑壓愈是厲害，革命鬥爭便愈益深刻地發展開來。就是說，在這種極端垂壓的局面下，一切民族的叛徒，自治運動派，清算派等，不得不公然替敵人執行鷹犬的任務。相反的，一切反日革命大衆，無論是屬於任何社會在華勢力受到更大的侵害，因而牠在國際上，和英、美、法、蘇的對立更加尖銳化。同時中國四萬萬五千萬民族的抗日鬥爭表現着空前的擴大和緊張。特別値得我們注目的是，中國的國共兩大黨爲着搶救民族的淪亡，捐棄一切前嫌，團結合作，建立全民族的統一戰線，在統一的旗子下，實行了全民族的抗日總動員。跟着這一戰爭的發展而發展的蘇聯遠東政策（遠東軍備化強，蘇蒙互助協定，中蘇不侵犯公約等）更加促進日本帝國主義的破滅。

日本帝國主義的這種瘋狂的大陸侵略，不但是促成了中國民族的團結和反抗，並且促成了朝鮮及台灣民族的一致團結，促成了數千萬日本人民大衆的反法西斯人民陣綫。日本帝國主義，一方面爲着侵略中國和進攻蘇聯，他方面爲着對付英美的干涉，不能不積極準備龐大的軍事力量，同時爲着這個準備，不能不更多的搾取日本人民大衆及朝鮮，台灣民族的血汗。又不能不更多的剝奪他們的自由。這樣的結果，必然地加速引起和激化日本人民及朝鮮，台灣民族的反抗運動。

如上所述，目前日本帝國主義勢力的瘋狂澎脹，不但決不能使朝鮮民族解放運動成爲不可能，剛剛相反，使我們的運動得到加速的擴大和發展。事實上日本帝國主義的侵略氣燄愈是高漲，牠的國際地位便愈是孤立和惡化。而且對牠的反抗勢力便愈益昂揚起來。

在如上的國際情勢下，我們的民族解放運動不單內部的矛盾更爲緩和，一致團結的覺悟更爲普遍，更進一步，我們是獲得了能夠向同一目標攜手並進的空前廣大的同盟勢力。就是說，中國四萬萬五千萬部的對立和矛盾，但在日本帝國主義的民族的歧視和暴壓統治下，反日獨立的民族解放的要求便高於一切，因此他們必然要揚棄內部的矛盾，而在民族戰綫旗子下統一團結起來，共同推翻日本帝國主義的統治。

四、民族統一戰線的國際的意義

其次，最近數年間，不斷地變化和發展的國際情勢，是在客觀上促進了我們的統一戰綫運動，同時提示了國際的聯合戰綫的重要意義。

目前世界政治形勢，很顯然地分成兩個壁壘，即一是侵略主義的法西斯陣綫，一是民主主義的和平陣綫。前者是以德，意，日爲中心的國際的侵略集團，後者是以法，蘇爲中心的反侵略的國際陣綫。這種國際形勢，必然地使世界被壓迫民族及國家，參加到反侵略陣綫中來。這種局勢，在意阿戰爭和西班牙內戰中，特別在目前的中日戰爭中，很明顯地表現出來。換句話說，在國際的侵略者和反侵略者的對立鬥爭中，全世界各殖民地及半殖民地民族的解放鬥爭是和國際反侵略陣綫，很緊密地聯繫起來，共同對付國際的侵略者。

特別在東亞，我們的敵人日本帝國主義，自從『九一八』以來，瘋狂地侵略中國的領土，同時要驅逐列強的在華勢力。因而牠和列強的對立，日益加深。尤其在『八一三』以後，中日戰爭全面展開，列強的很顯然的，朝鮮革命運動到了今日，已經從過去的沈滯狀態，開始走進了重新振作的時期。在目前我們的運動戰綫各方面，正在生長和發展着的全民族統一戰綫運動，便是以新的理論和新的姿態來出現的運動。換言之，現在我們所積極主張和推進的民族統一戰綫運動，決不是抽象的空洞的東西，而是從過去一切革命的鬥爭經驗中生長發展的進一步的戰鬥理論和戰鬥行動。

三、民族統一戰線的社會的意義

首先，現階段朝鮮革命的性質，是決定民族統一戰綫運動的社會的及歷史的意義。現階段朝鮮革命，是根據牠的半封建的殖民地的社會性質，被規定爲最廣泛的民主主義的全民族解放運動。詳言之，現階段朝鮮革命，是由於朝鮮成爲日本帝國主義的獨占殖民地而全體民族遭受着異民族的極度壓迫的這一歷史事實，又由於朝鮮社會的半封建的性質，一定成爲民主主義的民族解放運動，而不是社會革命。因此，現在的朝鮮革命，決不是某一階級或某一黨派所單獨負擔的任務。實際上，全體民族同樣有着解放的要求，同樣有着反日的任務。這就是朝鮮民族統一戰綫的最基本的社會基礎。當我們進行民族統一戰綫運動時，必須認定朝鮮工農勞苦大衆的革命力量是最主要，最可靠的力量，但同時我們不能不認定，廣大的中小資產階級，民族商工業家乃至地主等，也相當地保持着反日獨立的革命要求，而構成全民族解放鬥爭的相當主要的勢力。不僅如此，朝鮮社會各階級，各政黨政派，雖則有內衆的示威，全國工人，農民，青年學生的反日結社（勞動總同盟，農民總同盟，青年總同盟等）與及他們的罷工，抗租，反對奴隸教育等屢次的鬥爭和暴動，一九二九年全國學生的反日大示威，滿洲朝鮮背年的反日大暴動，尤其到最近，日益擴大和强化的東北人民革命軍中朝鮮人隊伍的抗日遊擊戰爭……等，這一切繼續不斷的革命鬥爭，不單給日本帝國主義統治羣以强有力的打擊，同時充分地發揮了朝鮮民族的獨立自存的精神和能力，而且明確地指示和開闢了我們的解放前途。

但是，這一切革命鬥爭在當時還未成熟的主觀及客觀的條件下，每每受到一時的或部分的失敗。第一，在主觀上，過去我們的解放運動，幾乎全部都沒有樹立正確地把握當時的國際情勢和國內各社會階級的現實要求之有權威的革命的指導理論，因此，不僅不能建立堅强的革命的前衞部隊，而且不能充分地教育大衆和組織大衆。革命力量也不能夠統一的集中和擴大起來。第二，在客觀上，我們的仇敵日本帝國主義的侵略機構，在過去數十年間，得到空前的擴大和强化，相反的，大戰後爆發的東方被壓迫民族解放運動，特別是中國國民革命運動，受到一時的挫折，同時各國的無產階級革命也遭受一時的鎮壓。這種客觀情勢，對於我們的解放運動給與了非常重大的抑壓的影響。

但是，這種革命的沈滯狀態，絕對不是意味着朝鮮民族革命的全面的失敗和日本帝國主義的永遠勝利。這樣的失敗，僅僅是表面的一時的，而不是本質的永久的。我們的解放鬥爭，是在這種艱苦鬥爭的經驗中，不斷地準備和發展新的戰鬥理論和新的實踐力量。

爲什麼要建立全民族的統一戰線？

一、我們的主張

我們是依據過去我們民族解放鬥爭的寶貴經驗和目前國際及國內的政治情勢，堅決主張：現階段朝鮮革命的最主要最緊急的任務，在於結成全民族的統一戰線，來打倒日本帝國主義，來建立眞正的民主獨立國家。

二、民族解放鬥爭的歷史經驗

過去三十年間，朝鮮民族在橫暴的日本帝國主義統治下，過着慘酷的隸屬生活。全體民族，不單失去了政治的自由和經濟的生存權，並且有着四千餘年悠久歷史的民族文化和民族意識，也受到極度的壓迫。這種民族的被壓迫事實，便是證示了朝鮮民族和日本帝國主義決不能並存的歷史的及現實的根據。

我們的民族解放鬥爭，是從亡國到現在，不管日本帝國主義的暴壓和屠殺如何兇狠，繼續不斷地進展和擴大了！從亡國當時全國的義兵蜂起說起，滿洲朝鮮獨立軍的不斷的遊擊戰爭，一九一九年『三一』運動的全民族的大蹶起，暗殺破壞運動的全面的展開，社會運動的急激而普遍的發展，『六十』運動的大

一個必要的說明

關於這本書的出版，作者感覺到，須要向讀者作一個簡單的說明。

首先，這本書是作者把去年春夏間在朝鮮民族戰綫雜誌上發表過的幾篇獨立的文章，湊合而編成的東西。因此，表題雖爲『朝鮮民族統一戰綫問題』，但在內容上並沒有把這個問題加以有系統地討論和敍述。就是缺乏一本書所應有的整然的體系。不過，讀者要研究朝鮮革命問題，此書仍不失爲一個必要的參考和幫助。

其次，書中各篇文章，原是『應時』的政治論文。所以一方面固然有牠的時間性，另一方面又因篇幅關係而不能充分展開牠的理論，更不能充分處理必要的資料。雖然現在來加以若干的修改和補充，但仍不能塡補這個缺點。

最後，在附錄中搜集的幾項文件，是在朝鮮革命運動上極有歷史意義的文獻。特別和本書的內容有着密切的關係。所以把牠當作附錄而發表，以供讀者參考。

一九四〇年三月一日　著者

目次

目次

(一個必要的說明)

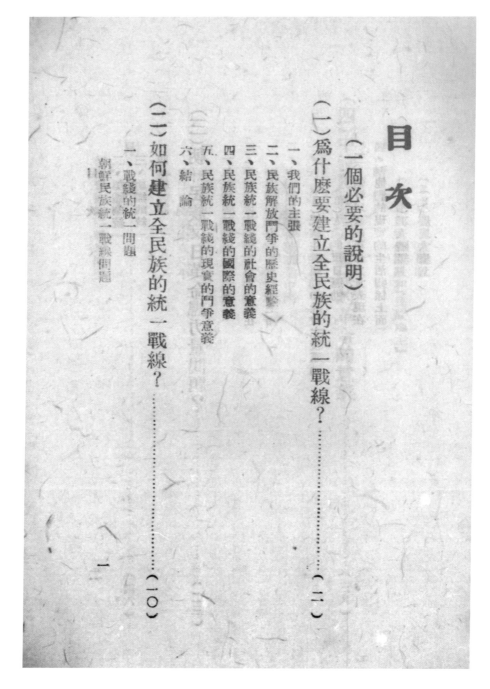

新朝鮮叢書發刊辭

的朝鮮人固然不能正確地了解中國民族的實情，而且大多數的中國人也不能正確地認識朝鮮民族的實情。這因爲一方面日本帝國主義者在我們兩民族間挑撥、離間政策以及文化封鎖政策，往往得到很大的效果，另一方面我們中韓兩國的革命者在兩民族間的文化宣傳工作，做得太不够，甚至沒有做到的原故。

現在我們處在日本帝國主義文化封鎖綫以外的朝鮮革命者，應當把這一文化宣傳工作，看作別的革命工作一樣重要，而担負了起來。不僅要把朝鮮民族的被壓迫和反抗的情形，正確地介紹給中國民族，同時必須用了種種方法，把中國民族解放鬥爭的實際情形，正確地告訴朝鮮民族。這未嘗不是一種緊急重要的革命工作。

不過，我們同時感覺到，自已的力量太薄弱了！我們雖然決心有一分力量便作一分，但這工作是非常繁重的，倘要做到這一文化宣傳工作的美滿程度，則非得到中國各界人士們的積極支持和援助不可。這就是我們的决心和希望。

最後，我們打算自一九四〇年三月一日起，每月出一本關於朝鮮問題的小叢書，在一年內，至少要出十本小册子。此外，每月出韓文版新朝鮮雜誌一期，現在這雜誌已經出到第四期了。還不盡我們力之所及，要出新朝鮮雜誌中文版，但在最近期間恐怕沒有實現可能，我們的計劃是這樣，而且要盡我們所有的力量，積極實現這個計劃。

新朝鮮社同人啓

一九四九年三月一日

新朝鮮叢書發刊辭

我們在中國活動着的幾個朝鮮革命者，爲着向中國民族正確地介紹朝鮮民族的被壓迫情形和反抗的情形，組織新朝鮮社，一面刊行新朝鮮雜誌，另一面發行新朝鮮小叢書。

大家都曉得，中韓兩民族是同樣遭受日本帝國主義壓迫的民族，同樣要打倒日本帝國主義建立自由幸福的新國家的民族。尤其在目前中國民族起來進行決定最後勝敗的抗日戰爭的時期，應當趕快建立中韓兩民族的抗日聯合戰綫，共同努力，消滅敵人。

可是我們要建立兩民族的抗日同盟，必須首先建立兩民族相互間的正確的認識和堅定的信任。假使沒有相互間正確的認識，就不能有相互間堅定的信任。倘使沒有堅定的信任，那就不能建立起革命的同盟關係來！

中國的抗戰能否得到最後勝利呢？對這問題，每個朝鮮民族必須有正確的認識。朝鮮民族能夠有多少力量起來反抗日本呢？對這問題，每個中國民族必須有正確的估計。

可是，我們很深刻地感覺到，我們兩民族相互間的知識，實在太不夠了！甚至太不正確了！大多數

新朝鮮叢書之一
主編 金奎光
朝鮮民族
統一戰線問題
金奎光 著
新朝鮮社發行

제2부

『조선민족통일전선문제』와 김성숙

1. 신조선총서 발간사
   新朝鲜丛书发刊词
   - 목차
     目次
   - (한 가지 필요한 설명)
     个必要的说明
   - 부록
     附录

侵佔土彷徨的時候，一方面深深地追憶亡國以前安居樂業的往時生活，另一方面對於日本強盜的無理掠奪引起無限的憤怒。他們早已明白，為爭取他們的生存，也只有走上反日獨立的一途了！因此朝鮮農民在過去的種種反日運動中都很熱烈地參加，特別在『三一』大革命中，可以說全國農民都被動員，積極參加反日示威和暴動。其後隨着農村破產的日益加深，在各地不斷地發生農民大衆的抗租，抗捐等鬥爭。據敵人統計，全國農民抗租鬥爭，每年平均有三百餘件之多。這就是朝鮮農民的慘苦生活和自然鬥爭的表現。

『九一八』事變以後，日本法西斯強盜們一手舉起『建設滿洲天國』的招牌，欺騙和誘惑農民，另一手拿着刀槍，威脅和驅逐農民，使他們到滿洲荒野去開拓荒地，同時作為侵華後備隊，另一方面把日本的『過剩』人口移到朝鮮來，作『鵲巢鳩居』的勾當，日本強盜的這種政策，在過去數十年間可以說是得到相當的效果。現在在朝鮮的日本移住民已達六十萬人，在滿洲的朝鮮僑民已經超過百萬。可是在另一方面朝鮮農民移到滿洲來的結果，更加增強了滿洲朝鮮獨立軍隊的大衆的基礎。而且更加提高了他們的反日情緒。

本來朝鮮農民是有着光榮的歷史的革命傳統。一八九三年發動的所謂東學黨暴動，就是農民大衆反抗李朝專制壓迫的大革命運動。亡國當時的全國義兵運動也是農民大衆的武裝抗日鬥爭。又如上述，『三一』大革命的基本隊伍也就是農民。他們有熱烈的民族意識和頑強的反日感情，在每次反日鬥爭中發揮出最強大的革命力量來。無疑地他們是和工人階級一塊，成為全民族反日統一戰綫運動的最基本的戰鬥隊伍。

再其次，朝鮮的中小資產階級，即小規模的商工業者，小地主及其他小市民等，也在日本資本的壓搾下，日益走上沒落的過程。他們在歐戰時期的普遍景氣時代，曾經抱着一攫千金的雄心，而在日本資本的大量流動中企圖建築向前發達的基礎。可是這種雄心終於變成美夢。在日本經濟的週期恐慌中，特別在一九二九年以後的慢性恐慌期中，由於日本資本向殖民地民族開始了空前侵奪，許多小規模的產業及商業機關紛紛倒閉。今日的所謂中小資產者，到明日就會變成無產者了。他們只有在資本集中的法則下，好像牽入屠場的羔羊一樣成為無力抗爭的犧牲品。

可是我們必須知道，在這一社會階層中，包含着許多聰明的知識份子。例如教授，新聞記者，作家，醫生，牧師，青年學生等。這一批人們不僅形成了朝鮮民族文化的一種力量，而且不論在過去和現在，朝鮮民族解放運動中起着非常重大的作用。他們在目前的中日戰爭中，清楚認識這是朝鮮民族爭取解放的唯一機會，而要結到中國這邊來，共同打倒日本帝國主義，是沒有疑問的。

最後，民族資產階級及『民族地主』，雖則他們的力量是很微弱，又雖則他們還在夢想着在日本資本的卵翼下打開一條新的出路，但同時他們仍然並沒有完全放棄打退日本資本而獨霸朝鮮的雄心。在過去的歐戰景氣時代，他們也曾有過光榮的發達，企圖和日本資本對抗一下。一九一九年『三一』大革命，無疑地是朝鮮民族資產階級所領導的反日運動。所謂民族代表三十三人其實是他們的代表者。可是這一運動失敗以後，他們便一蹶不起了。在日本資本的重重壓迫下，他們不得不踏進繼續破產和沒落的過程，然而這不是說他們已經完全失去了反日獨立的精神。相反地他們在這種破產和沒落過程中更加深刻地認識到自己的出路除了民族的獨立外便沒有第二條可走的路了。在這一點上我們深信在目前全民族反日統一戰綫運動中，他們一定能夠參加進來，而且能夠執行他們所負起的歷史的使命。

四，

朝鮮民族到底有多少反日力量這個問題，自然不是容易解答的。我在上面所解釋的，未必就是完全正確，不過在大體上說，關於朝鮮民族在過去發動過的以及在今後可能發動的反日力量，都有相當的分析和估計。我提出這個問題的用意，端在使中國人士們注意和研究這問題，更進而正確地認識朝鮮民族問題，而在目前中韓兩民族抗日聯合戰綫結成過程中得到認識上的幫助。

原來關於這個問題的估計，中韓人士的看法固有所相異，即使在朝鮮人間也未必就能完全一致。有的人是把工農大衆的革命性作過高的評價，而對於民族資產階級的革命性評價得太低。又有的人則與此相反。我認為站在民族統一戰綫的立場上說，過左或過右的評價都係不正確的。我是始終相信，在『打倒日本帝國主義，建立真正的民主共和國』這一目標下，只除了親日派韓奸外，全體民族，不論是屬於什麼階級或什麼黨派的人，都興起來參加反日革命鬥爭，是沒有絲毫疑問的。

被看作親日派走狗的官吏，警察及憲兵補助員等也自行脫掉敵人的服裝，參加示威。

一九二九年發動的全國學生反日總罷課總示威運動也是充分發揮了朝鮮民族的團結力和戰鬥力的偉大。這原是以光州地方的朝鮮學生和日本學生間小小的衝突爲契機而爆發的運動發展起來成爲全國學生的反日政治鬥爭。牠的中心口號是『反對奴隸養成教育政策』，『反對韓日學生的不平等待遇』等。全國公私立學校的朝鮮學生實行總罷課，同時熱烈地舉行反日示威。參加學生超過十五萬人，就是連小學生也都起來加入這個運動。

一九二六年發動的『六十』運動，也是大規模的民衆反日示威，可是在軍警的武裝彈壓之下，不能發展成全國規模的運動。不過這運動在朝鮮共產黨的領導及策動下發動的這點上，有牠的特徵。此外還有無數次的工人及農民的罷工抗租等鬥爭和暴動。在這裏應當把牠列舉出來，一一加以說明，但因爲幅關係，不得不割愛，只好待到別的機會再說。

總括一句說，在如上的大衆鬥爭中，我們可以看出，朝鮮民族不僅沒有被日本人同化，和反地，對日同仇敵愾的情緒使一天天地高漲起來。同時可以看出，他們有偉大的反日動員力量，有不可克服的民族意識，更有偉大的民族的團結力和戰鬥精神。

三

朝鮮民族的反日革命力量，不僅要從他們的歷史的鬥爭上面去觀察出來，而且要從他們的現實的生活關係上面去觀察出來。

朝鮮民族所以能夠發揮像上述那樣偉大的反日戰鬥力量，主要的是由於他們的現實的生活關係所有以推動，有以迫成的，換言之，他們的現實的生活關係是對於他們的反日鬥爭有着決定的作用。

大家都曉得，朝鮮原是封建的農業國家。自從亡國以來，在日本帝國主義侵略資本的猛烈侵襲下，強制地走上了資本主義化過程。而且這樣形成了半封建的社會形態。在這個國度裏有日益增大的現代工人階級，有日趨沒落的中小資產階級，又有無限制被剝削的廣大的農民大衆。這些階級在日本資本的壓迫和搾取下，保持着強烈的反日革命性。此外還有所謂民族資產階級及『民族地主』，也同樣遭受日本資本的壓迫，不僅沒有發達的前途，反而更走上沒落的過程。據最近統計，全國資本的八八%，全國耕地面積的六〇%及其他主要產業機關，都歸爲日本人的公私所有。由此便可以看出朝鮮民族資本家及地主的可悲的命運。他們也爲着生存，非走上反日這一條路不可。

在這兒我們把朝鮮民族各社會階級的現實的生活關係，加以分析和研究，以估計他們可能發動的反日革命力量。

首先，在這些社會階級中，反日情緒最高而戰鬥力最強的便是工人階級。在日本帝國主義的朝鮮工業化運動中，朝鮮工業日益發達，而這些工廠都是日本人的公私資本所開辦的。在這種情勢下工人階級便急激地增加起來。據政方的統計，全國工人總數已超過二百萬人。他們的大多數都是破產的農民。他們在鄉村中經過幾番日本的地主及高利貸業者的無限的剝削而至於破產。跑到都市進廠做工，也要遭受日本人的絕對的壓搾。他們的每日平均工資四角乃至五角，工作時間超過十小時乃至十二小時。不但沒有罷工，示威的權利，而且沒有集會，結社的自由，拿着鞭子的工人監督可以隨便加以毆打，加以刑罰。他們好像牛馬一樣只有服從和驅使，而不得反抗。可是他們決不是日本人的奴隸，而是有着四千餘年悠久歷史的文化民族，只要有反抗的機會和辦法，便馬上起來反抗。在過去歷次的反日鬥爭中，他們都起來參加，尤其隨着社會主義運動的發展，工人的罷工及怠工等運動，在各處不斷地爆發，而且這種鬥爭更加有組織有計劃地進行着。

『九一八』事變以後，日本帝國主義者爲準備對華侵略戰爭起見，更殘酷地搾取朝鮮工人階級的最後一滴血。他們首先強迫解散全國工人總同盟，絕對禁止一切罷工及怠工等行動，以便加速增進他們的所謂國防工業的效率。在這種壓迫條件下，他們更加引起全民族的同仇敵愾的情緒。我們相信，在目前偉大的中國民族解放戰爭中，朝鮮二百萬工人大衆一定能夠發動最有力的反日革命鬥爭，以執行他的朝鮮革命基本隊伍的任務。

其次，廣大的農民大衆也保持着強大的反日革命力量。朝鮮原是以農立國的國家，農民佔全人口的八十%。在朝鮮變態的資本主義化過程中，農村破產格外急激地進行。在日本帝國主義的鐵蹄掠奪和收買政策下，全國土地的三分之二已歸爲日本人所有。他們爲着更多的搾取農民大衆，在農業方面仍舊採用封建的超經濟的搾取方法。例如地租，高利貸，賦役及其他苛捐雜稅等沒有一個不是封建的剝削方式。朝鮮農民在遭受日本人的苛歛誅求而在外交救國，又或主張民族的自力更生。這種以少數志士們爲中心的初期運動，自然不能够建立統一的指導理論和統一的革命集團。

但是在『三一』大革命運動以後，朝鮮革命運動進行三個主要的發展。第一把從來的以志士爲中心的運動移到大衆中間來。特別由於新興社會主義運動的發生及發展，工農大衆及青年學生的反帝反封建的鬥爭日益擴大，而把運動的基礎安放在廣大的大衆鬥爭上面。第二積極展開革命運動的理論鬥爭，澈底清算從來漠然的忠君愛國主義以及一切不正確的政治見解，同時吸收現代的民主主義及社會主義思想，開始建立正確的革命理論。第三不論在社會運動或民族運動方面，把從來分散的，自然發生的以及宗派主義的革命團體，不斷地予以淘汰或取消，開始建立現代的革命政黨。

『三一』以後，朝鮮革命運動的主要特徵就是社會主義運動和民族主義運動的對立的發展。可是由於朝鮮產業工人的急速增加和國際社會主義運動的突飛猛進，前者的發展比後者更爲迅速而普遍。一九二四年在京城召集全國民衆運動大會時，全國社會運動團體總數已超過一千。其後在朝鮮共產黨指導下成立的全國勞動總同盟，全國農民總同盟，全國青年總同盟等，所屬人員總數達二十餘萬人。這些團體在『九一八』事變後雖被解散，但他們的組織的活動仍然存在着。全國到處不斷發生的罷工，抗租，罷課等鬥爭，可以說是由社會主義所指導發動的。這運動在朝鮮革命運動中已佔着主要的地位是不待言的。

至於民族主義運動在國內雖然沒有像社會主義運動那樣表示出積極的行動來，但牠所保持的潛在的反日革命力量却是很大的。朝鮮民族主義運動的大部分，以宗教界的活動表示出來，這是很值得注目之點，例如『三一』大革命，可以說完全以宗教爲中心而指導發動的。不僅當時的民族代表三十三人中宗教信者佔絕對多數，而且在參加示威暴動的大衆中，大多數爲宗教信徒。這樣到現在還在相當保持反日性的宗教有天道教，基督教，佛教及儒教等，這些宗教都擁有數十萬個教徒，還有青年會，學校及教會等社會事業機關，吸收廣大的青年學生。這些宗教信者在平時生活上，自然是很消極的非革命的，可是一到反日革命高潮到來的時候，他們都可以動員起來，參加鬥爭，而且可以發生偉大的力量。

民族主義運動的大衆基礎在於宗教方面是有原因的。因爲在朝鮮一切集會結社等自由全被剝奪，民族運動團體更不能公開存在。所以許多有志人士都參加宗教團體，藉着宗教的掩護而進行民族更生的事業。故安昌浩先生所領導的興士團及青年修養同盟也正是藉着基督教的掩護而活動。

民族主義運動在海外有着很鞏固的基礎。在『九一八』以前，滿洲的正義府，統義府，參議府等都是民族運動的大本營，在美洲的國民會，同志會等都是有相當歷史的民族主義集團。最近數年前由五個團體合成立的朝鮮民族革命黨和韓國國民黨是在中國活動的民族革命團體。這些團體無疑地是民族運動的前衞。

這裡特別值得指出的是，一九二六——七年中國的國共合作時代，在朝鮮也成立了民族運動和社會運動的協同戰線團體『新幹會』。會員共有三萬餘人，全國到處有一百五十餘支部。一九二九年以光州學生事件爲契機而爆發的全國學生反日大示威運動，可以說完全由新幹會領導的。這團體因種種原因，遂於一九三一年至於解體。可是這三萬餘的反日積極分子在種種形式的社會組織裡面仍然在推進反日運動。尤其其後產生的讀書團體反帝國主義同盟替代了新幹會的任務。

最後，一九三六年中國的全民族的統一戰綫運動開始以後，尤其到中日戰爭爆發以後，朝鮮民族的反日政治鬥爭也踏進了一個新的階段。這個階段的主要任務，就是一方面要建立全民族的反日統一戰線，另一方面要建立中韓兩民族的抗日聯合戰線。爲了遂行這個歷史的任務，在海外首先成立了朝鮮民族戰綫聯盟。我們堅決相信，在這次中日戰爭中一定能够發動全體民族的反日大革命鬥爭，以爭取民族的解放。

第三是大衆鬥爭方面。朝鮮民族的歷次的大衆反日鬥爭是比任何殖民地民族的反抗運動更爲激烈，更爲廣泛，而且這種鬥爭在質和量方面都有組織的發展。在亡國後數年間，只有全國義兵的武裝鬥爭，而一般民衆的反日示威及暴動還沒有爆發。可是到了一九一九年三月一日發動了空前壯烈的全民族的大示威和大暴動。主持這運動的民族代表三十三人，本來的計劃是動員幾個中心都市的青年學生，舉行反日示威，單單提出『朝鮮獨立萬歲！』這一個口號，並規定和平示威的辦法。但是這運動從發動的那天起，就馬上發展成全民族的大示威，又所謂和平辦法變成了大衆的徒手暴動。這種示威和暴動在全國到處各個鄉村中都是猛烈的進行，一直繼續到八個月之久。全國被動員的民衆達二百萬人，被犧牲者達四萬餘人。特別值得指出的是，平時

朝鮮民族反日革命總力量問題

奎光

一

中國的抗日戰爭正在猛烈進行的時候，同樣遭受日本帝國主義的掠奪和壓迫的中韓兩民族，建立抗日戰鬥聯盟是非常重要，而且必要的事情。正因爲如此，自從抗戰以來，許多中韓人士都很深切地注意這個問題，同時熱烈地期望着這兩被壓迫民族的聯合戰線，能夠早日實現出來。

可是在這兒我們必須知道，所謂聯合戰線決不是什麼空洞的作爲政治號召的東西，而是要實踐，要鬥爭的一種戰鬥聯盟。沒有實踐和鬥爭的聯合戰線是不會存在，而且不應該存在的。相反地只有在實踐和鬥爭中，才能夠鞏固和擴大聯合戰線。因爲是這樣，所以當我們要建立兩民族的聯合戰線的時候，首先正確地估計對方的戰鬥力量，是很必要的。

朝鮮民族的革命力量到底有多少呢？這原是很值得研究和討論的問題。朝鮮民族自從亡國以來三十年間，在日本帝國主義的無限制的壓迫和搾取下，無論物質生活或精神生活，都遭受極度的蹂躪和破產。這樣的民族還有多少力量能夠抵抗日本呢？對於這個問題，各個人都不免有『見仁見智』之感。但我覺得對這問題，固然不應該估計太高，同時不應該估計太低。我們需要有一個正確的估計。

不過我們要曉得，所謂革命力量毫不是拿數字來可以表現的東西。牠不僅有物質的因素，而且有精神的因素。牠不但有表面的力量，同時有潛在的力量。牠不是靜止的死板的，而是生動的發展的。牠不是單純的孤立的，而是複雜的關聯的。我們要估計這樣一種力量自然是不容易的，但也不是完全不可能的事。我們不妨從以下兩方面去觀察朝鮮民族的反日力量。即第一從歷史的反日鬥爭方面去觀察，第二從現實的生活方面去觀察。

With very best wishes to the
League of Korean National Front
from the International Student Delegation
James Klugmann

（世界學聯代表柯樂滿先生題）

二

首先，我們用歷史的眼光去考察朝鮮民族的反日鬥爭的時候，就可以知道這個鬥爭，自亡國到現在三十年間不僅沒有一時一刻停止過，而且繼續猛烈的發展下去的事實。換言之，朝鮮民族的反日戰鬥力量不但沒有絲毫減弱，反而更加繼續地增大和發展。許多不瞭解朝鮮革命運動的實際情形的人，只看到日本統治力量的不斷增強和朝鮮民族生活的日益破產，就認爲朝鮮民族反日力量也在不斷地減弱下去。但這是表面的淺淺的看法。實際的情形是與此相反，正因爲日本統治力的增強和民族生活的破產，所以朝鮮民族爲生存而奮鬥的力量便不得不更加鞏固起來。關於這問題，我們可以從以下三方面去觀察牠的歷史的發展傾向。

第一是軍事鬥爭方面。朝鮮民族的反日武裝鬥爭在過去三十年間不但沒有停止，反而更加發展和擴大。亡國前後在國內發動的義兵鬥爭繼續到八年之久，最後由於武器的不精良和給養的無辦法，終於敗退。可是退到滿洲國境方面重新建立朝鮮革命軍事根據地，繼續不斷地和敵人作戰，直到現在沒有停止。特別到『九一八』事變以後，得到中國義勇軍的響應和合作，朝鮮革命軍事鬥爭的力量便急激地擴大起來。現在在東北抗日聯軍中的朝鮮人隊伍及其他武裝部隊已有數萬之衆。此外在蘇聯遠東紅軍中也有兩個朝鮮人師團。又在中國關內及蘇聯方面還有不斷養成出來的多數軍事幹部人材。這些都是朝鮮革命運動的基本軍事力量。這種力量在今後由於中國抗戰的進展和蘇日對立的尖銳化，一定能夠得到中蘇兩國的積極援助，而建立強有力的朝鮮革命軍。

第二是政治鬥爭方面。朝鮮民族的反日政治鬥爭也同軍事鬥爭一樣，不論在形式上或內容上都有不斷的進步和發展。大家都曉得，一九一九年『三一』大革命是朝鮮獨立運動飛躍發展的時期。在『三一』以前，許多愛國志士們亡命海外，有的籲請列強主持公道，有的號召國人起來反抗，又有的暗殺敵魁以快人心。可是他們的政治意見極不一致。或主張軍事救國，或主張

제5장

朝鲜民族反日革命总力量问题
조선 민족 반일혁명 총역량 문제

규광

能夠獲得，朝鮮是東方最强大的帝國主義日本的獨占殖民地。朝鮮民族要得到根本的解放，單單靠自己的力量顯然是不夠的。這因為過去數十年間日本帝國主義繼續在向上發展過程之中，牠對殖民地的統制力倍外加强，而朝鮮民族的一切孤立的自力的解放鬥爭，都被敵人所鎭壓下去了。換言之，敵人之力量太强大，而我們的力量太弱少了。因此朝鮮革命運動的主要戰略，第一是全民族的一致團結，第二是聯合一切國際的反日勢力。

所謂國際的反日勢力，在朝鮮看來，主要的是蘇聯和中國。這兩個國家不僅在目前遭受日本的壓迫和侵略，而且在過去半世紀以來，結成了對立鬥爭的關係。因此聯合這兩大國家共同打倒日本帝國主義便是朝鮮革命的基本戰略。正因為如此，朝鮮民族始終以中國和蘇聯民族看作最可靠的友軍或同盟軍。無數的朝鮮革命者跑到中國和蘇聯來活動，並且直接參加這兩國的一切革命鬥爭，更努力和這兩國的政府及人民建立密切的關係。

自從中國政府及人民毅然發動抗日戰爭以後，朝鮮民族和中國民族聯合抗日的戰略的任務，已經進到具體實行之時期了。於是乎全朝鮮革命團體及個人，異口同聲地主張全民族的統一團結，同時積極展開反日援華獨立的鬥爭。最近在國內已很普遍地發生反戰，反徵兵的鬥爭和怠動，在國外的革命者間，已經發起了民族統一戰線運動，成立了朝鮮民族戰線聯盟。特別是在中國的朝鮮革命者直接參加中國的抗戰。這就是說明，朝鮮民族解放運動的基本戰略在於聯合中國民族，在中國抗戰中要以鬥爭來援助中國，同時爭取自己的解放。

還有，朝鮮民族戰線聯盟所發表的鬥爭綱領中關於中韓民族聯合抗日鬥爭的規定，是特別值得指出的。

『(14)在國內實行後方的擾亂和武裝鬥爭，在東北參加抗日反滿鬥爭，在中國關內直接參加中國抗戰。

(15)中國民族，台灣民族及蘇聯為最大的反侵略，反日勢力，必須與之切實聯合。』(參看本號末頁。)

四・中韓民族聯合戰線是要實現東亞的永久和平

我們要建立中韓民族聯合戰線的目的，不僅在於確保中國抗戰的勝利，又不僅在於朝鮮民族的獨立解放，而更進一步要實現東亞的眞正的永久的和平。換一句說，中國抗戰的勝利，可能招致朝鮮的獨立，朝鮮的完全獨立，可能實現東亞的和平，但主要的前提就是要建立中韓兩民族的聯合戰綫。

稍具一些政治研究的人，誰都可以明白，朝鮮的獨立與興亡，對於東亞和平有着決定的關係。朝鮮在政治地理上處於中俄日三大國之間，好像所謂的巴爾幹半島一樣，誰先佔有了牠，誰就能夠把持東亞的霸權。因此在過去這三大國的政治勢力均衡發展的時期中，朝鮮民族是可以獨立的，相反的，祇有確保朝鮮的獨立，這三國才能保持在東亞的均勢，才能保持東亞的和平。

自從日本開始併吞朝鮮以後，東亞和平因始破壞，也就是種下了目前中日大戰的禍根。過去的清日戰爭和俄日戰爭都是因朝鮮問題而發動的。戰爭的結果所謂朝鮮問題並不以『獨立』的形式來解決，而是以『被併吞』的形式來解決。從此以後日本帝國主義者就以朝鮮為侵略大陸的架橋，開始進行併吞整個中國的侵略計劃。遂引起了『九一八』以來繼續發展的中日戰爭。

可是到現在，情形便完全不同了。第一，蘇聯是强大了，第二，中國也站立起來了，第三，日本帝國主義已走上沒落之路了。第四，朝鮮民族始終沒有給日本人同化，始終爲自由獨立而鬥爭。在這種情勢下，中國發動了抗日戰爭，而這戰爭所負起的歷史的任務是很重大的。即

第一，要把日本在華勢力肅除淨盡，收復一切的失地。

第二，要援助朝鮮獨立，並加維護。

第三，要實現並保障東亞的永久和平。

不過，要完成這種偉大的歷史的任務，必須要和朝鮮民族建立鞏固的聯合戰綫。

五・結語

總括起來說，在目前中國的抗戰已踏入第二期的時候，建立中韓民族抗日聯合戰綫是極其重要和必要的工作。可是到現在爲止，還沒有具體地把牠實現出來，這不能不說爲很大的缺憾。我們應當曉得在目前，『中韓民族聯合起來』的問題，決計不是一個空洞的作爲『政治號召』的口號，而是急需運用於實際抗日鬥爭的一種革命政策。我們對於這一問題，固然要展開更廣泛，更縝密的理論的探討，但同時必須急速地把牠實現出來，以擴大和加強實際的抗日鬥爭，以保証抗戰的最後勝利。

中韓民族聯合戰線的革命的意義

奎光

一・引言

中韓兩民族聯合抗日的問題，在中國過去發動抗戰以前，是很少人加以注意的。即或有人提出這個問題來討論，也未免有些『時期尚早』之感，而不能成爲可實現的目標問題。可是到現在，由於中日戰爭的擴大和深刻化，特別由於中國方面堅定了『抗戰必勝』的信念和『抗戰到底』的決心，這個問題已經成爲急現實的政治問題了。最近在各種中韓文刊物上，中韓人士已經很普遍地提出這個問題來加以探討，特別值得我們注目的是：在中國各主要政黨的抗日政綱上和諸抗日領袖們的言論中，都很明確地提到了這個問題。

那末所謂中韓民族聯合戰線是什麼呢？對這問題的回答，說起來是很簡單的。就是說：中韓兩民族同樣地遭受日本帝國主義的侵略和壓迫，他們爲了打倒這共同的敵人，就有聯合起來的必要了。這樣的解釋，自然是對的，然而是不夠的。我們必須更進一步去認識這一聯合戰線所負起的歷史的革命的任務。

二・中韓民族聯合戰綫是中國抗日革命政策的主要一環

大家都知道，這次中國的抗戰，決不是兩個對等國間爭奪某種利權的戰爭，而是被侵略的半殖民地中國反抗侵略的帝國主義日本的革命戰爭。這種戰爭在軍備上不能不比侵略者處於劣勢，但在政治上反而比侵略者佔優位的。因此中國的抗戰，單單靠軍事力量是不行的，必須積極動員國內及國際的一切政治力量，以配合劣勢的軍事力量。正因爲如此，中國自抗戰以來，積極發展全國各黨各派的統一團結，以便實行全民族的政治總動員，同時積極聯合英美法蘇等擁護和平，反對侵略的國家，以增强國際的抗日政治勢力。

不過，在目前抗日政策中，對於日本殖民地民族問題的政策，特別對於朝鮮二千三百萬反日民族的政策，應當佔最主要的地位。當然在目前，聯合英美法蘇以及全世界反對侵略的國家及人民，共同反對日本的侵略是非常主要的工作。實際上他們已經開始熱烈地援助中國的抗戰，無論在精神及物質上增加抗戰力量着極大。不過這援助是『援助』而已。至於日本帝國主義壓迫下的朝鮮民族，爲了在這次戰爭中爭取他們自身的解放，而當作中國民族最可靠的同盟軍而出現。雖然他們沒有什麼物質可以援助中國，但他們能夠拿出生命來替中國民族相爲自己解放而與敵拚命的。聯合這一支可靠的同盟軍，無疑地是中國抗日革命政策的主要任務。

本來，聯合被壓迫民族共同奮鬥乃是中華民族的創造者孫中山先生的革命原則，也就是中國國民黨的主要政綱。中山先生說：『我們對於弱少民族要扶持他，對於世界的列强要抵抗他。』中國國民黨第二次全國代表大會，根據中山先生的這種遺教，在對外政策決議中明白規定『……聯合世界上一切被壓迫民族……共同奮鬥。』這種政策，到現在已進到了進一步實現的階段。中國民族領袖蔣介石先生素來關心和扶助朝鮮民族解放運動，到最近更[illegible]朝鮮民族問題的意志。特別在這次中國國民黨臨時代表大會所通過的抗戰建國綱領上明白規定：

『(三)求獨立自主之精神，聯合世界上同情于我之國家及民族，爲世界之和平與正義，共同奮鬥。』

『(五)聯合一切反對日本帝國主義侵略之勢力，制止日本侵略，樹立並保障東亞之永久和平。』

中國共產黨及其領袖們，對於這種政策的意見也是一樣的。毛澤東，朱德，周恩來諸先生的言論中，也曾屢屢提到聯合東方被壓迫民族共同奮鬥的意見。尤其在中國共產黨抗日救國十大綱領中，更明白規定：『聯合朝鮮台灣及日本國內的工農人民，反對日本帝國主義。』

這樣看來，建立中韓兩民族抗日聯合戰線，無疑地是目前中國抗日政策的具體任務。

三・中韓民族聯合戰線是朝鮮民族解放運動的基本政策

其次，我們要從朝鮮民族解放運動的立場，來觀察中韓民族聯合戰線的意義。

제4장

中韩民族联合战线的革命的意义
중한민족연합전선의 혁명적 의의

규광

一工作，那末就要移到組織的及行動的統一的工作了。

無疑地，戰綫的組織問題，也是同他的認識問題一樣重要，而急待解決的問題。這問題的討論，自從『朝鮮民族戰綫聯盟』成立以後，比較地具體化起來，漸漸地形成組織理論的體系。

朝鮮民族戰綫的組織問題，在表面上看，似乎是很簡單而易於解決的，但就內容上說，是非常複雜而難於處理了。詳言之，在朝鮮，民族戰綫的主要組織對象就是民族主義運動和社會主義運動的統一，這好像中國的國共兩黨成爲中國民族戰綫的最基本的組織對象一樣，只要建立起兩種運動的統一的組織就行了。但這是表面上的看法，實際上並不這麼簡單。因爲在朝鮮還沒有像中國的國共兩黨一樣的統一的兩大政黨，以指導社會運動和民族運動。朝鮮共產黨，在過去雖有屢次的建立，但屢被敵人破壞，到現在還沒有很好的建立起來，這結果社會主義運動便失去了中心的組織的指導和統制。民族主義運動方面也是同樣，只有大小不同的各種政治團體，而沒有像中國國民黨一樣的大的統一的民族主義政黨。這裏所謂社會運動和民族運動，祇是思想系統上之區別，而不是組織系統上之區別。因爲這兩種運動都沒有自身的組織的系統。在這種情形下，要進行戰綫的組織工作，是非常困難的事情。

當我們進行組織的統一工作的時候，在組織理論上發生了個人本位或團體本位的問題。主張個人本位的人，以爲朝鮮民族運動是和中國不同，有着種種特殊情形，不論是社會運動方面或民族運動方面，不單沒有統一的組織系統，而且有種種宗派主義的分裂的政治團體，在這種分裂對立的狀態中，要以團體本位來組織民族戰綫是非常困難，而且不可能的，所以只要贊成民族統一戰綫的人，不管他屬於任何團體，都以個人的資格來參加，以擴大戰綫的組織。這種主張自然是有着他的根據的。事實上一九二七年成立的國內的民族協同戰綫團體『新幹會』（有三萬以上的會員和數百個支會），與及當時海外的『大獨立黨』組織運動，都採取了這種個人本位的組織原則。可是這種組織，固然有許多缺點，主要的，這不是組織的統一，而是組織的分散和複雜化。許多屬於各種團體的人，個別地混合在另一種組織裏面，結果這一組織，不是成爲各黨各派互相爭取領導的場所，便是成爲第三種的政治團體。現在我們的民族戰綫是不能採用這種組織原則的。因爲民族戰綫並不是一種政黨形式的團體，而是各種政治團體，在一定的共同綱領下，約束共同行動的一種政治的鬥爭機構。所以民族戰綫是一定要採取團體本位的組織原則。

共次是民族戰綫的民主集權制的問題。民族戰綫是各黨各派在某種共同要求下聯合的組織，在原則上一定要採取最廣汎的民主制度。

這樣，團體本位和民主制度，是朝鮮民族戰綫的兩個基本的組織原則。在這原則下我們要進行組織的統一工作。

現在『朝鮮民族戰綫聯盟』，已經向全體民族提出了民族戰綫的共同政治綱領，並積極進行戰綫的統一組織的工作。本來聯盟是由三個主義不同的革命團體組織而成的民族戰綫團體，但猶還不能成爲全民族統一戰綫的總指導機關，特祇不過是統一戰綫的發起形式或雛形形態而已。因此，聯盟必須爲着建立最完全的全民族反日戰綫的總機構而繼續努力。在這點上聯盟所負的責任是非常重大的。

那末怎樣才能建立可以完全代表全體民族的意思的統一的最高指導機關呢？爲着這個，首先必須召集全民族的代表大會。這大會是由國內各革命團體及武裝隊伍，一切保持反日性的社會的大衆團體所選出的代表來構成。並且由這大會選出若干有權威的民族代表來組成民族戰綫的總機構。

可是當我們進行這種工作的時候，首先碰到的困難，就是各團體的宗派主義的觀念和各領袖的英雄主義的心理。因爲有這種觀念和心理，不單很難克服各團體間之對立關係，並且很容易產生反民族戰綫的傾向。共次還有次要的困難就是自從中日戰爭發生以來，國內和國外的交通完全杜絕，而和各團體間之直接談判和接洽，便成爲不可能。尤其我們和在東北及西北利亞的革命團體及武裝隊伍間之聯絡亦被斷絕了。不過我們爲着迅速建立反日統一戰綫，非努力克服這一切困難不可。我們堅決相信任何一種困難都不能阻止時代所要求的戰綫統一的工作。

四 結語

總括起來說，我們要建立全民族的反日統一戰綫，首先必須建立關於民族戰綫的正確的統一的指導理論，共次必須採取正確的組織原則及方案，以建立民族戰綫的總指導機關。假使我們做不到這一工作，那末朝鮮民族即使處在這樣偉大的中國抗日戰爭所給與我們的新環境和新時期中，也不能積極地展開自己的解放鬥爭，更談不到響應和支持中國的抗戰。全朝鮮革命者們！我們從滅亡中回頭再生的時期已經到來了！祇要有自身的自覺的團結和自覺的奮鬥，我們便可以由奴隸的今日走到解放的明天！

五年中國的統一戰線運動開始以來，在極少數旅華朝鮮革命者間，雖然有過關於這一運動的熱烈的討論，而且到現在已經用幾個主義不同的革命團體組織了「朝鮮民族戰綫聯盟」，作爲建立全民族統一戰線的基礎。但那還是初期的運動形態，而對於這一運動還沒有確立正確的統一的指導理論。可是到最近在中國發行的朝鮮文雜誌「民族革命」，「民族戰綫」，「韓青」等上面，發表了許多關於民族統一戰綫問題的文章，而積極展開了關於這一問題的理論的探討。這自然是很好的現象。因爲只有在這樣的理論的探討和鬥爭中，才能正確地認識戰綫的統一問題，才能正確地樹立統一的指導理論。

現在我們爲了確立民族戰綫的統一的指導理論，首先使得每個朝鮮革命者，對於以下幾個最基本的問題，都要有一個正確的認識。

第一，我們要清楚認識，我們的民族戰綫是和西歐的人民陣綫有所區別的。因爲人民陣綫是在高度發展的資本主義國家內，人民大衆爲着反對或防止法西斯蒂，爭取民主與和平而在一定的政治綱領下結合起來的一種政治鬥爭機構，而我們的民族戰線則不然，就是全體民族，不論是屬於什麼社會階級或政治黨派，都爲着打倒唯一共同的敵人日本帝國主義，爭取全民族的自由解放而在一定的政治綱領下團結起來的另一種政治鬥爭機構。

關於這兩種陣綫的同異問題，在中國初期的民族統一戰綫運動時代，也曾有過各種理論的探討，而到現在已經得到了統一的認識。可是在朝鮮，這一問題的討論，正在開始，而還沒有得出一定的結論。

第二，我們要清楚認識，我們的民族戰線和中國的民族戰綫也不盡是相同的。雖然這兩個戰線在內容上本質上是相同的，但在表現形式上却有所相異。這因爲朝鮮是日本的獨佔殖民地，早已沒有了國家機構，而民族戰線形態便不能不以各種革命的集團的結合形式表現出來，然而中國是半獨立國家，有廣大的人民和土地，在統一的政權下成爲民族戰線的人的及物的基礎，而且把政權自身就成爲民族戰線的中心機構。

第三，我們要清楚認識，民族戰線是代表全民族社會各階層的共同利害的統一的最高政治鬥爭機構，而不是一種政黨。換言之，民族戰綫是一民族內各個不同的社會階級或集團根據其自身的立場和各自共同的要求來參加組成的。這個共同的要求便是全民族的要求，爲滿足這個要求，而從各自不同的立場，在共同的政治綱領下，共同的行動起來。

第四，我們要清楚認識，民族戰線有他的一定的政治目的，而不祗是政治手段或政策。有些人認爲我們民族戰線的主要目的在於打倒日本帝國主義，而打倒了之後如何建設是民族戰線所不能負担的任務。爲什麼？因爲到那時候，或許建設社會主義國家或法西斯主義國家也說不定。但這種見解顯然是錯誤的。我們民族戰綫的政治目的是在於建立眞正的民主共和國，而打倒日本帝國主義乃是爲達到這一政治目的的政策或手段。打倒日本的統治是破壞的，而建立民主共和國是建設的。建設是目的，破壞是手段。無目的的手段是盲動的行爲。我們一定要有基於全民族共同要求的建設綱領，同時要有一定的反日共同鬥爭綱領。最近中國國民黨臨時代表大會也發表了抗戰建國綱領，可見我們的見解決不是獨斷的。

第五，我們要清楚認識，我們民族戰線內部的矛盾是可以避免的。雖然在朝鮮民族中也有種種利害相反而相互對立的社會階級，但這種階級的對立是和民族的對立比較起來，極其次要的。朝鮮全國耕作地面積的六〇%，全國資本的九五%，全國交通及主要產業機關的差不多全部，都已經歸爲日本人的公私所有，這就是說，在朝鮮，不僅政治的壓迫者是日本人，卽大地主及大資本家也就是日本人。因此朝鮮工農大衆的主要鬥爭對象，不是朝鮮民族，而是日本人。在這種情形下，祗要使民族戰線採取最廣汎而徹底的民主制度，內部的相互對立和矛盾是可以避免，卽使不能避免，也不至於分裂的境地。

第六，我們要清楚認識，民族戰線的鬥爭對象，不僅限於外部，而在內部也可能發生種種的鬥爭對象的。當然我們的主要鬥爭對象是日本帝國主義，可是對於內部的種種左傾或右傾的反民族戰線的傾向，也要實行無情的鬥爭。特別對於民族叛徒，親日派及其走狗的鬥爭是一點也不能放鬆的。

第七，我們要清楚認識，我們的民族戰線是和從來的左翼的反帝國主義同盟及右翼的民族主義團體的聯合體完全不同的東西。或許有人在「左」的立場上主張，在朝鮮，反帝同盟和民族戰線是本質上相同的東西，祗不過有名稱上的相異而已。又或許有人在「右」的立場上主張，「光復運動團體聯合會」便是民族戰綫。這兩種主張，都是不對的。從來的反帝同盟，在各國原是共產黨的外圍的羣衆團體，不論他的形式和內容，絲毫也沒有和現在的民族戰線共通的地方。同樣地，純粹由民族主義團體聯合而成的「光復運動團體聯合會」，在本質上也不是民族戰線。

以上提出的七個問題是在朝鮮民族戰線結成過程中非正確的認識不可的最基本的問題。假若我們對於這幾個問題，得到正確的統一的認識，我們的反日統一戰線便可以具體的，完滿的建立起來。

三 組織的統一

假使我們對於全民族的反日戰線的統一問題，做好了認識上理論上的統

如何建立全民族的反日統一戰線

奎光

戰綫的統一問題

自從中日戰爭爆發之後，在朝鮮民族解放戰線上，引起了一個非常重大而急待解決的問題，這就是全民族的反日戰線的統一問題。

當中日戰爭開始爆發的時候，一切的朝鮮革命者，不論是民族主義者，共產主義者或無政府主義者，都同樣地感覺到，這一戰爭對於朝鮮民族解放運動有着重大的決定的關係。就是說，中國勝利了，不單中國民族可以得到解放，而且朝鮮民族也有得到解放的希望；中國失敗了，不僅中國的民族國家將陷於滅亡的境地，而且朝鮮民族的解放前途將更是黑暗而渺茫的。因此全朝鮮革命運動者在這樣一種新的鬥爭環境和新的鬥爭時期中，都要積極發動全民族的反日革命鬥爭，以響應和支持中國的抗戰，以爭取朝鮮民族自身的解放。可是要實行全民族的反日總動員，首先最要緊的就是要確立朝鮮民族解放戰線自身的統一。假使我們的解放戰線不能統一，仍然保持像從來那樣宗派主義的或主義思想的分裂和對立的狀態，那末我們不單不能完滿地執行中日戰爭所給與我們的新環境和新時期的鬥爭任務，即使中國戰勝了日本，我們的解放運動也未必就能夠得到順利的成功。這是顯而易見的事情。在這種情形下，一切朝鮮革命者都很熱烈地喊出了這樣一個口號；

『全朝鮮民族在「反日第一」主義下團結起來！』

這一口號，可以完全代表現階段朝鮮革命大衆的共同要求是不待言的。而且這種民族的統一團結，在目前不單是必要，並且是可能的。可是到現在爲止，這還祇是口號而已，並沒有把牠完滿地，具體地實現出來！

本來的講，全民族的反日戰線的統一問題，在朝鮮決不是到現在才被提出來的問題。因爲朝鮮是日本的獨佔的殖民地，日本帝國主義就是全朝鮮民族的唯一共同的仇敵，所以在朝鮮，要建立全民族的反日統一戰線，乃是歷史所決定的朝鮮民族解放運動的主要政治任務。正因爲如此，從來在朝鮮，任何一種革命團體，都不能公然反對反日戰線的統一，即使偏見最深的宗派主義的個人或某種階級的政黨政派，也在表面上不能不主張全民族的統一團結。這樣，戰線的統一，在朝鮮已經成爲歷史的口號，而且在過去解放運動的各時期中，用種種不同的方式來進行過戰線的統一運動。

在朝鮮，戰線統一運動的主要對象，是民族主義運動和社會主義運動的統一問題。雖然在朝鮮，不論是國內或國外，存在着種種形式的分裂和對立的多數革命團體，而在表面上看，的確未免有些複雜之感！可是在內容上把牠檢考一下，就可以知道這許多團體都有着牠的社會的階級的背景。不是屬於民族主義運動，便是屬於社會主義運動。所以，在朝鮮所謂戰線的分裂對立，主要的是這兩種運動的分裂對立。現在我們所堅決主張和積極進行的全民族的反日統一戰線運動，也就是以建立這兩種運動的統一戰線作爲主要的目的。各種民族運動團體間之統一或各種社會運動團體間之統一，當然也是必要的，但這不能成爲全民族的統一，因而不是我們所目的的統一戰綫。

總而言之，在這中國民族的抗日戰爭正在猛烈地進行，而東亞各被壓迫民族的反日鬥爭空前緊張和高度白熱化的今日，朝鮮民族反日戰綫的統一問題，特別有着重大的意義，而非急速地，正確地解決這個問題不可。這個問題能否得到迅速的，正確的解決，無疑地要決定朝鮮民族解放前途的光明或黑暗。可是我們怎樣才能正確地解決這個問題呢？就是說，我們怎樣才能完滿地建立全民族的反日統一戰線呢？關於這個問題，我們要在下面加以詳細的討論，而得出一個正確的結論來。

二 認識的統一

在現在任何一個朝鮮革命者，不管他是信仰什麼主義或屬於什麼黨派，都不反對戰線的統一，不單消極地不反對，而且會積極的加以主張。可是這還只是『不反對』或『主張』而已，至於如何統一的具體方法的意見上，每個人都有不同的看法。各黨派也各有相異的見地。因此祇有口頭上標語上的統一，而沒有具體的實際的統一。

我們認爲，倘要建立民族戰線的實際的統一，必須首先建立民族戰線的認識的統一。假使我們沒有認識上理論上的統一，那就不能有實際上行動上的統一。

朝鮮的民族統一戰綫運動，不用說還處在發起促進的時期。自從一九三

제3장

如何建立全民族的反日统一战线
전 민족 반일통일전선을 어떻게 건립하는가

규광

繼增大，在沿海洲、美洲、中國關內革命同志之加倍努力等等實際行動是可以表現朝鮮民族之革命精神和援助中國抗戰的決心。

朝鮮是敵人進攻大陸的戰略根據地，如果在朝鮮不斷地發生騷擾、暴動、在韓滿邊境繼續的擴大遊擊戰爭，不但可以牽制敵人侵華的兵力，更可以動搖敵人的軍心而促成敵人內部的革命，影響到整個的中國抗戰。中國如求永遠的獨立，非把日本帝國主義趕出大陸外不可，東亞各國如欲維持永遠的和平，亦非援助朝鮮獨立運動使之成功而加以維護不可。中國以及其他遠東各國對此問題決不能作壁上觀的！

朝鮮革命既與中國抗戰，東亞和平有不可分之相互關係，朝鮮民族當然貢獻自己一切力量，盡其所能，發動全國的全民族的解放運動來參加并援助中國抗戰，共同爲打倒敵人日本而奮鬥。同時反對並阻止強盜日本對任何國的侵略行爲，共同爲維護東亞和平而奮鬥。同樣，中國和受日本侵略的任何國家及民族，亦應在精神上物質上積極援助朝鮮革命以求得自國眞正的獨立自由和眞正的東亞和平。

在這個時候凡是愛好和平的，及已被日本帝國主義侵略的人們都團結起來，結成鞏固的反日戰線，爲打倒民族的敵人，人類的公敵——日本帝國主義，建設獨立，自由幸福的國家而共同奮鬥吧！最後勝利是屬於我們的。

哀悼島山先生

星淑

我們的一位民族解放運動偉大領袖，安島山（昌浩）先生，竟於三月十日在敵人的牢獄中，與世長別了，噩耗傳來，全朝鮮民族，那一個不爲着　先生的慘酷的遭遇而悲痛！尤其悲悼不置的是亡命在海外多年與　先生共同策動革命事業的老同志們，以及在　先生指導下積極參加革命鬥爭的無數青年們。

島山先生是現年六十一歲的老革命者。　先生在亡國前後三十餘年間，爲着朝鮮民族的自由獨立而奮鬥到底。特別在亡國後，亡命到海外來，在滿洲，上海及美洲各地，積極糾合革命同志，組織興士團，策進革命事業。一九一九年『三一』大革命運動當時，　先生參加韓國臨時政府，並召集國民代表大會，以謀革命運動的統一，其後組織韓國獨立黨，以策動獨立運動的統一的指導。到了『一二八』戰爭後，尹奉吉烈士炸殺敵將白川事件發生時，　先生適在上海，遂被倭敵逮捕，在京城牢獄中，做了五六年慘酷的鐵窗生活。因病保釋。這次中日戰事發生，又被敵總督府逮捕下獄，竟以年老多病之身抵不住敵人的橫蠻毒刑，終於離開我們而長逝了，我們要記住：　先生始終是爲民族的自由獨立而奮鬥努力，而至於犧牲！

先生在革命運動中一貫的主張，就是集中全民族的力量，以『實幹苦幹』精神，向前邁進！在這倭敵大舉進攻中國，而全朝鮮民族反日反戰運動風起雲湧的今日，特別在全民族反日統一戰線運動正在高漲的時候，　先生的肉體雖然被敵人奪去了，但先生的革命精神便永遠活躍在我們每一革命者的心房裏，領導着整個革命運動。所以，我們哀悼島山先生，必須本着　先生的集中全民族力量的遺志，趕快建立全民族的統一戰線，來打倒日本帝國主義！

朝鮮民族戰線聯盟工作情形

本聯盟成立到現在，已經有四個月了。

本來聯盟的主要工作方針是：第一，要推進朝鮮國內及國外的全民族的統一戰線，第二，要建立廣汎而統一的中韓民族聯合戰線，第三，要發動全體民族直接或間接參加中國的抗日戰線。可是我們處在特殊的環境中，所遭遇的困難非常之多，因而聯盟的工作使不能活潑地開展。在下面簡單地報告聯盟成立以後一些工作情形

（一）去年十二月三十一日發表『告中國同胞書』這是聯盟成立後第一次向中國同胞要求建立中韓民族聯合戰線的言論。

（二）爲促進中國關內朝鮮革命團體的統一，于一月中旬派本聯盟理事王君實，孫建二同志到長沙，歷訪朝鮮光復運動團體領袖李東寧，金九，李青天，趙素昂，玄益哲諸先生，交換關於建立民族統一戰線的意見，結果雖然得不到具體的成就，但他們也在痛感着統一的必要，而且要致力於統一工作。我們深信我們的統一戰線的擴大，只是時間問題，遲早總要成功的。

（三）本聯盟爲着推動朝鮮及日本的革命大衆積極參加反日反法西斯侵略戰爭的運動，特向中國國民外交協會國際宣傳組接洽，派林哲愛，鄭文珠二同志，在武漢廣播電台，輪流用朝鮮語及日本語播音。第一次一月十八日，題爲「爲中日戰爭告朝鮮婦女」。第二次一月二十四日，題爲「告韓鮮同胞」。第三次一月三十一日，題爲「告日本大衆」。頗受聽衆的好評。

제2장

哀悼島山先生
도산 선생을 애도하다

성숙

前衛部隊的將幹的活動，可進而完全剝奪一切集會，言論，出版，結社等自由。但是我們的鬥爭，決不會因此而停止，相反地敵人的抑壓愈加厲害，革命鬥爭便愈益深刻地發展開來。就是說，在這種極端慘酷的局面下，一切民族的叛徒，自治運動派，請願派等，不得不公然替敵人執行鷹犬的任務。相反的，一切反日革命大衆，無論是屬於任何社會階級或黨派，都不能不集中到民族統一戰線的旗幟底下。在全國工人，農民及學生大衆中，迅速地發展着革命的秘密結社，在各種宗教及文化機關中，急激增大着反日的政治組織。這樣，在全國到處，不斷地擴發着罷工，抗租，罷課等革命鬥爭。他們已經在反日鬥爭的實踐中，必然地統一了他們自身中的所謂社會運動和民族運動的從來對立的陣線，而向着全民族統一戰線的政治路線上邁進着。

特別在海外，由於中日戰爭的擴大和日蘇對立的尖銳化，在中國和蘇聯各地活動着的朝鮮革命團體及個人，都開始了空前活潑的鬥爭。在蘇聯的數十萬朝鮮民族，在蘇聯政府及共產黨領導下，已經結成了堅強的戰鬥隊伍。在滿洲的數萬同胞，直接加入東北人民革命軍，在抗日聯軍旗子下實行英勇的遊擊戰爭，在中國關內的各革命團體及個人，直接或間接地參加到中國的抗日戰線。在這樣的實踐的鬥爭中，沒有別的，只有攻打敵人的血戰，又只有各黨各派的同志的合作。

六、結論

從上述諸點看來，我們所堅決主張的全民族統一戰綫，無疑的是現階段朝鮮革命的唯一實踐的任務。我們爲着執行這一偉大的歷史的使命，首先結合海外的三個社會的立場和主義的信仰各不相同的革命團體（朝鮮民族革命黨，朝鮮革命者聯盟及朝鮮民族解放運動者同盟），組織了朝鮮民族戰線聯盟。

朝鮮民族戰線聯盟，自然不是全民族的完全的統一戰綫機構，就是說，牠不是實際上代表全體民族的意思的統一戰線團體。爲什麼呢？因爲這聯盟，只不過是三個革命團體的聯合，而不是由全民族各社會階層，各政黨政派，各宗教及民衆團體的代表來組織的東西。但是這聯盟，在結合主義不同的政治團體的意味上，特別在正確的主張民族統一戰線的一點上，至少可以看作全民族統一戰線的一出發點，一雛形形態。我們固然不把聯盟看作君臨於全朝鮮革命大衆之上的總指導機關，但同時我們堅決相信，只有這聯盟才能正確地執行推進全民族統一戰線的主要樞杆的任務。

朝鮮民族戰綫聯盟的當面任務，是一方面積極促成完全代表全民族的意見的民族戰綫總指導機關，另一方面在中國抗日戰爭過程中，積極促成中韓民族的聯合戰線，同時要和其他一切的反日勢力取得密切的聯繫。只有這樣，才能增强我們的戰鬥力量，才能確保我們的最後勝利。

最後，朝鮮民族戰綫聯盟已經發表了創立宣言及關於民族統一戰綫的基本綱領和鬥爭綱領。我們應當根據着這個綱領及宣言，去奮鬥到底，得到最後的勝利爲止●

命者聯盟等，都有了時代所要求的共通傾向，就從一九三六年夏天起，開始主張結成全民族的統一戰線。

到了盧溝橋事變發生後，客觀情形，更有利於統一戰線的結成，於是三團體代表在南京，交換關於如何結成民族戰線問題的意見。當時孫健，金鉄男，李然浩三君，以不屬於任何團體的個人資格，在各團體間努力策動統一，結果由三人簽名發表宣言，同時得三團體的同意，召集關於統一問題的懇談會，這時中國的全面抗戰已經揭開，韓僑不顧空襲南京，在這種恐怖緊張空氣中，集合各方面的代表十五人，討論結果，先成立了『朝鮮民族戰線統一促成會』，並發表致力於統一運動的宣言。

可是再隔數日，『南京韓族會』也召集全體大會，發起組織『在中國朝鮮民族抗日同盟』，不過這同盟在組織趣旨上，完全和統一促成會相同，故經雙方協商，把兩團體合同而組織『朝鮮獨立運動者同盟』。

在那時以前，同樣在關內爲朝鮮革命而奮鬥的『韓國國民黨，朝鮮革命黨，韓國獨立黨等三團體，綱羅在美洲的朝鮮革命團體等，成立了『韓國光復運動團體聯合會』，當時我們對於這聯合會，再三提出關於統一的意見和要求，但由於種種關係，至今尚未得到統一，不能不認爲很大的遺憾。不過我們始終爲統一而努力，而且深信我們的統一運動一定會成功的。

『朝鮮獨立運動者同盟』在名稱上，好像是一個獨立的團體，但牠的內容上，仍然還是要促成民族統一戰線的過渡性的團體。在這團體中，發生了民族戰線的組織是否以個人本位，或以團體本位的問題，此外還有民族戰線政治綱領問題，有許多不集團，後者以法、蘇、爲中心的反侵略的和平陣線。這種國際形勢，必然地使世界被壓迫民族及國家參加到反侵略陣線中來。這種局勢，在意阿戰爭和西班牙內戰中，特別在目前中日戰爭中，很明顯地表現出來。換句話說，全世界各殖民地及半殖民地民族的解放鬥爭，是和國際反侵略陣線，很緊密的聯繫起來。

特別在東亞，我們的敵人日本帝國主義，自從『九一八』以來，瘋狂地侵略中國的領土，同時要驅逐列强的在華勢力，因而牠和列强的對立，日益加深。尤其在『八一三』以後中日戰爭全面展開，列强在華勢力受到更大的侵害，因而牠在國際上，和英美法蘇的對立更加尖銳化。同時中國四億五千萬民族的抗日鬥爭是表現着空前的擴大和緊張。特別値得注目的是中國國共兩黨爲着拚救民族的淪亡，捐棄一切前嫌，團結合作，建立全民族的統一戰線，在統一的旗子下，實行了全民族的抗日總動員。跟着這一戰爭的發展而發展的蘇聯遠東政策——遠東軍備强化，蘇蒙協定，中蘇不侵犯公約等——更加促進日本帝國主義的破滅。

日本帝國主義的猖獗瘋狂的大陸侵略，不但是促成了中國民族的大同團結，並且促成了朝鮮及台灣民族的一致團結，和數千萬日本人民大衆的反法西斯的人民陣線。日本帝國主義，一方面爲着侵略中國和進攻蘇聯，他方面爲着對付英美的干涉，不能不積極準備龐大的軍事力量，同時爲着這個準備，不能不更多的搾取日本人民大衆及朝鮮，台灣民族的血汗，又不能不更多的剝奪他們的自由。這個結果，必然地加速引起和激化日本人民及朝鮮，台灣民族的反抗運動。

如上所述，目前日本帝國主義勢力的瘋狂濫暴，不但決不能使朝鮮民族解放運動成爲不可能，剛剛相反，使我們的運動得到加速的擴大和發展。事實上，日本帝國主義的侵略氣焰愈是高漲，牠的國際地位便愈是孤立和惡化，而且對牠的反抗勢力便愈益昂揚起來。

在如上的國際情勢下，我們的民族解放運動，不單內部的矛盾更爲緩和，一致團結的覺悟更爲普遍，更進一步，我們是獲得了能夠向同一目標攜手並進的空前廣大的同盟勢力。就是說，中國四億五千萬民族的抗日勢力，台灣的民族戰線，以法蘇爲中心的國際和平陣線，英美等國的反日勢力，甚至敵國內的反侵略的革命大衆，都可以看作我們民族統一戰線的同盟軍或友軍。

五、民族戰線的現實的鬥爭意義

再其次，最近在國內及國外愈激發展着的我們的解放鬥爭，是事實上證明了民族統一戰線的實踐的，革命的意義。

最近數年來，特別在『九一八』事變以後，一方面由於日本帝國主義爲了準備侵略戰爭，在經濟及政治上加緊壓搾，他方面由於中國民族的抗日鬥爭和蘇聯革命勢力的日益高漲，朝鮮國內外革命運動，推進到更高的一個階段，而且得到了更合理的發展。

日本帝國主義者爲了實行對中侵略戰爭，特別爲强化戰爭的後方根據地朝鮮的統治，施用空前奇酷的法律，嚴重鎭壓朝鮮民族的一切政治的社會的活動。牠强迫解散擁有數十萬組織大衆的工人總同盟，農民總同盟及青年總同盟。鎭壓了擁有三萬餘

朝鮮民族戰線聯盟結成經過

子明

在朝鮮革命陣營內，發生統一運動，可以說是早在一九一九年『三一』運動剛剛過後的事情。這運動，在各時代，其名稱，方法及內容雖有所不同，但總一直繼續到現在，是不可否認的歷史的事實。可是在本文並沒有把牠詳述的必要，而只要說明本聯盟的成立也就是十餘年來繼續發展的統一運動的一個成果。

那末，朝鮮民族戰線聯盟是經過怎樣的途程而成立的呢？和以前的統一運動或以外的統一運動比較起來，有什麼特異之點呢？牠的歷史的使命是什麼呢？這些問題須要在本文中加以說明。

現世界的政治路線，可分爲民主主義路線，社會主義路線，或法西斯路線，人民陣線的路綫及被壓迫民族的民族戰線的路線等。在所謂法西斯這個怪物還未出現政治舞台以前，是社會主義對民主主義的對立鬥爭，頗爲激烈，而且這鬥爭在全世界繼續甚久，甚至這種鬥爭影響到被壓迫民族的解放運動線上，在印度，中國，朝鮮等民族中也有過這樣的對立鬥爭，可是一到法西斯蒂出現於政治舞台，尤其牠傳染到世界的範圍，社會主義和民主主義爲着對付共同之敵法西斯主義；不但停止相互的對立鬥爭，反而更結成了聯合陣綫。這種聯合乃是西班牙，法國等國家的人民陣線，又像朝鮮一樣受着異民族統治的民族是由於牠的社會的條件需要着全民族的總團結，於是需要結成全民族的統一戰線。

結成『朝鮮民族戰線聯盟』的三個團體，即朝鮮民族革命黨，朝鮮民族解放運動者同盟，朝鮮革

爲什麼要建立全民族的統一戰線？

奎光

一、我們的主張

我們是依據過去我們民族解放鬥爭的寶貴經驗和目前國際及國內的政治情勢，堅決主張：現階段朝鮮革命的唯一任務，在於結成全民族的統一戰綫，來打倒日本帝國主義，來建立眞正的民主獨立國家。

二、民族解放鬥爭的歷史的經驗

過去三十年間，朝鮮民族在橫暴的日本帝國主義統治下，過着慘酷的奴隸生活。全體民族，不單失去了政治的自由和經濟的生存權，並且有着四千餘年悠久歷史的民族文化和民族意識，也受到極度的抑壓。這種民族的被壓迫事實，便是證示了朝鮮民族和日本帝國主義決不能並存的歷史的及現實的根據。

我們的民族解放鬥爭，從亡國到現在，不管日本帝國主義的暴壓和屠殺如何兇狠，繼續不斷地進展和擴大。從亡國當時全國的義兵蜂起說起，滿洲朝鮮獨立軍的不斷的遊擊戰爭，一九一九年『三一』運動的全民族的大蹶起，暗殺破壞運動的全面的展開，社會運動的急激而普遍的發展，『六十』運動的大衆示威，全國工人，農民，青年學生的反日結社（勞動總同盟，農民總同盟，青年總同盟等）與及他們的罷工，抗租，反對奴隸教育等歷次鬥爭和暴動，滿洲的反日大暴動，尤其到最近，日益擴大和強化的東北人民革命軍中朝鮮人隊伍的抗日遊擊戰爭……等，這一切繼續不斷的革命鬥爭，不單給日本帝國主義統治以強有力的打擊，同時充分地發揮了朝鮮民族的獨立自存的精神和能力，而且明確地指示和開拓我們的解放前途。

但是這一切革命鬥爭，在當時還未成熟的主觀及客觀的條件下，每每受到一時的或部分的失敗。第一，在主觀上，過去我們的解放運動，幾乎全部都沒有樹立正確地把握當時的國際情勢和國內各社會階級的現實要求之有權威的革命的指導理論，因此，不僅不能建立堅強的革命的前衞部隊，而且不能充分地教育大衆和組織大衆。革命力量也不能夠統一的集中和擴大。第二，在客觀上，我們的仇敵日本帝國主義的侵略機構，在過去數十年間，得到空前的擴大和強化。相反的，大戰後爆發的東方被壓迫民族解放運動，特別是中國國民革命運動，受到一時的挫折，各國無產階級革命運動也遭受一時的頓挫。這種客觀情勢，對於我們的解放運動給予了非常重大的抑壓的影響。

但是這種革命的沈滯狀態，絕對不是意味着朝鮮民族革命的全面的失敗和日本帝國主義的永遠勝利。這樣的失敗，僅僅是表面的，一時的，而不是本質的永久的。我們的解放鬥爭，在這種艱苦鬥爭的經驗中，不斷地準備和發展新的戰鬥理論和新的實踐力量。這就是在目前我們的運動戰線各方面，正在生長發展着的全民族的統一戰線運動。換言之，現在我們所積極主張和推進的民族統一戰線運動，決不是抽象的空洞的東西，而是從過去一切革命的鬥爭經驗中生長，發展的進一步的戰鬥理論和戰鬥行動。

三、民族戰線的社會的意義

首先，現階段朝鮮革命的性質，是決定民族統一戰線運動底社會的及歷史的意義。

現階段朝鮮革命，是根據牠的半封建的殖民地的社會性質，被規定爲最廣泛的民主主義的全民族解放運動。詳言之，現階段朝鮮革命是由於朝鮮成爲日本的殖民地和全民族受着異民族的極度壓迫的這一歷史事實，又由於朝鮮社會的半封建的性質，一定成爲民主主義的民族解放運動，而不是社會革命。因此現在的朝鮮革命，決不是某一階級或某一政黨所單獨負擔的任務。實際上，全體民族同樣有着解放的要求，同樣有着反日的任務。當然我們確認朝鮮工農勞苦大衆的最可靠的革命力量，但同時我們不能不認定，廣大的中小資產階級，民族商工業家乃至地主等，也相當的保持着反日的革命性，而構成全民族解放鬥爭的相當主要的勢力。不僅如此，朝鮮社會各階級，各政黨政派，在日本帝國主義的暴壓統治下，必然地要揚棄他們內部之矛盾，在民族戰線旗子下統一起來，共同推翻日本帝國主義的統治。

四、民族戰線的國際的意義

其次，最近數年間，不斷地變化，發展的國際情勢，是在客觀上促進了我們的統一戰線，同時提示了國際的聯合戰線的重要意義。

目前世界政治形勢，很顯然地分成兩個壁壘，即一是侵略主義的法西斯陣線，一是民主主義的和平陣線，前者是以日、德、意爲中心的國際的侵略

제1장

为什么要建立全民族的统一战线?
왜 전 민족통일전선을 건립해야 하는가

규광

제1부

『조선민족전선』과 김성숙

1. 왜 전 민족통일전선을 건립해야 하는가
   为什么要建立全民族的统一战线?
2. 도산 선생을 애도하다
   哀悼島山先生
3. 전 민족 반일통일전선을 어떻게 건립하는가
   如何建立全民族的反日统一战线
4. 중한민족연합전선의 혁명적 의의
   中韩民族联合战线的革命的意义
5. 조선 민족 반일혁명 총역량 문제
   朝鲜民族反日革命总力量问题

해제

신주백

1

운암雲巖 김성숙은 충칭의 대한민국 임시정부에서 국무위원을 지낸 독립 운동가다. 그는 1898년 음력 3월 30일 평안북도 철산군 서림면 강암동에서 태어나, 1969년 4월 12일 71세의 나이로 서울시 광진구 구의동에 있는 자택 피우정避雨亭에서 별세하였다.

한 지식인은 중국에서 귀국한 이듬해인 1946년 김성숙의 장점과 성품에 대해 다음과 같이 소개하였다.

> 정치가로서의 김성숙 씨에 대한 우리의 기대는 크다. 국내외의 혁명가들이 그 오랜 지하투쟁의 관습인가? 실상 정치적 공작에는 졸렬함이 드러나고 있다. 오늘의 조선의 건국 과정이, 또는 혁명적 과정이 정치투쟁과 아울러 정치적 공작이 필요하다면, 이 정치적 공작에 있어 해외의 풍부한 경험을 가진 김성숙 씨에 대한 기대가 큰 것이다. ……
>
> 김성숙 씨는 조선을 '됴션'이라고 되게 평안도 사람의 태를 숨김없이 드러내거니와 그 성격도 평안도인적인 솔직 쾌활한 면을 갖고 있다. 그는 버스러진 이마 주름살이 잡히도록 항상 무엇을 사고하는 듯, 심모원려深謀遠慮가 있는 사람 같다.
>
> 사실 그는 그리 단순한 인간은 아닌 듯싶다. 정치가형의 인간에게서 흔히 보는 바와 같이 그에게는 깊은 사고와 원대한 계획이 있는 듯하다. 그러나 그것이 이를 완고한 검객들에게서 보는 바와 같은 그러한 모략성을 가지지 않는 것임은 물론이다.
>
> 그것은 첫째로 그가 솔직 쾌활한 성격의 소유자라는 것. 둘째로 세계적인 양식을 갖고 있다는 것에서 이리라. 그러므로 그의 심사원려深思遠慮는 항상 전술의 연마를 위한 것이며, 이것 때문에 그의 인간적인 솔직성이 침해되는 것은 아닌

것이다. 김성숙 씨는 인간적으로 어디까지나 호한好漢이요, 솔직한 사내요, 쾌남아이다. 이것이 그로 하여금 인민 대중에게 친할 수 있고, 또 인민 대중의 신뢰를 살 수 있는 인간적 조건인 것이다.강조-인용자[1]

작가는 김성숙이 협상과 타협을 아는 생각하는 정치지도자라고 평가하며 꼬여만 가고 있던 해방정국을 풀어갈 지도자 중의 한 사람이란 기대를 숨기지 않았다. 또한 인간 김성숙이 의협심, 솔직성, 쾌활한 성격에 넓은 시야까지 갖추고 있다고 소개하였다.

그렇다면 김성숙은 자신의 삶을 어떻게 평가했을까. 김성숙은 서거하기 5년여 전인 1964년 1월 27일 자 일기에서 '자긍자만自矜自滿'한 자신의 속마음을 다음과 같이 정리해 두었다.

항산구익균-인용자의 요구가 있어 약력을 정리하였는데 나의 **70평생의 행로이란 실로 고난의 생활이었고 형극荊棘의 행정行程이었다.** 나는 유소년 시時에 중시하重侍下에서 자라날 때가 가장 행복했었고 19세 시집을 떠난 후부터는 금일까지 **약 50년간 잠시라도 안정된 생활을 해 보지 못하고** 항상 혁명 폭동 전쟁 당쟁 감옥 등 **생사선상에서 악전고투의 생애를 하여 왔다. 나의 유일한 명분은 민족국가의 독립과 민주체제의 확립과 행복된 사회의 건설이었다.** 나는 이런 목적을 달성하기 위해서 투쟁하고 있다. 내가 만약 이러한 생활을 괴롭다고 했다면 벌써 혁명대열에서 이탈했을 게고 또 안일한 생활을 영위할 수도 있었을 게다. 그러나 **나는 이 고된 생활을 감수하였고 또 자긍자만하고 있었다. 이것이 나의 운명이다.**강조-인용자

---

1 김오성, 『지도자군상』, 조선인민보사 후생부, 1946, 120~121쪽.

그는 70여 년의 인생 살이가 고난의 연속이어서 한 번도 안정된 생활을 해본 적이 없다고 인정하였다. 그렇지만 스스로의 삶에 긍지를 갖고 만족스러워하였다. 왜냐하면 '유일한 명분'인 민족독립, 민주확립, 행복사회를 추구하느라 '고투苦鬪'의 연속이었지만 스스로가 보기에도 '혁명대열'에서 이탈한 적이 없고 안일한 생활을 꿈꾸며 타협하지 않았기 때문이다.

김성숙은 오늘날 경기도 양평군에 있는 용문사에서 출가하고, 남양주시 광릉에 있는 봉선사의 주지 홍월초洪月初 스님에게서 성숙이란 법명을 받았다. 그는 3·1운동 때 불교계 동료 및 지역의 주민들과 독립만세시위를 조직하였다. 말년에 이르러 스스로 밝히기를 하나의 목표를 향해 평생을 올곧게 살아왔다고 자부한 김성숙은 이때부터 항일운동에 참가하기 시작하였다.

김성숙은 3·1운동에 참가하여 옥고를 치른 때부터 여러 이름을 사용하였다. 3·1운동 당시는 성암星巖, 1923년 중국으로 건너가서는 야광夜光, 규광奎光 등등의 이름을 사용하였다. 그의 절친 김산의 스테디셀러 회고록 『아리랑』동녘, 1984에 '붉은 승려 김충창'이란 이름도 나온다. 대부분의 한국 사람은 이 회고록을 읽고 그의 존재를 알았을 것이다.

김성숙은 중국의 베이징에서부터 창일당, 의열단을 조직해 활동하였다. 1926년 들어 중국국민당이 주도하는 국민혁명 바람이 불자 광저우에 가서 동참하며 중산대학을 다니기도 하였다. 국민혁명을 조선 독립운동의 기회로 만들 수 있다는 전략적 기대를 품고 뛰어들었지만, 국공합작이 깨지면서 자신의 꿈이 산산이 부서지자 그는 상하이로 갔다. 그곳에서 중산대학 시절부터 사귀다 같이 상하이로 탈출한 두쥔훼이杜君惠와 가정을 이루고, 중국어 번역일과 저술 활동으로 생계를 꾸리며 때를 기다렸다. 김성숙은 『일본경제사론』, 『변증법전정』, 『중국학생운동』, 『민족의 사회주의론』 등의 번역서를 간행하였다. 특히 사적 유물론의 기본 입문서인 『변증법전정』은 1938년부터 1952년까지만 해도 최소 11차례 출판되었음을 고려할 때 중국 지식사회에 큰 영향을 주었다고 미루어 짐작해도 무리가 없을 것이다.[2]

김성숙은 1936년 봄 김산과 함께 조선민족해방동맹의 결성을 주도하여 조선 독립을 위한 조직 활동에 다시 나섰다. 문필활동에 집중하고 있던 그가 조선독립을 위한 단체 행동에 다시 나서기 시작한 데는 객관적 상황의 변화가 있었다.

그는 소비에트혁명노선에서 항일민족통일전선을 다시 강조하는 중국공산당의 변화, 곧 1935년 8월 1일 중국공산당의 「항일 구국을 위해 동포에게 고한다」는 '8·1선언'에 주목하였다. 물론 그해 6월 열린 국제공산당 제7차 대회에서 제기된 반파쇼 인민전선, 반제민족통일전선 방침도 간과하지 않았을 것이다. 조선민족해방동맹은 1937년 3·1절을 기념하여 발표한 「선언」에서 반일민주를 최고 원칙으로 내세운 행동강령 아래 모든 항일역량을 결집하자고 주장하였다.

항일역량의 결집을 더 강조해 가는 흐름은 1937년 7월 일본이 중일전쟁을 일으키자 즉각적인 대응으로 이어졌다. 김성숙은 11월 한커우에서 조선민족혁명당의 김원봉, 조선혁명자연맹의 유자명과 연대하여 조선민족전선연맹을 결성하고 상임이사 겸 선전부장으로 활동하였다. 이어 1938년 10월 중국 관내지역에서 첫 번째 조선인 무장조직인 조선의용대의 창립에도 관여하여 지도위원 겸 정치조장으로 활약하였다. 1941년 12월 1일 충칭의 대한민국임시정부를 옹호하는 선언을 발표하고 참여하였다. 1944년 여러 정치 세력을 임시정부에 결집하고자 조직이 확대 개편될 때 국무위원에 선출되었다.

---

2 김재욱, 「1930년대 김성숙의 중국어 저술 고찰–온라인상의 자료 발굴과 조사를 중심으로」, 『한국독립운동사연구』 79, 2022. 이들 번역서 가운데 『변증법전정』은 김성숙의 개인사 측면에서만 주목해야 할 책으로 한정해서는 안 된다. 『변증법전정』은 중국어 출판사(史) 및 언어학적인 측면에서의 번역사, 사적유물론의 대중교육사 등등 중국 사회를 지성의 맥락에서 이해할 때도 반드시 고려해야 할 책이다.

김성숙은 1945년 12월 임시정부 요인 제2진으로 환국할 때까지 23년여 간 중국 관내지역에서 활동하였다. 이때까지 줄곧 출판 및 선전 활동 분야에서 두각을 나타냈다. 편집인이나 주간으로 활약한 잡지만 해도 1920년대에 발행된『혁명』,『혁명운동』 등이 있다. 1930년대 들어『봉화』,『민족해방』,『조선민족전선』,『조선의용대통신』,『신조선』 등 더 다양한 지면에 참여하였다. 현재까지 확인된 바에 따르면, 이들 출판물 가운데『혁명』,『조선민족전선』,『조선의용대통신』에 자신의 이름을 걸고 발표한 글이 다른 독립운동가에 비해 비교적 많은 편이다. 특히 민족통일전선이란 특정한 주제로 엮을 수 있는 자신의 문장을 모아 단행본『조선민족통일전선문제』를 간행함으로써 한국독립운동사에서 매우 보기 드문 활동 사례도 남겼다. 전집 제1권의 제2부에 이 단행본이 실려 있다.

이렇듯 전집 제1권은 김성숙이 자신의 이름을 내걸고 직접 집필했다고 확인된 중국어 글만을 수록하였다. 모아 보니 모두 1930년대 중반경부터 독립운동을 하다 민족통일전선에 관해 발표할 글이었다. 그 시점에서 김성숙이 어떤 생각으로 무엇을 꿈꾸며 독립운동을 전개했는지를 알 수 있는 글들이다. 이제부터 그에 대해 설명해 보겠다.

2

제1권에 수록한 번역문은 조선민족전선연맹의 기관지『조선민족전선』과 연맹의 무장부대인 조선의용대의 기관지『조선의용대통신』에 김성숙이 중국어로 발표한 글이 저본이다. 제4부의 글은 중국어 책으로 발행된 한 가지를 제외하면 모두 중국어 잡지에 발표되었다.

『조선민족전선』은 1938년 4월 10일 창간호가 발행된 이래 6월 25일 제5·6기 합간호까지 모두 다섯 번 발행되었다. 매달 10일, 25일에 출판하는 반월간 잡지였다. 편집인 유자명이 쓴 「창간사」에는 잡지 발행의 목적이 다음과 같이 밝혀져 있다.

> 조선혁명은 일본제국주의자들의 정치적 억압과 경제적 착취라는 이중의 고통으로부터 해방을 요구하는 혁명이므로 조선의 혁명 진영은 단계段階와 정파에 관계없이 전민全民이 반드시 단결할 필요가 있습니다. 이는 중국의 항일민족통일전선과 같은 성질이며 이론체계상에서 공동성을 가지고 있습니다. 우리들 중국 조선 민족의 공동투쟁은 역사가 우리에게 부여한 결정적 사명입니다. 그러나 실제 상황을 돌아보면 우리의 연합전선은 아직 보편적이고 공고하지 못하므로 **양 민족의 연합전선을 완성하기 위해 더욱 효과적으로 단결하기 위해 노력해야 합니다. 이것이 본 잡지 간행의 주요한 의의**입니다. 우리는 우리의 동맹자 중국 친구들이 조선의 상황을 좀 더 명확히 이해해 주길 바랍니다. **중일전쟁에서의 조선의 중요성, 조선이 일본 침략자의 발굽 아래 겪었던 여러 고통, 조선이 현단계에서 맡은 특수한 임무, 그리고 조선의 혁명역량과 포부를 중국은 모두 명확히 인식할 필요가 있습니다.** 이러한 자료들을 제공하는 것이 본 잡지의 임무의 하나이지만, 우리는 본 잡지를 중국과 조선 **양 민족의 공동발언과 혁명 문제를 공동으로 연구하는 기관이며, 양 민족의 연합전선을 촉진하고 확대하는 동력**으로 간주합니다.강조-인용자

『조선민족전선』은 조선 민족의 단결과 한중 연합전선을 연구하고 촉진할 목적으로 창간된 잡지이다. 유자명과 함께 2인의 편집인 가운데 한 사람인 김성숙이 여기에 초점을 두고 문필활동을 벌이는 움직임은 매우 자연스러운 활동방향이었다. 실제 김성숙은 1938년 3월 10일 경성에서 사망한 도

산 안창호를 추모하는 글을 제외한 네 편 모두를 민족통일전선에 관해 발표하였다. 그가 제3기를 제외한 네 호에 발표한 다섯 편의 글 가운데 한 편을 제외한 모든 글이 통일전선에 관한 주장을 담았다. 김성숙은 이들 글을 모아 1940년 3월 『조선민족통일전선문제』라는 제목의 단행본도 발행하였다. 책의 간행은 중국에서 확대되고 있는 일본의 침략전쟁에 맞서 통일전선을 확대해야 한다는 김성숙의 정세 판단과 깊은 연관이 있을 것이다.

김성숙은 제1기에 수록한 「왜 전 민족통일전선을 건립해야 하는가」라는 글에서 반일민주강령을 내세우며 민족통일전선체를 수립해야 하는 이유를 다음과 같이 밝혔다.

> 현단계 조선혁명의 성질은 민족 통일전선운동의 사회적 역사적 의의를 결정한다. **현단계 조선혁명**은 반半봉건적 식민지적 사회 성질에 근거하여 **가장 광범위한 민주주의적 전민족해방운동으로 정의**된다. 자세히 말하면, 현단계 조선혁명은 조선이 일본의 식민지가 되고 민족 전체가 이민족의 극도의 압박을 받는 역사적 사실과 조선사회의 반봉건적 성질 때문에 반드시 **민주주의적 민족해방운동이지 사회혁명이 아니다.** 그러므로 현재의 조선혁명은 결코 **어느 한 계급 혹은 당파가 단독으로 부담하는 임무가 아니다.**강조-인용자

반봉건 식민지인 조선 사회의 성질 때문에 조선혁명은 계급투쟁을 우선하는 사회혁명이 아니라는 것이다. 그래서 김성숙은 조선혁명이 '가장 광범한 민주주의'를 실현하는 '민주주의적 민족혁명'의 성격을 갖고 있다고 보았다. 그는 이 근거를 식민지 조선의 사회경제적 상태에서 찾았다. 그가 보기에 식민지 조선 전체 경작면적의 60%와 자본의 95% 그리고 전국의 교통 및 주요 산업기관의 거의 대부분을 일본인이 소유하고 있으니 일본인은 정치적 압

박자이자 경제적으로 대지주이고 대자본이었다. 따라서 조선인 노동자, 농민의 투쟁 대상은 조선 민족이 아니라 일본인이어야 한다는 것이다.[3] 이 시야를 농촌으로 좁혀 보면, 조선의 농촌도 기생지주와 부농 대 반농노적 소작농과 고농이란 두 계층이 대립하고 있는 현실이지만, 생산 관계 전체가 모두 일본 금융자본, 곧 일본자본주의의 착취의 대상에 불과하다는 구체적인 시선으로 이어진다「일본 금융자본의 조선 농촌 통제」.

반봉건 식민지인 조선의 사회성질상 전 민족통일전선의 대원칙, 곧 사회혁명 대신 민족혁명을 그리고 계급투쟁에 우선하는 민족투쟁을 제시한 대원칙은, 각종 혁명집단을 결합한 형식인 연합체 성격의 통일전선체를 결성해야 한다는 주장으로 이어진다. 1920년대 민족유일당 결성운동 때부터 회자된 용어를 빌리자면, 김성숙은 개인본위를 반대하고 단체본위의 조직원칙을 제기한 것이다.

민족통일전선체가 단체본위의 연합체여야 한다고 주장하는 김성숙의 또 다른 근거는 과거의 운동 경험에 대한 비판적 고찰에 있었다. 그는 1920년대 민족유일당 결성운동에서 사회주의운동 계열이 주장한 개인본위의 가입론이 조직의 통일보다 역량을 분산화시키고 결과적으로 제3의 정치단체를 만드는데 머물렀다고 비판하였다. 더구나 그는 단체본위 가입론이 '공산주의' 세력의 독립성을 보장한다는 입장에서 독자성을 매우 중시하였다. 그렇다고 운동론적인 차원의 원칙 때문에만 그가 이렇게 주장했던 것 같지는 않다. 1936년 김산과 같이 주도적으로 결성한 조선민족해방동맹의 조직원 숫자나 영향력이 김원봉의 조선민족혁명당과 비교되지 않을 정도로 열세인 현실에서 독립성을 보장받으려는 주장이기도 했을 것이기 때문이다.

---

3 이와 비슷한 논거를 민족혁명당에서도 이미 공유되고 있었다. 「우리 운동의 새 출발과 민족혁명당의 창립(1936.1.20)」, 강만길, 『증보 조선민족혁명당과 통일전선』, 역사비평사, 2003, 512·515쪽.

김성숙은 자신이 생각하는 민족통일전선의 성격을 더 분명히 하고자 당시 유럽에서 전개되고 있던 반파쇼 인민전선이나 중국의 항일민족전선과 다르다고도 주장하였다. 그가 보기에 인민전선은 반파쇼 인민대중이 일정한 정치강령 아래 결합하는 정치투쟁기구라면, 자신의 통일전선은 계급과 당파를 불문하고 반일 제일주의 아래 모든 민족이 단결하는 정치투쟁기구였다. 중국의 민족전선은 광대한 인민과 토지를 가진 통일된 정권 자체이자 중심기구였다면, 자신의 통일전선은 각 혁명집단의 결합 형식일 수밖에 없다「전 민족 반일통일전선을 어떻게 건립하는가」. 김성숙이 말하고자 하는 민족통일전선은 전 민족적 연합 통일전선이었다. 이를 실현하는 첫 기구가 조선민족전선연맹이었다.

김성숙은 조선민족전선연맹이 민족통일전선을 형성하기 위한 전민족대표대회를 소집할 임무를 맡아야 한다고 보았다. 이때 연맹이 총지휘기관은 아니라는 점 또한 분명히 하였다. 그는 "전 민족통일전선의 주요한 지렛대의 임무를 정확히 집행 추진"하는 기관으로서 "민족전선 총지휘기관을 적극적으로 촉성"한다고 연맹의 임무와 위상을 설정하였다「왜 민족통일전선을 건립해야 하는가」.

김성숙은 전 민족적 통일전선이 형성되고 이들을 중심으로 독립을 달성하면 통일전선을 해체하지 않고 '진정한 민주공화국'을 건설하는 방향으로 계속되어야 한다고 보았다. 항일운동 과정에서 형성된 통일전선을 지속하여 "전체 인민이 정치상 경제상 사회문화상 일률 평등으로 민주권리를 완전히 향유할 수 있는" 사회야말로 그가 생각하는 평등한 민주사회이고 진정한 민주공화국이기 때문이다.[4] 김성숙은 이때 이미 2단계 조선혁명론을 지양하고 1단계 민족혁명론으로 전환하고 있었다. 개인의 사적 소유가 보장되는 가운데 개인과 개인의 영역에서 부족한 부분, 모순되는 부분을 국가가 메워주는 사회경

---

4 「임시정부옹호선언(1941.12.1)」, 『新朝鮮』 5, 1942.1.1.

제시스템과 대의제 민주주의를 실현하는 민족혁명론으로 자신의 운동이념을 바꾸고 있었던 것이다. 그의 정치 사상에 큰 변화가 일어나고 있었다.

그런데 중국국민당군은 일본군에 계속 밀렸다. 1938년 1월 임시수도 난징을 일본군에게 빼앗겼다. 중국국민당은 임시수도를 우한으로 옮길 수밖에 없었다. 조선민족전선연맹도 우한으로 이동하였다. 연맹은 일본군의 침략 확대에 대응해 10월 10일 조선의용대를 결성하였다. 호기로운 출발이었지만 10월 말에 우한조차 일본군에게 함락되면서 조선민족전선연맹과 조선의용대본부는 구이린으로 옮겨 가야 했다. 중국국민당이 조선의용대에게 기대하는 가장 큰 활동은 선전 분야였지만 지도부의 잦은 이동은 이를 어렵게 하였다. 더구나 조선의용대는 국민당 군대의 전선에 따라 널리 흩어져있어 연계와 통일성을 유지하는 데 어려움을 겪고 있었다. 이때 조선의용대에서 어려운 환경을 벗어나는 방편의 하나로 선택한 활동이 기관지 발행이었다.

조선의용대는 기관지 『조선의용대통신』을 1939년 1월 15일부터 발행하였다. 기관지는 조선의용대 본부가 있던 구이린에서 순간旬刊으로 발행되었다.[5] 1942년 들어 한국광복군과의 통합 논의가 본격화하면서 그해 4월 42기를 마지막으로 폐간되었다. 잡지의 표지에 있는 '편집 겸 발행' 란에는 '조선의용대 정치조政治組'라는 중국어 표기가 있다. 초기 잡지 발행을 주도한 주체가 '정치조'임을 밝힌 것이다. 정치조는 기관지 발간 업무를 책임지는 한편, 대원의 선전 및 사상교육과 훈련을 주로 담당하였다. 정치조 책임자인 정치조장 김성숙은 「창간사」에서 '규광'이란 이름으로 기관지 간행 목적을 다음과 같이 밝혔다.

---

5 『조선의용대(통신)』에 관한 설명은 다음 두 논문 참조. 김영범, 「자료소개－『朝鮮義勇隊通訊』의 旣影印刊物에 누락되었던 號·期·面들」, 『한국독립운동사연구』 76, 2021 ; 박동환, 「조선의용대의 항일노선 연구－기관지 '朝鮮義勇隊(通訊)'을 중심으로」, 『한국독립운동사연구』, 2022

지금 우리는 혁명 임무를 충실히 집행하고, 나아가 반일 활동을 활발하게 전개하기 위해 간행물을 출판하기로 결정하였다. 여기서 우리는 **중한 양 민족 항일 연합의 문제를 토론**해야 하고, **서로 공작의 경험과 교훈을 교환**해야 하며, 더 나아가 구체적인 공작상의 결점과 장점을 서로 비판해야 한다. 우리는 이 작은 간행물을 대원 동지들의 혁명 공작을 위한 지침으로 삼아야 하며, 동시에 대원 동지들이 서로의 의견을 교환하고 감정을 교류하는 장소로도 만들어야 한다.

강조-인용자

김성숙이 밝힌 기관지 발행 이유를 보면 나오지 않고 있던 『조선민족전선』을 대체하는 잡지로서의 역할도 있었음을 알 수 있다. 그래서 『조선의용대통신』에는 조선의용대의 정세인식과 투쟁노선에 관해 이론을 전개하는 글도 꽤 있다. 동시에 '6개 전구戰區 13개 성省'에 널리 퍼져 있던 중국국민당 군대를 따라 조선의용대도 흩어져 있었으므로 서로 경험과 교훈을 교환하며 감정을 교류하는 공간이 필요하였다. 잡지에 대원 서로 간에 알아야 할 사소한 일과 전방의 생생한 투쟁기록까지 자세하게 수록된 이유가 여기에 있었다.

김성숙은 『조선의용대통신』에 모두 아홉 편의 글을 발표하였다. 이들 문장은 『조선민족전선』 때와 달리 민족통일전선문제를 이론적으로 체계 있게 주장하는 글이 아니었다. 그 역할은 한지성을 비롯해 김성숙보다 젊은 세대의 새로운 인재들이 대신해 갔다.[6] 김성숙의 글은 활동에 관한 실질적이고 구체적인 내용보다는 1919년 3·1운동의 의의와 이후 독립운동사, 1932년 상하이사변의 의의, 1939년 중국국민당 5중전회의 함의 등에 관해 정무적으로 논평한 글이 대부분이었다제3부. 심지어 마지막 투고 글은 자주 쓰지 않

6 한지성의 글은 김영범, 『(한국광복군 인면준구공작대장) 한지성의 독립운동 자료집』, 한국광복군 인면전구공작대 기념사업회·선인, 2022 참조.

는 필명인 중광重光이란 이름으로 경술국치를 시적으로 언급한 글로 제목이 '8·29'였다. 이 시는 1939년 9월 11일 제24기에 수록되었다.

3

1939년 9월 이후 김성숙의 글은 『조선의용대통신』에서 찾을 수 없다. 그 이전에도 1939년 3월을 끝으로 글이 없다. 1939년 2월 충칭으로 간 이후 글이 없었다고 봐야 한다. 3월 간행물에 실린 네 편의 글은 모두 미리 써 놓고 갔을 가능성이 높기 때문이다.

그런데 아무리 짧은 글이라지만 1, 2월에 모두 여덟 편의 글을 쓸 정도로 왕성하게 집필하던 그가 정치조장으로서의 글이 없는 것이다. 왜 그랬을까. 김성숙과 조선민족해방동맹을 둘러싼 환경에 큰 변화가 일어나고 있었기 때문이다. 이제 그 경과를 살펴보자. 그래야 이후 김성숙과 조선민족해방동맹의 선택지점, 특히 상황에 따라 유연하게 대응하면서도 통일전선론에 관한 일관된 원칙을 확인할 수 있을 것이다.

중국국민당의 장제스 주석은 1938년 11월 김구를, 이듬해 1월 김원봉을 각각 만나 두 사람의 연합을 요구하였다. 꼭 장제스의 요구 때문만은 아니었겠지만, 김원봉은 1939년 초 조선민족혁명당을 대표하여 각 당파를 향해 기존 조직을 해산하고 통일적인 단일당을 결성하자고 제안하였다. 이에 대해 김구와 유자명이 제안의 취지에 동의하였다. 특히 김구는 직접 조선민족혁명당의 본부를 방문하여 모든 단체를 하나의 정당으로 통일하자고 제안하였다. 1932년부터 전개되어 1935년 민족혁명당의 결성으로 끝난 정당통일운동이 재개될 조짐이 급속히 조성되어 가고 있었던 것이다.

김구와 김원봉은 1939년 5월 「同志同胞들에게 보내는 公開信」을 발표하였다. 두 사람은 "주의와 사상이 부동할지라도 동일한 대적大敵 앞에서, 동일한 정치강령 밑에서는, 한 조직의 구성원"이 될 수 있다는 원칙 아래 관내지역 항일단체의 통일문제에 접근하였다. 그러면서도 소단체를 한 단위로 하는 연맹방식의 통일은 파쟁과 상호마찰의 연장에 불과하다고 하면서 다음과 같은 방안을 제시하였다.

민족적 역량을 집중하고 투쟁을 통일하고저 함에 있어서 연맹식 방법이 필요할 때는 연맹식 방법을 취할 경우도 있는 것이고, 이보다 더 좋은 방법이 있을 때는 그 방법을 채용할 수도 있는 것이다. 이는 오직 우리의 사정과 필요에 의하여 창조할 수도 있고 남의 것을 모방할 수도 있을 것이다.

그러나 관내關內 운동과 이같은 사명을 수행하기 위하여는 무엇보다도 먼저 관내의 현존하는 각 혁명단체를 일률로 해소하고 현단계의 공동한 정강에서 단일한 조직으로 재편되어야 할 것이라고 믿는다. 이렇게 함으로써 현재 각 단체의 할거적 현상과 파쟁적 마찰을 정지하고 단결 제일의 목표 밑에서 일절의 역량과 행동을 통일하야 우리 투쟁을 적극 전개할 수 있는 것이다. 각 단체의 표방하는 주의는 부동하다 할지라도 현단계 조선혁명에 대한 정치강령과 투쟁대상은 일치한 것이다. …… 이와 같은 각 소 단체를 본위로써 연맹식 방법에 의하여 관내 운동의 통일을 주장하는 이론도 있으나, 이것은 결코 재래의 무원칙한 파쟁과 상호마찰을 근본적으로 소멸할 수 없는 것이다. 이러한 파쟁적 호상마찰이 있고는 관내 운동이 실질적으로 통일될 수도 없고 역량이 집중될 수도 없을 것이다. 그럼으로 우리는 관내 통일운동의 연맹식 지상방법론은 관내의 현존한 불통일한 현상의 연장의 방법이며 무원칙한 투쟁의 합리화에 지나지 못하는 것이라고 본다.[7]

이처럼 김구와 김원봉은 관내지역 통일단체가 연합체 형식으로 통일되는 데 반대하고 개인본위의 통일방안을 명확히 제시하였다. 조선민족전선연맹의 선전부장이자 연맹의 한 세력인 조선민족해방동맹의 지도자 김성숙의 주장을 완전히 부인한 것이다. 두 사람은 연맹방식의 통일이 현재의 통일되지 못한 현상을 연장하는 데 불과하고, 무원칙한 파쟁을 합리화화는 데 지나지 않아 새로운 파쟁과 분열을 발생시킬 소지가 있음을 명확히 밝혔다.

조성된 위기 정세에 김성숙은 어떻게 대처했을까. 그는 1939년 4월 1일 조선청년전위동맹과 연대하여 「관내關內 운동 통일에 관한 선언」을 발표하고, 단일당론을 반대하였다. 자신의 새로운 지론인 연합론을 다시 주장한 것이다. 이어 5월 조선민족해방동맹의 기관지로 『신조선』을 창간하였다.[8] 김성숙은 조선청년전위동맹과 행동 보조를 같이하기 위해 8월 8일 두 동맹의 '정치위원회'를 조직하였다. 두 동맹은 이에 바탕을 두고 8월 지창에서 열린 '한국혁명운동 통일을 위한 7단체 대표회의', 곧 '7당 통일회의'에 참석하여 연대 행동을 취하였다.

통일회의에서 제기된 핵심 쟁점은 조직을 통일하는 과정을 개인본위로 하되 어떤 통일조직을 결성하느냐였다. 한국광복운동단체연합회에 소속인 한국국민당, 한국독립당, 조선혁명당과 조선민족혁명당, 조선혁명자연맹은 단일당 방식을 찬성한 데 반해, 조선민족해방동맹과 조선청년전위동맹은 이 방식을 강력히 반대하였다. 두 반대 단체가 퇴석을 선포하자 '7당 통일회의'는 좌절되었다.[9]

---

7 白凡金九先生全集編纂委員會 編, 『白凡金九全集』 6, 대한매일신보사, 1999, 34~36쪽.

8 현재로서는 그 실물을 확인하기 어렵다.

9 이때 드러나지 않았지만, 또 하나의 의견 차이는 '조직' 문제였다. '정부'와 '신당' 가운데 어느 쪽을 선택하느냐가 쟁점이었다. 전자를 채택하면 집단지도체제를 구상한 '상무위원제'이고, 후자를 선택하면 중앙집권제를 염두에 둔 '위원장제'로 조직을 운영하는 사안이었다. '7당 통일회의' 이후 열린 '5당 통일회의'의 논점이 이것이었다. 결국 조직론의 차이가 통합에 실패한 표면적인 이유였다.

통일회의에서의 공개적인 갈등과 이탈의 여파는 컸다. 조선민족전선연맹 자체가 와해되었다. 조선의용대에서 김성숙의 역할은 더 이상 의미를 찾기 어려웠다. 김성숙에게는 새로운 돌파구가 필요했을 것이다. 그는 1940년 10월 15일 뤄양에서 조선청년전위동맹 등과 함께 조선민족해방투쟁동맹을 창립하였다. 조선민족해방동맹은 해소되었다. 하지만 조선민족해방투쟁동맹의 중앙위원회는 오래가지 못하였다. 조선청년전위동맹은 1940년 10월 북상항일을 이미 결정하고 있었다. 이듬해 1월 서로 분열하여 중앙위원회가 무너졌다. 결국 1940년 3월 조선민족해방투쟁동맹은 사실상 해체되었다.[10] 그럴 수밖에 없었다. 이즈음 조선청년전위동맹원 등 조선의용대 전력의 약 80%가 중국국민당 전구戰區를 떠나 북상항일을 내세우며 중국공산당이 있는 화북으로 가는 발길을 옮기고 있었기 때문이다.[11]

김성숙은 1940년 11월 11일 조선민족해방동맹의 복원을 선언하였다.[12] 그리고 대한민국임시정부가 있는 충칭으로 갔다. 그는 1940년 12월 1일 임시정부를 옹호하는 선언을 발표하고 거기에 참여하겠다고 밝혔다. 그가 비판의 대상으로 간주해 왔던 임시정부에 참여한 것이다. 그것은 당시의 충칭 상황과 제2차 세계대전의 국면을 고려하며 자신의 민족통일전선론의 핵심인 민주집권제적 연합체론에 따라 취한 선택이었다.[13]

---

10 「조선민족해방동맹 재건선언(1941.11.11)」, 『新朝鮮』 5, 1942.1.1.

11 이들은 1941년 7월 조선의용대 화북지대를 설립하였다.

12 「조선민족해방동맹 재건선언(1941.11.11)」, 『新朝鮮』 5, 1942.1.1.

13 관련한 언급은 제3권의 해제와 신주백, 『김성숙의 민족운동 전략과 정치이념의 특징－'한국적' 사회민주주의 이념의 역사적 형성 과정 初探」, 『東方學誌』 200, 2022, '제5장' 참조

운암 김성숙 전집 편찬위원회

편찬위원장

신주백辛株柏, Sin Juback
성공회대학교 열림교양대학, 연세대 국학연구원 전문연구원. 고문헌연구회 이사장, 용산역사박물관 운영위원, 역사교과서 필자. 성균관대 문학박사. 전 독립기념관 한국독립운동사연구소 소장, 국무총리실 용산공원조성추진위원회 위원, 교육부 한일역사공동연구위원회 위원 등 역임. 저서로는『만주지역 한인의 민족운동사(1920~45)』,『한국 역사학의 기원』,『한국 역사학의 전환』,『일본군의 한반도 침략과 일본의 제국 운영』,『역사화해와 동아시아형 미래 만들기』등이 있고 공저로『1920년의 독립전쟁과 사회』,『사진과 지도, 도면으로 본 용산기지의 역사』1 · 2 · 3,『처음 읽는 동아시아사』1,『한중일이 함께 쓴 동아시아 근현대사』1 · 2,『미래를 여는 역사』등이 있다.

편찬위원

윤소영尹素英, Yoon Soyoung
전 독립기념관 한국독립운동사연구소 학술연구부장, 일본 오차노미즈여자대학 인문과학 박사. 주요 논문으로「가지 와타루鹿地亘의 반전반제운동과 조선」,「일제 측 정보자료를 통해 본 1920년대 김성숙金星淑의 활동궤적과 사상」등이 있고, 번역서로『일제강점기 치안유지법 운용의 역사』오기노 후지오 저 등이 있다.

김재욱金宰旭, Kim Jaeug
중국광시사범대학(中國廣西師範大學) 한국어과 교수, 중국사회과학원 박사. 저서로는『中國現代文學中的韓國人和韓國』,『한국광복군의 일상과 기억』(공저) 등이 있고 공편『中國現代文學與韓國文獻補編』,『中國現代文學與韓國資料叢書』논문으로는「한국광복군의 항일투쟁과 중국현대문학」,「尹奉吉을 묘사한 중국현대문학 작품과 그 특징」등이 있다.

민성진閔成珍, Min Sungjin
(사)운암김성숙선생기념사업회 회장.

임인숙林仁淑, Lim Insook
(사)운암김성숙선생기념사업회 상임이사.

번역

김재욱金宰旭, Kim Jaeug 중국광시사범대학 교수.
이진명李珍明, Lee Jinmyoung 중국광시사범대학 외국인 교원.
방준호方準浩, Bang Junho 경기대학교 초빙교수.

감수

신주백辛株柏, Sin Juback 성공회대학교 열림교양대학.

타이핑 · 교정

김재욱金宰旭, Kim Jaeug 중국광시사범대학 한국어과 교수.
리링린李玲林, Li Linglin 중국광시사범대학 한국어과 석사 졸업.
천옌칭陳燕清, Chen Yanqing 중국광시사범대학 한국어과 석사 졸업.